개정판

# 현대사회의 여성복지론

김태진 저

대구대학교출판부

국립중앙도서관 출판시도서목록(CIP)

현대사회의 여성복지론 / 김태진 저. -- 개정판. -- 경산 : 대구대학교출판부, 2009
p. ; cm

참고문헌과 색인 수록
ISBN 978-89-7794-510-4 93370 : ₩14000

여성 복지[女性福祉]

338.5-KDC4
362.83-DDC21 CIP2009000596

# 머 리 말

여성의 복지문제는 국가와 사회를 초월한 세계적인 문제로서 요보호여성은 물론 일반여성도 여성복지의 대상이 되는 문제상황에 처해 있다. 여성은 집단의 특성에 따라 다양하게 분류될 수 있으며, 집단별로 특성을 지니고 있으면서 동시에 복지문제와 욕구를 지니고 있다.

여성문제가 사회복지의 대상으로 다루어진 것은 오래되었으나 집단의 광범위성과 욕구의 다양성으로 종합적이고 체계적인 정책 수립과 서비스 프로그램이 개발되지 못한 채 부분적으로 대책이 강구되어 오다가 대상범위의 확대와 더불어 보다 적극적인 대응방안이 모색되고 있다.

여성복지는 단순히 여성만을 대상으로 하는 프로그램이 아니라 가족, 아동·청소년, 노인, 남성까지를 포괄하는 광범위한 영역이며, 접근방법에 있어서도 정책적 접근과 전문기술적 접근이 동시에 고려되어진다.

오늘날 인구의 고령화 및 핵가족화의 가속화, 여성의 경제활동참가율의 지속적 증가 등은 여성의 삶에 많은 변화를 가져왔고 이에 따라 삶의 질 향상에 대한 복지욕구가 증대되고 있다. 또한 가부장제적, 남성위주의 사회에서 양성평등을 실현하고자 하는 여성운동이 전개되면서 남녀차별을 시정하기 위한 여성정책이 본격화되고 있다.

여성복지와 여성정책은 상호 관련성을 갖고 있으나 여성정책에서 목표로 하는 남녀평등의 촉진, 여성의 사회참여 확대 등의 과제를 사회복지 영역에 포괄하기에는 무리가 있다. 따라서 여성문제와 여성복지문제, 여성정책과 여성복지정책은 그 한계와 포괄범위를 명확히 할 필요가 있다.

국내의 여러 연구에서 여성복지문제의 발생 배경이 가부장제, 남성위주의 법 제도와 의식에 연유되는 것으로 강조하고 있으나 여성복지문제는 전통적 사회복지 접근을 통해 그 원인의 규명과 문제 해결방안을 모색하는 것도 동시에 고려되어야 효과적일 것으로 판단된다.

여성복지는 사회복지의 타 영역에 비해 종합적인 연구가 미진한 상태이며, 여성복지를 이해하는 관점이나 적용범위, 접근방법에 있어 상당한 차이를 보이고 있다. 특히 전통적 사회복지실천과 여권주의적 실천이 혼재되어 있는 상태여서 이 분야에 관심 있는 학도들이 체계적으로 이해하고 연구하는데 어려움을 느끼고 있어 여성복지교재를 전면 개정하게 되었다.

이 책은 여성복지의 대상 중 요보호여성을 중심으로 하여 사회복지분야론에서 중복되는 부분은 제외하였고, 접근방법은 사회복지정책적 접근과 사회복지 서비스 측면을 동시에 다루었다.

구성 내용을 살펴보면, 제1편 여성복지의 개념적 기초 편에서 여성복지의 기초 개념, 여성복지와 관련 문제, 여성복지의 동향과 역사적 전개과정, 여성복지법 체계와 여성복지 전달체계를 다루었고, 제2편 특정집단별 여성복지문제와 대책 편에서 모자가족, 이혼여성, 미혼모, 가정폭력 피해여성, 성폭력 피해여성, 성매매여성, 가출여성, 근로여성 그리고 일반여성의 복지문제와 대책을 다루었고, 노인여성과 장애여성은 노인복지론과 장애인복지론에서 다루어지고 있으므로 중복을 피하기 위해 논의에서 제외하였다. 제3편에서는 여성복지의 전망과 과제를 살펴보았다.

이 책은 제도의 변화 내용을 감안하여 새로운 편제로 출판될 수 있도록 자료수집 및 정리를 도와준 학생제군과 학문적 지도편달을 아끼지 않으신 동료교수 여러분에게 감사드린다. 아무쪼록 여성복지에 관심 있는 학생, 사회복지사 그리고 일반인이 여성복지를 이해하는데 도움이 되기를 기대하면서 아울러 부족한 점에 대해 질책과 지도를 바라면서 마감하고자 한다.

2009년 2월<br>진량벌 연구실에서<br>저 자

# 목 차

## 제 2 편 특정집단별 여성복지의 문제와 대책

# 제 1 편

# 여성복지의 개념적 기초

# 第1章 女性福祉의 基礎 概念

## 第1節 女性福祉의 槪念

### 1. 女性福祉의 意義

우리나라의 여성복지는 여성의 모성 및 부인으로서의 기능과 역할을 강조하는 부녀복지라는 개념하에 미혼모, 저소득 모자가족, 가출여성, 성매매여성들을 주 대상으로 제도적 접근이 이루어져 왔고, 그 외의 여성들은 국민연금 등 사회보험제도, 국민기초생활보장 등 공공부조제도, 모자복지 등 사회복지 서비스 제도내에서 연령과 개인이 처한 상황에 관계 없이 남성가구주의 피부양자로 규정되어 사회복지제도의 전체적인 틀 안에서 매우 제한된 위치를 차지해 왔다.

그러나 최근 들어 여성복지가 여성의 삶의 질 향상을 위한 여성정책 중의 하나로 대두되면서 명칭이 부녀복지에서 여성복지로 바뀌고 이에 따라 여성복지의 범위도 확대되기에 이르렀다.

여성복지에 대한 관심은 사회복지계에서 보다 여성계에서 남녀차별 철폐 내지 양성평등 실현 차원에서 적극성을 보여 왔고, 한국여성개발원, 여성특별위원회의 연구과제와 정책적 이슈 제기도 이러한 관점이 중심을 이루어 왔다. 특히 여성부의 발족, 여성가족부, 보건복지가족부로의 개편 등에 따라 여성복지는 여성정책과의 구분이 모호해지거나 혼선이 생기게 되었다.

여성복지는 남녀고용평등법, 모자복지법 등이 제정되고, 한국여성개발원이 설립되면서 개념과 적용범위의 변화가 시작되었다. 또한 여성발전기본법의 제정과 더불어 여성문제에 대한 정부의 관심이 높아지게 되었다. 따라서 평생교육, 자원봉사활동 등을 통한 일반여성들의 사회참여 확대를 지원하기 위한 정책과 사업이 확대되었다.

외국의 경우 여성복지 또는 여성복지 서비스가 독립적인 영역으로 존재하는 경우가 드물다. 왜냐하면 사회보장제도내에 여성은 적용대상자로 존재해 왔으며, 이들은 아동, 가족 또는 지역사회복지 서비스의 대상으로서 필요한 서비스를 제공받아 왔기 때문이다.

보편주의적 사회보장제도와 개인적 모델을 지향하는 국가일수록 여성을 위한 사회복지 서비스는 전체 사회복지 서비스 전달체계에 통합되어 있는 특성이 있고, 잔여주의적인 사회보장제도와 부양자 모델을 지향하는 국가일수록 여성을 위한 사회복지 서비스는 분리되어 있는 특징이 있다.

사회복지체계가 미확립된 상황 속에서 가족은 사회나 국가를 대신해 개인의 부양에 대한 전적인 책임을 수행해 왔다. 그 속에서 대부분의 여성들은 아동양육을 비롯한 가족의 생활욕구를 충족시키는 일차적 책임을 지고 모성 기능을 수행해왔다.

우리나라에서 여성복지론이 사회복지분야론에 채택된 것은 최근의 일로서 사회복지체계 속에서 여성복지 전반이 다루어진 것이 아니라 요보호여성집단인 저소득 모자가족, 미혼모, 성매매여성, 근로여성 등에 대해 부분적으로 다루어 오다가 1990년대 말에 이르러 여성복지론으로 집중화, 체계화가 시작되었다. 그러나 여성복지론의 내용 구성은 각기 관점에 따라 통일성이 결여되어 있어 여성복지의 대상과 범위에 혼란이 야기되고 있다.

여성복지가 여성의 삶의 질 향상을 위한 개념으로 변화하면서 국가와 지방자치단체의 주요 시책은 삶의 질 향상을 위한 여성의 복지 증진을 기본 목표의 하나로 정하고, 취약여성의 자립지원 기반 조성, 예방을 위한 공적 서비스 확대, 생애주기별 건강관리체계 정착 등을 강조하고 있다. 특히 요보호여성의 신속한 보호조치 강구의 기능을 위한 긴급피난처 · 가출소녀 일시보호소 설치 그리고 사회복귀 및 건전한 사회를 형성하기 위한 체계 구축으로 성폭력피해상담소 · 가정폭력관련상담소 · 여성긴급전화 「1366」 등을 설치하기에 이르렀으며, 성 차별적인 사회보장제도의 개선, 직장과 가정생활의 양립지원을 위한 보육사업의 확충, 모성보호의 강화 등 그 범위가 요보호여성뿐만 아니라 일반여성의 권익 향상과 복지 증진방향으로 확대하는 경향을 보이고 있다.

## 2. 女性福祉의 槪念

부녀복지란 미혼과 기혼을 가리지 않고 모든 여성에 관한 복지 전반을 포함하는 여성의 복지를 뜻한다(한국사회복지총람, 1991).

우리나라에서 사용되고 있는 여성복지관련 용어는 부녀복지보다는 여성복지를 더 발전된 개념으로 보고 있으며, 또한 여성정책은 여성복지정책보다 더 넓은 의미로 이해되고 있다.

여성복지의 개념을 한마디로 정의하기란 쉽지 않다. 왜냐하면 여성문제에 대한 시각이나 이데올로기가 다양하고 국가와 시대에 따라 다르며, 복지의 범위를 어디까지로 한정할 것인가에 따라 달라지기 때문이다. 또한 여성을 대상으로 한 사회복지에 대한 견해도 상이하게 나타나고 있기 때문이다. 즉, 여성복지의 강조점을 사회복지의 관점에 두느냐 아니면 여성주의의 관점에 두느냐에 따라 다르게 정의되기도 한다. 여하튼 여성복지는 종전의 부녀복지가 갖는 소극적, 제한적 개념에서 보다 적극적, 보편적 개념으로 변화된 관점 내지 개념을 제시하고 있다.

여성복지에 대한 개념을 살펴보면 다음과 같다. 먼저 여성의 경험과 관점을 중심에 두고 문제를 재분석하며 모든 사회 법, 제도, 정책을 재검토하고 여성 중심의 새로운 목표, 새로운 방법, 새로운 가치를 추구하는 실천(Withorn, 1984)이라는 주장과 여성의 인간존엄이 보장되는 평등사회를 추구함과 동시에 참여와 발전을 통해 자아실현을 추구할 수 있는 여성이 인간다운 삶을 영위할 수 있도록 하는 모든 구체적인 정책적 접근과 방법적인 실천(김정자, 1991)이라는 주장이 있다.

한국여성개발원(1990)은 여성복지를 여성이 국가와 사회로부터 인간의 존엄성과 인간다운 생활을 할 권리를 동등하게 보장받음으로써 여성의 건강, 재산, 행복의 조건들이 만족스러워지는 상태를 의미하며 동시에 가부장적 가치관과 이에 기초를 둔 법, 기타 사회제도를 개선하는 것 등으로 여성의 인간다움 삶을 실현하기 위한 모든 실천적 노력을 표현하는 개념으로 정의하고 있다. 이 정의는 여성복지의 궁극적 목표를 양성(兩性)간 동등한 권리보장을 통해 여성의 인간다운 생활을 도모하는데 있으며, 이러한 여성복지의 목표 달성에 장애가 되는 요인으로는 가부장적 가치관과 이들 가치관에 기초한 법과 제도를 개선하는데 있다고 보고 있다.

한편 모든 여성이 사회구성원으로서의 삶의 질을 영위할 수 있도록 여성의 욕구나 문제를 해결하기 위하여 사회구성원들이 공·사 차원에서 행하는 공동체적 노력이라고 정의하기도 한다. 이 정의의 관점은 사회복지 이념에 기초한 것으로 볼 수 있다. 따라서 여성복지란 첫째, 목적 면에서 여성의 생활보장이라는 복지권의 기본이념에 입각하여 여성의 행복을 유지시키고자 하는 것이며 둘째, 주체 면에서 여성 개인을 포함한 사회구성원 전체가 되며 셋째, 대상 면에서 여성 전체가 되며 넷째, 수단 면에서 제도적, 정책적, 기술적 서비스 등 조직적인 제반활동이 되며 다섯째, 범위 면에서 사회복지의 한 분야가 된다고 보고 있다(조흥식 외, 2000).

이 밖에도 여러 정의들이 제시되고 있는데, 여성복지란 그 대상을 미혼모, 성매매여성, 가출여성, 근로여성, 저소득여성 및 학대받는 여성들과 같은 요보호여성은 물론 모든 여성들이 인간다운 삶을 영위할 수 있도록 정부 및 민간이 행하는 모든 조직적인 활동이라고 규정하기도 하고(이근홍, 1992), 여성복지를 사회복지의 하위

개념으로 규정하여 여성을 위한 사회복지로서 여성 개개인에게 인간다운 삶을 보장하기 위해서 시도되어지는 자원의 재분배 노력들로 보기도 한다(이혜경, 1997).

이와 같이 여성을 위한 복지는 여성이 국가나 사회로부터 인간의 존엄성 유지와 인간다운 생활을 할 권리를 누리면서 삶의 질과 관련된 제반 욕구와 조건들을 충족시켜 나가야 하는 과제를 안고 있다. 이러한 여성복지의 실체는 국가와 시대에 따라 변화하게 된다. 또한 여성복지를 보는 시각이나 이데올로기 또한 다양하여 저마다의 주장이 있고, 시대와 사회상에 따라 변화되어 왔다.

이러한 다양한 관점들이 제기되고 있으나 여성복지를 여성복지문제에 관여하는 사회복지로 정의할 수밖에 없다. 따라서 여성복지라 함은 사회복지의 하위체계로서 여성들의 일상생활상의 제 장애가 제거되어 경제적으로나 문화적으로 충족한 가정생활 및 사회생활이 보장되는 것을 궁극의 목표로 하는 제도와 활동의 총칭으로서 미혼과 기혼을 가리지 않고 모든 여성에 관한 복지 전반을 포함하는 여성의 복지를 뜻하게 된다. 따라서 이러한 여러 개념들을 고려할 때 여성복지는 요보호 여성을 우선으로 하되, 모든 여성의 복지를 보장하기 위한 사회적 대책이라고 정의할 수 있다.

여성복지는 혼인 여부와 상관 없이 모든 여성에 관한 복지 전반을 포함하는 것으로 광의와 협의로 나누어 생각해보면, 광의의 여성복지는 모든 여성을 대상으로 하는 사회복지 즉, 사회보장을 통한 생활수준의 향상이고, 협의의 여성복지는 특수한 여성복지문제와 욕구를 가진 여성을 대상으로 한 사회복지 서비스를 주 방법으로 하는 전문적, 시설적 서비스가 포함된다.

한편 여성복지 서비스란 여성을 주 대상으로 하는 사회복지 서비스로서 사회복지의 전문기술적 방법을 통해 인간의 심리·사회적 기능의 향상을 도모하고 현실적으로 발생되는 생활상의 곤란이나 장애에 대해서 그 기능상의 문제 요인을 해결하고 재활을 촉진하는 대인 서비스라고 정의할 수 있다.

이와 같은 내용을 담고 있는 여성복지가 사회복지체계 속에 포함되게 된 것은 여성만이 가지는 임신, 출산 및 수유 등의 모성 기능을 중심으로 여성은 특수한 상황에 처하게 되며 아동, 가정과 불가분의 관계를 가지고 있으므로 모성보호의 필요성이 강조되기 때문이다. 또한 산업사회 구조의 다양화 및 사회변모는 모자가족 및 가출여성의 증가, 이혼율의 증가, 근로여성의 증가, 노령인구의 증가 및 빈곤의 여성화 등과 관련된 복지 수요에 효과적으로 대처할 수 있는 정책 개발이 요구된 때문이다.

# 第2節 女性福祉의 對象

## 1. 女性問題의 槪念

여성이라는 집단은 민감하고 독특한 욕구를 가지고 있으며 사회적으로 열등한 위치를 차지하고 있어 그들만을 위한 특수한 서비스를 필요로 하고 있다.

여성문제란 우리 사회의 조직내에서 여성이 당연히 차지해야 하는 사회적 지위에 관한 것이며, 여성이 모든 사람과 평등한 권리를 누리면서 인간사회의 유용한 자원이 되기 위해서는 여성이 각 방면에서 자기의 능력과 재능을 어떻게 발휘해야 하는가에 관한 문제이다.

또한 여성문제란 가정과 사회에서의 남성과 여성의 불평등의 문제와 여성의 인간화를 저해하는 사회조직내에서의 여성에 대한 억압의 문제로 압축될 수 있다. 이러한 정의는 여성이 사회에서 여전히 올바른 지위를 차지하고 있지 못한 상황에서 아직도 그 유용성이 있다.

여성문제는 사회변화로 야기된 것으로서 결코 여성만의 문제로 국한시킬 수 없는 인간의 문제로서, 이 사회의 문제이며 개인의 문제임과 동시에 우리 공동의 문제이다. 즉, 여성문제는 여성이 일으키는 문제가 아니라 여성에게 가해지는 모든 종류의 억압과 차별을 의미하는 사회구조적 차원의 문제를 의미한다. 여성문제를 가장 함축적으로 표현하고 있는 개념은 성 차별주의(sexism)이다.

이와 같은 맥락에서 볼 때 여성문제는 성 차별문제, 삶의 질 문제로 요약할 수 있다. 여성문제의 본질은 남녀차별구조의 원인 규명과 이의 해소에 있다. 남녀차별구조는 여성문제에 대한 이론적 핵심이고 여성문제에 관한 모든 이론의 출발이기도 하다(이은재, 2001).

역사 속에서 남성들은 시민권을 획득하고 역사 창조의 주체자로서의 역할을 담당하여 왔지만 그 과정에서 여성들은 어느 계층이나 집단보다도 소외되었다. 이러한 여성들의 소외는 전체 사회의 발전을 저해하는 요인이었으며, 여성의 인간화를 막고 있는 원인으로 인식되면서 여성문제가 발생하기 시작하였다.

우리나라의 경우 산업화와 지속적인 사회변동에도 불구하고 농경사회의 유산인 가부장적 가족제도의 이분화된 성별 역할관이 어느 사회보다 강하게 유지되어 왔다. 그 결과 사회 전반의 변화와 비교해 볼 때 여성에 대한 사회의 일반적 의식은 아직도 낙후되어 있다. 여성에 대한 이 같은 의식의 낙후현상은 정치·경제·교육·보건·문화 등 삶의 모든 영역에서 여성의 활동을 제약함으로써 여성발전을 저해하는 근본 요인으로 지적되고 있다. 이러한 관점에서 여성문제는 가정과 사회에서 나타나는 남성과 여성간의 불평등한 관계와 여성의 인간화를 저해하는 사회조직 안에서 여성에 대한 불이익의 형태로 나타나는 모든 현상이라고 정의할 수 있다.

이러한 여성문제는 소외, 왜곡, 무가치화의 형태로 나타나며 그 범위는 여성상에 관한 것으로부터 성 역할과 공공정책에 이르기까지 다양하게 나타나고 있다.

한편 삶의 질 문제는 열악한 근로조건하에 있는 여성근로자의 숫적 증가, 법적 보호를 제대로 받지 못하는 요보호여성들의 생활문제와 삶의 질과 관련된 다양한 욕구를 충족시키는 문제들이 포함된다.

여성문제 해결을 위한 적극적인 노력은 1960년대 미국을 중심으로 일기 시작하여 전 세계적으로 확산·전개되고 있으며, 1975년 UN세계여성의 해 선포와 유엔여성발전 10년을 평가하는 1985년 나이로비 여성대회에 이르기까지 매우 활발하게 전개되어 왔다. 이제 여성복지는 1995년 사회개발정상회의 이후 모든 여성의 삶의 질 향상을 위한 여성복지를 명시함으로써 요보호여성은 물론 전체 일반여성을 포괄하는 영역의 확대를 가져왔다.

우리 사회가 당면하고 있는 여성문제는 사회의 변천에 따라 과거와 상당히 차이가 있으며, 또한 우리 사회의 특수성으로 인해 서구의 경우와도 매우 다른 특성을 띠고 있다.

여성문제가 여성의 지위와 역할에 관련된 인간의 문제로서 가정과 사회의 모든 부문에 걸쳐 산재되어 있다고 할 때 궁극적인 여성문제의 해결은 사회구조 속에서 생성된 제도의 변화와 인간의 의식 변화에 의존할 수밖에 없는 것이다. 그렇다고 해서 오늘날의 여성문제는 남녀차별이라는 시각으로 해결해서는 안 되며, 남녀가 서로 협동하는 공동사회를 구축하는 방향으로 나아가는 것이 바람직할 것이다.

## 2. 女性福祉의 對象問題

여성문제에 대한 관심의 출발은 여성문제가 사회복지의 한 영역이 되어야 하는가에 있다. 즉, 여성차별적 사회상황에 기인한 여성문제가 어떻게 사회복지의 관심으로 해석될 수 있으며, 여성차별에 관한 인식이 사회복지의 한 영역으로 포함됨으로써 기존의 사회복지 준거틀에 어떤 발전적 변화를 제공할 수 있는가 하는 점이다.

사회복지의 일차적 관심은 인간의 기본적인 욕구들에 대한 해결이다. 비록 기본적인 욕구의 범위와 문제 해결을 위한 방법에 있어서 사회복지에 대한 정의는 관점에 따라 차이가 있을 수 있으나 기본적으로는 인간이 생존하기 위해 필요한 욕구들을 충족하는데 따르는 위험들로부터 개인과 집단을 보호하는 것이 사회복지의 목적이라 할 수 있는 것이다.

현대사회에는 많은 부류의 의존집단(dependent population)이 있다. 즉, 연소자, 노인, 여성, 장애인, 빈곤계층, 저임금근로자 등이 있다. 또한 여성에게는 산업사회의 시장경제체제하에서 여성의 생존을 위해 필요한 자원을 스스로 충족시키는데 따르는 장애들이 존재하고 있다.

이러한 장애에 대해 많은 학자들은 산업혁명기를 통해서 인류생활에 두 가지의 분리된 영역—가정과 직장—이 등장하게 되었다고 보았다. 그 이전까지는 가정이 중심이 된 생산—재생산—소비의 통합에서부터 경제적 생산과 가정생활이 분리된 체계의 등장시기를 산업혁명으로 인한 공장제도와 도시화의 등장으로 보고 있다.

이와 함께 산업사회에로의 전환과정에서 남녀의 역할분담이 여성의 사적 영역 즉, 가정 그리고 남성의 공적 영역 즉, 가정 밖의 사회생활의 확보로서 구성되어져서 굳어지게 되었다고 보고 있다.

이러한 과정을 거쳐 현대사회에서의 성별 역할분담이 여성문제로 인식되는 이유는 여성의 가정내에서의 안주(安住)가 공적 영역을 통해 창출되는 생존에 필요한 자원들에 대한 여성집단의 직접적 접근을 제약하고 있기 때문이라고 할 수 있다.

여성이 이들 자원에 대해 접근하는 방법은 대부분 간접적인 통로를 통해서 이루어지게 되는데, 그 간접적인 통로의 대부분은 가정내에서 이루어지고 이것은 여성의 생활주기를 통해 볼 때 아버지로부터, 남편으로부터 그리고 자녀로부터 제공되는 기본적인 자원에 의존되어 왔다. 이러한 자원 접근에 있어서 여성집단이 갖는 의존성은 남성위주의 사회구조에서부터 야기되고 사회화과정을 통해 사회구성원들의 심리에 내재되어 남성과 여성으로 분리된 문화적 영역을 창출하고 지속시켜 왔다.

여성문제를 이해하고 문제 해결을 논의하는 것은 기존의 사회복지의 대상이 되어 온 제반 사회문제에 대한 이해의 폭을 넓힐 수 있다. 즉, 제반 사회문제들에 대한 접근에 있어서 여성이라는 인구학적 변수의 이해에 대한 중요성과 다른 영역의 문제에 있어서의 여성문제와 관련성이 중요시된다.

왜냐하면 성별·연령별로 각각의 인구집단에 있어서 특별히 발생하기 쉬운 문제가 있다. 여성집단은 우리 사회의 상황을 고려해 볼 때 남성집단과는 분리되어 여성집단이 특수하게 갖는 자원에 대한 욕구와 이의 불충족에 따르는 문제가 발생할 수 있다. 이러한 사회구조적 상황에서 결정되는 여성인구의 특성에 대한 이해는 한 여성 개인이나 혹은 특정 여성집단을 대상으로 하는 사회복지의 제반 과업들을 수행하는데 있어서는 포함되어야 할 지식이다.

또한 이러한 윤리적인 문제를 이해하기 위해서는 문제의 본질과 인구학적 특성들의 상호작용이 종종 중요한 관심의 대상이 된다. 빈곤문제와 여성문제의 관련성은 사회복지에서 상당히 중요한 부분을 차지하며, 사회복지의 정책과 실천과정에 있어서 고려되어야 할 문제이다. 마찬가지로 정신질환, 약물중독, 가정문제 등의 원인 규명과 해결을 위한 접근에 있어서도 빈곤문제와 이들 문제가 연관되어 있는 것처럼, 이들 제 문제와 여성의 관련은 여성집단이 갖고 있는 특성과 연관되어 이해되어야 한다.

여성복지의 문제는 그 원인의 심각도, 해결의 난이도와 같은 모든 측면에서 여성 개인이나 가족의 통제 차원을 넘어선 사회 전체의 공통문제이다. 따라서 여성복지의 궁극적인 책임은 국가가 수행해야 하며, 국가의 책임의식이 여성복지정책을 통해 구현된다는 점이 강조될 수밖에 없다.

이러한 여성복지의 어려움은 발달과정 속에서 다음과 같은 몇 가지의 한계에 기인하고 있다. 첫째, 여성복지는 여성을 하나의 단위로 접근하지 못하였다. 그 동안 여성복지는 요보호여성을 중심으로 한 부녀복지나 가족을 중심으로 한 가족복지분야에서 단편적으로 다루어졌을 뿐, 전체 여성을 대상집단으로 한 논의는 상대적으로 그 비중이 약했다. 둘째, 가부장적 권위주의가 여러 영역에 존재함으로써 민주적 역할관계 정립이 지연되고 여성들이 모든 영역에서 소외되어 왔다.

이러한 전근대적 의식은 여성의 복지 향상에 걸림돌로 작용했고 전체 여성을 대상으로 하는 보편주의적 여성복지 발달의 지연을 가져오게 한 요인이 되었다.

## 3. 女性福祉의 對象女性

여성문제에 대한 인식은 관점에 따라 다양하게 나타날 수 있다. 여기에서는 여성복지의 대상을 여성의 주요 문제, 여성의 역할, 여성의 생애주기를 기준으로 구분해보면 다음과 같다.

### 1) 여성의 주요 문제를 중심으로 한 구분

사회복지 대상으로서의 여성문제는 크게 모든 여성을 포함하는 일반여성의 문제와 사회적으로 인식된 구체적인 욕구와 문제를 가진 요보호여성의 문제로 구분할 수 있다.

#### (1) 일반여성의 문제

일반여성이라 함은 요보호여성을 제외한 모든 여성을 칭하게 되는데, 이들 여성이 가진 욕구의 특성을 중심으로 세분해보면 평생교육의 욕구를 가진 여성, 노동의 욕구를 가진 여성, 가족 기능 강화의 욕구를 가진 여성, 정신보건의 욕구를 가진 여성, 삶의 질 향상의 욕구를 가진 여성들로 구분할 수 있다.

일반여성문제는 우리 사회의 여성이면 누구나 보편적으로 경험할 수 있는 문제로서 사회활동 참여 여부를 떠나서 가정이 여성의 일차적 삶의 터전이라는 인식에서 나타나는 여성의 가정에의 종속과 의존에 의해 발생하는 것으로서

첫째, 가정에의 종속으로 인해 나타나는 문제(유형·무형의 폭력에 의한 피해자인 여성과 가정내에서의 폭력유형으로서 아내에 대한 폭력, 여성학대 등)이다.

둘째, 가정에서의 여성의 역할과 관계되는 문제로서 여성의 가정에의 종속·가사 및 육아의 일차적 책임 전담으로 인한 사회참여의 제한과 사회적 노동에 참여하지 않은 여성의 가사노동에 대한 가치 저하 그리고 심리적 보상이 정당화되지 못한데 따르는 문제이다.

셋째, 사회적 자원의 결핍문제와 가부장제하에서 생기는 불평등과 성 차별의 문제영역으로 범주화할 수 있다.

유엔은 여성에 대한 폭력을 여성에 대한 차별의 새로운 유형으로 규정하고 있는데, 여기에는 가정폭력, 성폭력, 성매매, 성희롱 등이 포함된다. 유엔 여성폭력철폐선언 및 제4차 세계여성회의 행동강령에서는 여성에 대한 폭력을 다음과 같이 정의하고 있다.

첫째, 여성에 대한 폭력은 여성에게 신체적, 성적 혹은 정신적 피해 또는 고통을 초래하거나 초래할 수 있는 성에 기반한 폭력의 모든 행위를 뜻하며, 이에는 공적 또는 사적 생활에서 일어나는 그러한 행위의 위협, 강압 또는 자유의 임의적 박탈 등을 포함한다. 따라서 여성에 대한 폭력은 다음과 같은 사항을 포함하지만 이에 국한되지는 않는다. (1)가족내에서 일어나는 신체적, 성적, 심리적 폭력으로 구타, 가정내 여자아동에 대한 성적 학대, 지참금관련 폭력, 배우자 강간, 여성생식기 절

단 및 기타 여성에게 해로운 전통적 관습, 배우자 외의 폭력, 착취에 관련된 폭력 등 (2) 일반적으로 지역사회에서 일어나는 신체적, 성적, 심리적 폭력으로 직장과 교육기관 및 그 외 기관에서의 강간, 성적 학대, 성희롱과 위협, 여성인신매매와 강제매춘 등 (3) 국가에 의해 방조되거나 묵인되는 어디서나 일어나고 있는 신체적, 성적, 심리적 폭력

둘째, 여성에 대한 폭력의 기타 행위는 무력분쟁상황에서의 여성의 인권침해 특히 살상, 조직적 강간, 성적 노예화와 강제임신 등을 포함한다.

셋째, 여성에 대한 폭력행위는 강제불임과 강제낙태, 피임제의 강압적·강제적 사용, 여영아 살해, 태아 성감별 등도 포함된다.

이와 같은 여성에 대한 폭력, 차별의 문제가 여성정책의 중심 과제가 되고 있다.

이와는 달리 행정대상으로서의 여성은 첫째, 인권 측면에서는 인간으로서 남성과 동등한 지위 확보 둘째, 사회참여 측면에서는 특성을 전제로 대등한 사회참여 기회 보장 셋째, 성적 측면에서는 생리적·심리적으로 상호 존중하는 남녀관계 형성에 두고 있다(박수천, 1997).

### (2) 요보호여성의 문제

요보호여성이란 사회적으로 특수한 문제를 가진 것으로 인식되는 여성으로서 환경부적응, 욕구불만, 불안 등 여성 자신의 개인적 결함과 가정적, 사회적 환경 요인에 의해 발생하는 문제에 봉착해 있는 사람들이다.

이러한 요보호여성의 문제는 여성이라는 특성으로 출산·육아·가사노동에서의 모성 기능 수행과 사회참여와 직장진출에 따르는 이중적 과업 수행에서 모성보호조치를 필요로 하고 있다. 여성이 자녀의 양육·교육담당자라는 특성은 사회변화로 나타나는 욕구상승, 경쟁심, 가치관의 혼란 등 모든 아노미현상에 대처할 수 있는 여성의 가치관 확립을 요청하고 있다.

이 밖에도 여성이 갖는 신체적 특성 즉, 성적 기능과 관련하여 성폭력, 혼전임신, 매춘 등과 같은 위험에 처해 있다는 점이다. 요보호여성의 문제는 요보호남성의 문제와는 달리 그 유형으로서 미혼모, 성매매여성, 성폭력피해여성 등이 있다. 이들은 모두 여성의 신체적 특성과 관련된 문제이다. 여기에서 성에 대한 본질적인 관심이 제기되는데, 성 차별, 성 문화, 성에 대한 이중기준 등이 바로 그것이다.

일반여성의 문제가 그들의 가정에의 종속성과 남성에의 의존성에서 연유된 것이라면, 요보호여성의 문제는 종속성과 의존성의 대상이 되는 가정과 남성의 부재 내지 부조화에서 비롯된 것이라고 할 수 있다.

이 밖에도 종속성이나 의존성과는 관계 없이 사회적 환경이나 외부세력에 의해 발생하는 문제도 있다. 예를 들면 모자가족, 이혼여성은 종속성과 의존성의 대상의 부재 내지 부조화에 연유된 것이라면, 가정폭력은 종속성과 의존성에 연유된 것이고, 미혼모, 성매매여성, 성폭력의 문제는 사회적 환경이나 외부세력에 의한 것이며, 가출여성은 이러한 요인들이 복합적으로 작용한 것이라고 볼 수 있다.

일반여성의 문제와 마찬가지로 이들 여성들의 문제도 그들이 가지는 종속성과 의존성의 원인들과 관련해서 이해되어져야 할 것이다. 이들 여성의 문제에 대한 원인이 남성위주의 여성차별적 사회구조에서 남성의 부재로 빚어지는 문제라는 상황□생존을 위한 자원 접근에의 장애□이라고 보면 이들에 대한 대책으로서 사회복지 측면의 지원방안이 요청된다.

따라서 사회복지 측면의 여성문제는 가정내에 문제가 있으나 사회로부터 도움이 적절치 않은 상황 또는 문제가 있는 사회로부터의 영향 때문에 가정 자체로서는 그 안정을 유지하기가 어려운 상황에 처해 있는 경우가 그 주 대상이 된다.

가부장제 사회에서 여성은 자신의 의사와 무관하게 임신과 출산을 통해 가족과 가문을 재생산해야 했고 남성에게 쾌락을 제공해야 했다. 남성의 신체가 쾌락의 주체로서 보호받고 통제권을 인정받아온 것과는 달리 여성의 신체는 남성의 성적 대상물로 쉽게 취급되었고, 욕구에 대한 자기결정권은 인정받지 못했다. 신체에 대한 권리보호는 여성과 가정의 보호라는 측면에서 강조되지 않을 수 없다.

이들이 갖는 문제들이 일시적·장기적으로 가정과 사회에 미치는 파급 효과는 개인과 가정에게 치명적일 수도 있고 또 다른 문제의 유발 요인이 될 수도 있기 때문에 심각성을 띠고 있는 것이다.

### 2) 여성의 역할을 중심으로 한 구분

여성은 사회로부터 아동과 노인을 보호하는 역할을 기대받아 왔다. 이러한 기대는 여성의 삶에 직접적으로 영향을 미친다. 정부의 여성복지에 대한 접근은 바로 이러한 여성에 대한 보편적 기대를 반영한다. 여성의 역할에 대한 기대를 중심으로 여성복지의 대상을 구분하면 자녀에 대한 각종 보호적 지원이 이에 해당된다. 특히, 여성 혼자서 가족을 책임져야 하는 모자가족에 대한 다양한 지원이 여성복지의 주된 대상이 되는 것은 바로 이러한 이유에서이다.

따라서 실질적 혹은 형태상의 모자가족 자녀에 대한 교육적, 보호적 지원은 여성복지의 대상이 되고 있다. 즉, 모자가족 자녀의 교육비 지원, 보육비용 보조, 공부방 이용료 면제, 정서적 지원, 모자가족 아동수당 등이 이에 해당된다. 이들 서비스는 여성에게 부과된 짐을 덜어주는 역할을 한다는 점에서 여성복지 대상영역으로 간주된다.

이러한 점에서 여성복지는 가족복지 혹은 아동복지와 중복되는 부분이 없지 않다. 이처럼 여성의 역할을 중심으로 한 여성복지 대상의 구분은 여성복지의 정체성을 흐리게 하는 측면이 있다. 그러나 여성복지가 여성 삶의 현실에 기반하여 다양한 정책과 접근이 이루어져야 한다고 볼 때 여성의 역할에 대한 기대를 고려한 대상의 설정은 필요하다.

### 3) 여성의 생애주기를 중심으로 한 구분

여성의 생애주기를 중심으로 하여 여성복지의 대상을 구분하는 것을 문제를 중심으로 한 구분보다 여성 삶의 연속선상의 다양한 영역을 포괄할 수 있고, 문제를 가진 여성뿐만 아니라 일반여성들을 포함할 수 있어 여성복지의 대상을 설정하는데 매우 유용한 기준이다.

생애주기를 중심으로 한 구분이란 여성이 출생에서 사망에 이르는 일련의 과정을 특성에 따라 단계별로 구분하고 각 단계에서의 사회적 위험 및 욕구를 중심으로 여성복지의 대상을 선정하는 것을 말한다.

생애주기에 대한 접근은 크게 두 가지 차원에서 가능하다. 하나는 보편적이고 규범적인 생의 사건들로 구성된 측면이고, 다른 하나는 주기 동안의 위기적 사건들과 관련된 측면이다. 여성의 생애주기에서 보편적이고 규범적인 생의 사건은 교육생활, 직업생활, 가족생활로 구성된다. 이 중 사회복지는 주로 여성의 직업생활과 가족생활에 개입하게 된다.

생애주기 동안의 위기적 사건들은 여성에 대한 가정내 폭력, 이혼, 가족원의 갑작스런 사망, 여성의 실직, 여성 혹은 가족원의 장애, 요보호 성인의 발생 등을 들 수 있다.

이상과 같이 생애주기를 중심으로 한 구분은 주기 동안의 보편적 사건이건 위기적 사건이건간에 여성의 전생애를 연속선상에서 포괄한다는 점 외에 여성의 가족내에서의 역할과 연관됨을 알 수 있다. 즉, 여성복지의 대상은 여성이 가족내에서 가지는 역할과 무관할 수 없기 때문에 가족복지의 대상영역과 다소 중복될 수 있다.

# 第3節 女性政策과 女性福祉政策

## 1. 女性政策의 概念과 目標

### 1) 여성정책의 개념

여성정책이란 사회적으로 여성이 열악한 지위에 처해 있어서 감내하고 있는 불평등을 해소하여 보편적인 인간으로서의 삶을 영위할 수 있는 조건을 형성하자는 취지에서 출발한다. 여성정책에 대한 개념으로는 여성의 자유롭고 평등한 사회참여를 가로막는 장애 요인을 파악하고 그것을 제거하려는 노력이며, 전면적인 여성억압이나 성차별문제를 해결하려는 의도적 개입의 총체(이혜경, 1990)라고 규정하기도 하고, 사회의 모든 분야에서 여성의 지위와 권익을 향상시켜 남녀가 평등한 사회를 이루려는 포괄적인 국가의 정책이며, 소극적으로는 이에 장애가 되는 모든 요소를 제거하는 정책(김복규, 1997)으로 규정하기도 한다. 따라서 여성정책이란 정치·경제·사회·문화 등 모든 분야에서 여성의 지위와 권익을 향상시켜 남녀가 평등한 사회를 이룩하려는 국가정책의 한 부문이라고 할 수 있다.

여성정책은 다른 정책과 달리 가족정책, 인구정책, 보건정책, 경제정책, 사회정책, 문화정책, 교육정책 등 타 정책과의 연결성이 깊은 복합적이고 다면적인 과제를 다루게 된다.

그 동안 정부의 여성정책은 요보호여성 중심의 부녀복지나 가정복지 차원에서 다루어 왔다. 부녀복지의 의미는 주로 요보호여성을 대상으로, 가정복지는 보호대상 가족을 중심으로 시행하는 복지정책이라고 한다면, 여성정책은 보호대상 여성뿐만 아니라 일반여성에게까지 확산된 정책을 모색·실시함으로써 여성의 욕구를 포함한다고 볼 수 있다(변화순, 1992).

이와 같이 여성과 관련된 다양한 분야(교육, 노동, 문화, 경제, 보건, 환경, 가족, 인권)의 국가정책을 포괄하는 광범위한 개념으로 사용되고 있다.

### 2) 여성정책의 목표

여성정책의 목표는 당면한 과제를 해결하는 소극적 차원의 치유적 목표와 보다 나은 삶의 구현을 목표로 하는 적극적 차원의 창조적 목표로 구분할 수 있다. 1980년대 이전의 우리나라 여성정책은 대부분 특정 요보호여성만이 대상이 되어 그 내용도 주로 소극적 차원의 치유적 목표에 그쳤으나 1980년대 이후는 보다 적극적인 방향이 설정되어 여성의 사회참여 확대나 남녀평등의 촉진 등이 목표로 제시되고 있을 뿐만 아니라 여성복지정책의 경우도 가정폭력 및 성폭력 피해여성 등으로 그 대상 범위가 점차 확대되고 있다.

소극적 차원의 치유적 목표는 현재의 상황에 문제가 있어 이를 제거하는 것이 정책의 목표가 되는 경우인데, 여성정책의 경우는 현재의 상황을 주어진 상황으로 인정하게 되면 어느 면에서는 창조적 목표로 보일 수 있는 면도 없지 않으나 여성의 입장에서 보면 아무리 적극적인 목표를 추구하더라도 치유적 목표로 여겨질 수 밖에 없다. 치유적 목표의 경우 문제가 되는 상황을 야기하는 원인이 되는 것을 제거하는 것이 정책의 일차적 목표가 된다. 따라서 여성정책의 목표는 남녀차별을 야기하는 모든 요소의 제거가 정책의 일차적 목표인 셈이다.

우리나라 여성정책의 목표를 여성발전기본법의 규정에 따라 정리하면 첫째, 남녀평등의 촉진 둘째, 여성의 사회참여 확대 셋째, 여성복지의 증진으로 요약할 수 있다. 이를 구체적으로 살펴보면 첫째, 남녀평등의 구현을 통한 여성의 인간화 내지 인류의 발전에 있으며 이를 적용 영역에 관련된 개념으로 보면 남녀평등을 통한 국가와 사회의 발전이 그 목표가 된다. 둘째, 남녀평등의 구현은 여성의 지위향상과 사회참여의 확대 및 복지 증진을 통하여 추구할 수 있다. 그러나 가족보호기능·여성지위·여성복지정책을 연결시켜 볼 때 현실적으로는 남녀평등을 위한 정책보다는 여성복지정책을 강화함으로써 문제를 동시에 해결할 수 있을 것으로 생각된다.

여성정책의 목표를 남녀평등의 촉진과 사회참여의 확대 및 여성복지의 증진으로 설정한 것은 여성정책의 기본 목표가 남녀평등의 구현에 있고 이를 제약하는 요소의 제거가 정책의 최소한의 목표라고 할 때 남녀평등을 저해하는 요소들은 이 세 범주로 나누어 질 수 있다. 그러나 이 세 범주는 대부분의 정책이 그러하듯이 상호 배타적인 것은 아니며 어디에 중점을 두느냐에 따라 분류할 수 있는 하나의 기준이 될 뿐이다.

우리나라 여성정책은 지난 10여년 동안 양적·질적 차원에서 발전과 전환점을 이루었다고 할 수 있다.

## 2. 女性政策의 主要 內容

### 1) 여성발전기본법에 의한 주요 정책

여성발전기본법에 규정되어 있는 여성정책의 범위는 다음과 같다.

(1) 교육에서의 남녀평등에 관한 정책
(2) 정책결정과정의 여성참여확대에 관한 정책
(3) 고용상의 남녀차별 해고에 관한 정책
(4) 여성고용 촉진 및 안정에 관한 정책
(5) 여성보건 및 모성보호에 관한 정책
(6) 여성인적자원의 개발에 관한 정책
(7) 보육시설에 관한 정책
(8) 저소득 모자가족의 여성, 미혼모, 가출여성, 장애여성 등 보호를 요하는 여성 및 노인여성의 복지 증진에 관한 정책
(9) 농어촌여성의 복지 증진에 관한 정책
(10) 평등한 가족관계의 확립에 관한 정책
(11) 성폭력, 가정폭력 등 여성에 대한 폭력의 방지에 관한 정책
(12) 성매매 방지 및 성매매 피해자보호등에 관한 정책
(13) 가사노동가치의 평가등에 관한 정책
(14) 여성의 국제적 평화증진운동 및 국제협력강화에 관한 정책
(15) 여성의 자원봉사활동에 관한 정책
(16) 기타 여성의 권익 증진에 관한 정책 등이다.

이와 같은 여성정책을 추진하기 위해 1997년 제1차 여성정책 기본계획(1998-2002년)를 수립하여, 계획기간 동안 사회 모든 영역에서 사회참여 확대, 성 차별적인 법·제도의 정비, 평등의식 확산 등 남녀평등사회 실현을 위한 기반은 마련되었으나 여성을 차별하는 의식과 관행이 여전히 존재하고 있으며, 직장과 가정 양립을 위한 사회인프라 구축이 취약하여 여성과 남성의 조화로운 동반자관계 형성에 장애 요인이 되고 있다.

따라서 제2차 여성정책 기본계획(2003-2007년)은 정부정책에 양성평등 관점을 통합하기 위한 정책 및 양성평등한 가족정책의 기반 조성 등 새로운 정책환경에 부응한 정책을 선정하여 추진하고, 모성보호 강화, 보육 서비스 확대, 평등문화의 확

산 지속추진 등 제1차 계획과 연계하여 추진해 왔다. 여기에서 제2차 기본계획의 주요 내용을 살펴보면, 실질적 남녀평등사회 구현을 정책비전으로 설정하였으며, 4대 정책 목표로는 첫째, 남녀의 조화로운 동반자관계 형성 둘째, 지식기반사회 여성의 경쟁력 강화 셋째, 사회 각 분야 여성의 대표성 제고 넷째, 여성의 복지 증진 및 인권보호 강화 등을 제시하였다.

이러한 정책목표를 추진하는 전략으로 성 주류화와 협력체계 구축을 제시하였으며, 이러한 여성정책을 추진하기 위해 중앙행정기관이 지정한 여성정책담당관이 당해 기관의 연도별 시행계획의 종합 조정 및 추진실적의 점검, 정책의 분석·평가에 관한 사항, 당해 기관의 여성공무원의 지위 향상 등의 업무를 담당하고 있다.

### 2) 제2차 여성정책 기본계획의 추진과제

제2차 여성정책 기본계획은 남녀평등사회 실현을 위한 국가의 비전을 제시하고 우리 사회 전반의 분야별 여성발전을 이루기 위한 종합계획으로서 향후 5년간 중앙부처 및 지방자치단체의 분야별 여성정책의 정책목표와 방향을 제시하고 정책에 양성평등 관점을 통합하도록 하는 기준을 제시하였으며, 여성정책 추진주체의 정책추진 역량을 강화하기 위한 도구가 된다는데 의의가 있다.

여성정책 기본계획에는 (1) 여성정책의 기본방향 (2) 여성정책의 추진목표(남녀평등의 촉진, 여성의 사회참여 확대, 여성의 복지 증진, 기타 여성정책에 관한 주요 시책) (3) 여성정책 추진과 관련한 재원의 조달방법 등이 포함되어야 하며, 중앙행정기관의 장 또는 특별시장·공역시장 및 도지사는 기본계획에 의한 연도별 시행계획을 수립·시행하여야 하며, 여성부장관은 실행계획을 조정하고 그 이행상황을 점검하도록 하고 있다.

제2차 여성정책 기본계획에 나타난 정책과제는 다음과 같다.

#### (1) 모성보호 및 직장과 가정생활의 양립 지원

① 모성보호제도의 정착 및 확대

② 육아휴직제도의 조기 정착

③ 직장과 가정생활의 양립을 위한 프로그램 개발 및 홍보

#### (2) 여성의 직업능력 개발 및 고용 촉진

① 전업주부의 능력개발기회 확대

② 여성근로자의 능력개발기회 확대
③ 여성고용촉진 기반의 구축

(3) 비정규직 여성근로자등의 근로조건 보호와 능력개발

① 비정규직 근로자의 근로조건 보호 강화
② 비정규직 근로자에 대한 사회안전망 적용 확대
③ 비정규직 근로자등의 능력개발기회 확대
④ 취약여성근로자 보호

(4) 보육 서비스의 강화

① 양질의 보육서비스 제공을 위한 제도적 기반 마련
② 수요자의 요구에 따른 다양한 보육 서비스 확충
③ 보육에 대한 공공투자의 확대
④ 직장보육의 활성화

(5) 여성의 평생교육 참여여건 강화

① 여성평생교육 지원인프라 구축
② 여성평생교육기관의 차별화·특성화

(6) 여성자원봉사 활성화

① 여성자원봉사 전문성 강화
② 여성자원봉사자 인정·격려
③ 여성자원활동센터 운영·지원

(7) 여성건강 증진

① 여성건강권 확보를 위한 보건의료정책 인프라 구축
② 모성건강증진대책 강화
③ 여성근로자 건강보호 강화

(8) 여성의 자활능력 제고와 사회보장권 확대

① 취약계층여성의 자활을 위한 제도적 지원 강화

② 여성의 국민연금수급권 확대

(9) 여성노인에 대한 복지 서비스 확대

① 여성노인의 직업능력 제고

② 여성노인에 대한 복지 서비스 강화

(10) 여성장애인에 대한 복지 서비스 확대

① 여성장애인의 취업능력 제고

② 여성장애인에 대한 복지 서비스 강화

(11) 성매매방지대책의 실효성 제고

① 성매매관련 여성의 인권보호 및 사회복귀 지원 강화

② 성매매관련 법제의 정비 및 법 적용의 실효성 제고

③ 성매매 예방 및 인식의 제고

④ 국제적 성매매 예방 및 외국인 피해자보호 강화

(12) 가정폭력 및 성폭력 근절을 위한 대책 추진

① 가정폭력·성폭력 피해자보호 강화 및 사회복귀 지원

② 가정폭력·성폭력관련 법·제도의 정비 및 실효성 강화

③ 가정폭력·성폭력 예방을 위한 교육 및 홍보 강화

(13) 남녀차별 및 성희롱 피해의 예방과 구제 강화

① 수요자 위주의 남녀차별 개선업무 수행

② 남녀차별 피해구제의 실효성 제고를 위한 법령 등의 개선

③ 성희롱 예방교육 체계화

④ 성희롱방지대책 수립을 위한 실태조사 및 연구

(14) 통합적 가정(가족) 복지정책 기반 조성

① 가정(가족)복지 종합계획 수립

② 통합적인 가정(가족) 복지정책의 수립·시행을 위한 법·제도 마련

### 3) 제3차 여성정책 기본계획

제1·2차 여성정책 기본계획의 성과로는 (1) 성 주류화전략의 도입과 제도화 (2) 정책결정과정에 여성참여 확대 (3) 남녀고용평등의 강화 (4) 일-가족 양립을 위한 육아휴직 및 보육서비스 확대 (5) 가정폭력 및 성매매방지 등 여성인권 보호기반 강화 (6) 가족정책의 제도적 기반 구축 등을 들 수 있다.

제3차 여성정책 기본계획은 제1·2차 여성정책 기본계획의 성과와 새로운 정책 환경의 요구를 반영하여 지속가능한 성 평등사회를 위한 보다 적극적이고 다각적인 여성정책의 방향과 위상을 정립하고자 계획되었으며 여성의 역량 강화, 일과 생활의 조화, 다양성과 차이 존중 등을 전략 목표로 설정하였다.

여기에서 주요 정책과제를 살펴보면 다음과 같다.

#### (1) 국가운영에 주도적 참여

① 국가정책의 성 주류화
② 통합적 여성정책 추진
③ 의사결정의 참여 확대

#### (2) 여성의 복지와 인권 강화

① 여성의 건강 및 복지 강화
② 성폭력·가정폭력방지 실효성 제고
③ 성매매방지 및 피해자 자활지원 내실화

#### (3) 여성의 경제적 역량 강화

① 여성 일자리 확대
② 여성의 평생직업능력 개발
③ 여성근로자 차별 해소 및 보호

#### (4) 돌봄의 사회적 분담

① 보육 및 교육서비스 강화
② 가족돌봄에 대한 사회적 지원
③ 일-가정 양립

(5) 사회통합과 평등문화 정착

① 평등문화 확산

② 다양성 존중과 사회적 통합

③ 여성 교류협력 강화

### 4) 여성정책의 전략

성인지적 관점은 성(gender)에 기반한 불평등과 차별을 최소화해 나가면서 궁극적으로는 성적 불평등의 요소들을 근절해 나가는 것을 목적으로 한다. 성인지적 정책을 통하여 우리 사회에서 삶의 경험과 상황, 사회경제적 지위 등에 차이가 있는 남성과 여성을 대상으로 하는 모든 정책분야에 그 차이를 반영함으로써 양성간의 형평성과 평등을 가져오도록 함을 목적으로 한다. 그러므로 정책을 입안할 때 현재의 상황을 평가하고 비교하는 중요한 기준의 하나로 성별을 사용한다. 이러한 성인지적 정책을 뒷받침하는 정책도구는 성 분석(gender analysis), 양성평등 분석(gender equality analysis), 성별 영향 평가(gender impact evaluation) 등이 있다.

여성정책의 목표는 성 평등의 실현에 있다. 성 평등의 의미는 모든 인간이 고정된 성 역할에 따른 제한 없이 자유롭게 자신의 능력을 개발하고 선택할 수 있는 권리가 보장되는 것을 의미한다. 여성정책을 시행함에 있어서 여성정책의 성 주류화(gender mainstreaming)가 거론되는데, 이는 여성정책의 기획·결정·평가 전단계에 여성이 적극 참여하여 여성의 요구와 특성을 반영하는 정책을 개발 및 시행함으로써 성 평등을 실현하는 전략을 의미한다.

이와 관련하여 주류화를 시행하는 도구는 성 분석이다. 성 분석은 기존의 정책과 프로그램, 법제들이 여성과 남성에게 미치는 효과를 평가하는 과정이다. 이를 통하여 모든 정책 및 프로그램이 성 차이나 여성과 남성의 관계의 특성, 그들의 사회적 현실, 삶의 기대들, 경제적 상황 등에 민감하게 되도록 하는 과정이다. 성 분석은 모든 사람이 성에 관계 없이 정책과 프로그램들에 똑같은 영향을 받는다는 가정에 의문을 제기한다.

## 3. 女性福祉政策의 槪念과 目標

### 1) 여성복지정책의 개념

여성복지에 대한 개념은 모호하고 혼란된 상태에 있다. 그 이유는 첫째, 복지의 범위를 어디가지로 한정할 것인가에 따라 그 포괄범위가 달라지기 때문이다. 둘째, 가족내에서의 여성의 역할이 복합적이기 때문이다. 즉, 여성은 독립적인 개인으로서의 역할뿐만 아니라 가족원을 보호하는 보호자로서의 역할, 부양자에게 의존하는 의존자로서의 역할수행자로 인식하고 있기 때문이다. 이러한 모호성과 혼란은 여성복지의 정체성을 흐리게 하여 가족복지 및 아동복지영역과의 중복 및 혼란을 가져오는 원인이 되기도 한다.

여성복지정책은 사회복지정책 가운데 여성을 그 대상으로 하는 정책이며, 여성의 욕구를 충족시키고 여성문제를 해결하거나 예방하기 위한 국가적 시책이라 할 수 있다. 따라서 여성정책이 여성에 대한 사회정책 전반을 의미하고 있으므로 여성정책 속에 여성복지정책을 한 전문 영역으로 포함하는 것이 적절하다(성민성, 1997).

여성복지정책은 여성 · 복지 · 정책을 보는 관점에 따라 다르게 정의될 수 있다. 이혜경(1996)은 여성복지정책을 욕구집단과 표적집단으로 구분하여 유형화하고 여성복지정책 속에 요보호여성, 근로여성, 일반여성을 모두 포함시키고 있다. 특별히 사회주의 여권론적 관점에서 은 현존하는 여성억압 및 성 차별문제를 해결하여 여성의 복지를 증진하고, 나아가 양성평등의 사회를 구현하려는 국가의 공공정책으로 정의하고 있다(이혜경,1997).

여성정책이 여성 삶의 다양한 영역과 관련된 정부의 정책이라면 여성복지는 다양한 여성의 삶의 영역 중 사회복지와 관련된 부문으로서 정부의 시책뿐만 아니라 만간 차원의 제반 노력까지 포함하는 제 활동으로 볼 수 있다.

여성복지의 중요성과 개념의 확대에 따라 여성정책과 여성복지정책의 차이가 점점 좁혀지고 있는 경향이지만, 복지에서의 실천적 의미를 고려하고, 또한 사회복지서비스가 제도적 및 보편적 서비스로 확대되어 막대한 재정이 소요된다는 점을 고려할 때, 여성정책과 여성복지정책은 구분할 필요가 있다.

따라서 여성복지정책과 여성정책과의 관계는 두 가지 관점에서 살펴볼 수 있다. 하나는 여성복지의 주체를 국가에 국한시켜서 여성복지정책이라는 용어를 사용하는 경우이다. 다른 하나는 여성정책을 여성복지정책보다 더 넓은 개념으로 보는 것이다. 즉, 여성복지정책은 여성정책 중에서 복지에 대한 욕구를 가진 여성 즉, 요보호여성을 주 대상으로 하는 정책을 말하며, 여성정책은 요보호여성을 포함한 모든 여성의 복지를 포괄하는 정책을 말한다. 이는 여성발전기본법에서 여성정책을 남녀평등의 촉진, 여성의 사회참여 확대 및 복지 증진에 관한 대통령령이 정하는 정책이라고 규정한 것과 우리나라의 부처별 여성정책의 계획 및 실천사항에서 살펴볼 수 있다.

이러한 여러 관점을 고려할 때 여성복지정책은 여성복지를 실천하기 위한 국가의 방침이라고 정의할 수 있다.

### 2) 여성복지정책의 목표

역사적으로 거의 모든 사회에서 여성은 남성보다 낮은 지위에 있어 왔다. 여성은 많은 사회적 제약들로 규제되어 왔고, 남성에 비해 그들의 업무에 대한 인정을 제대로 받지 못했다. 사회복지가 자본주의의 모순 때문에 파생한 사회구조적인 문제를 그 문제발생의 원인이 된 사회가 책임을 진다는 것이다. 즉, 사회구조적인 문제에서 발생한 여성문제이기 때문에 사회적으로 해결해야 한다는 것이다. 왜냐하면, 사회적 문제를 일으키는 대상이 많고, 그 대상이 다른 사회구성원의 안녕한 삶에 위협적인 존재가 되지만, 그들 스스로는 자신의 문제를 해결할 수 없는 것임을 볼 때(최성재 외, 1996) 여성은 역사적인 관점에서 복지의 우선대상이 되는 것이며, 특히 남성과 비교할 때 더욱 그러하다. 여성복지의 개념이 확대되면서 여성의 삶의 향상을 위한 여성복지분야가 비교적 높은 비중을 차지하기 때문인 것이다(한국여성개발원, 1999).

여기에서 여성의 복지 증진을 목표로 하는 정책을 살펴보면 복지의 수준에 따라 그 대상을 두 가지 범주로 나눌 수 있다. 그 하나는 전체 여성의 보다 인간다운 삶의 조건을 형성하기 위한 정책이고, 다른 하나는 사회적 취약계층으로 분류되는 여성들의 복지를 향상시키기 위한 정책이다. 전자는 보건, 의료, 교육, 문화, 노동 등에서의 복지수준의 향상이 정책의 과제이며, 후자는 특별한 보호를 필요로 하는 여성들을 위한 정책으로 저소득 여성, 모자가족, 성폭력 및 가정폭력 피해여성, 미혼모, 성매매여성, 이혼여성, 비행 및 범죄여성, 가출여성 등을 대상으로 하는 각종의 사회복지 서비스가 이에 해당된다.

즉, 요보호여성을 위한 복지란 환경에 적응하지 못하거나 욕구불만을 가진 여성들로 탈선행위를 하여 특수한 보호가 필요하거나 문제 유발의 가능성이 높은 여성들이 그 대상으로 간주될 수 있다. 따라서 주로 이미 문제가 노출되어 사회복지 서비스의 필요성이 제기되는 대상을 위한 복지로서 치료적이고 사후 대책적인 개념이다(임미순, 1992). 그러나 현실적으로 요보호여성에 대한 사회복지 서비스가 더 긴요한 문제로 인식되어 전체 여성의 복지수준 향상은 상대적으로 관심권에서 벗어나 있다.

여성복지 증진을 위한 프로그램은 다른 영역보다 더 다양할 수밖에 없다. 여성은 결혼 여부에 따라 기혼여성 · 독신여성 · 미혼여성으로 구분되고, 취업 여부에 따라 경제활동여성과 비경제활동여성으로 구분되며, 연령, 경제수준의 다양성 등 여러 가지 변수들이 작용하게 된다. 또한 여성복지문제는 사회변화에 따라 다양성을 띠고 있고 욕구수준도 다양화 · 고도화되고 있어 여성복지 프로그램을 개발함에 있어서 그 대상과 범위를 설정하기가 쉽지 않을 뿐만 아니라 욕구수준에 따른 프로그램의 개별화도 쉽지 않다.

이러한 맥락에서 보면 사회안전망으로서의 여성복지의 강조와 그 책임주체로서의 국가가 차지하는 비중의 문제가 제기된다. 따라서 모든 여성이 여성복지의 대상이지만 요보호여성이 우선될 수밖에 없으며, 그 대책은 제도적 장치가 될 것이다. 여하튼 사회복지의 타 영역과 마찬가지로 여성복지도 선별주의 내지 잔여적 개념에서 보편주의 내지 제도적 개념으로 발전해 오고 있어 여성복지정책의 범위와 적용대상도 확대되고 있다.

2008년도 여성권익증진사업의 전략목표는 여성폭력에 대한 적극 대처 및 여성인권보호체계 구축이다. 이러한 전략목표의 성과목표로는 (1) 성매매방지를 위한 의식 · 제도 개선 및 피해여성에 대한 맞춤형 자활 지원 (2) 가정폭력 · 성폭력 근절 중장기 계획 마련 및 예방교육의 실효성 확보 (3) 피해자 중심의 One-stop 지원 서비스 내실화 및 피해대상별 특화된 서비스 제공 (4) 일본군위안부피해자 및 여성장애인 등에 대한 지원 강화 등이다.

한편, 제1차 건강가정 기본계획(2006-2010년)에서는 가족정책의 비전을 가족 모두가 평등하고 행복한 사회로 설정하고 이에 대한 정책목표는 가족과 사회에서의 남녀간 · 세대간 조화 실현, 가족 및 가족구성원의 삶의 질 증진에 두고 있다.

### 3) 여성복지정책의 특징

우리나라 여성복지정책의 특징을 살펴보면 첫째, 여성 개인을 일차적 대상으로 하는 정책의 비중이 약하고 가족을 보호하는 보호자로서의 역할을 지원하는 데에 많은 비중을 두고 있다. 둘째, 일반여성보다는 요보호여성에 대한 지원에 치중하고 있으며 서비스 이용자의 욕구나 다양성을 반영하거나 시대 변화에 따르는 유연성 있는 내용의 서비스가 미흡할 뿐만 아니라 서비스가 질적·양적으로 부족하다. 셋째, 법제의 다원화에 따라 적용대상별 상담기관·보호시설이 분리되어 있으며, 상담기관·보호시설이 지역적으로 불균형하게 배치되어 있다. 넷째, 여성정책이 주로 중앙정부 중심의 법적·제도적 개선에 치우쳐 왔으므로 여성복지정책 역시 그러한 경향을 띠고 있다. 다섯째, 여성부와 보건복지가족부로 업무가 분산되어 중복되거나 혼란이 생기고 있다는 점 등이다.

## 4. 女性福祉政策의 必要性

여성복지는 여성들이 남성들과 비교될 때 상당한 범위에 걸쳐 공통적인 불이익 또는 불편 내지 불만을 유발시키고 있는 문제들에 직면하고 있다는 것이 전제가 된다. 여성복지가 사회정책의 한 영역이 되어야 할 필요성을 살펴보면 다음과 같다.

### 1) 사회적 위험성의 증대

현대사회는 풍요로움 속에서도 다른 한편으로는 생의 위기에 빠질 위험성이 증대되고 상호 의존적이 되어 가고 있다. 사회적 위험은 산업재해, 교통사고, 각종 공해, 산업재해와 직업병, 신종 질병, 이혼등 가족해체, 알콜 및 약물중독, 비행 및 범죄, 노후빈곤, 미혼부모 발생 등의 위험들이다.

이러한 사회적 위험은 가족구조의 변화와 복지를 연결시켜 생각할 때 가족의 수가 축소되었다든가 혹은 가족구성의 세대 수가 줄어들었다든가 하는 외형적이고 수량적인 것도 중요하지만, 전통사회 속에서 가족제도가 수행했던 제반 복지기능이 점차 변질 내지 상실되고 있는 내적, 질적 변화를 무시할 수 없게 되었다. 전통사회에서의 개인들은 친척들로부터 상당히 광범한 범위에 걸쳐 상당수준의 보호와 복지를 보장받을 수 있었던 것이다. 그러나 그러한 보호 및 복지망이 산업사회에서는 크게 축소되고 그만큼 현대인은 사회적 위험에 노출되어 무방비상태에서 살아가고 있는 것이다.

이와 같은 사회적 위험의 증대현상과 함께 그러한 위험이 발생했을 때 그 원인 및 책임의 소재 파악이 매우 힘들다는 것이다. 한부모가족의 발생원인인 남편의 각종 사고나 질병, 가출 그리고 이혼 등이 개인의 책임으로만 돌려질 수 없음은 명백하며, 수명연장으로 인한 노후생계의 위협이 개인의 책임일 수 없다. 제2차 세계대전 전까지만 해도 무지, 나태, 도덕성 결여 등 개인의 결함 때문에 미혼부모나 성매매여성이 발생한다는 견해가 지배적이었지만 이제는 사회적 요인이 더 큰 비중을 차지한다고 많은 학자들은 보고 있다.

이와 같이 개인의 복지를 저해하면서도 그 원인이 개인에게보다는 사회 전체에게 있을 때 그러한 요인들을 비복지(diswelfare)라고 하며, 이러한 비복지는 산업사회가 만들어낸 산물이라고 할 수 있으므로 해결의 책임 또한 사회가 져야 함은 당연한 귀결이라 할 수 있다. 바로 이러한 비복지의 속성 때문에 여성복지는 사회정책의 주요 대상이 되어야 한다는 것이다.

### 2) 취업여성의 증가

최근 여성과 관련하여 일어나고 있는 변화에는 여성의 노동시장 참여 증가와 새로운 생활양식의 등장을 들 수 있다. 즉, 일자리를 가지는 여성이 증가하면서 미혼독신, 이혼, 별거 등의 새로운 생활방식으로 생활을 꾸려가는 여성이 증가하고 있다.

현대사회는 취업여성의 증가로 여성근로자들의 근로조건을 변화시켜 놓았다. 즉, 전통사회에서의 여성근로는 대부분이 가정사(family affairs)였지만, 산업사회에서는 공장등과 같은 직장에서의 취업이 주가 되고 있다. 어느 나라를 막론하고 산업화에 따라 여성의 경제활동은 증가현상을 보이고 있는 것이 사실이다.

인력 중심의 농업경제하에서 남성의 보조역할에 지나지 않던 여성노동이 기계중심의 공업경제하에서는 저임금으로도 채용이 가능하다는 여성노동력의 특성은 자녀의 출산 및 양육 위주의 가사가 주가 되었던 여성의 전통적 고유 기능을 자녀양육과 임금소득의 이중역할 수행으로 전환시키고 있는 것이다. 여성취업의 확대가 가능한 이유는 산업사회가 여성노동을 절대적으로 요구하고 있다는 점과 다른 한편으로는 산아제한, 가사의 기계화, 즉석식품의 개발 및 자녀양육의 사회분담화 등을 통해 산업사회가 기혼여성들의 취업을 용이하게 해주고 있기 때문으로 볼 수 있다.

저임금의 대표적 집단이 여성들이며, 해고의 위험에 가장 취약한 집단 역시 여성근로자들이란 점은 자본주의 사회의 한 맹점으로 지적되고 있다. 특히 우리나라는 산업화의 견인차 역할을 했던 생산직근로자가 대부분 저임금 여성근로자였음에도 불구하고 그들에 대한 응분의 대가를 지불하는데 인색했다.

이외에도 여성의 사회진출에 따른 이중역할 수행은 영유아보육문제, 자녀양육 및 교육문제 등에 파급효과를 가져왔고, 특히 모성 기능 수행에 역작용을 초래하게 되기도 했으며, 노부모 수발문제도 심각성을 띠고 있다.

### 3) 여성에 대한 차별

여성에 대한 성 차별이 심화되고 있다. 전통사회에서는 여성이나 자녀의 개념이 성립되지 않았으며, 가장과 여타 가정구성원들간의 관계는 지배—종속의 관계 또는 피의존—의존의 관계였다.

우리나라는 여성에 대한 차별문화가 뿌리 깊게 전해져 내려오고 있어 여성에 대한 관념은 남성의 보호를 받아야 할 대상으로 인식되어 여자의 일생을 어려서는 아버지의 보호를 받고, 결혼해서는 남편의 지배를 받으며, 늙어 남편이 죽게 되면 아들의 보호를 받는 것으로 표현되기도 했다.

사회적으로 남성들보다 더 낮은 지위에 위치하는 여성들은 그들의 낮은 지위에 기인된 불이익을 많이 당하게 된다. 그들은 의존적이고 불안정하여 남성들보다 심리적 장애를 가질 가능성이 더 많다고 볼 수 있다.

### 4) 이중적 성 윤리와 성 개방 풍조

이중적 성 윤리와 성 개방 풍조의 만연에 따라 각종 사회문제가 발생하고 있다. 전통적인 가부장적 제도하에서는 부부간의 자연스런 애정의 교류를 배제하는 대신에 남성에게는 혼외성관계를 용인하고 여성에게는 이를 절대로 금지하는 성에 대한 이중적인 기준이 당연시되었다. 이러한 풍습은 현대사회에도 여전히 남아 있어서 여성을 애정의 대상으로 여기기보다는 남성의 이기적 본능의 대상으로 생각하는 경향이 잔존하여 여성을 남성의 성적 도구시하게 되고 이로 인하여 인신매매 및 매춘 등의 심각한 사회문제를 야기시키고 있다.

또한 산업사회가 성숙되어 감에 따라 서비스산업의 발달이 촉진되고 이로 인하여 성 개방 풍조가 파급되어 혼전성관계 및 혼외정사가 점점 늘어나는 추세를 보이고 있으며, 서구사회에서 전파된 퇴폐문화의 확산으로 남녀간의 성 윤리가 더욱 문란해지고 있다.

이와 같은 이중적인 성 윤리의 기준과 성 개방 풍조의 만연으로 이혼여성, 미혼모, 성매매여성 등과 같은 요보호여성이 급증하게 되고 성의 상품화현상을 초래하게 되어 이들에 대한 보호와 대책이 필요하게 되었다.

### 5) 생활의 질 향상의 욕구

유네스크는 삶의 질에 따라 사회복지수준과 인간의 필요충족 및 만족에 관계되는 개념으로 첫째, 개인 차원에서 행복하고 가치로운 삶을 위한 개인의 생활수준 둘째, 사회적 생활수준과 관계되는 인간의 복지수준으로 보고 있다. 즉, 삶의 질은 각 개인의 안전과 복지에 관한 인식과 인생이나 행복에 관한 만족과 불만족으로 정의할 수 있다.

복지의 문제는 물질적인 것에만 국한되어 있지 않고 정신적 만족과도 연결되어 있다. 만약 경제적 문제가 심각하지 않고 사회·문화적으로도 불행하지 않다면 여가선용의 문제는 그만큼 더 중요시될 것이다.

이제 여성의 여가시간 활용문제는 사회, 문화적 측면에서는 물론 국가의 경제적 측면에서도 그 중요성이 커지고 있다. 이 밖에도 핵가족화와 맞벌이 부부의 증가에 따른 사회환경의 변화는 여성에게 보다 다양한 역할을 요구하고 있다. 따라서 여성의 능력을 극대화시키고 여유시간을 최선으로 활용할 수 있는 사회정책이 필요하게 되었다.

사회복지제도는 발달론에 의하면 사회정책을 실현하는 것이 문제의 심각성과 해결의 당위적 논리가 인정된다고 해서 반드시 그리고 당장에 결과가 나타나는 것은 아니기 때문에 여성문제에 대한 사회정책화가 시급하다 할지라도 그것이 실제 정책으로 구체화되기까지에는 여러 측면에서 여건이 조성되어야 할 명제(命題)를 안고 있다.

여성복지는 여성들이 그들이 지니고 있는 문제들을 해결하고 욕구를 충족시키는 것이 일차적인 과제이다. 여성들의 문제와 욕구가 무엇인가를 파악하고 그것을 효과적으로 해결하기 위해 여성들의 기회균등을 확보하고 요보호여성들의 최저생활을 보장해주기 위해 여성능력의 개발이라는 차원에서 정책적으로 전개하여 특수한 환경에 처해 있는 요보호여성들에게 최저생활을 보장해주는 것이 절실하다. 여성복지는 여성의 자아실현 및 인간다운 삶을 영위함과 동시에 윤리와 과학이 조화되는 건전한 가정을 육성하는데 있다. 따라서 복지사회 구현을 위해 여성의 잠재능력을 개발하고 사회참여 기회를 확대해 나가야 하며, 가정의 기능을 강화하여 가정문제의 사회문제화를 방지함과 동시에 요보호여성에 대한 복지 증진에 기여하여야 할 과제를 안고 있다.

과거의 여성문제는 빈곤의 해결이라는 측면에서 어떻게 보면 단순한 측면도 있었지만 오늘날은 도시화, 산업화, 서비스 산업화 등으로 인해 가치관이 변화되고,

여가시간의 증가, 여성노인 및 장애여성의 증가 등의 인구학적 변화와 함께 가족의 구조와 기능에도 많은 변화를 가져와 여성의 문제와 요구는 복잡 다양해지고 있다는 점에서 여성복지는 강조되고 있다.

# 第4節 女性福祉의 接近方法

여성복지는 다양한 여성복지문제에 대한 접근이므로 접근방법에 있어서 정책적(거시적) 접근방법과 전문기술적(미시적) 접근방법이 활용되고 있다.

여성문제는 단순히 여성만의 문제가 아니라 가족, 아동·청소년, 노인, 남성까지 포괄하는 광범위한 영역이며, 문제 해결의 접근방법에 있어서도 정책적 접근과 전문기술적 접근이 동시에 고려되어져야 한다.

## 1. 政策的 接近方法

여성복지를 위한 정책적 접근은 여성복지정책을 통해 이루어진다. 여성복지정책은 여성의 복지 증진을 위한 사회의 법과 제도 및 정책과 관련된 조직적 활동으로 여성문제에 대한 사전 예방적 관점의 접근이다. 여성정책은 여성과 관련된 복지, 교육, 노동, 보건, 의료, 환경, 가족, 문화 등의 분야에서의 정부정책으로서 사회정책의 일 분야이다.

우리나라 여성복지정책은 일반여성과 요보호여성으로 대상을 구분하여 구체화하고 있다. 여성복지정책은 여성 개인의 욕구 충족을 일차적 표적대상으로 하는 정책, 여성을 가족의 보호자로 간주하여 보호자 역할을 지원하는 정책 그리고 의존자로서의 여성차별적 정책으로 구분할 수 있다.

여성 개인의 욕구 충족을 일차적 표적대상으로 하는 정책의 대상은 성매매여성, 가출여성, 가정폭력 및 성폭력 피해여성 등 요보호여성과 일반여성들이고, 보호자로서의 역할을 지원하는 정책의 대상은 미혼모, 저소득 모자가족과 영유아보육이 필요한 여성 등이 있으며, 의존자로서의 여성차별적 정책의 대상은 일반여성과 저소득여성 등이다. 이와 같이 여성복지정책은 여성 개인의 욕구 충족을 일차적 표적대상으로 하는 여성복지정책, 보호자로서의 역할을 지원하는 정책은 주로 사회복지 서비스를 통해 이루어지고 있으며 의존자로서의 여성차별적 여성복지정책은 사회보험과 공공부조를 통해 이루어지고 있다.

## 2. 專門技術的 接近方法

사회복지 서비스란 사회적으로 불우하고 열세한 위치에 있는 아동, 노인, 여성 및 장애인 등을 대상으로 사회복지의 전문적인 지식과 방법을 활용하여 이들의 제반문제를 해결하여 정상적인 사회인으로 복귀시키는데 목적을 두고 있다(전재일 외, 2005). 한편 여성복지 서비스란 여성을 주 대상으로 사회적 역기능을 감소시키거나 문제를 예방하기 위해 사회복지관, 시설 등에서 제공되는 전문적 서비스이다.

여성복지 증진을 위한 전문 기술적 접근은 욕구를 가진 여성에게 필요한 다양한 서비스를 제공하는 것으로서 여성 개인과 집단의 역량을 강화하기 위한 실천적 접근은 사회제도적 측면, 집단 상호작용 측면 그리고 개인 심리적 측면 등과 상호관련되어 있는 측면의 실천적 통합을 통해 여성들이 소속감과 유용성 등을 강화해 나가도록 돕는 방법이다. 여기에는 상담지원 서비스, 시설보호 서비스, 각종 프로그램을 통한 지원 등이 활용된다.

### 1) 상담지원 서비스

상담지원 서비스는 여성이 가진 특유한 조건을 고려하여 사회복지의 전문기술적 접근을 통해 이루어진다. 활용되고 있는 서비스로는 전화상담, 각종 여성복지관련 상담소에서의 상담이 여기에 속한다. 최근에는 여성 자신이 문제를 해결할 수 있는 힘을 갖도록 하는 역량 강화(empowerment)에 많은 관심이 모아진다. 여성복지에서 역량강화는 여성이 자신의 삶의 진실에 대해 자신의 목소리로 말하고 여성의 잠재능력을 발휘할 수 있는 가능성을 만들어내기 위해 여성들이 집단적으로 힘을 모아 능력을 발휘하도록 하는 것이다. 즉, 개인, 가족, 집단, 지역사회가 자신들의 개인적, 대인적, 사회경제적, 정치적 강점을 향상시키고 자신들의 상황을 증진시키도록 원조하는 과정이다.

이밖에도 의식고양(consciousness raising)이 활용되고 있다. 의식고양은 자신의 삶을 조정하는 사회문화적 현실과 그 현실을 변형하는 자신의 능력을 깊게 의식하는 과정이다.

### 2) 시설보호 서비스

여성에 대한 시설보호 서비스란 여성이 스스로 생활할 수 있는 능력을 상실했거나 주변환경의 열악한 조건 때문에 독자적인 삶이 불가능한 경우 여성 자신이나 그 자녀와 함께 시설에서 일상생활에 필요한 보호를 행하는 서비스이다. 이러한 시설보호 서비스는 장기적으로 제공되기도 하지만 단기간에 일시적으로 이루어지기도 한다. 우리나라의 여성을 위한 시설보호 서비스는 모자보호시설, 모자자립시설, 일시보호시설, 미혼모자시설, 가정폭력피해자보호시설, 성폭력피해자보호시설, 성매매피해여성을 위한 각종 지원시설 등이 있다. 그러나 이러한 여성복지시설에서 제공되는 서비스의 수준과 프로그램의 내용은 대부분 사후 치료적이며, 전문인력의 부족 등으로 입소자들의 자활에 충분한 도움이 되지 못하고 있다.

### 3) 여성지원 서비스

사회구조의 변화와 개인의 생활주기 변화에 따른 여성의 전반적인 삶의 조건 변화에 대응하여 여성의 경제적, 사회적 욕구를 충족시키기 위하여 각종 서비스가 제공된다. 이러한 각종 서비스 프로그램에는 여성의 경제적 지원을 위한 직업알선과 직업훈련 프로그램, 재취업훈련 프로그램, 탁아 프로그램은 물론이고 이들의 사회적·정서적 욕구 충족을 위한 교육 프로그램과 지도력 향상 및 자기표현을 위한 각종 훈련 프로그램이 포함된다. 그러나 이와 같은 여성지원 서비스에서는 여성의 사회, 정서적 욕구 충족을 위한 프로그램적 접근이 거의 이루어지지 않고 있는 실정이다.

# 第2章 女性福祉와 關聯 問題

## 第1節 女性의 特性

여성은 남성과는 근본적으로 차이가 있다. 여성이 가지는 특성을 신체적, 심리적, 사회적인 면에서 살펴보면 다음과 같다.

### 1. 身體的 特性

여성과 남성은 생물학적으로 많은 차이점이 있다. 일반적으로 여성의 신체조직은 체구가 작고 피하지방이 많고, 근력, 폐활량, 지구력 등이 남성에 비해 낮으며, 보행속도가 느리고 활력과 속도를 요하는 작업에 있어서 남성에 비해 불리하고 장시간 서서하는 작업에는 부적당한 체질을 가지고 있다. 반면 세심한 주의력을 요하는 작업이나 수작업에 있어서는 남성보다 여성이 우수하다고 할 수 있다.

또한 평균수명에서 여성들이 상대적으로 우위에 있는 반면 남성에 비해 이환율(罹患率)이 높아 이환 일수 및 질병으로 인한 활동제한 일수가 길게 나타났다. 즉, 2005년의 경우 여성의 유병률은 22.4%로 남성(16.5%)보다 높았으며, 평균 유병일수도 7.2일로 남성(6.9일)보다 많았으며, 평균 와병일수는 0.7일로 남성(0.8일)보다 조금 적었다(통계청, 2006 사회통계조사). 그러나 2008년의 유병율은 여자(20.0%)가 남자(14.9%)보다 높으며, 유병일수는 여자(8.3일)와 남자(8.2일)가 비슷했으나 평균 유병일수는 남자 0.6일, 여자 0.8일로 나타났다(통계청 2008년도 사회조사).

자신의 건강이 양호하다고 생각하는 여성의 비율은 35.5%(남성 50.3%)로 남성보다 낮게 나타났고, 건강치 못하다고 생각하는 사람의 비율은 24.7%(남성 14.0%)로 남성보다 높게 나타나 자신의 건강에 대한 주관적 평가는 여성이 남성보다 건강하지 못하다고 느끼고 있다(통계청, 1999 사회통계조사).

또 하나의 특징적인 차이점은 생리현상이다. 생리현상은 여성의 감정에까지 영향을 주어 생활의욕과 대인관계 면에서 장애가 되는 수도 있다. 이와 같은 생리구조는 여성만이 가지는 임신, 출산, 수유 등의 모성 기능 수행을 수반하게 되며, 이에 따른 생리 기능과 모성 기능의 수행과정에는 많은 부담을 안게 되며 또한 위험요인이 존재하고 있다.

## 2. 心理的 特性

여성은 일반적으로 감정적이고 소극적이며 심미적이고 감수성이 예민하여 자제력이 약하다고 한다. 특히 여성이 세대주가 되는 경우 가족의 본래 기능인 성적, 경제적, 교육적 기능을 제대로 수행하지 못하는데 따른 심리적 부담을 안게 되고 따라서 심각한 장애를 받게 된다.

여자 청소년의 비행관련 위험 요인은 개인 요인, 가족관련 요인, 학교관련 요인, 지역사회관련 요인 등이 있는데, 공통적인 위험 요인인 가족관련 요인 중 가족구조 결손, 가정불화, 부모의 학대 및 무관심 등이 가장 영향력 있는 요인으로 작용하고 있다. 또한 여자 청소년의 비행경험에 가장 영향이 있는 위험 요인은 가족관련 위험 요인인 반면, 남자 청소년은 또래 및 학교생활관련 위험 요인으로 나타났다(김성경, 2000).

스트레스 정도를 살펴보면 전반적인 생활에서는 비슷한 정도의 스트레스를 받고 있으나 가정생활에서는 여자(52.7%)가 남자(41.3%)보다 스트레스 정도가 더 높은 것으로 나타났으며, 자살에 대한 충동은 여자(8.5%)가 남자(5.8%)보다 더 많이 느낀 것으로 나타났다(통계청, 2008 사회조사).

이러한 심리적 특성은 신체적 기능에 의하여 그 경향이 규정되며, 사회 문화적 영향에 따라 형성되어지는 것이다. 따라서 여성에게는 남성에 비해 우울증, 강박감, 화병의 발병률이 상대적으로 높다.

## 3. 社會的 特性

신체적, 심리적 특성이 서로 연관되어 사회적 특성으로 나타나게 된다. 경제활동에 있어서 남성은 시장경제활동에 종사하는데 반하여 여성은 가족경제활동에 종사하는 특징을 볼 수 있으며, 사회적 지위에 있어도 남성은 국가 사회의 공적 역할을 담당하여 독자적인 사회적 지위를 소유하는데 반하여 여성은 가족생활의 사적 역할을 담당함으로써 남성의 지위에 의존하게 된다. 결국 남성은 사회지향적이고 여성은 가정지향적인 특성으로 나타나게 된다는 것이 전통적인 견해였으나 이러한 견해는 최근에 이르러 크게 바뀌고 있다.

여성들의 역할은 남성들의 역할보다 더 급격하게 변화되어 감에 따라 사회적으로 복잡성을 띠고 있다.

# 第2節 性의 本質과 性問題

## 1. 性의 本質

### 1) 성의 의미

여성복지를 논함에 있어서 성문제를 논외로 하고서는 여성복지문제의 규명이나 문제해결방법의 모색은 불가능하다. 여성복지문제는 상당부분 성과 관련되어 있으므로 성에 대한 본질적 구명(究明))과 이해가 여성복지의 전제가 된다고 볼 수 있다.

성의 본질에 대한 올바른 지식을 갖는다는 것은 남녀 모두에게 원만하고 바람직한 남녀관계·가족관계·인간관계를 영위할 수 있게 하고 나아가 사회질서와 인류복지를 증진시키는 중요한 의미가 있다.

성의 의미를 살펴보면 성은 인간의 존엄, 인간의 행복 및 사회의 조건의 문제로서 단순히 생식이나 육체적 쾌락에만 그치는 것이 아니라 애정을 바탕으로 인간성장의 원동력이 되는 것이다. 따라서 성은 인간의 일부이며, 인간조건의 반영이며, 인간완성의 과정이기도 하다. 이와 같이 성의 개념은 단순히 성 행위만을 의미하는 것이 아니라 개인의 존재가치와 인생관, 성격, 태도, 신념 등과 매우 밀접한 관계가 있다.

성은 상호관계 안에서만 그 존재의의를 가지며 사회 속의 성은 그 자체가 이미 성 관계인 것이다. 성 생활체계에는 전체 사회의 질서유지에 성 관계가 기능적이 되도록 하는 여러 사회제도를 포함하며, 또한 성 관계에 관련된 지배원리를 통해 사회통합을 이루어 내는 사회구조까지 포함한다. 개인은 성 생활체계 안에서 자신의 성과 관련된 지위와 역할을 내면화한다. 이러한 과정을 성 사회화라 한다.

### 2) 성 정체감

자신의 성에 따른 지위와 역할에 대한 자기인식이 성 정체감(gender identity)이다. 성 정체감은 성 생활체계가 허용한 성 관계를 지속적으로 맺으면서 형성되지만 결코 고정불변의 것이 아니라 상호작용 가운데 변화해 가는 특징을 보여준다.

성 정체감은 인간이 '나는 남자이다', 혹은 '나는 여자이다'라고 아는 것이다. 성 정체감의 획득은 남성 또는 여성으로 자기 자신의 특성을 인지하고 이를 수용하며, 남성적인 것과 여성적인 것을 구별하여 자기 성에 적절한 성격, 관심, 기호, 행동 등을 선택하는 것으로 자신의 성에 따른 지위와 역할에 대한 자기의식이다. 이러한 성 정체감은 지나치게 고정관념화하여 자신의 행동을 지나치게 제약하면 인간은 스트레스를 받게 되고 또한 발전할 수 없게 된다. 성 정체감은 성 유형(gender typing)이나 성 역할(gender role) 등의 용어와 함께 혼용되고 있다. 성 유형화는 남녀에 따라 이상적인 성 역할을 다르게 보고 이를 확고하게 지키는 것을 의미한다. 성 역할은 한 개인이 소속해 있는 문화권에서 성에 적합한 것으로 규정하는 행동양식, 태도, 가치, 성격특성을 포함하는 일련의 행동기준을 뜻한다.

성 이데올로기란 특정 성의 집단적 이해관계가 사회 전체의 이해관계를 확산하여 자리잡은 사회구조적 원리로서, 기존의 성 생활체계를 강화하고 재생산, 유지하는 기제로 작용하고 있다. 성 이데올로기가 개인의 성 정체감을 형성할 때에 내면화하면 할수록 해당 개인은 성 이데올로기를 진리 그 자체로 인식하는 경향이 짙다.

### 3) 성 기능

성을 기능에 따라 구분해보면 출산의 기능, 쾌락을 즐기는 낭만적인 성, 휴식을 취하는 오락적 성, 대화를 위한 인간관계적인 성 기능 등이 있다. 성은 현대인에게 있어서 에너지 충전용, 스트레스 해소용, 고독과 좌절의 위로, 자기확인용 그리고 접대용 등의 매체로 전락하였으며 이러한 현상은 1회용 혹은 일상화 · 기업화되어 가고 있다.

성 도덕이란 한마디로 섹스와 행복을 결합시키려는 실천적 규범이다. 성 도덕은 우선 인간의 성적 신체성을 기초로 하는 생물학적 내지는 생리학적 관점 둘째, 인간의 성적 소망이나 환상을 기초로 하는 심리학적 관점 셋째, 타인과의 행위양식에 기초해서는 사회학적 관점을 종합적으로 고려하기를 요구한다.

성 가치관이란 성에 대한 포괄적 태도를 의미한다. 성 가치관을 형성하는 요소들은 매우 다양해서 부부간의 성 생활, 혼외성관계, 혼전성관계, 혼전동거, 동성애, 매매춘, 성폭력 그리고 성교육 등 성에 관한 모든 측면에 대한 개인의 평가를 포함한다(성한기,2004).

성 윤리의 문제는 바로 쾌락의 규제에 초점이 있다. 무질서한 쾌락의 추구는 인간관계의 투쟁과 시기, 증오, 질투의 잠재적 갈등을 일으키고, 또 쾌락의 기교는 사치와 방탕을 낳아 인간의 정신세계를 병들게 하였다. 인간의 성 자체는 선악(善惡)의 문제가 아니지만 성의 상대와 행위 면에서는 선악의 기준이 되고, 규제의 대상이 된다. 성은 인간의 생활조건의 반영이기 때문에 그에 따르는 육체적, 심리적 및 사회적 병리현상이 생기게 된다.

먼저 육체적으로 성행위가 그 주기성을 잃고 쾌락적인 기교가 심화됨에 따라 신체적 허약과 함께 성병이 생기게 된다. 성병은 성의 건전한 존재에 대한 위협이고 무절제한 성행위에 대한 경종이며, 남녀의 애정을 병들게 하고 국민보건을 해치는 위험한 존재가 되었다.

심리적인 면에서는 인간의 모든 정신적인 갈등의 원인이 무의식적인 성적 갈등에 있고, 또 인간의 모든 행동이 성적인 본능의 변형에 의해 조건지워지거나 결정된다는 이론이 있다. 신경증환자에게서 성문제를 흔히 발견할 수 있지만 성문제가 근본적인 정신적 갈등을 일으킨다고 볼 수는 없다.

오늘날 대부분의 성인들이 성문제로 안고 있는 이유는 정서교육이나 성교육을 제대로 받지 못한 때문이다. 한편 성적 욕구가 부당하고 과도하게 억제당한 피해자가 가학증(sadism), 피학증(masochism), 동성연애, 변태성욕, 노이로제, 편집광적 증상 등의 각종 정신질환을 일으키게 되는 것이 심리적인 문제이다. 이러한 증상들은 어린 시절의 정서적 장애에서 기인한다고 볼 수 있는데, 이러한 정신질환은 반사회적이고 사회파괴적인 범죄로까지 발전하게 되어 바로 성폭력 등의 성범죄를 낳게 된다는 것이다.

사회적 병리현상은 사회제도가 금지하는 특정한 상대자 이외와의 성행위가 이루어지는 간통, 매춘 등의 문제로서 특히 매춘은 인간의 성을 쾌락의 도구로 삼아 금전으로 거래하여 성을 극단적으로 타락시키고 있는 문명사회의 치부이며, 인간소외의 극치이고 여성의 노예적 지위를 고착시킨 것이기도 하다. 이와 관련하여 약취, 폭력, 환각제등 향정신성의약품의 투약·흡입 등의 범죄와의 연계문제가 제기된다.

## 2. 性 差異

인간의 성은 성적 행동과 태도 그리고 가치에 영향을 미치면서 상호작용하는 생물학적, 심리적, 사회적인 차원을 포함하고 있다. 남녀를 구분할 때에는 섹스(sex)와 젠더(gender) 라는 용어들이 사용된다. 보통 생물학적인 면에서 남녀를 구분할 경우에는 섹스라는 용어를 사용하는데, 이는 개인이 태어나면서부터 구분된 선천적인 생물학적인 의미의 성을 뜻한다. 섹스라는 용어는 남성과 여성의 유전적·신체적 특질에 따라 남녀를 구분할 때 쓰인다. 따라서 남녀의 기질이 자연적으로 결정되어 있다고 보는 입장에서 생물학적 성이 강조된다.

반면에 정신적인 면에서 남녀를 구분하는 경우에는 젠더라는 용어를 사용하는데, 이는 개인이 태어난 이후에 사회적·문화적·심리적인 환경에 의하여 학습되어진 후천적인 성을 의미한다. 젠더는 사회 문화적으로 규정된 성이다. 이것은 여성과 남성의 사회적 역할과 책임의 차이를 뜻하며, 한 인간이 자신을 남자 또는 여자로 인식하는 주관적 평가이다. 경우에 따라서는 한 인간의 행위를 남성적 또는 여성적이라고 보는 사회적 평가를 말한다. 다시 말하면 젠더는 단지 생물로서의 성차만이 아닌 인간이 사회화되는 과정에서 배우고 익혀 스스로의 것으로 갖추어 가는 과정에서의 남녀 차를 의미한다.

그러나 인간의 성이 생물학적인 것과 사회 문화적인 것으로 양분되기 어렵기 때문에 그 복합적이고 다면적인 측면을 포괄하기 위한 새로운 개념으로 전성(全性; sexuality)이 사용되고 있다. 전성이란 개인의 성은 단지 생물학적 차원에 한정되는 것을 넘어 사회 문화적으로 만들어지며, 여타 사회규범과 제도와의 관계 속에서 작용하는 매우 총체적이면서 포괄적인 함의로 사용되고 있다.

성 차이는 행동, 성격, 능력 등을 포함한 여러 심리학적 분야에서 남성과 여성이 현실적으로 보이는 차이를 말한다. 생물학적 성은 태어날 때부터 남녀로 구분되며, 사회적 학습에 의해 성별 정체감을 가지게 된다.

성 역할은 남녀 각자에게 일상적 혹은 적절하다고 간주되는 사회적·문화적으로 결정된 활동·직업·역할을 말한다. 생물학적 성으로 이분화된 남자와 여자에 대해 각각에서 행동하기를 사회가 기대하는 성 역할은 이러한 기대에 부응하는 행위와 역할임에 반해 젠더역할이란 젠더 정체성 여하에 따라 이에 준하여 표출되는 표현 양식, 행위 등을 의미하는 것으로서, 생물학 성 역할과 사회적 성 역할은 다르다. 성 역할은 재생산(가정/가족), 생산 및 지역사회 역할의 3개 주요 유형으로 분류된다. 이러한 성 역할은 성 차별에 그 기초를 두고 있다.

현대사회에서의 변화양상 중의 하나는 성 역할의 변화이다. 여성의 사회참여 증가, 여성교육의 확대, 가사노동의 감소, 자녀 수의 감소 내지 핵가족화의 진전 등으로 여성들의 역할은 변화되었다. 여성들의 역할은 남성들의 역할보다 더 급격하게 변화되어 감에 따라 사회적으로 복잡성을 띠고 있다. 특히 성 주류화를 기조로 하는 여성정책이 발달하고 있으므로 이에 대한 대처방안이 요구되고 있다.

## 3. 性 差別

성 차별이란 생물학적 성과 사회적 성에 기반하여 여성을 차별하는 태도, 신념, 법, 정책, 행동 등으로 사회적 관습에 의해 강요되고 있는 신념으로서 전통적 관념에 기반하여 주로 여성이기 때문에 겪는 독특한 억압형태로 정의되고 있다.

성 차이와 성 차별은 서로 다른 개념이다. 성 차이는 생물학적으로 다르게 존재하는 상태를 의미한다. 즉, 여성의 신체적 특성과 같은 그런 의미이다. 반면에 성 차별은 생물학적 성을 기초로 하여 개인에 대해 사회적으로 부과된 편견이나 차별을 뜻하는 것으로서, 타고난 성이 다르다는 이유로 남녀간에 우열의 가치를 부여하여 차별하는 것을 말한다. 성 차이를 인정하는 것이 가치판단을 배제한 인식에 바탕을 둔 것이라면, 성 차별은 사회적으로 정한 가치정도를 부여한 인식의 결과물이다.

일반적으로 존재하는 남녀에 대한 이분법적인 고정관념은 성 차별로 이어져 우리 사회 속에서 일반화되어 왔다. 결국 성 차별은 여성을 억압하는 현실을 정당화하는 하나의 이데올로기로서 남성다움과 여성다움의 규범을 제시하고 각 성의 적합하다고 인정되는 사회적 행동양식에 대한 기대, 사회적 지위 등을 규정하는 기능을 한다.

남녀차별이란 정치·경제·사회·문화적 생활의 모든 영역에서 인간으로서의 기본적인 자유를 인식·향유하거나 권리를 행사할 때 합리적인 이유 없이 성 차이를 빌미로 행해지는 모든 구별, 배제 또는 제한을 의미하고 있다. 이러한 성 차별은 가정, 학교, 직장을 통한 사회화과정에서 장기간에 걸쳐 형성되어 왔으며, 성 차별주의는 여성에 대한 편견과 차별로 설명될 수 있다.

성 차별로 인해 남성과 여성 모두가 희생을 치르나 특히 여성은 사회적으로 보다 심각한 경험을 하게 된다.

## 4. 性 差別 禁止에 관한 國際協約

사회 경제적 여건이나 정치체계, 사회복지에 대한 인식 등의 차이로 인해 각 국가의 사회복지수준이나 제도는 서로 다르다. 그럼에도 불구하고 국민의 생존권을 보장해야 한다는 사회복지 이념 자체는 이미 국가를 초월하는 국제적인 공동의 규범으로 부각되었고 그 내용을 보다 구체화해 보려는 노력은 국제기구 주도하에 선진국은 물론 제3세계국가에서도 다양하게 행해지고 있다.

성 차별에 관한 국제적 규범과 사회복지에 대한 내용을 살펴보면 다음과 같다.

### 1) 세계인권선언

유엔헌장은 그 전문에서 남녀의 동등한 지위를 확인하고 있으며, 제1조에서 성에 의한 차별 없이 모든 사람의 인권과 기본적 자유를 존중할 것을 장려하고 있다.

세계인권선언은 인간다운 생활을 보장하기 위해서 필요한 최소한의 소득보장, 의료서비스 등의 권리를 인정하면서 사회복지가 인간의 기본적 권리임을 명백히 확인시킴으로써 사회복지를 국제사회에 정착시키고 이에 공통되는 기반을 마련하려는 최초의 시도라는 의미를 지닌다. 이 선언문은 남녀평등과 특별히 모자(母子)의 보호와 원조를 받을 권리를 명시하고 있으나 남녀평등문제가 본격적으로 제기되지 않아 여성복지문제는 추상적인 표현에 그치고 있는 것으로 이해된다.

### 2) 세계인권규약

세계인권선언에 명시된 여러 권리에 실효성을 부여하기 위한 노력이 경제적·사회적·문화적 권리에 관한 국제규약(A규약)과 시민적·정치적 권리에 관한 국제규약(B규약) 그리고 B규약에 대한 선택으로 나타났다.

각 규약에서는 특히 여성복지와 관련하여 규정하고 있다. 즉, A규약 제9조는 동일노동에 대한 동일임금을 포함하여 노동조건상의 양성평등을 보장하며 (A규약 제7조), 산전산후의 상당기간 동안 어머니에게 특별한 보호가 주어져야 하며, 직장생활을 하고 있는 어머니의 경우에는 그 기간 동안 유급휴가나 이에 상당하는 사회보장의 혜택이 따르는 휴가가 주어져야 한다(A규약 제10조 2항).

B규약 제23조는 가정이 사회와 국가의 보호를 받을 권리를 가짐을 확인하면서 (제1항) 배우자 쌍방이 결혼생활을 하는 동안 또는 이혼하게 될 때 평등한 권리와 의무를 누릴 수 있도록 조치를 강구해야 한다(제4항)고 밝히고 있다.

그런데 국제인권규약 심의과정에서 A규약 제10조 2항의 여성보호기간을 둘러싸고 양성평등과 여성에 대한 보호문제가 활발하게 논의되었다. 이후 (1)특별보호는 출산 전후의 단기간에 한정해야 한다는 것 (2)성에 의한 분업을 부정하고 자녀의 양육은 남녀공동책임으로 하지 않으면 안 된다는 것을 유엔의 기본 입장으로 하게 되었다. 우리나라는 이 규약을 1990년 4월 10일에 비준함으로써 같은 해 7월 10일부터 국내법과 같은 효력을 가지게 되었다.

여성복지를 증진하기 위한 국제적 노력은 1946년 유엔 경제사회이사회 산하에 특별기구로 여성복지위원회(UN Commission on the Status of Women)가 설치된 이래 계속되어 왔다. 이러한 노력은 정치적 권리의 평등을 확보하는데 그치지 않고 노동과 사회복지분야에서의 성 차별 폐지를 통해 실질적인 남녀의 동등한 권리확보를 지향해 왔다.

이러한 노력은 유엔의 세계인권선언과 이를 발전시킨 국제인권규약 그리고 국제노동기구의 사회보장에 관한 권고 등에 나타나 있으며, 또한 1979년의 유엔여성차별철폐협약과 1985년 나이로비 세계여성대회에서 채택된 2000년을 향한 여성발전전략에 구체적으로 제시되어 있다.

매매춘에 관한 국제적 협약은 1950년에 제정된 인신매매 금지 및 타인의 매춘행위에 의한 착취금지에 관한 협약(Convention for the Suppression of the Traffic in Persons of the Exploitation of Others)이 있다. 이 협약은 체결당사국이 다음과 같은 행위를 하는 자를 처벌하도록 되어 있다. (1) 매춘을 목적으로 타인을 합의 여부에 불구하고 소개하거나 유혹 또는 유괴하는 자 (2) 합의 여부에 불구하고 타인의 매춘행위를 착취하는 자 (3) 매춘숙을 소유하거나 경영하고 또는 그에 필요한 재정을 의식적으로 제공하거나 제공하는데 관여한 자 (4) 타인의 매춘을 목적으로 가옥이나 장소 또는 그 일부를 대차 또는 제공한 자. 또한 매춘종사자 또는 종사용의자들이 특별등록, 특별문서의 소유 또는 감독과 통고에 관한 특별한 요건에 따르도록 하는 취지를 규정한 모든 현행 법규나 행정규정을 폐지하는 조치를 취하도록 하고 있다.

매매춘에 관한 또 하나의 국제적 기준은 여성차별철폐협약(CEDAW ; Convention on the Elimination of All Forms of Discrimination Against Women)에 포함된 매춘에 관한 조항이다. 이 협약에는 당사국은 여성에 대한 모든 형태의 인신매매 및 매춘에 의한 착취를 금지하기 위하여 입법을 포함한 모든 적절한 조치를 취하여야 한다고 규정되어 있다.

이상 두 개의 국제협약에서 볼 수 있는 것과 같이 국가간에는 매춘을 목적으로 한 인신매매나 타인의 착취, 중간 알선자를 처벌하는 것을 골자로 하고 있고, 매춘을 하는 당사자에 대한 규제 여부는 국내법에서 처리하고 있는 것을 알 수 있다. 우리나라는 매매춘협약에는 1962년에, 여성차별철폐협약에는 1984년에 가입하였다.

성매매에 관한 또 하나의 국제적 기준은 1995년의 제4차 세계여성회의에서 채택된 북경선언문과 행동강령에 명시되어 있는 여성의 인신매매와 강제 성매매를 여성에 대한 폭력으로 규정하고 그 피해자를 지원하기 위한 특별방안을 채택할 것을 촉구하는 내용이다.

### 3) 국제노동기구의 협약

국제노동기구(ILO)는 사회보장에 관한 많은 권고와 조약을 채택함으로써 사회보장에 관한 국제적 기준을 마련하고자 노력해 왔다. 국제노동기구가 1952년에 채택한 사회보장의 최저기준에 관한 조약에서는 성별분업론에 입각하여 남성은 생계부양자, 여성은 생계의존자로 구성되는 전통적 가족 개념에 기초하여 여성은 피부양자의 지위에서 사회보장급여를 받을 권리를 보장하고 있다.

그러나 이러한 국제노동기구의 기본 관점은 유엔이 정한 세계여성의 해(1975년)를 기점으로 변화하기 시작했다. 국제노동기구는 1975년의 여성근로의 기회와 대우의 균등에 관한 선언에서 가사와 육아를 여성의 고유한 역할로 인식하는 성에 의한 분업의 관점을 탈피하고 있으며, 그 후 1985년에 발표된 21세기를 향하여 - 사회보장의 발전이라는 보고서를 통하여 사회보장급여는 종래의 세대(부부)단위의 원칙에서 벗어나 개인단위로 주어져야 하며, 따라서 남편과 아내는 각각 독립적으로 사회보장의 권리를 가져야 하며, 이를 위해서 부부가 얻은 수입을 평등하게 나누어 연금수준의 기초로 함으로써 가정주부나 저임금 여성의 사회보장권을 독립적으로 보장하는 방안을 제시하고 있다.

### 4) 유엔 여성차별철폐조약

1979년에 채택된 유엔 여성차별철폐협약에서는 정치, 경제, 사회, 문화, 교육 등 모든 분야에 여성의 인권과 기본적 자유를 저해하거나 무효화하는 성에 근거한 모든 차별 또는 억제를 철폐함으로써 여성에게 남성과 동등한 권리를 부여할 것을 규정하고, 특히 고용분야에서 출산유급휴가를 받을 권리, 퇴직, 실업, 노령, 질병 등의 경우의 사회보장에 대한 남녀평등한 권리, 아동보육시설망의 확립 등을 명시하고 있다. 우리나라는 1984년에 이 협약에 가입하여 협약당사국이 되었다.

유엔은 1975년 세계여성의 해 이후 유엔여성 10년(1976~1985년)을 설정하여 남녀평등의 달성을 위해 노력해 왔고, 1985년 나이로비에서 개최된 세계여성회의에서 2000년을 향한 여성발전전략을 채택하여 향후 15년을 제2의 여성발전기간으로 삼고 있다.

이 전략은 온 가족이 가사업무를 나누어 지고 사회에 대한 여성의 비공식적이고 눈에 보이지 않는 경제적 기여를 정당하게 인정할 수 있는 방법을 개발할 것을 주장하고 있다. 특히 여성의 가사부담을 용이하게 해주는 사회보장의 실시, 임신 및 출산휴가를 이유로 면직되거나 기혼여성이라는 이유로 퇴직 시의 차별대우 금지, 가정사정으로 직장을 떠났던 여성의 재취업보장, 근로여성을 위한 탁아시설 설치에 우선순위 부여, 자녀출산 및 양육에 대한 책임을 여성, 남성, 사회가 다같이 공유해야 할 것 등을 강조하고 있다.

이상에서 살펴본 바와 같이 사회복지분야에서의 남녀평등을 달성하여 여성복지를 증진시키기 위한 노력은 계속되어 왔으나 시간이 흐름에 따라 그 평등의 개념은 조금씩 변하고 있다. 즉, 초기에는 남녀의 생리적이고 신체적인 차이와 여성의 가정내에서의 역할과 사회적 역할의 차이를 당연한 것으로 간주하면서 실질적 평등을 실현하기 위한 여성복지제도를 마련하려는 경향이었다.

그러나 최근에는 가부장적인 성별 역할분업론을 탈피하여 생리적, 신체적 차이 자체에 따른 차별(보호) 외에는 가정, 사회에서의 공동참여, 공동책임 등 모든 부문에서의 차별 철폐가 강조되는 평등 이념에 입각한 여성복지제도의 실시가 강조되고 있다. 예를 들면 여성의 가사노동, 육아에 대한 정당한 가치 인정, 여성의 취업을 가계보조적, 부차적인 것으로 보는 관념의 탈피가 강조되는 추세를 보이고 있다.

## 5. 性問題와 性 商品化

### 1) 성문제

성에 관한 관심은 남녀노소를 불문하고 높게 나타난다. 왜냐하면 성이 우리 인생의 전과정을 통해 자연스럽게 진행되는 하나의 발달적 특성을 지니고 있기 때문이다. 성욕은 삶의 필수적인 조건이며, 사회조직의 기초이다. 인간의 본성 중에서도 가장 강력한 힘을 지니고 있는 것이 바로 성욕이다(Blackwell, 1906). 또한 쇼펜하우어는 성욕은 생의 의지의 가장 완벽한 표현으로서 모든 욕구의 집중이라고 하였다.

인간의 기본적인 욕구 가운데 식욕과 성욕은 생존과 생활 그 자체를 위해서 빼놓을 수 없는 가장 기본적인 욕구이다. 성욕은 쾌락을 추구하는 원망(願望)의 발로이다. 인간이면 누구에게나 있는 정상적인 현상이며, 자연적인 현상이기도 하다. 성욕은 생리적으로나 사회적으로 인간과 동물을 구별하는 점을 갖고 있다. 인간은

24시간 성욕을 충족할 수 있는 것이 됨으로써 인간관계의 갈등과 욕망의 추구에 따른 쾌락의 문화가 생겨났고 이에 따라 인간의 윤리·도덕의 문제가 제기되었다.

최근 들어 우리 사회에서 성은 시대의 문제로 점차 제기되고 있다. 경제·사회적 환경의 변화와 더불어 집단보다는 개인 중심의 생활이 우선하고, 개인생활에서는 성 인식과 성행위가 중요한 사회적 의미체계로 인식되고 있다(손장권, 1995). 개방사회에서의 성 인식과 성행위는 자신의 몸과 그와 관련된 행위를 이해함으로써 가능하다고 보고 있으며, 이러한 성 인식과 성행위의 개방화는 향락산업의 급속한 비대화와 관련이 깊다.

이러한 성 문화는 부부의 성관계에도 영향을 미친다. 부부간의 특징적인 현상은 첫째, 혼외정사(extramarital sex)의 급증을 들 수 있다. 부부불화의 대부분이 혼외정사이거나 간통사건에 연유되고 있다. 둘째, 여성들의 성 의식과 성행위의 전통적인 거부와 자유화 추세로 해석할 수 있다.

부부의 성관계는 다양한 삶의 실현과 다양한 가치의 수용을 통해 죄 의식을 순화시키게 되어 종래의 성 의식과 성행위에 변화를 가져오게 되었다. 부부가 성문제로 갈등을 겪게 되는 문제 중 가장 심각한 문제는 혼외정사로 표현되는 간통문제와 배우자 중 한 사람의 성 기능의 장애 또는 성도착의 문제이다(이근후, 1995). 이러한 문제들은 인간의 성욕과 성 윤리와 연관이 있기 때문에 부부간의 결혼생활의 질적인 문제와 상호간의 만족도에 깊은 영향을 미친다.

혼외정사 혹은 외도로 인해 현대인의 결혼과 부부간의 결속은 그 형태가 달라지고 있다. 혼외정사의 심리적 원인으로는 첫째, 인간 무의식세계 안의 성욕의 긴장완화행위 둘째, 향락산업의 자극적 환경조건 셋째, 성의 생산수단에서 쾌락추구수단으로의 용도 변경 넷째, 경제·사회·문화의 변동에 따른 성 의식의 변화로 인해 혼외정사는 예외가 아니라는 점(이근후, 1995) 등에서 찾을 수 있다.

혼외성관계는 대체로 권태로운 성생활, 결혼의 부조화, 변화욕망 등에 의해서 이루어지며, 신체적으로 자기의 배우자와 정상적인 성관계를 가질 수 없을 경우이다. 일반적으로 결혼관계에서의 성생활이 불만족스럽고 흥미롭지 못하기 때문에 자기의 배우자와 결혼관계 이외에서 성관계를 추구하고 있다는 생각이 가장 일반적인 부정(不貞; infidelity)에 대한 믿음이다(윤가현, 1990).

시사 주간지 타임의 여론조사 결과에 의하면 우리나라 남성의 혼외정사 빈도는 65%, 여성은 41.6%로 나타나 남성의 경우 홍콩(60%), 태국(58%), 필리핀(48%), 싱가포르(34%)에 앞서고 있으며, 여성의 경우 싱가포르(35%), 홍콩(27%), 태국(26%), 필리핀(10%) 보다 앞서 남녀 모두 아시아의 1위를 차지하고 있다. 혼외정사 허용도는 태국(남 93%, 여 82%), 홍콩(남 90%, 여 68%), 한국(남 74%, 여 64%), 싱가포르(남 57%, 여 42%), 필리핀(남 56%, 여 39%) 순으로 나타났다.

2001년 경북대학교 신문방송학과가 지역 4개 대학 420명을 대상으로 대학생들의 성 행동 및 성 의식 실태조사결과에 의하면 성관계경험자가 27%였으며, 실제로 동거를 한 경험은 2.6%, 동거에 찬성한다는 입장은 48.2%로 상대적으로 높았다.

1980년 Hite보고서(여성과 사랑)에 의하면 응답한 4,500명의 직장여성 중 77%가 남자로부터 보다 인간적인 대우를 받기를 원하는 것으로 나타났으며, 결혼한 여성 중 70%가 혼외정사의 경험이 있는 것으로 나타났다(하재층 외, 1997). 또한 Hung의 보고서에서는 미국의 55세 이상 집단 중 84%의 남자와 31%의 여자가 혼전성교의 경험이 있는 것으로 보고되었으며, 18~24세의 연령층에서는 95%의 남자, 81%의 여자가 혼전성교의 경험이 있는 것으로 나타났다.

혼외관계에 관한 한국형사정책연구원의 조사결과(1991)에 의하면 혼외성관계를 경험한 비율은 남성이 20.2%인데 비해서 여성은 1.1%에 불과했으며. 혼외성관계에 대한 태도 역시 어떤 경우든 용납할 수 없다는 응답이 남성은 53.4%, 여성은 77.8%로서 여성이 더 부정적이었다.

대구지역에 거주하는 기혼여성 452명을 대상으로 한 성 가치관 조사결과(성한기,2004)에 의하면 혼외관계에 관한 태도는 전반적인 태도에서는 약간 부정적이었으며, 다른 남자와의 일회성 만남에 대해서 가장 부정적인 태도를 보인 반면 대화를 나눌 남자친구가 필요하다에는 22.6%가 긍정적이었다. 20대, 결혼 5년 미만, 자녀가 없거나 1명, 종교가 없는 집단이 각 특성내의 다른 집단보다 혼외관계 태도가 더 긍정적이었으며, 외모가 매력적이고 남성에 인기가 있다고 지각하는 경우 혼외관계에 더 긍정적인 태도를 지니고 있었다. 한편 다른 남자와 사귈 의사가 있다는 응답이 12%, 혼전동거에 관해서는 37.3%가 찬성했으며, 과거 외도 경험이나 현재 외도 중인 사람은 10%, 외도상대와 성 관계를 가진 비율은 외도경험자의 24.4%로 나타났다

성 윤리와 성 차별을 살펴보면 성의 상품화문제가 심각성을 띠고 있음을 알 수 있다. 가부장적인 남성중심적 성 문화에서 남성에겐 성적 자유를, 여성에겐 순결과 정절을 강요하는 이중적 성 윤리의 전통은 일부일처제의 결혼제도와 매춘제도를 공존시킴으로써 동등한 인격체로서의 남녀간의 성적 교류를 불가능하게 하였고, 남녀간의 불평등한 권력관계 속에서 성을 사물화시켰다. 오늘날의 성 문화는 남성에게 생존을 의지하고 있는 여성들의 성을 주체성이 상실된 상품으로 비하시키고, 여성의 경제적 의존은 사랑받기 위해 성적 매력을 가꾸게 하고, 남성의 능력과 여

성의 성적 매력을 교환하는 시장의 원리는 비공식적 성의 영역에 있어서는 물론 공식적 성의 영역까지도 잠식해 가고 있는 것이다.

사회는 남성과 여성의 성 행동에 대한 상이한 기준을 적용하고 있다. 소위 성에 대한 이중기준이 있다. 그러나 성에 대한 이중기준은 1960년대에 일어난 자유화의 물결에 의해 점차 약화되는 경향으로 나타나고 있는데, 특히 젊은 성인들 사이에서 여성과 남성에게 동일한 성적 표준을 적용해야 한다는 인식이 확산되고 있다.

이중적 성 규범의 성 문화 속에서 여성은 성적 대상물이 되고 대상물과 관계하는 남성도 그러한 성 관계에서 소외됨으로써 남성과 여성 모두가 비인간화되고 물상화(物象化)된다. 남성과 여성의 사랑과 성이 인격적인 만남이 되기 위해 남성에게 부여되어 온 자유는 여성에게 확대되고, 여성에게 부여되어 온 순결은 남성에게 확대되어 남녀에게 동일한 규범이 적용될 필요가 있다. 이제까지의 성 자유화 물결은 성의 자유를 확대시켰으나 순결의 확대는 병행되지 않았다고 볼 수 있다.

실제로 어느 사회이든 그 사회의 성숙도를 가늠할 수 있는 지표가 바로 성과 관련된 남성들의 의식과 관행이다. 성은 인간의 본능이며, 남녀관계의 가장 기본적인 바탕이 된다. 그것을 어느 정도로 아름다운 성 문화를 만들어 가느냐 하는 것은 한 사회나 문화권의 수준을 결정하는 중요한 척도가 된다.

### 2) 성 상품화

현대사회에서 성 문화의 특성 중의 하나는 성의 상품화이다. 성의 상품화는 인간이 노동에서부터 시작하여 사회생활의 모든 부분을 상품가치로 전환시키는 자본주의 시장경제의 원리에 의하여 이윤증대를 목적으로 인간의 성이 상업문화에 이용되면서 향락산업의 급팽창과 더불어 일어난 현상이다.

자본주의는 사회생활의 모든 부분을 상품가치로 전환하였으며, 인간의 성까지도 상품화시켰다. 인격적인 부분이어야 할 성이 상업주의적 전략에 의하여 하나의 상품으로서 판매되는 것이다. 이에 따라 성적 욕구 자체도 상품화되어 성에 대한 소비욕구를 끊임없이 창출해 내고 있다. 성 상품화의 확산은 성에 대한 왜곡된 가치관을 심어 주고, 퇴폐적인 성 문화를 조장한다. 특히 청소년에게 미치는 해악은 청소년 성범죄를 일으키는 주 요인이기도 하다. 뿐만 아니라 매스 미디아등 각종 음란물의 범람으로 인간의 성적 환상의 욕구를 충족시키기 위해 여성신체의 특정 부분만을 강조하거나 성폭력범죄등 비인간적이고 비정상적인 내용을 주로 다루고 있어 가학적이고, 공격적인 성이 공공연하게 노출되어 각종 성폭력과 성범죄를 조장하는 사회적 여건이 되고 있다.

성 상품화가 인간에게 미치는 영향은 첫째, 인간적인 자질을 상실시키고 객관화함으로써 성욕을 자극하는 매카니즘에 의해 성적 대상을 물상화시킨다. 둘째, 성욕을 인위적으로 조작함으로써 성의 소외현상을 야기시킨다. 셋째, 성 상품화와 관련된 성 해방은 성적 허위의식을 심어 준다는 점 등이다.

우리 사회는 성에 대한 은폐와 상품화라는 상반된 특징을 동시에 갖고 있다. 한편으로는 성에 대해 언급하는 것을 금기시하면서 다른 한편으로는 대중매체와 성 상품을 통하여 성에 대한 호기심을 부추기고 있는 것이다. 공식적인 성교육이 체계화되지 못한 현실에서 성은 비공식적인 경로를 통하여 은밀히 전달되며 왜곡된 사실로 채워지고 있다. 성의 상품화는 외국의 경우보다 더 심각한 결과로 나타나고 있으며, 이것은 바로 향락산업에서 다양한 형태의 성 향락적인 서비스가 이루어지고 있음에서 알 수 있다.

# 第3節 女性과 家族

## 1. 家族制度

가족제도는 인류의 모든 제도 가운데 가장 오랜 역사를 가지고 있으며, 가장 기본적인 제도로 여겨 그 중요성이 강조되어 왔다. 가족이란 전통적으로 혼인, 혈연 및 입양을 통해서 이루어진 집단으로서 부부와 그 자녀로 이루어진 혈연집단이며 가계를 함께 하고 주거를 공동으로 하는 애정 융합 및 일차적 복지 추구의 운명적 공동체이다. 이 집단은 공동체적 유대와 정서적 화합의 성격을 띠고 있다.

건강가정기본법에 의하면 가족을 혼인·혈연·입양으로 이루어진 사회의 기본단위도 규정하고 있으며, 가정은 가족구성원이 생계 또는 주거를 함께하는 생활공동체로서 구성원의 일상적인 부양·양육·보호·교육 등이 이루어지는 생활단위로 규정하고 있다.

모든 가족은 본질적으로 두 가지 속성을 갖는다. 그것은 자녀출산과 양육을 둘러싼 가족관계와 소유권관계이다. 이것은 가족이 단순히 남녀의 성애(性愛)적 결합에 의한 정서적 유대집단만이 아니라 그 속에서는 자녀양육, 가족보호와 부양이 이루어지며 그를 위한 재산권의 행사나 가사노동이 행해지는 경제적 단위임을 의미한다.

가족관계는 이해타산을 초월하는 무조건적 관계이며, 상대편을 위해서 지배하고 복종하며 특정한 사항만을 계기로 맺어지는 것이 아니라 모든 사항에 복합적으로 관여하게 되는 전인적 관계이다. 따라서 가족은 운명공동체로서 연대적인 책임감이 강하고 폐쇄적이고 배타적인 성격이 강하다.

핵가족제도를 중심으로 한 부부 및 가족관계의 핵심은 가족정신으로 설명되기도 한다. 가족정신이란 가족은 소중하고 정신적인 하나의 단위이고, 가정생활의 울타리는 모든 외부의 침투로부터 보호되어야 한다는 생각으로서 외부의 감정적인 공격에 대한 제3의 철의 장막이라고도 불리워진다. 그러나 현대의 핵가족에서는 가족의 불안정성의 문제가 제기되고 있다. 이러한 불안정성의 요인 중 대표적인 요인은 가족위기 및 가족구성원의 결손에 의한 사회적 보호 기능의 미약, 가족해체 현상의 증가, 가족의 가치관의 변화, 외부세력의 개입 등이다.

이와 같이 가족은 구조적으로, 기능적으로 변화양상을 보이고 있는데, 이와 같은 변화를 가족의 위기로 보느냐 아니면 가족의 다양화 혹은 재구조화로 수용하는 견해가 상반되고 있다.

건강가정에 대한 견해를 살펴보면 가족위기론에서는 건강가정을 부부와 자녀로 구성된 정형화된 핵가족으로 보고, 이혼가족, 한부모가족, 단독가족, 기러기가족 등을 비정형화된 가족으로 분류하고 있으며, 가족재구조화론에서는 건강가정의 개념을 부정하고 다양한 유형의 가족을 수용하고 있다.

가족 변화에 대응하기 위한 사회정책에 있어서 가족위기론에서는 결혼과 출산의 중요성 강조를 통한 전형적 가족형태와 기능의 회복 및 빈곤의 여성화 탈피를 위한 기존 제도의 활성화를 지적한 반면, 가족재구조화론에서는 적극적 노동정책, 사회적 일자리 창출 등 가족외적인 사회정책의 수정 확대를 통한 가족문제 해결을 주장하고 있다(김미숙,2006).

## 2. 家族의 安定性

산업화와 도시화에 따른 사회변화 가운데 가족변화는 가장 특징적인 변화로서 가족구조, 가족관계, 가족 기능, 가족문화, 가족 이데올로기 측면의 급속한 변화를 가져왔을 뿐만 아니라 앞으로도 지속적으로 변화될 것으로 전망된다.

가족의 의미는 과거에 정상적이라고 생각하던 전통적 가족에 대한 이미지는 퇴색하고 새로운 유형의 가족형태가 등장하고 있다. 또한 결혼 및 출산율의 감소, 이혼율의 증가에 따라 가족위기와 가족해체의 위험 속에 놓이게 되었다.

가족의 형태적 측면에서 보면 확대가족에서 핵가족으로, 가족 수는 소인수 가족으로 변화되었고 현대 가족생활은 친척들과의 접촉이 감소되었으며 상호부조의 정신이 약화되어 가족의 불안정성을 보이고 있고, 배우자 선택에 있어서도 자유연애결혼의 형태로 바뀌었으며 남녀평등 사상에 따라 가계계승에 있어서도 부계(父系)단일제도에서 양계(兩系)제도로 변모되어 가고 있다. 나아가 호주제가 폐지됨에 따라 그 양상은 크게 바뀌게 될 것이다.

그리고 가족의 안정성 면에서 핵가족은 고립된 단위인 만큼 인간관계의 범위가 자녀와의 관계로 좁아졌다. 따라서 가족의 안정은 부부생활의 감정조절과 인간적 융합에 의존하게 되었다. 부부 사이의 강한 감정적 연대는 오히려 불만과 실망을 낳게 하여 애정의 냉각을 초래하기 쉽고 이러한 위기를 인격적 성장을 통해 극복하지 못하게 될 때 결혼생활은 이혼이라는 파탄의 경지에 이르게 되기도 한다. 이러한 가족형태의 변화에 따라 가족 기능에도 많은 변화가 생겼다.

가족은 성적인 표현이나 부모, 자녀관계로 친밀한 대인관계를 갖고 함께 살아가는 사람들로 구성되고, 구성원들은 그들의 정체성이 가족집단과 밀착되어 있다고 보고

가족집단 자체도 정체성이 있다고 보아 전통적인 개념에 비해 훨씬 융통성이 있는 개념을 내포하고 있다. 이러한 변화는 세계적인 추세로서 우리나라도 예외는 아니다.

가족의 기능 중 출산 및 성 행위 규제 기능은 성 행위와 출산과 관련된 사회구조 및 가치관이 빠른 속도로 변하고 있어 통제 기능은 약화되고 있는 반면 부부간 성 생활의 중요성은 점차 증대되고 있다. 즉, 의학기술의 발달로 인한 임신·출산의 자유, 피임방법의 개발로 인한 성 생활의 자유, 향락산업 및 성과 관련된 각종 서비스산업의 발달 등은 가족의 성 규제 기능을 약화시키는 데 기여하는 동시에 성에 대한 규범 및 가치관의 변화를 가져왔다(함인희, 1993).

가정은 가장 중요한 체제이며 가장 기본적이고 강하며, 오래도록 인류의 생활에 영향을 미쳐왔다. 오늘날 가정들이 겪고 있는 변화의 기회, 어려움들은 복잡한 환경과 영향의 결과들이다. 그 중의 어느 것도 개인이나 개인간의 행동과 태도를 반영한다. 가정은 현대화·산업화·도시화로 인해서 약화되고 압박을 경험하고 있다.

가족의 안정은 국가안정의 기초이며, 사회번영의 원동력이라는 측면에서 볼 때 가족정책의 궁극적 목표는 가족연대의 약체화를 방지하고 가족을 강화해 나가는 대책이라고 할 수 있다. 이것은 여성의 모성보호와 아동복지에서 출발하여 노인복지에 이르기까지 광범위한 영역이다.

급속한 경제성장과 경제위기, 산업화 및 도시화, 정보화, 세계화 등을 짧은 기간에 압축적으로 경험한 한국가족은 변화의 소용돌이 속에 빠져 있다. 즉, 저출산 세계 1위, 이혼율 3위, 재혼율 상승, 2인 생계부양가구 증가, 한부모가구 증가, 비혼·만혼·동거 증가, 독신가구 증가, 국제결혼 이주가족의 증가, 기러기 아빠 등으로 나타나는 가족의 도구화현상 등이 한국가족의 참 모습에 되고 있다. 이와 같은 현상으로 한국가족은 심각한 문제상황에 빠져 있으며, 가족의 안정성이 위협당하고 있고 나아가 사회문제화되고 있다.

우리나라 가족제도가 자랑해 온 장점은 가족의 안정성이었다. 그러나 우리 가족은 많은 문제를 안고 있다. 가족문제는 개별 가족만의 문제가 아닌 사회문제요, 일탈이나 부정적인 현상이 아닌 정상적이고 자연스러운 가족생활의 일부분이다. 전통적 가치관과 서구적 가치관의 충돌, 기성세대와 신세대간의 갈등, 남성과 여성의 이해관계의 대립 등으로 심각한 갈등과 위기감을 경험하고 있다. 즉, 가정폭력, 자녀학대, 별거, 유기, 이혼, 고부간의 갈등, 가족해체현상의 증가 추세가 두드러지며, 수적 증가뿐만 아니라 질적으로도 심각성을 띠고 있다.

이혼율은 가정과 사회의 안정성을 측정하는 하나의 척도가 되고 있다. 이밖에도 가족해체의 요인으로는 부부의 상호적인 욕구불만, 성격상의 결함, 문화적·가치적인 사고방식의 차이 및 비인격적인 요소, 예를 들면 경제적 곤란, 질병 등이 있다. 그러나 이들 현상적인 개개의 요인은 그 자체가 가족해체를 초래하는 것이 아니라 오히려 가족균형의 제과정에서 가족 전체의 기능장애를 초래하는 것에 의미가 있다. 가족이 본래의 기능을 최고도로 발휘하고 그 성원들이 행복해지려면 무엇보다도 가족 그 자체가 건전해야만 가능할 것이다.

## 3. 家族生活 滿足度

가족의 구조와 형태의 변화는 가족 기능과 가족 이데올로기의 변화를 초래했다.

기혼여성들의 결혼생활관에 대한 조사결과에 의하면 이혼에 대해 필요하면 하는 것이 좋다는 차원에서 대부분의 여성들이 높은 지지를 보이고 있으며, 이혼은 전업주부보다는 경제력이 있는 취업주부에게서 더 강력히 지지되는 현상으로 나타났고, 재혼에 대한 견해에서도 비슷하게 나타났다. 이에 반해 기혼남성은 기혼여성보다 이혼에 대해 훨씬 낮은 지지를 나타냈으며, 재혼관에서도 남녀간의 견해차에 대한 추이는 비슷하게 나타났다(양옥경, 2002).

가족관계 만족도를 살펴보면 가족생활 전반에 대한 만족비율은 51.6%, 불만족은 4.1%로 나타났으며, 자녀(72.7%), 배우자(65.7%), 자기 부모(64.5%)와는 가족관계의 만족비율이 높은 반면, 배우자 부모(52.5%), 배우자의 형제·자매(43.8%)와는 상대적으로 만족하는 비율이 낮게 나타났다(통계청, 2008 사회조사).

현대가정에서 일어나고 있는 가장 현저한 변화는 기혼여성들의 취업에 따른 여성역할의 변화라고 할 수 있다. 여성노동력에 대한 수요의 급증으로 점점 더 많은 여성들이 취업함에 따라 오랫동안 지속되어 온 성별에 의한 분업체계에 변화가 일기 시작하여 여성들이 일, 가정생활과 맺고 있는 전통적 관계에 획기적인 변화가 초래되었다.

여기에서 가족정책의 필요성이 강조된다. 가족정책의 일반적 의미는 가족을 위해 실시하는 제반 조치로서 일반적, 통일적 관점에서 가정생활의 유지 강화를 도모하는 여러 시책이라고 할 수 있다. 따라서 가족정책은 국가가 다양한 프로그램을 통해 가족에게 영향을 미칠 수 있는 정책이라고 볼 수 있다. 가족복지정책에는 아동 및 여성문제가 주 대상이 되므로 가족정책, 아동정책, 여성정책간의 관계는 이러한 정책이 서로 관점만 다를 뿐 실제 대상은 중복되는 경우가 많다.

따라서 가족복지정책과 여성복지정책간의 상호관계하에서 가정의 건전 육성, 가족문제 발생을 예방하는 적극적인 시책들이 모색되어야 할 것이다.

## 第4節 貧困의 女性化

### 1. 貧困의 女性化의 概念

빈곤의 여성화(feminization of poverty)란 빈곤에서 여성문제를 새롭게 조명하는 용어로서, Kniesner 등(1986)은 빈곤 속에 살고 있는 여성 수의 절대적 증가를 빈곤의 여성화로 보고 가족구조의 변화가 빈곤화에 많은 영향을 미치고 있음을 지적하고 특히 여성가구주 가정에 살고 있는 사람들에게 더욱더 집중되는 과정이라고 보고 있다. 빈곤의 여성화는 빈곤계층 중 여성이 차지하는 비율이 점차 증가하는 현상으로 특히 여성가구주와 무배우자 여성노인이 취약한 집단으로 나타난다고 할 수 있다.

빈곤의 여성화의 원인에 대해 학자마다 다양한 견해를 나타내고 있는데, Pearce는 빈곤여성문제를 직업의 게토(ghetto)화 및 차별로 인해 남성에 비해 여성의 수입이 적은데서 기인한다고 보고 주로 노동시장에서의 성 차별 시각에서 설명하고 있다. Pearce의 조사(1976)결과에 의하면 미국의 경우 16세 이상의 빈민 중 3분의 2, 성인 빈민의 70% 이상이 여성이며, 빈민가구의 반 이상이 여성가구주였다.

Smith와 Burngam(1984)은 빈곤의 여성화란 빈곤에 대해 여성들이 보다 많은 취약점을 갖고 있으며 성에 의한 직종차별이 이의 취약성을 심화시킨다고 보고 있다. 이와 함께 Peterson은 빈곤가족에서 특히 여성가구주가 높은 비율을 차지하는 이유로 여성은 일차적으로 자녀양육과 관련된 책임이 계속된다는 점과 여성은 노동시장에서 제한된 기회에 직면한다는 점 등을 들고 있다.

이러한 빈곤의 여성화는 기존의 빈곤문제와는 달리 여성문제와 관련되는 것으로 점차 가시적인 현상으로 나타나고 있다. 이러한 과정에서 남성과 여성간의 빈곤의 갭은 커지며, 여성은 지속적인 빈곤 속에 있게 된다는 것이다(김영란, 1997).

빈곤의 여성화는 노동시장에서의 여성차별, 여성근로자의 밀집현상, 여성의 자녀양육부담, 여성의 사회심리적 스트레스, 이혼, 질병, 배우자의 사망, 혼전출산 등 여러 가지 요인에 의해서 여성이 가족의 생계를 책임지는 역할을 수행하게 되는데 따르는 결과이다.

몇몇 연구가들은 빈곤의 여성화를 이혼과 연결시키고 있다. 이러한 연구에서 여성의 경제적 생활능력을 제약하는 사회경제적 환경에서 이혼율의 상승은 여성가구주 가계의 빈곤이 증가되는 요인임을 보여주고 있다. 불균형적인 남성의 사망률은 사별한 여성의 수를 증가시킬 가능성이 크며, 여성의 빈곤화로 이어질 가능성 또한 크다. 여권론자들은 여성의 빈곤을 노동시장에서 여성들이 차지하는 주변적 지위와 여성이 경제적으로 남성에게 의존한다는 가정에 의해 설명되어야 한다고 주장한다.

Room 등(1989)은 빈곤에서 여성가구주 수의 증가에 주목하면서 이들과 관련된 요인으로 노동시장, 가족 그리고 국가의 사회정책을 들고 있다. Muller(1983) 역시 여성 빈곤의 원인을 분석하기 위해서는 다면적인 분석이 필요하다고 보고 있는데, 고용문제, 지원체계(사적 및 공적 지원체계), 사회적 태도(여성들의 빈곤과 관련된 태도)등 세 가지 관점에서 설명되어야 한다고 보고 있다.

가족생활과 관련하여 여성의 사회참여 면에서 우리나라의 여성경제활동참가율은 1980년 42.8%, 2000년 48.3%, 2006년 50.3%로 계속 상승추이를 보이고 있으나 노동시장의 성 차별은 직업의 성 분질화(gender segregation)현상을 가져왔다.

이와 같이 빈곤의 여성화의 원인으로 가족구조의 변화(이혼율, 미혼모의 증가 그리고 자녀지원 이슈 등), 노동시장(노동시장 참여, 직업분절, 정책 변화의 양상), 복지 프로그램(효율성, 정책변화의 양상)을 들고 있다(Peterson, 1987).

## 2. 貧困의 女性化의 實態

미국의 경우 이혼율의 증가, 직장과 급여에 있어서의 차별, 10대 미혼모가 출산한 아동의 수적 증가, 사회복지 프로그램 삭감 등으로 인해 빈곤선 이하에 있는 3인 중 2명은 여성이었으며, 여성세대주 가구의 빈곤 가능성은 부부가구에 비해 5배나 많게 나타났다.

여성 빈곤의 원인은 첫째, 인구학적 측면에서 여성의 노령화율이 남성에 비해 높고, 둘째, 경제적 측면에서 성별 노동분업, 노동시장에서의 성 차별이 존재하며, 셋째, 가족적 측면에서 여성의 남성에 대한 경제적 의존, 결혼관계의 해체 시 불이익, 가정내에서의 여성의 자원통제권 부족 등을 들 수 있다.

이러한 원인 때문에 빈곤층을 대상으로 하는 생활보호대상자 중 모자세대나 여성노인 등 여성이 차지하는 비율이 남성에 비해 높았다. 또한 생활보호사업의 보호수준이 낮았기 때문에 결과적으로 여성빈곤문제가 더욱 가중되었다고 볼 수 있다. 특히 여성노인 인구의 증가로 말미암아 앞으로 빈곤여성 노인문제가 더욱 심각하게 대두될 것으로 예측된다.

2000년 10월 한국여성개발원에서 조사한 경로연금수급자는 여성이 차지하는 비율이 대구시 74%, 대전시 69%, 인천시 70.1%, 울산시 74.5%로 여성노인들이 약

70%를 차지하는 것으로 나타났다. 이러한 현상은 고령인구집단에 여성노인들이 더 많이 분포되어 있을 뿐만 아니라 남성노인들에 비하여 소득수준이 낮고 경제적으로 더 취약한 특성을 반영하는 결과이다.

2002년 5월 보건복지부 발표 자료에 의하면 수급자 중 65세의 노인인구는 24%, 여성노인은 전체 수급자의 17%이며, 이들 수급자는 전체 여성수급자의 31%로 다른 연령대에 비해 가장 높으며, 65세 이상 남성수급자의 약 3배에 달한다.

우리나라 취업인구 중 임시·일용직의 70% 이상이 여성이며, 이들은 주된 저임금직종의 대부분을 담당하고 있다(김수현 외,2001).

여성가구주 가구의 43.7%가 장기적인 빈곤상태에 있는 것으로 조사되었다(금재호,2001). 결혼해체로 인한 여성가구주 가구의 증가는 단순히 가족형태의 변화라는 인구사회학적 특성의 변화뿐만 아니라 여성 자신의 빈곤화는 물론 해당 가구의 빈곤화를 동반함으로써 심각한 사회적 문제를 야기시키고 있다.

여성가구주 가구의 소득수준을 살펴보면 대부분의 연구에서 공통적으로 지적되고 있는 것은 다수의 여성이 여성가구주가 된 이후 심각한 경제적 어려움에 직면하고 있는 것으로 나타났다(윤홍식,2004). 옥선화 외(2001)의 조사에 의하면, 약 60.0%에 가까운 여성이 여성가구주가 된 이후 경제적 어려움에 직면하고 있는 것으로 나타났다.

빈곤층에 속하는 가구비율은 여성가구주 중 43.7%, 남성가구주 중 13.6%로 나타났으며, 60세 이상 노인의 평균소득은 여성 299,000원, 남성 783,000원으로 나타났다(통계청, 통계로 보는 여성의 삶).

실질빈곤층 및 비경제활동빈곤층의 성별 특성비율을 비교해보면 남성의 경우 실질빈곤층은 57.3%, 근로희망비경제활동빈곤층은 15.8%로서 합계 33.9%인데 반해 여성의 경우 실질빈곤층이 42.7%, 근로희망비경제활동빈곤층이 82.4%, 합계 66.1%로 나타나 남녀간에 차이가 뚜렷함을 알 수 있다(한국보건사회연구원, 2003).

여성가구주 가구는 증가하고 있고, 여성가구주의 빈곤율은 더 큰 폭으로 증가하고 있다. 전체 가구 중 여성가구주 비율이 1996년 16.6%에서 2000년 18.5%로 증가한 대신, 남성가구주 비율은 동기간 83.4%에서 81.5%로 감소하였다. 여성가구주 가구의 점진적 증가추세가 계속되는 가운데, 여성가구주 가구의 빈곤율은 동기간 8.3%에서 16.9%로 크게 증가하였다. 여성가구주 가구 중 빈곤가구 비율은 21.0%이고, 남성가구주 가구 중 빈곤가구 비율은 7.0%로 여성가구주 가구의 빈곤위험이 남성가구주 가구의 3배에 이르는 것으로 나타났다. 이와 같이 여성은 남성에 비해 탈빈곤의 수단을 가지지 못하며, 한번 빈곤층으로 전락하면 빈곤계층으로 고착되는 현상을 보여주는 것이다(석재은,2004).

국민기초생활보장사업에서 모자가족 및 여성노인 단독세대 등 여성의 비율이 높아지는 것은 서구 복지국가의 경험처럼 여성의 의존대상이 남성에서 국가로 이전되어 가는 조짐이라고 할 수 있다. 우리나라에서도 여성의 의존이 남성에서 국가로 이전되는 초기 양태가 국민기초생활보장사업에서 발견된다고 할 수 있다.

서구 복지국가에서 사회보장제도가 확충됨에 따라 어느 정도 여성빈곤문제가 해결되고 여성에 대한 사회적 불평등이 감소되었지만, 여성의 의존대상이 남성에서 국가로 이전되는 결과를 낳았다. 즉, 이들 복지국가에서는 사적 영역내에서의 남성지배가 중심이 되었던 가족적 가부장제에서 공적 영역에서 남성지배가 강화된 사회적 가부장제로 변화해 가고 있는 것이다. 서구 복지국가에서 소득보장에 있어 여성은 공공부조로, 남성은 사회보험으로 성 격리되고 있다. 이러한 사회보장에서의 성 격리가 빈곤의 여성화현상을 더욱 가속시키는 요인으로 작용하고 있다.

이와 같이 노동시장 유연화, 가족구조 변화, 사회양극화 등에 따른 소외계층이 늘어나고, 빈곤층 중 여성노인과 여성가구주 등 여성의 비율이 지속적으로 증가하는 빈곤의 여성화가 심화되고 있다.

이와 같은 빈곤의 여성화문제는 서구 사회뿐만 아니라 아시아의 여러 나라에서도 나타나 빈곤문제의 세계적인 특징이 되어가고 있다. 우리나라의 경우 여성가구주의 증가와 이들이 빈곤층에서 차지하는 높은 비중은 빈곤의 여성화를 보여주는 지표라고 볼 수 있다.

# 第3章 女性福祉의 動向과 歷史的 展開過程

## 第1節 女性福祉政策의 展開過程

### 1. 西歐社會의 女性福祉 發展過程

사회복지의 역사를 통해 볼 때 여성을 사회복지의 대상으로 다루기 시작한 것은 영국의 Elizabeth구빈법에서 였다. Elizabeth구빈법은 빈민구제대상을 특성별로 구분하여 세분화했는데, 그 중 노동능력이 없는 빈곤여성이 포함되어 구빈원(almshouse)에서 보호를 받았다. 이 시기의 요보호여성은 임산부와 미혼모, 자녀를 부양하는 빈곤여성 등이었다. 그러나 이 시기의 여성 특히 임산부와 미혼모 등은 노동능력이 없는 빈민의 범주로 분류되어 여전히 최악의 생존조건에 시달릴 수밖에 없었으나 구호를 받을 자격은 부여받았다.

그 후 자본주의체제의 정착과 발전과정에서 가족구조가 핵가족화되고 여성의 사회참여가 활발해지면서 여성의 취업과 관련된 복지문제가 대두되어 노동정책 차원의 개혁이 일어나고 여성의 모성보호가 시작되었다. 즉, 공장법, 최저임금법, 산재보험법 등을 통해 여성의 노동권을 보호하는 산업복지의 문제가 제기되기 시작했다.

미국의 경우 경제공황에 따른 사회정책이 추진되면서 빈곤여성을 공공부조의 대상으로 편입시켰고, 요보호아동이 있는 모자가족을 지원하는 사회보험 및 공공부조제도의 확충을 통해 요보호여성이 보편적 적용대상으로 편입되었다.

제2차 세계대전 이후 복지국가 시대를 맞이하여 여성복지정책은 남편에 의존해 생활하는 중산층 여성에 대한 차별적 사회보험과 사회 서비스, 노동하는 하급계층 여성을 위한 노동시장에서의 모성보호정책, 전통적 취약계층인 모자가족을 위한 공공부조사업이 활성화되었다.

1960년대에 들어서면서 취업여성과 모자가족이 증가함에 따라 노동시장에서의 여성 차별은 빈곤의 여성화문제를 야기시켜 여성복지에 있어서 아동보육의 사회화와 노동시장에서의 실질적 평등이라는 주제를 확산시키는 계기가 되어 이와 관련된 정책이 강화되었다. 뿐만 아니라 국제기구에서도 이러한 노력을 강화해 왔는데, 1967년 유엔의 여성차별철폐선언, 1971년 세계여성회의, 1979년 유엔총회의 여성차별철폐조약 등이 대표적인 것이었다.

서구의 사회복지분야에서 개인으로서의 여성의 복지욕구에 대한 관심과 여성클라이언트에 대한 특별한 관심이 부각된 것은 여성운동이 확대된 1970년대 이후의 일로서, 이러한 관심은 사회복지실천분야에서는 복지국가에 대한 성 분석(gender analysis)과 여성주의적 사회사업(feminist social work) 실천이론의 발달로 이어졌다(한국여성개발원b, 2001).

## 2. 우리나라 女性福祉政策의 樹立 및 展開過程

우리나라에서 여성복지사업이 시작된 것은 개화기에 들어와서이며 주 대상은 홀어미, 이혼 및 파혼당한 여성, 불우한 여성, 취업할 수 없는 소녀 등이었다.

그 이전인 왕조시대에서는 4궁(四窮)으로 분류된 홀어미와 기민・빈약자・인신매매대상자 등이 민생구휼대상자였다. 조선총독부 시대의 조선구호령에 규정된 구호대상자 중에는 임산부가 포함되어 있었다. 조선구호령은 일본의 모자복지법의 내용이 포함되어 있어 사회복지대상으로서 여성이 주된 대상이었다. 그러나 본격적인 여성복지행정은 미군정 시대에 시작되었다고 볼 수 있다.

우리나라 여성복지정책의 전개과정을 시대별로 정리해보면 다음과 같다.

### 1) 계몽기

해방 후 미 군정기를 거쳐 1950년까지는 계몽기로서, 이 시기에는 주로 동별 강연, 좌담, 강습 등을 개최하여 생활의 합리화, 문맹퇴치, 여성의 자질 향상, 사회참여의 조장, 공창 폐지, 여권신장운동의 전개에 힘을 기울였으며, 1946년 미군정 법령 제107호(부녀국 설치령)에 의하여 보건후생국내에 부녀국이 설립되었고, 1947년 10월부터는 전국 각 시・도에 지방 부녀행정조직이 설치되었다.

해방 이후 여성복지정책 가운데 가장 괄목할만한 변화는 보건후생국내의 부녀국 설치를 통한 여성복지사업의 전개와 1947년에 폐지된 공창제도 등이다.

### 2) 전재(戰災)여성보호기

이 시기는 1951년~1960년 사이로 1957년에는 서울에 시립소녀직업보도소가 설치되었고 1960년에는 시립부녀사업관이 설치되었으며, 기타 전쟁피해여성에 대한 보호사업으로 한국전쟁으로 발생된 전쟁피해여성과 그 자녀를 보호하는데 큰 힘을 기울이던 시기였다.

1950년대의 여성복지정책이 부녀 및 아동의 구호사업과 전쟁피해여성의 구호와 농촌부녀계몽사업에 중점을 두었다고 볼 수 있다.

### 3) 요보호여성의 선도기

이 시기는 1961년~1990년 사이로 윤락여성의 선도를 위하여 1961년에 윤락행위등방지법을 제정·공포하고, 윤락여성선도대책위원회를 구성하였으며, 부녀상담소를 설치하고, 서울에는 시립부녀보호지도소를 설치하였으며, 시립여성복지관이 설립되던 시기이다. 윤락행위등방지법의 시행으로 윤락여성과 포주, 펨프 등을 단속하기 시작한 시기이다. 또한 아동복리법과 생활보호법의 시행으로 부녀보호사업이 새로운 전기를 맞게 되었다.

이 시기에는 윤락여성 선도의 일환으로 부녀직업보도소와 부녀상담소를 설치하여 운영하기에 이르렀고 전쟁피해여성의 구호로 모자가족에 대한 보호사업에 중점을 두었던 시기로 볼 수 있다.

### 4) 여성복지의 실천기

이 시기는 1971년~1980년 사이로 여성복지행정의 방향이 사후대책에서 예방대책으로 바뀌는 시기로서, 모자복지법의 시행 등으로 모자가족의 실태파악, 자립기반 조성이 본격화되었고, 미혼모예방사업에도 정부의 관심이 집중되었다.

1970년대에는 가출여성과 윤락여성을 대상으로 하는 선도사업에 역점을 두어 1973년에는 모자보건법에 의해 가족계획사업과 윤락여성에 대한 보건관리가 더욱 구체화되고 전국 104개소의 특정지역을 설치하여 윤락여성의 윤락행위를 묵시적으로 인정하기도 했다.

또한 1980년대에는 그 동안 민간기관이 주도했던 미혼모의 증가현상에 대한 대책에 정부가 적극적으로 개입하기에 이르렀고 모자보호시설에 대한 지원이 강화되었다. 이와 함께 보호를 필요로 하는 여성들에게 주안점을 두면서도 일반여성의 능력 개발과 사회참여 유도 및 건전가정 육성, 영유아보육사업에도 정책적 배려가 이루어졌다.

한편 남녀고용평등법의 제정(1987년)으로 여성정책은 근로기준법에 의거한 보호중심에서 평등으로 확대됨으로써, UN 여성발전전략 차원에서 보면 발전에의 여성개발(WID:Woman-In-Development)단계로 전환되었다. 그러다가 남녀고용평등법이 개정(1989년)됨으로써, 여성정책 전략이 WID에서 성과 개발(GAD:Gender And Development)로 변화되었다. 여성개발이 여성에게 초점을 두었다면 성과 개발은 여성과 남성의 상황을 비교하고 여성과 남성간의 관계에 초점을 두는 것으로서 GAD 접근방법은 여성과 남성 모두의 역할변화를 통해서 여성의 지위 향상을 위한 전략적 이해를 증진시키는 것에 더 중점을 두는 것으로 여성의 평등에서 성평등으로 나아가는 전략이다.

### 5) 여성복지의 전환기

1990년대는 여성복지의 새로운 전환기로서 부녀복지에서 여성복지로 그 명칭이 바뀌고 대상 범위도 가정폭력 및 성폭력 피해여성에까지 확대되고 여성복지에 대한 사회적 관심도 높아져 각종 상담기관과 보호시설이 확충되는 시기라고 할 수 있다. 이 시기에는 사적 영역으로 간주되어 왔던 성과 가족내의 문제에 대해 사회적 관심이 높아지기 시작했다.

그러나 1990년대 이후에는 국가발전에 따라 여성의 지위와 역할의 변화로 여성의 복지욕구가 증대됨에 따라 요보호여성뿐만 아니라 일반여성 모두를 포함하는 여성복지로의 전환이 이루어지게 되었다. 따라서 일반여성을 위한 사업이 추가되고, 여성복지 서비스의 범위도 확대되기 시작했다.

이와 같이 우리나라 여성복지정책은 요보호여성에 대한 복지정책에서 출발하였으며 그동안 가장 중점적으로 시행되어 온 분야가 바로 여성의 복지 증진 부문이다. 이 부문의 정책들은 과거에는 요보호여성에 대한 지극히 부분적인 지원정책에 그쳤으나 점차 대상범위가 확대되어 왔으며, 이제는 전체 여성을 대상으로 여성의 고유 기능인 모성을 보호하기 위한 정책적 배려도 함께 시책에 반영하고 있다. 그 밖에 요보호여성을 위한 정책으로는 시대에 따라 전쟁피해여성에서 성매매여성, 미혼모, 근로여성 등으로 그 대상이 확대되었으며, 최근에는 가정폭력 피해여성, 성폭력 피해여성 등으로 그 범위가 특정여성에서 점차 일반여성에게로 확대되는 경향을 보이고 있다.

이러한 발전과정을 거치면서 여성복지 증진을 위한 법 제도도 1980년대에 들어와서 획기적 발전을 이루었다. 즉, 보건복지부 산하의 한국여성개발원의 설립(1983년), 국무총리 직속하의 여성정책심의위원회의 설치(1983년)를 비롯하여 남녀고용평등법의 제정(1987년), 여성문제 전담부서로서의 정무 제2장관실의 발족, 지방자치단체의 가정복지국 가정복지과의 신설(1988년), 모자복지법의 제정, 가족법의 남녀평등 보장으로의 개정(1989년), 성폭력범죄의 처벌 및 피해자보호등에 관한 법률의 제정(1994년), 윤락행위등방지법의 전면 개정, 여성발전기본법의 제정(1995년), 장애인·노인·임산부 등의 편의증진 보장에 관한 법률의 제정, 제1차 여성정책 기본계획 수립, 가정폭력방지 및 피해자보호등에 관한 법률의 제정, 가정폭력범죄의 처벌 등에 관한 특별법의 제정(1997년), 남녀차별금지 및 구제에 관한 법률의 제정(1999년), 청소년의 성보호에 관한 법률의 제정(2000년), 여성부의 독립(2001년), 모·부자복지법으로의 개정, 제2차 여성정책 기본계획 수립(2002년), 영유아보육업무의 여성부 이관, 윤락행위등방지법 폐지 및 성매매알선등행위의 처벌에 관한 법률·성매매방지 및 피해자보호등에 관한 법률의 제정, 건강가정기본법의 제정, 성매매방지기획단을 구성하여 성매매방지종합대책 수립, 건강가정지원센터 시범사업 운영(2004년), 여성부를 여성가족부로 개편 및 가족정책업무의 이관, 시·군·구 건강지원센터 설치 운영, 한부모가족희망센터 개소(2005년), 제1차 건강가정 기본계획(함께하는 가족 2010)수립(2006년), 모·부자복지법을 한부모가족지원법으로 개정, 전국 성매매실태조사, 기간제 및 단기간 근로자 보호등에 관한 법률 제정, 제3차 여성정책 기본계획(2008~2012년)수립(2007년), 한부모가족지원센터와 건강가정지원센터의 통합 운영, 여성부, 보건복지부를 여성부와 보건복지가족부로 직제 개편(2008년) 등이다.

지난 반세기 동안 여성복지와 관련된 법률과 제도의 변화과정을 살펴보면 여성복지의 대상을 요보호여성에서 전체 여성으로 그 범위를 확대하였으며, 소극적 관심에서 적극적 대응으로 여성문제에 대한 시각이 변화되었음을 알 수 있다.

여성복지법제의 제·개정, 여성복지기관의 설립, 여성복지사업의 전개과정을 정리하면 다음 <표 1>과 같다.

<표 1> 여성복지정책의 수립 및 전개과정

| 연도별 | 여성복지정책의 수립 및 전개과정 |
|---|---|
| 1946 | 미군정청 부녀국 신설 |
| 1947 | 공창제도 폐지 |
| | 전국 시·도에 지방부녀행정조직 설치 |
| 1961 | 윤락행위등방지법, 아동복리법 제정 |
| 1962 | 성매매 영업이 가능한 104개 특정지역 지정·관리 |
| 1972 | 지역사회정화 목적에서 특정지역 폐지 |
| 1973 | 모자보건법 제정 |
| 1983 | 한국여성개발원 설립, 여성정책심의위원회 설립 |
| 1984 | 유엔 여성차별철폐협약 비준 |
| 1987 | 남녀고용평등법 제정, "혼인과 가족생활의 양성평등"으로의 헌법 개정 |
| 1988 | 정무제2장관실(여성정책총괄부서) 발족 |
| | 지방자치단체의 가정복지국 가정복지과 신설 |
| 1989 | 모자복지법 제정, 남녀평등 보장으로의 가족법 개정 |
| 1991 | 영유아보육법 제정 |
| 1993 | 일제하 일본군위안부 생활안정지원법 제정 |
| | 고용보험법 제정 |
| 1994 | 성폭력범죄의 처벌 및 피해자보호등에 관한 법률 제정 |
| 1995 | 여성발전기본법 제정, 윤락행위방지법 전면 개정 |
| 1997 | 가정폭력방지 및 피해자보호등에 관한 법률 제정 |
| | 가정폭력범죄의 처벌등에 관한 특례법 제정 |
| | 장애인·노인·임산부 등의 편의증진 보장에 관한 법률 제정 |
| | 청소년보호법 제정 |
| | 제1차 여성정책 기본계획(1998-2002년) 수립 |
| | 위기여성상담 특수전화번호 개설 |
| 1998 | 국민연금법의 이혼배우자 연금분할수급권 신설 |
| | 대통령직속 여성특별위원회 발족 |
| | 위기여성상담 특수전화 「1366」운영 개시 |
| 1999 | 남녀차별금지 및 구제에 관한 법률 제정 |
| 2000 | 국가유공자예우 및 지원에 관한 법률의 출가한 딸 유족보상 지급 |
| | 독립유공자예우에 관한 법률의 출가한 딸의 유족보상 지급 |
| | 청소년의 성보호에 관한 법률 제정 |

<표 1>에서 계속

| 연도별 | 여성복지정책의 수립 및 전개과정 |
|---|---|
| 2001 | 여성부 발족<br>모성보호관련 3법 개정 |
| 2002 | 모자복지법을 모・부자복지법으로 개정<br>제2차 여성정책 기본계획(2003-2007년) 수립<br>가정폭력・성폭력 근절 종합대책 마련 |
| 2004 | 건강가정기본법 제정<br>영유아보육업무 여성부 이관<br>윤락행위등방지법 폐지, 성매매알선등행위의 처벌에 관한 법률・성매매방지 및 피해자보호등에 관한 법률 제정<br>성매매방지종합대책 수립<br>건강가정지원센터 시범사업 운영 |
| 2005 | 여성부를 여성부로 개편, 가족정책업무 이관<br>시・군・구 건강가정지원센터 설치・운영<br>한부모가족희망센터 개소 |
| 2006 | 제1차 건강가정 기본계획 수립 |
| 2007 | 모・부자복지법을 한부모가족지원법으로 개정<br>제3차 여성정책 기본계획(2008~2012년) 수립<br>전국 성매매실태조사 |
| 2008 | 한부모가족희망센터와 건강가정지원센터의 통합운영<br>여성부, 보건복지부를 여성부, 보건복지가족부로 직제 개편 |

## 第2節 女權主義 理念과 女性福祉

우리나라에서는 1980년에 들어와 여성들의 여권의식과 복지욕구가 급속하게 증산되어 왔다. 여성문제와 사회문제는 자녀수의 감소, 여성 취업기회의 증대, 핵가족화, 여성해방 이념의 확대와 여권운동의 활성화, 가사노동의 사회적 재생산의 의의에 대한 관심의 고조 등의 사회현상 변화와 맞물려 여성들의 지위와 가치관을 변화시키기에 충분한 요인이 되었다. 이러한 변화로 인해 최근에 자본주의 성격에 대한 분석과 복지국가와 사회복지정책을 분석하는데 있어서 여권주의자들의 시각이 중시되고 있다.

여성복지를 바라보는 시각이나 이데올로기 또한 다양하여 저마다의 주장들이 있고, 사회상에 따라 변화되어 왔다.

여권주의 관점의 도입은 사회복지 분석에 있어서 가장 극적이고 중요한 변화 중의 하나로 인식되고 있다. 남녀의 불평등문제를 파고드는 여권주의는 그 이념에 따라 남녀에 대한 평등관이나 평등을 성취하려는 복지전략에 차이가 있다. 보편적으로 소개되고 있는 주요한 여권주의의 이념으로는 자유주의, 급진주의, 마르크스주의, 사회주의를 들 수 있다. 여기에서 우리나라의 현실과는 비교적 거리가 있는 흑인여권주의를 제외하고 나머지 이념들에서 주장하는 남녀평등관과 여성복지 전략을 살펴보고자 한다.

### 1. 自由放任的 女權主義

자유방임주의는 남녀의 생물학적 차이를 인정하여 전통적인 성 역할의 분담을 당연시 여기고 이를 여성해방의 상태로 보는 입장이다. 이 입장은 법을 통한 사회정의의 실현보다 시장의 자유를 통해 여성의 자유가 획득되는 것을 여성해방의 상태라고 보고 국가의 복지 개입이 여성이 자유를 획득하는 것을 방해한다고 본다. 따라서 국가가 여성을 위하여 제공하는 복지서비스에 대하여 반대하며, 복지서비스는 여성들을 보호한다는 미명하에 여성의 자유를 제한하며, 모성애의 자연적 상태를 구속한다고 본다.

자유방임주의에서는 여성에 대한 국가 개입이 없는 자유방임의 상태가 여성복지를 이루는 방법이라고 생각한다. 생물학적 결정주의에 입각하고 있는 자유방임주의의 관점은 현실적인 남녀불평등을 인정하고 있으므로 여성해방을 위한 이념이라고 보기는 어렵다.

## 2. 自由主義的 女權主義

자유주의자들은 여성해방을 기회균등의 측면에서 접근하고자 한다. 성 불평등이 비합리적인 편견과 낡은 관념에 의해서 나타난다고 보기 때문에 성 불평등을 야기시키는 법률을 개혁하고 여성이 남성과 동일하게 기회와 권력을 이용할 수 있도록 압력을 가하는 방법을 모색한다.

자유주의적 여권주의는 복지국가의 존재 자체를 부인하지는 않지만 국가의 개입은 개인의 자유를 침해하지 않는 범위내에서 이루어져야 한다고 믿고 있다. 그러므로 복지국가의 법, 제도를 남녀간에 동등한 권리와 기회로 집중시키면서 문제를 해결하려고 한다.

자유주의적 여권주의의 주장은 여성의 개별문제 중심적이고 개인의 권리에 주로 초점을 맞춤으로써 여성문제를 사회구조적으로 해결하려는 시각을 갖추지 못한 한계를 갖고 있다.

## 3. 急進主義的 女權主義

급진주의적 여권주의는 여성 특유의 경험을 중시한다. 급진주의적 여권주의는 여성문제의 원인을 여성의 생물학적 특성인 출산력과 그에 따른 의존성에서 찾으려고 하고 투쟁의 대상을 남성이라고 보고 있다. 급진주의자들은 이 사회의 가장 근본적인 억압관계를 남녀관계라고 본다. 남성에 의한 여성지배체계, 남성우월주의 체계를 이들은 가부장제라고 규정하였다.

여성의 해방은 여성의 성과 출산을 통제하는 가부장제에 대한 공격, 대남성투쟁으로만 가능하다고 본다. 근본적으로는 과학의 발전을 이용하여 남성과 여성의 생물학적 차이를 없애야 한다고 주장한다.

## 4. 마르크스主義的 女權主義

마르크스주의자는 여성문제를 자본가계급과 노동자계급이라는 기본적인 모순에서 나타나는 성 차별의 문제로 보고 있다. 따라서 이들 여성해방운동은 자본주의에 대한 총체적인 계급투쟁 속에서 성 차별의 폐지라는 여성의 특수문제를 결합시켜 자본주의를 폐지하고자 하며, 이를 통하여 여성의 완전한 생산에의 참여와 가사노동의 사회화를 이루는 것이라고 본다.

## 5. 社會主義的 女權主義

사회주의적 여권주의자들은 가부장적인 자본주의, 자본주의적 가부장제가 여성억압의 원인이 된다고 본다. 이들은 여성억압의 문제를 성과 계급, 가부장제와 자본주의의 상호 의존의 결과로 파악한다.

사회주의자들은 여성해방이 자본주의와 가부장제의 동시적 타파를 통해서 가능하며, 이를 위한 추진세력은 범계급적 여성연대세력이 되어야 한다는 것이다.

## 6. 福祉主義的 女權主義

복지주의적 여권주의는 산업혁명의 과정에서 여성노동자들이 겪는 문제에 대해 자본주의 체제의 큰 변혁이나 소멸 없이 개량적이고 실용적으로 문제를 해결하려는 시도에 바탕을 둔 것으로 공적 영역과 사적 영역에서의 여성의 욕구를 해결하려고 한다.

여성이 참정권을 획득한 것을 계기로 여권주의자 중에서 여성의 어려운 생활환경, 특히 노동계급을 중심으로 하층계급의 여성들의 비참한 생활조건을 개선하고자 했던 여성해방운동의 일환으로 나타났다. 이들은 여성억압의 원인을 모성애에 대한 평가절하로 보고 여성의 참다운 해방을 성취하려면 단순한 법앞에서의 평등에서 벗어나 모성의 권리가 확립되어야 한다고 주장한다.

복지주의에서는 궁극적으로 여성은 모(母)로서, 모와 아동의 욕구에 우선 관심을 기울였으며, 특히 빈민여성들이 처한 상황을 개선하는데 기여했다고 볼 수 있다. 복지주의의 주장을 통해 출산수당, 아동수당, 의료보호, 학교급식 등의 경제적 원조가 제도화되었다. 다른 여권주의와는 달리 국가를 여성해방의 규제자로 보기보다는 잠재적인 복지국가라고 보고 있다. 이러한 여권주의는 자유주의적 여권주의와 비슷한 성격을 갖고 있으며, 기본적인 시각은 보수주의에 입각하고 있다.

## 7. 女權主義와 女性政策

지금까지 사회복지에 대한 여권주의 관점을 살펴보았는데, 사회복지 관점에서 볼 때 이와 같은 여권주의적 사고가 전부 타당하거나 문제 해결에 적용될 수 있는 것은 아니지만 사회복지에서 여권주의 철학과 정책적 관심에 대해 살펴보는 이유는 사회복지의 가치와 실천 면에서 참고해야 할 부분이 있기 때문이다.

여권주의에 입각한 사회복지실천이란 여권주의의 원칙을 개발·적용·재검토·수정하는 행동으로 정의된다(Garvin & Reed, 1995). 여권주의적 실천과 사회복지실천은 서로 공유하는 철학과 가치를 가지고 있다.

그러나 여권주의적 사회복지와 기존의 전통적 사회복지의 차이점으로는 첫째, 기존의 사회복지는 사회로의 적응을 강조하는 반면 여권주의적 사회복지는 기존 사회구조에 도전하는 것이다. 둘째, 성 차별문제에 대한 접근에서 차이가 있다. 즉, 기존의 사회복지는 성 차별로 인해 제기되는 문제에 대해 무관심하거나 관심이 있다고 하더라도 그러한 문제를 해결할 수 있는 적절한 이론적 모델이나 접근방법을 찾지 못했으며, 어떤 경우에는 오히려 성 차별을 강화하고 있다는 비판도 있다(신은주, 1995).

여성정책의 수립과 관련하여 앞으로 여성과 남성간의 불평등을 해소하기 위한 방안으로 복지주의적 여권주의가 주도해야 할 분야와 자유주의적 여권주의나 사회주의적 여권주의, 급진적 여권주의가 주도해야 할 분야를 고려하여 적절히 여성정책에 반영해야 할 것이다. 복지주의적 여권주의가 여성의 지위와 역할을 향상시키는데 가장 효력을 발휘할 수 있는 분야는 여성에게 직접적인 소득보장을 제공하는 분야로서 공공부조, 사회복지 서비스 등의 제도내에서 여성을 인정하고 그에 대한 보상을 준비하는 것이다. 그러나 복지주의적 여권주의가 여성의 남성에 대한 의존과 사회적 재생산의 역할을 강화하는 폐단을 극복하기 위해서는 여성과 남성의 사회, 정치활동분야에서 동등한 참여 및 보상의 기회를 갖도록 적극적으로 지원해주는 정책이 실시되어야 할 것이다.

자유주의적 여권주의가 주장하는 법, 제도의 개선, 사회주의적 혹은 급진주의적 여권주의에서 주장하는 전통적, 일반적 가족형태뿐만 아니라 사회주의적 여권론이 주장하는 비전통적인 가족에까지 확대하는 복지정책과 급진주의적 여권주의가 강조하는 여성을 위한 상담소 및 피난처 등의 복지국가의 사회복지 서비스를 이용할 수 있도록 일반의 인식을 환기시키고, 이를 실시할 수 있도록 구체적인 제도의 구축 및 예산의 확보가 이루어져야 할 것이다.

# 第4章 女性福祉法 體系와 傳達體系

## 第1節 女性福祉法 體系

우리나라의 현행 여성복지법제는 헌법의 "모든 국민은 인간으로서의 존엄과 가치를 가지며, 행복을 추구할 권리를 가진다"(제10조)는 행복추구권 규정, "모든 국민은 인간다운 생활을 할 권리를 가진다"(제34조 제1항), "국가는 여자의 복지와 권익의 향상을 위하여 노력하여야 한다"(제34조 제3항)는 생존권 규정과 "혼인과 가족생활은 개인의 존엄과 양성의 평등을 기초로 정립되고 유지되어야 하며, 국가는 이를 보장하여야 한다"(제36조 제1항), "국가는 모성의 보호를 위하여 노력하여야 한다"(제36조 제2항), "여자의 근로는 특별한 보호를 받으며, 고용·임금 및 근로조건에 있어서 부당한 차별을 받지 아니한다."(제32조 제4항) 등 노동권 및 보건권 조항의 규정에 근거하여 사회보장기본법, 사회복지사업법, 여성발전기본법 등의 기본법이 제정되었다.

여성복지법 체계를 논함에 있어서 여성복지와 여성복지법의 개념에 대한 합의가 선행되어야 한다. 여성복지법은 사회복지관계법 중에서 여성의 복지에 관한 법의 총체로 보고 여성복지법제를 분류해보면 주요 영역별 체계와 대상별 체계로 구분할 수 있다. 주요 영역별 체계는 여성발전기본법, 사회보장기본법, 사회복지사업법 등으로 구성되고, 대상별로는 한부모가족지원법, 아동복지법, 청소년보호법, 가정폭력방지 및 피해자보호등에 관한 법률, 성폭력범죄의 처벌 및 피해자보호등에 관한 법률, 성매매알선등 행위의 처벌에 관한 법률, 성매매방지 및 피해자보호등에 관한 법률, 청소년의 성보호에 관한 법률, 영유아보육법, 건강가정기본법, 일제하 일본군위안부에 대한 생활안정지원 및 기념사업등에 관한 법률 등 사회복지서비스관련법이 있다.

노동관련법으로는 근로기준법, 남녀고용평등법, 고용보험법, 남녀차별금지 및 구제에 관한 법률 등이 있고, 모든 여성을 위한 명시적 법으로서 영유아보육법, 장애인·노인·임신부 등의 편의증진보장에 관한 법률 등이 있으며, 보건관련법으로는 모자보건법, 보건소법, 공중위생관리법, 식품위생법, 후천성면역결핍증예방법, 전염병예방법, 공중목욕탕업법 등이 있다.

여성발전기본법, 사회보장기본법, 사회복지사업법 등은 기본법의 성격이 지니고 있음에 반해 한부모가족지원법, 아동복지법, 영유아보육법, 청소년육성법, 가정폭력방지 및 피해자보호등에 관한 법률, 성매매방지 및 피해자보호등에 관한 법률, 건강가정기본법 등은 서비스법에 속하고, 성매매알선등 행위의 처벌에 관한 법률, 청소년보호법, 성폭력범죄의 처벌 및 피해자보호등에 관한 법률, 청소년의 성보호에 관한 법률 등은 형벌법과 서비스법의 성격을 동시에 지니고 있는 특징이 있다.

이와 같이 여성복지관련 법제는 매우 다양하게 다원화되어 있다.

법은 절대적, 보편적이면서도 한편으로 상대적, 선별적이기 때문에 세계 여러 나라에서 여성에 대한 복지 조치를 여성복지법이라는 단일법으로 규정하지 않고 일반적으로 여성복지관련법으로 존재하고 있다.

여성복지대상이 되는 특정집단에 대해 적용되는 여성복지법제를 살펴보면 <표 2>와 같다.

<표 2> 여성복지대상별 적용 법규

| 대상별 | 적 용 법 규 |
|---|---|
| 모자가족 | 한부모가족지원법, 영유아보육법, 건강가정기본법 |
| 이혼여성 | 한부모가족지원법, 건강가정기본법 |
| 미 혼 모 | 아동복지법, 한부모가족지원법, 모자보건법, 건강가정기본법 |
| 성매매여성 | 성매매알선등 행위의 처벌에 관한 법률, 성매매방지 및 피해자 보호등에 관한 법률, 아동복지법, 청소년의 성보호에 관한 법률 공중위생관리법, 식품위생법, 안마사에 관한 규칙 |
| 가정폭력 피해여성 | 가정폭력방지 및 피해자보호등에 관한 법률, 가정폭력범죄의 처벌등에 관한 특례법 |
| 성폭력 피해여성 | 성폭력범죄의 처벌 및 피해자보호등에 관한 법률 |
| 가출여성 | 청소년의 성보호에 관한 법률, 청소년보호법 |
| 근로여성 | 근로기준법, 남녀고용평등법, 모성보호관련법, 사회보험 각법, 남녀차별금지 및 구제에 관한 법률 |
| 일반여성 | 여성발전기본법, 사회보장기본법, 사회보험 각법, 공공부조 각법, 모자보건법, 영유아보육법, 평생교육법, 건강가정기본법 |

여성복지법제 중 주요 법제의 내용을 살펴보기로 한다.

## 1. 女性發展基本法

여성발전기본법은 헌법의 남녀평등 이념을 구현하기 위한 국가와 지방지치단체의 책무 등에 관한 기본적인 사항을 규정함으로써 정치·경제·사회·문화의 모든 영역에 있어서 남녀평등을 촉진하고 여성의 발전을 도모함을 목적으로 하고 있다.

또한 개인의 존엄을 기초로 하여 남녀평등의 촉진, 모성의 보호, 성 차별적 의식의 해소 및 여성의 능력개발을 통하여 건전한 가정의 구현과 국가 및 사회의 발전에 남녀가 공동으로 참여하고 책임을 분담할 수 있도록 함을 그 이념으로 한다.

이 법에서 규정하고 있는 용어의 의미는 다음과 같다.

① 여성정책 : 남녀평등의 촉진, 여성의 사회참여 확대 및 복지 증진에 관한 대통령령이 정하는 정책

② 여성단체 : 남녀평등의 촉진, 여성의 사회참여 확대 및 복지 증진을 주된 목적으로 설립된 법인 또는 대통령령이 정하는 단체

③ 여성관련 시설 : 남녀평등의 촉진, 여성의 사회참여 확대 및 복지 증진을 위한 대통령령이 정하는 시설

### 1) 국가 등의 책무

국가 및 지방자치단체는 남녀평등의 촉진, 여성의 사회참여 확대 및 복지 증진을 위하여 필요한 법적·제도적 장치의 마련과 이에 필요한 재원을 조달할 책무를 진다. 또한 모든 국민은 남녀평등의 촉진과 여성의 발전의 중요성을 인식하고 그 실현을 위하여 노력하여야 한다.

### 2) 적극적 조치

국가 및 지방자치단체는 여성의 참여가 현저히 부진한 분야에 대하여 합리적인 범위 안에서 여성의 참여를 촉진함으로써 실질적인 남녀평등이 이루어질 수 있도록 관계법령이 정하는 바에 따라 적극적인 조치를 취할 수 있다.

### 3) 여성정책의 기본계획

여성부장관은 여성정책에 관한 기본계획을 5년마다 수립하여야 하며, 기본계획

에는 (1) 여성정책의 기본방향 (2) 여성정책의 추진목표 (3) 여성정책 추진과 관련한 재원의 조달방법 등이 포함되어야 한다. 여기에서 여성정책의 기본시책을 살펴보면 다음과 같다.

(1) 정책결정과정 및 정치참여

(2) 공직참여

(3) 고용평등

(4) 성희롱의 방지등

(5) 모성보호의 강화

국가·지방자치단체 또는 사업주는 여성의 임신·출산 및 수유기간 동안 이들을 특별히 보호하며, 이를 이유로 불이익을 받지 않도록 하여야 한다. 또한 취업여성의 임신·출산 및 수유와 관련된 모성보호비용에 대하여 사회보장기본법에 의한 사회보험 및 재정 등을 통한 사회적 부담을 높여 나가야 한다.

이와 같이 모성보호를 여성의 임신, 출산, 수유 기능의 보호로 규정하여, 모성보호와 육아지원을 분리하고 있다. 즉, 모성보호는 여성의 고유한 임신, 출산, 수유 기능의 보호로서 여성특별보호로 규정하는 반면, 육아지원은 남녀 모두 또는 가정을 그 대상으로 하고 있다. 모성보호가 가정과 사회, 기업, 국가에서 인력을 제공하는 사회적 기능을 가진다는 것을 전제로 하여 모성에 대한 특별보호와 이를 이유로 한 불이익금지, 취업여성의 모성보호비용에 대한 사회분담화에 대해 규정하고 있다.

(6) 가정교육·학교교육·평생교육을 통한 남녀평등 의식 제고 및 여성의 교육기회 확대

(7) 여성인적자원의 개발등

(8) 한국양성교육평등진흥원의 설립등

(9) 여성복지 증진

국가 및 지방자치단체는 지역·연령 등에 따른 여성복지 수요에 부응하기 위한 시책을 강구하여야 하며, 관계법률이 정하는 바에 따라 저소득 모자가족, 미혼모, 장애여성, 가출여성, 그 밖에 보호를 요하는 여성에 대한 지원을 위하여 필요한 조치를 하여야 한다. 또한 노인인 여성과 농어촌에 거주하는 여성의 복지 증진에 노력하여야 한다.

(10) 직장 및 가정생활의 병행

국가 및 지방자치단체는 근로자가 직장생활과 가정생활을 조화롭게 병행할 수 있도록 영유아보육시설의 확충, 방과 후 아동보육의 활성화, 육아휴직제의 정착, 직장내 수유시설의 확충 등의 사항에 관한 시책을 강구하여야 한다.

(11) 평등한 가족관계 확립등

국가 및 지방자치단체는 민주적이고 평등한 가족관계를 확립시키기 위하여 노력하여야 한다. 또한 가족구조의 변화에 따라 맞벌이부부 · 한부모가족 등에 대하여 필요한 지원책을 강구하여야 한다.

(12) 성폭력 및 가정폭력 예방

국가 및 지방자치단체는 관계법률이 정하는 바에 의하여 성폭력범죄의 예방과 피해자 보호를 하여야 한다. 또한 관계법률이 정하는 바에 따라 가정에서 발생하는 폭력을 예방하고 피해자를 보호하여야 하며, 성폭력피해자 및 가정폭력피해자의 상담과 가해자의 조정을 위하여 필요한 시책을 강구하여야 한다.

(13) 가사노동 가치의 평가

(14) 여성국제협력

(15) 대중매체의 성차별 개선

(16) 여성자원봉사활동의 지원 등이 제시되어 있다.

### 4) 여성단체 지원 등

(1) 여성단체의 지원

국가 및 지방자치단체는 여성단체가 추진하는 남녀평등의 촉진, 여성의 사회참여 확대 및 복지 증진을 위한 활동에 필요한 행정적인 지원을 할 수 있으며, 예산의 범위 안에서 그 활동 등에 필요한 경비의 일부를 보조할 수 있다.

국가 및 지방자치단체는 비영리법인 또는 비영리단체가 남녀평등과 여성발전을 촉진하는 활동을 하는 경우에 필요한 지원을 할 수 있다.

(2) 여성관련 시설의 설치 · 운영

국가 및 지방자치단체는 여성의 권익 및 복지 증진과 교육을 위한 여성과 관련된 시설을 설치 · 운영할 수 있다. 또한 여성의 권익 및 복지 증진과 교육을 위한 여성과 관련된 시설에 대하여 예산의 범위 안에서 그 경비의 전부 또는 일부를 보조할 수 있다. 또한 여성의 직업능력개발훈련을 위한 시설을 설치 · 운영하거나 여성단체 등에 위탁하여 운영하게 할 수 있다.

(3) 여성 자원봉사활동의 지원

국가 및 지방자치단체는 여성 자원봉사활동의 활성화를 위하여 필요한 지원을 할 수 있다. 지방자치단체의 장은 여성 자원봉사활동을 촉진하기 위하여 시·군·구에 여성자원활동센터를 설치·운영할 수 있다. 여성부장관은 센터를 운영하는 지방자치단체에 대하여 예산의 범위 안에서 그 경비의 전부 또는 일부를 보조할 수 있다.

### 5) 여성발전기금

(1) 기금의 재원

국가는 이 법의 목적을 실현하기 위한 사업등의 지원에 필요한 재원을 확보하기 위하여 여성발전기금을 설치하며, 기금은 국가의 출현금, 국가외의 자가 출현하는 현금·물품, 기타 재산, 기금의 운영으로 생기는 수익금, 기타 대통령령이 정하는 수입금 등으로 충당된다.

(2) 기금의 용도

기금은 여성의 권익 증진을 위한 사업, 여성단체사업, 여성관련 시설의 설치 및 운영, 여성의 국제협력사업, 그 밖에 남녀평등 실현, 여성발전 및 가족지원 등을 위하여 대통령령이 정하는 사업 등에 지원한다.

## 2. 한부모가족지원법

한부모가족지원법은 기존의 모·부자복지법을 개정하여 한부모가족이 건강하고 문화적인 생활을 영위할 수 있게 함으로써 한부모가족의 생활안정과 복지 증진에 기여함을 목적으로 한다.

이 법에서 규정하고 있는 용어의 의미는 다음과 같다.

① 모 또는 부의 범위에 포함되는 사람 : 배우자와 사별 또는 이혼하거나 배우자로부터 유기된 자, 정신이나 신체의 장애로 장기간 노동능력을 상실한 배우자를 가진 자, 미혼자(사실혼 관계에 있는 자 제외)로서 보건복지가족부령이 정한 자 등이다.

② 한부모가족 : 모자가족 또는 부자가족으로서, 모자가족은 모가 세대주(세대주가 아니더라도 세대원을 사실상 부양한 자를 포함한다)인 가족이며, 부자가족도 이에 준용된다.

③ 아동 : 상기 규정에 해당하는 모 또는 부에 의하여 양육되는 18세 미만인 자(다만 취학 시에는 22세 미만)

④ 보호기관 : 이 법에 의한 보호를 행하는 국가 또는 지방자치단체

⑤ 한부모복지단체 : 한부모가족의 복지 증진을 목적으로 설립된 기관이나 단체

### 1) 국가 등의 책임

국가와 지방자치단체는 한부모가족의 복지를 증진할 책임을 지며, 모든 국민은 한부모가족의 복지 증진에 협력하여야 한다. 또한 한부모가족의 모 또는 부와 아동은 그가 가지고 있는 자산과 노동능력 등을 최대한으로 활용하여 자립과 생활향상을 위하여 노력하여야 한다.

### 2) 한부모가족복지상담소의 설치 · 운영

#### (1) 한부모가족복지상담소의 설치주체

한부모가족복지에 관한 사항을 상담하거나 지도하기 위하여 서울특별시장 · 광역시장 · 도지사와 시장 · 군수 · 구청장은 관할구역에 한부모가족복지상담소를 설치할 수 있다. 이 경우 시장 · 군수 · 구청장은 시 · 도지사의 승인을 받아야 한다.

한부모가족복지상담소를 설치하는 기관의 장이 필요하다고 인정할 때에는 동 상담소의 분소 또는 이동상담소를 설치 · 운영할 수 있다.

한부모가족복지상담소에는 상담실을 두어야 하며, 피보호자를 일시적으로 보호하기 위한 보호실(일시보호실)을 운영할 수 있다. 또한 상담소에는 소장과 상담에 필요한 한부모가족복지상담원을 둔다.

#### (2) 한부모가족복지상담원의 직무

한부모가족복지상담원은 한부모가족에 대한 신상 및 고충상담, 보호대상자의 실태조사 및 통계작성, 한부모가족에 대한 취업상담 및 지원, 아동양육상담 및 지원, 한부모가족에 대한 보호내용의 구분, 피보호자의 일시보호 및 사후관리, 그 밖에 모 · 부자복지 상담에 필요한 사항 등의 직무를 수행한다.

### 3) 복지급여 내용

복지급여는 ① 생계비 ② 아동교육지원비 ③ 직업훈련비 및 훈련기간 중 생계비 ④ 아동양육비 ⑤ 기타 대통령령이 정하는 비용 등이다.

한부모가족지원법에 의한 보호대상자가 국민기초생활보장법등 다른 법령에 의해 보호를 받을 때에는 그 범위 안에서 이 법에 의한 급여를 하지 아니한다.

아동양육비를 지급함에 있어서 미혼모 또는 미혼부가 5세 이하의 아동을 양육하는 경우에는 예산의 범위 안에서 추가적인 복지급여를 할 수 있다. 이 경우 미혼모 또는 미혼부가 자녀를 양육하지 아니하고 미혼모 또는 미혼부의 직계존속이 양육하는 경우에도 추가적인 복지급여를 실시할 수 있다.

### 4) 복지자금 대여

국가 또는 지방자치단체는 한부모가족의 생활안정과 자립을 촉진하기 위하여 ① 사업에 필요한 자금 ② 아동교육비 ③ 의료비 ④ 주택자금 ⑤ 그 밖에 대통령령이 정하는 한부모가족의 복지를 위하여 필요한 자금 등 각종 자금을 대여할 수 있다.

### 5) 가족지원 서비스

국가 또는 지방자치단체는 한부모가족에게 ① 아동의 양육 및 교육서비스 ② 장애인·노인·만성질환자 등의 부양서비스 ③ 취사·청소·세탁 등 가사서비스 ④ 교육·상담 등 가족관계 증진 서비스를 제공하도록 노력하여야 한다.

### 6) 기타 복지조치

국가 또는 지방자치단체는 한부모가족의 모 또는 부와 아동의 고용을 촉진하기 위하여 적합한 직업훈련의 실시와 취업알선에 노력하여야 한다. 또한 각종 사업장에 한부모가족의 모 또는 부와 아동이 우선 고용되도록 노력하여야 한다.

국가 또는 지방자치단체가 운영하는 공공시설의 장은 그 공공시설 안에 각종 매점 및 시설의 설치를 허가하는 경우 한부모가족 또는 한부모가족복지단체에 우선적으로 허가할 수 있다. 또한 한부모가족의 아동이 공공의 아동편의시설과 그 밖의 공공시설을 우선적으로 이용할 수 있도록 노력하여야 한다. 이 밖에도 주택법이 정하는 바에 따라 국민주택을 분양하거나 임대할 때에는 한부모가족에 일정 비율이 우선 분양될 수 있도록 노력하여야 한다.

### 7) 한부모가족복지시설의 설치·운영

#### (1) 한부모가족복지시설의 설치주체

국가 또는 지방자치단체는 한부모가족복지시설을 설치할 수 있으며, 이 외의 자가 한부모가족복지시설을 설치·운영하고자 하는 때에는 시장·군수·구청장에게 신고하여야 한다.

#### (2) 한부모가족복지시설의 종류

① 모자보호시설 : 생활이 어려운 모자가족을 일시 또는 일정기간 보호하여 생계를 지원하고 퇴소 후 자립기반을 조성하도록 지원하는 것을 목적으로 하는 시설

② 모자자립시설 : 자립이 어려운 모자가족에 대하여 일정기간 주택편의만을 제공함을 목적으로 하는 시설

③ 미혼모자시설 : 미혼여성의 임신·출산 시 안전 분만 및 심신건강의 회복과 출산 후 아동의 양육 지원을 위하여 일정기간 보호함을 목적으로 하는 시설

④ 미혼모자공동생활가정 : 출산 후의 미혼모와 해당 아동으로 구성된 미혼모와 가족이 일정기간 공동으로 가정을 이루어 아동을 양육하고 보호할 수 있도록 지원하는 것을 목적으로 하는 시설

⑤ 모자공동생활가정 : 독립적인 가정생활이 어려운 모자가족 또는 부자가정이 각각 일정기간 공동으로 가정을 이루어 생활하면서 자립을 준비할 수 있도록 지원하는 것을 목적으로 하는 시설

⑥ 미혼모공동생활가정 : 출산 후 해당 아동을 양육하지 아니하는 미혼모들이 일정기간 공동으로 가정을 이루어 생활하면서 자립을 준비할 수 있도록 지원하는 것을 목적으로 하는 시설

⑦ 일시보호시설 : 배우자(사실혼 관계에 있는 자 포함)가 있으나 배우자의 물리적, 정신적 학대로 인하여 아동의 건전양육 또는 모의 건강에 지장을 초래할 우려가 있을 경우 일시적으로 또는 일정기간 그 모와 아동 또는 모를 보호함을 목적으로 하는 시설

⑧ 여성복지관 : 모자가족 및 미혼여성에 대한 각종 상담을 실시하고 생활지도, 생업지도, 탁아 및 직업보도를 행하는 등 모자가족 및 미혼여성의 복지를 위한 편

의를 종합적으로 제공하는 것을 목적으로 하는 시설

이 밖에도 부자보호시설, 부자자립시설 등이 있다.

이와 같은 한부모가족복지시설을 설치·운영하는 자는 시·도지사 또는 시장·군수·구청장으로부터 한부모가족복지시설에 한부모가족을 입소보호하도록 위탁받으면 정당한 사유 없이 이를 거부하지 못한다.

## 3. 嬰乳兒保育法

영유아보육법은 영유아를 심신의 보호와 건전한 교육을 통하여 건강한 사회구성원으로 육성함과 아울러 보호자의 경제적·사회적 활동을 원활하게 함으로써 가정복지 증진에 기여함을 목적으로 한다.

### 1) 영유아보육의 책임주체와 대상

영유아보육의 책임주체는 모든 국민이며, 영유아의 건전한 보호 육성에 대한 사회적 책임을 밝히고, 동시에 국가와 지방자치단체는 보호자와 더불어 영유아를 건전하게 보육할 책임을 진다. 즉, 영유아보육에 대해 보호자, 사회, 국가가 함께 책임을 진다.

영유아보육의 대상은 영유아로서 6세 미만의 취학 전 아동이다. 특별한 경우 중앙 또는 지방보육위원회의 의결을 거쳐 보건복지가족부장관, 시·도지사, 시장·군수·구청장은 보육시설 입소대상아동의 연령을 12세까지 연장할 수 있다.

### 2) 영유아보육시설의 종류 및 설치주체

#### (1) 시설의 종류

영유아보육시설은 국·공립 보육시설, 법인보육시설, 직장보육시설, 가정보육시설, 부모협동보육시설, 민간보육시설로 나누어지며, 보육시설의 유형은 기관 중심 보육과 가정보육으로 대별된다.

직장보육시설이란 사업주가 사업장의 근로자를 위하여 단독 또는 공동으로 사업장내 또는 그에 준하는 인근지역과 사원주택 등 사업장 근로자 밀집지역에 설치·운영하는 시설로서, 단독으로 보육시설을 설치하기 어려운 경우에는 인근 사업장과 공동으로 보육시설을 설치하거나 보육수당을 지급하도록 한다. 또한 공공기관에도 직장보육시설을 설치하도록 하고 있다. 상시 여성근로자 300인 이상 또는 근로자 500인 이상을 고용하고 있는 사업장은 직장보육시설의 설치를 의무화하고 있다.

(2) 설치주체

국가 또는 지방자치단체는 국·공립 보육시설을 설치할 수 있는데, 이 경우 저소득층 밀집지역이나 농어촌지역 등 취약지역에 우선적으로 설치하여야 한다. 직장 및 민간보육시설을 설치·운영하고자 하는 자는 시장·군수의 인가를 받아야 한다. 직장보육시설 의무설치사업장은 직장보육시설을 설치하여야 하지만 대상아동을 보육하고 있는 근로자가 없는 사업장의 경우는 제외된다.

### 3) 우선 입소대상

보육시설의 입소대상은 영유아를 원칙으로 하지만 여성부장관, 시·도지사 및 시장·군수는 보육위원회의 의결을 거쳐 입소대상연령을 12세까지 연장할 수 있다. 우선 입소대상은 국민기초생활보장법에 의한 수급자, 한부모가족지원법에 의해 선정된 한부모가족, 차상위층 저소득, 장애부모, 복지시설 아동, 맞벌이가정 및 결손가정의 순으로 우선권이 주어진다.

사업주는 사업장근로자의 자녀가 우선적으로 직장보육시설을 이용할 수 있도록 하여야 한다.

### 4) 비용의 보조

국가 또는 지방자치단체는 대통령이 정하는 바에 의하여 보육시설의 설치 및 운영 등 영유아의 보육시설에 소요되는 비용을 보조할 수 있다. 직장보육시설을 설치한 사업주는 대통령령이 정하는 바에 따라 시설운영에 필요한 비용의 전부 또는 일부를 보조하여야 한다. 이 경우 비용의 100분의 50 이상을 보조하여야 한다.

### 5) 벌칙 규정

신고를 하지 아니하고 보육시설을 설치·운영한 자, 신고를 하지 아니하고 보육시설을 폐지 또는 휴지하거나 그 운영을 재개한 자, 시설의 폐쇄, 사업의 정지 또는 폐지의 명령에 위반하여 사업을 계속한 자는 1년 이하의 징역 또는 500만원 이하의 벌금에 처한다.

## 4. 兒童福祉法

아동복지법의 내용 중 여성복지와 관련되는 내용을 살펴보면 다음과 같다.

이 법에서 규정하고 있는 용어의 의미는 다음과 같다.

① 아동 : 18세 미만의 자

② 보호를 필요로 하는 아동 : 보호자가 없거나 보호자로부터 이탈된 아동 또는 보호자가 아동을 학대하는 경우 등 그 보호자가 아동을 양육하기에 부적당하거나 양육할 능력이 없는 경우의 아동

③ 아동복지시설 : 아동의 복지를 위한 시설로서 대통령령으로 정하는 시설

④ 아동복지시설종사자 : 아동복지시설에서 아동의 상담, 지도, 진료, 양육, 기타 아동의 복지에 관한 업무를 담당하는 자

### 1) 아동상담소의 설치·운영

#### (1) 아동상담소의 설치주체

도지사와 시장·군수는 관할구역 안에 아동상담소를 설치할 수 있다. 이 경우 시장·군수는 도지사의 승인을 얻어야 한다. 또한 사회복지법인 또는 재단법인은 대통령령이 정하는 바에 의하여 도지사의 인가를 받아 아동상담소를 설치할 수 있다.

#### (2) 아동상담소의 업무

아동 또는 임산부에 관한 그 가족 또는 관계인에 대한 상담, 아동 또는 임산부에 관하여 전문적, 기술적 지도를 필요로 하는 경우의 개별지도, 집단지도 및 그 알선, 기타 아동 및 임산부의 복지 증진에 관한 업무 등이다.

### 2) 보건소의 업무

보건소는 아동복지법에 의하여 아동의 전염병 예방조치, 아동의 건강상담, 신체검사와 보건위생에 관한 지도, 아동의 영양개선 등의 업무를 행한다.

### 3) 보호조치

서울특별시장·광역시장·도지사 또는 시장·군수·구청장은 그 관할구역 안에서 보호를 필요로 하는 아동을 발견하거나 보호자의 의뢰를 받은 때에는 아동의 최상의 이익을 위하여 필요한 보호조치를 하여야 한다.

### 4) 금지행위 및 벌칙 규정

(1) 아동에게 성적 수치심을 주는 성희롱·성폭력 등의 학대행위를 한 자는 5년 이하의 징역 또는 3천만원 이하의 벌금

(2) 아동을 타인에게 매매하는 행위 및 아동에게 음행을 시키거나 음행을 매개하는 행위를 한 자는 10년 이하의 징역 또는 5천만원 이하의 벌금

(3) 상습으로 위와 같은 죄를 범한 자는 그 죄에 정한 형의 1/2까지 가중한다.

## 5. 母子保健法

모자보건법은 모성의 생명과 건강을 보호하고 건전한 자녀의 출생과 양육을 도모함으로써 국민보건 향상에 이바지함을 목적으로 한다. 이 법에서 여성복지와 관련된 내용들을 살펴보기로 한다.

이 법에서 규정하고 있는 용어의 의미는 다음과 같다.

① 임산부 : 임신 중에 있거나 분만 후 6월 미만의 여자

② 영유아 : 출생 후 6년 미만의 자

③ 신생아 : 출생 후 28일 미만의 영유아

④ 미숙아 : 임신 37주 미만의 출생아 출생시 체중이 2,500g 미만의 출생아로서 특별한 의료적 관리와 보호가 필요하다고 인정된 자

⑤ 불임수술 : 생식선을 제거하지 아니하고 생식할 수 없게 하는 수술

⑥ 피임수술 : 불임수술과 인체 안에 피임약제 또는 피임기구를 넣어 일정기간

이상 피임하도록 하는 시술행위

⑦ 인공임신중절수술 : 태아가 모체 밖에서는 생명을 유지할 수 없는 시기에 태아와 그 부속물을 인공적으로 모체 밖으로 배출시키는 수술

⑧ 모자보건사업 : 임산부 또는 영유아에게 전문적인 의료봉사를 함으로써 신체적·정신적 건강을 유지하게 하는 사업

### 1) 국가 등의 책임

국가와 지방자치단체는 모성과 영유아의 건강을 유지·증진하기 위하여 필요한 조치를 하여야 하며, 모자보건사업 및 가족계획사업에 관한 시책을 강구하여 국민건강 향상에 이바지하도록 노력하여야 한다.

### 2) 모성 등의 의무

모성은 임신·분만·수유 등에 있어서 자신의 건강에 대한 올바른 이해와 관심을 가지고 건강관리에 노력하여야 한다. 영유아의 친권자·후견인 기타 영유아를 보호하고 있는 자는 유아에 대한 올바른 이해를 가지고 영유아의 건강의 유지·증진에 적극적으로 노력하여야 한다.

### 3) 임산부 및 영유아의 건강관리 등

시장·군수·구청장은 임산부·영유아·미숙아 등에 대하여 대통령령이 정하는 바에 따라 정기적으로 건강진단·예방접종을 실시하거나 모자보건요원으로 하여금 그 가정을 방문하여 보건진료를 하게 하는 등 건강관리에 관하여 필요한 조치를 하여야 한다.

시장·군수·구청장은 임산부·영유아·미숙아 등 중 입원진료를 요하는 자에게 진찰, 약제 및 치료재료의 지급, 처치·수술, 기타의 치료, 의료시설에의 수용, 간호, 이송 등의 의료지원을 할 수 있다. 이에 해당하는 자는 국민기초생활보장수급자 자녀이다.

### 4) 인공임신중절수술의 허용한계

의사는 다음의 경우에 본인과 배우자의 동의를 얻어 인공임신중절수술을 할 수 있다. ① 임신한 날로부터 28주일 이내에 있는 자 ② 인공임신중절수술을 할 수 있는 우생학적 또는 유전학적 정신장애나 신체결함은 유전성 정신분열증, 유전성 조울증, 유전성 간질증, 유전성 정신박약, 유전성 운동신경원질환, 혈우병, 현저한 범죄 경향이 있는 유전성 정신장애, 기타 유전성 질환으로서 그 질환이 태아에 미치는 위험성이 현저한 질병 ③ 인공임신중절수술을 할 수 있는 전염성 질환은 태아에 미치는 위험성이 높은 풍진, 수두, 간염, 후천성 면역결핍증 및 전염병예방법 제2조 제1항의 전염병 ④ 강간 또는 준강간에 의하여 임신된 경우 ⑤ 법률상 혼인할 수 없는 혈족 또는 인척간에 임신된 경우 ⑥ 임신의 지속이 보건의학적 이유로 모체의 건강을 심히 해하고 있거나 해할 우려가 있는 경우 등이다.

## 6. 性賣買斡旋등 行爲의 處罰에 관한 法律

성매매알선등 행위의 처벌에 관한 법률은 종전의 윤락행위등방지법의 대체입법으로 성매매·성매매알선등 행위 및 성매매 목적의 인신매매를 근절하고 성매매피해자 인권을 보호함을 목적으로 한다.

이 법에서 규정하고 있는 용어의 의미는 다음과 같다.

① 성매매 : 불특정인을 상대로 금품 그 밖의 재산상의 이익을 수수·약속하고 (1) 성교행위 (2) 구강·항문 등 신체의 일부 또는 도구를 이용한 유사성교행위를 하거나 그 상대방이 되는 것

② 성매매알선등 행위 : (1) 성매매를 알선·권유·유인 또는 강요하는 행위 (2) 성매매의 장소를 제공하는 행위 (3) 성매매에 제공되는 사실을 알면서 자금·토지 또는 건물을 제공하는 행위

③ 성매매 목적의 인신매매 : (1) 성을 파는 행위 또는 음란행위를 하게 하거나 성교행위등 음란한 내용을 표현하는 사진·영상물 등의 촬영대상으로 삼을 목적으로 위계·위력 그 밖의 이에 준하는 방법으로 대상자를 지배·관리하면서 제3자에게 인계하는 행위 (2) 상기와 같은 목적으로 청소년, 사물을 변별하거나 의사를 결정할 능력이 없거나 미약한 자 또는 대통령령이 정하는 중대한 장애가 있는 자나 그를 보호·감독하는 자에게 선불금 등 금품 그 밖의 재산상의 이익을 제공·약속하고 대상자를 지배·관리하면서 제3자에게 인계하는 행위 (3) 상기 (1)(2)의 행위

가 행해지는 것을 알면서 (1)과 같은 목적이나 전매를 위하여 대상자를 인계받는 행위 (4) (1)(2)(3)의 행위를 위하여 대상자를 모집·이동·은닉하는 행위 등이다.

④ 성매매피해자 : (1) 위계·위력 그 밖에 이에 준하는 방법으로 성매매를 강요당한 자 (2) 업무·고용 그 밖의 관계로 인하여 보호 또는 감독하는 자에 의하여 마약·향정신성의약품 또는 대마에 중독되어 성매매를 한 자 (3) 청소년, 사물을 변별하거나 의사를 결정할 능력이 없거나 미약한 자 또는 대통령령이 정하는 중대한 장애가 있는 자로서 성매매를 하도록 알선·유인된 자 (4) 성매매 목적의 인신매매를 당한 자 등이다.

### 1) 금지행위

금지행위는 ①성매매 ② 성매매알선등 행위 ③ 성매매 목적의 인신매매 ④ 성을 파는 행위를 할 목적으로 타인을 고용·모집하거나 성매매가 행하여 진다는 사실을 알고 직업을 소개·알선하는 행위 ⑤ 상기①②④호의 행위 및 그 행위가 행하여지는 업소에 대한 광고행위 등이다.

### 2) 성매매피해자 등의 보호

성매매피해자의 성매매는 처벌하지 않으며, 이 법에 의한 지원시설 및 성매매피해사실을 알게 된 때에는 지체 없이 수사기관에 신고하여야 한다.

또한 불법원인으로 인한 채권은 무효이며, 채권의 양도 및 채무의 인수도 무효이다.

외국인여성인 경우 당해 사건을 불기소처분하거나 공소를 제기할 때까지 강제퇴거명령을 하지 못한다.

### 3) 보호사건의 처리

성매매를 한 자에 대하여 사건의 성격·동기, 행위자의 성행 등을 고려하여 보호사건으로 다룰 수 있다. 보호처분의 종류와 보호기간은 다음과 같다.

(1) 성매매가 이루어질 우려가 있다고 인정되는 장소나 지역에의 출입금지(6월) (2) 보호관찰(6월) (3) 사회봉사·수강명령(100시간 이내) (4) 성매매피해상담소에의 상담위탁(6월) (5) 전담의료기관에의 치료위탁 등이며, 이들 처분을 병과할 수 있다.

### 4) 벌칙 규정

#### (1) 10년 이하의 징역 또는 1억원 이하의 벌금

① 폭행 또는 협박으로 성을 파는 행위를 하게 한 자 ② 위계 또는 이에 준하는 방법으로 성을 파는 자를 곤경에 빠뜨려 성을 파는 행위를 하게 한 자 ③ 친족·고용 그 밖의 관계로 타인을 보호·감독하는 것을 이용하여 성을 파는 행위를 하게 한 자 ④ 위계 또는 위력으로 성교행위등 음란한 내용을 표현하는 영상물 등을 촬영한 자

#### (2) 1년 이상의 유기징역

① 폭행 또는 협박으로 성을 파는 행위를 하게 한 죄(미수범 포함)를 범하고 그 대가의 전부 또는 일부를 받거나 이를 요구·약속한 자 ② 위계 또는 위력으로 청소년, 사물을 변별하거나 의사를 결정할 능력이 없거나 미약한 자 또는 중대한 장애가 있는 자로 하여금 성을 파는 행위를 하게 한 자 ③ 폭력행위등 처벌에 관한 법률에 규정된 범죄단체나 집단의 구성원으로서 ①의 죄를 범한 자

#### (3) 3년 이상의 유기징역

① 타인을 감금하거나 단체 또는 다중의 위력을 보이는 방법으로 성매매를 강요한 자 ② 성을 파는 행위를 하였거나 할 자를 고용·관리하는 것을 이용하여 위계 또는 위력으로 낙태하게 하거나 불임수술을 받게 한 자 ③ 성매매 목적의 인신매매를 한 자

#### (4) 5년 이상의 유기징역

업무·고용 그 밖의 관계로 인하여 보호 또는 감독을 받는 자에게 마약 등을 사용하여 성을 파는 행위를 하게 한 자

#### (5) 3년 이하의 징역 또는 3천만원 이하의 벌금

① 성매매알선등 행위를 한 자 ② 성을 파는 행위를 할 자를 모집한 자 ③ 성을 파는 행위를 하도록 직업을 소개·알선한 자

(6) 7년 이하의 징역 또는 7천만원 이하의 벌금

① 영업으로 성매매알선등 행위를 한 자 ② 성을 파는 행위를 할 자를 모집하고 그 대가를 지급받은 자 ③ 성을 파는 행위를 하도록 직업을 소개·알선하고 그 대가를 받은 자

(7) 3년 이하의 징역 또는 3천만원 이하의 벌금

① 성을 파는 행위 또는 음란행위를 하도록 직업의 소개·알선할 목적으로 광고를 한 자 ② 성매매 또는 성매매알선등 행위가 행해지는 업소에 대한 광고를 한 자 ③ 성을 파는 행위를 권유 또는 유인하는 행위를 한 자

(8) 2년 이하의 징역 또는 1천만원 이하의 벌금

영업으로 성을 파는 행위 또는 음란행위 등을 하도록 직업의 소개·알선할 목적으로 광고물을 제작·공급하거나 광고를 게재한 자

(9) 1년 이하의 징역 또는 9백만원 이하의 벌금

영업으로 성을 파는 행위 또는 음란행위를 하도록 직업의 소개·알선할 목적으로 광고물이나 광고가 게재된 출판물을 배포한 자

(10) 1년 이하의 징역이나 3백만원 이하의 벌금·구류 또는 과료

성매매를 한 자

(11) 5백만원 이하의 벌금

성매매피해신고자의 인적사항이나 사진 등 그 신원을 알 수 있는 정보나 자료를 인터넷 또는 출판물에 게재하거나 방송매체를 통하여 방송한 자

(12) 몰수·추징 및 형의 감면

벌칙 규정에 규정된 죄를 범한 자가 그 죄로 인하여 얻은 금품 그 밖의 재산을 몰수하고, 이를 몰수할 수 없는 때는 그 가액을 추징한다. 또한 이 법에 규정한 죄를 범한 자가 수사기관에 신고하거나 자수한 때에는 형을 감경하거나 면제할 수 있다.

## 7. 性賣買防止 및 被害者保護等에 관한 法律

성매매방지 및 피해자보호등에 관한 법률은 성매매를 방지하고 성매매피해자 및 성을 파는 행위를 한 자의 보호와 자립을 지원할 목적으로 윤락행위등방지법의 대체입법으로 제정되었다.

성매매관련 용어는 성매매알선등 행위의 처벌에 관한 법률의 규정과 같다.

### 1) 성매매 예방교육

초·중·고등학교의 장은 성에 대한 건전한 가치관 함양과 성매매를 방지하기 위하여 연 1회 이상 성매매 예방교육을 실시하여야 한다.

### 2) 지원시설

#### (1) 지원시설의 종류

① 일반지원시설 : 성매매피해자등을 대상으로 1년 이내의 범위에서 숙식을 제공하고 자립을 지원하는 시설

② 청소년지원시설 : 청소년인 성매매피해자등을 대상으로 1년 이내의 범위에서 숙식을 제공하고 취학·교육 등을 통하여 자립을 지원하는 시설

③ 외국인여성지원시설 : 외국인여성인 성매매피해자등을 대상으로 3월 이내의 범위에서 숙식을 제공하고, 귀국을 지원하는 시설

④ 자활지원센터 : 성매매피해자등을 대상으로 자활에 필요한 지원을 제공하는 이용시설로서, 지방자치단체보조사업으로 운영된다.

#### (2) 지원시설의 설치·운영

국가 또는 지방자치단체는 지원시설을 설치·운영할 수 있으며, 이 이외의 자가 지원시설을 설치·운영하고자 할 때는 시장·군수·구청장에게 신고하여야 한다.

지원시설의 장은 입소자 또는 이용자의 인권을 최대한 보장하여야 하며, 입소자 및 이용자의 사회적응능력 등을 배양시킬 수 있는 상담·교육·정보제공 및 신변보호 등에 필요한 지원을 하여야 한다. 또한 입소자의 건강관리를 위하여 입소 후 1월 이내에 건강진단을 실시하고 건강에 이상이 발견된 경우에는 의료급여법에 의한 의료급여의 수급 등 필요한 조치를 하여야 한다.

일반지원시설의 장은 6월 이내의 범위에서 여성부령이 정하는 바에 따라 지원기간을 연장할 수 있으며, 청소년지원시설의 장은 청소년이 19세에 달할 때까지 여성부령이 정하는 바에 따라 지원기간을 연장할 수 있다.

### 3) 성매매피해상담소

#### (1) 상담소의 설치 · 운영

국가 또는 지방자치단체는 성매매피해상담소를 설치·운영할 수 있으며, 이 외의 자가 상담소를 설치·운영하고자 할 때는 시장·군수·구청장에게 신고하여야 한다.

상담소에는 상담실을 두어야 하며, 이용자를 임시로 보호하기 위한 보호실을 운영할 수 있다.

#### (2) 상담소의 업무

성매매피해상담소는 상담 및 현장방문, 지원시설 이용에 관한 고지 및 지원시설의 인도 또는 인계, 성매매피해자의 구조, 지원시설의 업무, 다른 법률이 상담소에 위탁한 사항, 기타 성매매피해자등의 보호를 위한 조치 등의 업무를 수행한다.

지원시설 또는 상담소의 장은 성매매피해자등의 명시한 의사에 반하여 지원시설에 입소하게 하거나 상담소 보호시설의 보호를 할 수 없다.

### 4) 의료비의 지원 및 전담의료기관의 지정 등

(1) 국가 또는 지방자치단체는 지원시설의 장이 의료기관에 질병치료 등을 의뢰한 경우에 의료급여법상의 급여가 실시되지 아니하는 치료항목에 대한 의료비용의 전부 또는 일부를 지원할 수 있다.

(2) 여성부장관 또는 시장·군수·구청장은 성폭력범죄의 처벌 및 피해자보호등에 관한 법률의 규정에 따라 지정받은 전담의료기관 등 필요한 의료기관을 성매매피해자 등의 치료를 위한 전담의료기관으로 지정할 수 있다.

전담의료기관은 지원시설 또는 상담소의 장의 요청이 있는 경우 ① 성매매피해자등의 보건상담 및 지도 ② 성매매피해의 치료 ③ 성병감염여부의 검사 및 감염된 성병의 치료, 성매매로 인한 정신질환의 치료, 성매매로 인한 알콜 또는 약물중독의 치료 등을 제공하여야 한다.

### 5) 영리목적 운영의 금지 및 비밀엄수 등의 의무

지원시설 또는 상담소는 영리목적으로 설치·운영되어서는 아니 되며, 지원시설 또는 상담소의 장이나 이를 보좌하는 자 또는 그 직에 있었던 자는 직무상 알게 된 비밀을 누설하여서는 아니 된다.

### 6) 벌칙 규정

(1) 1년 이하의 징역 또는 5백만원 이하의 벌금

① 신고를 하지 아니하고 지원시설을 설치·운영한 자 ② 신고를 하지 아니하고 상담소을 설치·운영한 자 ③ 영리목적 운영 금지 규정이나 비밀엄수 등의 의무를 위반한 자

(2) 3백만원 이하의 과태료

① 지도·감독과 관련하여 관계공무원의 출입·검사를 거부·방해 또는 기피한 자 ② 신고하지 아니하고 지원시설이나 상담소를 폐지 또는 휴지하거나 그 운영을 재개한 자

## 8. 家庭暴力犯罪의 處罰等에 관한 特例法

가정폭력범죄의 처벌등에 관한 특례법은 가정폭력범죄의 형사처벌절차에 관한 특례를 정하고 가정폭력범죄를 범한 자에 대하여 환경의 조정과 성행의 교정을 위한 보호처분을 행함으로써 가정폭력범죄로 파괴된 가정의 평화와 안정을 회복하고 건강한 가정을 가꾸며 피해자와 가족구성원의 인권을 보호함을 목적으로 한다.

이 법에서 규정하고 있는 용어의 의미는 다음과 같다.

① 가정폭력 : 가정구성원 사이의 신체적, 정신적 또는 재산상 피해를 수반하는 행위

② 가정구성원 : 배우자 또는 배우자관계에 있었던 자, 자기 또는 배우자와 직계존비속관계에 있거나 있었던 자, 계부모와 자의 관계 또는 적모(嫡母)와 서자(庶子)의 관계에 있었거나 있었던 자, 동거하는 친족관계에 있는 자

③ 가정폭력범죄 : 형법하에서 범죄행위로 분류되는 행위 중 가정구성원 사이의 신체적·정신적 또는 재산상의 피해를 수반하는 행위를 말하며 이를 구체적으로

열거하고 있다.

④ 가정폭력행위자 : 가정폭력범죄를 범한 자 및 가정구성원인 공범

⑤ 피해자 : 가정폭력범죄로 인하여 직접적으로 피해를 입은 자

⑥ 가정보호사건 : 가정폭력범죄로 인하여 이 법에 의한 보호처분의 대상이 되는 사건

⑦ 보호처분 : 법원이 가정보호사건에 대하여 심리를 거쳐 행위자에게 과하는 처분

⑧ 타 법률과의 관계 : 가정폭력범죄에 대하여는 이 법을 우선 적용한다.

### 1) 신고의무 등

누구든지 가정폭력범죄를 알게 된 때에는 이를 수사기관에 신고할 수 있다.

① 아동의 교육과 보호를 담당하는 기관의 종사자와 그 장 ② 아동, 60세 이상의 노인, 기타 정상적인 판단능력이 결여된 자의 치료등을 담당하는 의료인 및 의료기관의 장 ③ 노인복지법에 따른 노인복지시설, 아동복지법에 따른 아동복지시설, 장애인복지법에 따른 장애인복지시설의 종사자와 그 장 ④ 아동복지법에 따른 아동상담소, 가정폭력방지 및 피해자보호등에 관한 법률에 따른 가정폭력관련상담소 및 보호시설, 성폭력범죄의 처벌 및 피해자보호등에 관한 법률에 따른 성폭력피해상담소 및 보호시설에 근무하는 상담원과 그 장은 직무를 수행하면서 가정폭력범죄를 알게 된 경우에는 정당한 사유가 없는 한 이를 즉시 수사기관에 신고하여야 한다.

### 2) 임시조치 및 보호처분의 결정등

#### (1) 가정보호사건의 처리

검사는 가정폭력범죄로서 사건의 성질·동기 및 결과, 행위자의 성행 등을 고려하여 이 법에 의한 보호처분에 처함이 상당하다고 인정할 때에는 가정보호사건으로 처리할 수 있다. 이 경우 검사는 피해자의 의사를 존중하여야 한다.

#### (2) 행위자에 대한 임시조치

행위자에 대한 임시조치는 ① 피해자 또는 가정구성원의 주거 또는 점유하는 방실로부터의 퇴거 등 격리 ② 피해자의 주거, 직장 등에서 100미터 이내의 접근금지

③ 의료기관 기타 요양소에의 위탁 ④ 국가경찰관서 유치장 또는 구치소에의 유치 등이다.

위의 제1호 · 제2호의 격리 및 접근금지 기간은 2월, 제3호 · 제4호의 위탁 및 유치 기간은 1월을 초과할 수 없다. 다만 피해자의 보호를 위하여 그 기간의 연장이 필요하다고 인정하는 경우에는 법원의 결정으로 1회에 한하여 각 기간의 범위내에서 이를 연장할 수 있다.

### (3) 보호처분의 내용 및 기간

판사는 심리의 결과 보호처분이 필요하다고 인정한 때에는 다음과 같은 보호처분을 할 수 있다. ① 행위자가 피해자에게 접근하는 행위의 제한 ② 친권자인 행위자의 피해자에 대한 친권행사의 제한 ③ 보호관찰등에 관한 법률에 의한 사회봉사 · 수강명령 ④ 보호관찰등에 관한 법률에 의한 보호관찰 ⑤ 가정폭력방지 및 피해자보호등에 관한 법률이 정하는 보호시설에의 감호위탁 ⑥ 의료기관에의 치료위탁 ⑦ 상담소등에의 상담위탁 등이다.

이와 같은 각호의 처분은 이를 병과(倂科)할 수 있으며, 제2호의 처분을 하는 경우에는 피해자를 다른 친권자나 친족 또는 적당한 시설로 인수할 수 있다.

보호처분의 기간은 6월을 초과할 수 없으며, 사회봉사 · 수강명령은 100시간을 각각 초과할 수 없다. 법원은 보호처분이 진행되는 동안 필요하다고 인정하는 때에는 직권, 검사 · 보호관찰관 또는 수탁기관의 장의 청구에 따라 결정으로 1회에 한하여 보호처분의 종류와 기간을 변경할 수 있다.

### (4) 배상명령

법원은 보호처분을 선고할 경우 직권 또는 피해자의 신청에 의하여 ① 피해자 또는 가정구성원의 부양에 필요한 금전의 지급 ② 가정보호사건으로 인하여 발생한 직접적인 물적 피해 및 치료비 손해의 배상 등 금전지급이나 배상을 명할 수 있다.

### (5) 비용의 부담

임시조치위탁 결정 또는 의료기관에의 치료위탁, 상담소 등에의 상담위탁의 보호처분을 받은 행위자는 위탁 또는 보호처분에 필요한 비용을 부담한다. 다만 행위자가 지급할 능력이 없을 때에는 국가가 이를 부담한다.

### 3) 벌칙 규정

(1) 보호처분이 확정된 후에 이를 이행하지 아니한 행위자는 2년 이하의 징역이나 2천만원 이하의 벌금 또는 구류

(2) 비밀엄수 등 의무의 위반죄를 범한 자는 1년 이하의 징역이나 2년 이하의 자격정지 또는 1천만원 이하의 벌금

(3) 보도금지의무를 위반한 신문의 편집인 등은 500만원 이하의 벌금

(4) 정당한 사유 없이 소환에 불응하거나 보고서 또는 의견서의 제출요구에 응하지 아니한 자는 100만원 이하의 과태료에 처한다.

## 9. 家庭暴力防止 및 被害者保護等에 관한 法律

가정폭력방지 및 피해자보호등에 관한 법률은 가정폭력을 예방하고 가정폭력의 피해자를 보호·지원을 목적으로 한다.

이 법에서 규정하고 있는 용어의 의미는 가정폭력범죄의 처벌 등에 관한 특례법의 규정과 같으나 일시보호는 가정폭력으로부터 피해자 또는 그 가정구성원을 보호하기 위하여 숙식제공 등의 방법으로 일정기간 행하는 보호로 규정하고 있다.

### 1) 국가등의 책무

국가와 지방자치단체는 가정폭력의 예방·방지와 피해자의 보호·지원을 위하여 가정폭력 신고체계의 구축 및 운영, 가정폭력의 예방과 방지를 위한 조사·연구·교육 및 홍보, 피해자를 위한 보호시설의 설치·운영 그 밖에 피해자에 대한 지원서비스의 제공, 피해자의 보호와 지원을 원활히 하기 위한 관련 기관간의 협력체계의 구축 및 운영, 가정폭력의 예방·방지 및 피해자의 보호·지원을 위한 관계법령의 정비와 각종 정책의 수립·시행 및 평가 등의 조치를 취하여야 한다. 그리고 특별시·광역시·도 및 시·군·구에 가정폭력의 예방·방지 및 피해자의 보호·지원을 담당할 기구와 공무원을 두어야 한다.

### 2) 가정폭력실태조사 및 예방교육의 실시

(1) 여성부장관은 3년마다 가정폭력실태조사를 실시하여 그 결과를 발표하고 이를 가정폭력의 예방을 위한 정책 수립에 기초자료로 활용하여야 한다.

(2) 각급 학교의 장은 가정폭력의 예방 및 방지를 위하여 필요한 교육을 실시하여야 한다.

### 3) 임시조치

#### (1) 임시보호

가정폭력관련상담소 또는 가정폭력피해자보호시설의 장이 행하는 임시보호는 3일 이내로 하고 특히 필요하다고 인정하는 경우에는 그 기간을 7일 이내로 할 수 있다. 임시보호의 필요가 있다고 인정하는 경우 당해 상담소가 임시보호시설이 갖추어지지 아니한 상담소인 때에는 지체없이 임시보호시설을 갖춘 상담소 또는 보호시설에 피해자를 인도하여 임시보호를 받게 하여야 한다. 이 때 피해자 본인 또는 보호자의 동의를 얻어야 한다.

#### (2) 일시보호

일시보호기간은 6개월 이내로 한다. 다만 시장·군수·구청장의 승인을 받아 3월의 범위내에서 연장이 가능하다.

### 4) 가정폭력관련상담소의 설치·운영

#### (1) 상담소의 설치주체

국가 또는 지방자치단체는 가정폭력관련상담소를 설치·운영할 수 있으며, 국가 또는 지방자치단체외의 자가 상담소를 설치·운영하고자 하는 때에는 시장·군수·구청장에게 신고하여야 한다.

#### (2) 상담소의 업무

가정폭력관련상담소는 가정폭력을 신고받거나 이에 관한 상담에 응하는 일, 가정폭력으로 인하여 정상적인 가정생활 및 사회생활이 어렵거나 그밖에 긴급히 보호를 필요로 하는 피해자 및 피해자가 동반한 가정구성원에 대한 임시보호를 하거나 의료기관 또는 가정폭력피해자보호시설로의 인도, 행위자에 대한 고발 등 법률적 사항에 관한 자문을 얻기 위한 대한변호사협회 또는 지방변호사회 및 대한법률구조공단 등에 필요한 협조와 지원의 요청, 경찰관서등으로부터 인도받은 피해자의 임시보호, 가정폭력의 예방 및 방지에 관한 홍보, 기타 가정폭력 및 피해에 관한 조사·연구 등의 업무를 담당한다.

#### (3) 상담원 교육훈련시설

국가 또는 지방자치단체는 상담원에 대하여 교육·훈련을 실시하기 위하여 가정폭력관련 상담원 교육훈련시설을 설치·운영할 수 있다. 그 밖에 비영리법인으로서 설치·운영하고자하는 자는 시장·군수·구청장에게 신고하여야 한다.

상담소 및 보호시설에 근무하는 상담원은 가정폭력관련 상담원 교육훈련시설에서 상담원교육훈련과정을 이수한 자로 한다.

### 5) 피해자보호시설의 설치·운영

#### (1) 보호시설의 설치주체 및 종류

국가 또는 지방자치단체는 가정폭력피해자보호시설을 설치·운영할 수 있으며, 사회복지법인, 기타 비영리법인은 시장·군수·구청장의 인가를 받아 이를 설치·운영할 수 있다.

보호시설의 종류는 단기보호시설. 장기보호시설. 외국인보호시설. 장애인보호시설 등으로 구분된다.

①단기보호시설 : 피해자등을 6월의 범위 안에서 보호하는 시설(필요에 따라 3월의 범위 안에서 1회에 한하여 연장 가능)

②장기보호시설 : 피해자등에 대하여 2년의 범위 안에서 자립을 위한 주거편의 등을 제공하는 시설

③외국인보호시설 : 배우자가 대한민국 국민인 외국인 피해자등을 2년의 범위 안에서 보호하는 시설

④장애인보호시설 : 장애인인 피해자등을 2년의 범위 안에서 보호하는 시설

#### (2) 보호시설의 업무 및 비용부담

가정폭력피해자보호시설의 업무는 피해자를 일시보호하는 일, 피해자의 신체적·정신적 안정 및 가정복귀를 돕는 일, 다른 법률에 의하여 보호시설에 위탁한 사항, 기타 피해자의 보호를 위하여 필요한 일 등이다.

보호시설의 장은 이와 같은 업무로 인한 비용의 전부 또는 일부를 가정폭력행위자로부터 구상할 수 있다.

의료기관은 피해자 본인, 가족친지 또는 상담소나 보호시설의 장 등의 요청이

있을 경우에는 피해자에 대하여 보건에 관한 상담 및 지도, 신체적·정신적 피해에 대한 치료, 임산부의 심리적 안정을 위한 각종 프로그램의 실시 등 정신치료, 임산부 및 태아보호를 위한 검사 및 치료, 가정폭력피해자 가정의 신생아에 관한 의료 등에 대하여 치료보호를 실시하여야 한다.

이상의 치료보호에 필요한 일체의 비용은 가정폭력행위자가 부담한다. 다만 가정폭력행위자가 비용을 부담할 능력이 없는 때에는 국가 또는 지방자치단체가 이를 부담한 후 행위자에 대하여 구상권을 행사한다.

상담소나 보호시설의 장은 피해자의 명시한 의사에 반하며 상담소의 업무와 관련된 일 및 치료보호를 할 수 없다.

#### (3) 비밀엄수, 상담소·보호시설의 유사명칭 사용금지 등

상담소나 보호시설은 영리를 목적으로 설치·운영하여서는 아니 된다. 또한 상담소 또는 보호시설의 장이나 이를 보조하는 자 또는 그 직에 있었던 자는 그 직무상 알게 된 비밀을 누설하여서는 아니 된다.

이 법에 의한 상담소·보호시설 또는 교육훈련시설이 아니면 가정폭력관련상담소·가정폭력피해자보호시설 또는 가정폭력관련상담원 교육훈련시설 그 밖에 이와 유사한 명칭을 사용하지 못한다.

#### (4) 상담소의 통합 설치 및 운영

국가 또는 지방자치단체는 이 법에 의하여 설치·운영하는 상담소 또는 보호시설은 유사한 성격의 상담소나 보호시설을 통합하여 설치·운영하거나 설치·운영할 것을 권고할 수 있다.

통합 설치·운영할 수 있는 유사한 성격의 상담소 또는 보호시설은 ① 성폭력범죄의 처벌 및 피해자보호등에 관한 법률에 의한 상담소 또는 보호시설 ② 한부모가족지원법·아동복지법·노인복지법 및 장애인복지법에 의한 상담소 또는 보호시설 ③ 법률구조법에 의한 상담소 ④ 기타 여성부장관이 정하여 고시하는 가정복지 또는 사회복지관련상담소 또는 보호시설 등이다.

### 6) 벌칙 규정

#### (1) 1년 이하의 징역 또는 500만원 이하의 벌금

이 법에 의한 신고 또는 허가 없이 상담소나 보호시설을 설치·운영하는 자와

업무의 정지 또는 폐지명령을 받고도 상담소 또는 보호시설을 계속 운영하는 자 그리고 비밀엄수의 의무를 위반한 자

(2) 양벌 규정

법인의 대표자나 법인 또는 개인의 대리인, 사용인, 기타 종업원이 그 법인 또는 개인의 업무에 관하여 벌칙규정의 위반행위를 했을 때에는 행위자를 벌하는 외에 그 법인 또는 개인에 대하여도 같은 벌금형을 과한다.

(3) 300만원 이하의 과태료

정당한 사유 없이 감독기관의 감독규정에 의한 보고를 하지 아니하거나 허위로 보고한 자 또는 조사·검사를 거부하거나 기피한 자, 유사명칭 사용금지를 위반한 자

## 10. 性暴力犯罪의 處罰 및 被害者保護等에 관한 法律

성폭력범죄의 처벌 및 피해자보호등에 관한 법률은 증가 추세에 있는 성폭력범죄를 예방하고 그 피해자를 보호하며, 성폭력범죄의 처벌 및 그 절차에 관한 특례를 규정함으로써 국민의 인권신장과 건강한 사회질서의 확립에 이바지함을 목적으로 한다.

### 1) 국가와 지방자치단체의 의무

국가와 지방자치단체는 성폭력범죄를 예방하고 그 피해자를 보호하며 유해환경을 개선하기 위하여 필요한 법적·제도적 장치를 마련하고 필요한 재원을 조달하여야 하며, 청소년을 건전하게 육성하기 위하여 청소년에 대한 성교육 및 성폭력 예방에 필요한 교육을 실시하여야 한다.

### 2) 성폭력범죄의 처벌 및 절차에 관한 특례

(1) 특수 강도, 강간등, 특수강간등, 친족관계에 의한 강간등, 장애인에 대한 준강간등, 강간등 상해·치상, 강간등 살인·치사, 업무상 위력등에 의한 추행 등에 대해서는 처벌 규정을 규정하고 있으며, 이와 같은 성폭력범죄의 미수범에 대해서도 처벌 규정을 두고 있다.

(2) 공중밀집장소에서의 추행, 통신매개이용 음란에 대해서도 처벌규정을 두고 있다.

(3) 성폭력범죄에 대한 처벌절차에는 특정 강력범죄의 처벌에 관한 특례법에 준용한다.

(4) 성폭력범죄의 피해자를 고용하고 있는 자는 누구든지 성폭력범죄와 관련하여 피해자를 해고하거나 기타 불이익을 주어서는 아니 된다.

(5) 비디오 등 중계장치에 의한 증인심문, 심리의 비공개, 전문가의 의견조회, 증거보존의 특례 등의 제도 도입

### 3) 보호관찰 등

법원이 성폭력범죄를 범한 자에 대하여 형의 선고를 유예할 경우에는 1년 동안 보호관찰을 받을 것을 명할 수 있다. 다만 성폭력범죄를 범한 자가 소년인 경우에는 반드시 보호관찰을 명하여야 한다. 가석방된 자는 가석방기간 동안 보호관찰을 받는다.

### 4) 성폭력피해상담소 등의 설치 · 운영

(1) 성폭력피해상담소의 설치주체

국가 또는 지방자치단체는 성폭력피해상담소를 설치 · 운영할 수 있으며, 국가 또는 지방자치단체외의 자가 상담소를 설치 · 운영하고자 할 때에는 시장 · 군수 · 구청장에게 신고하여야 한다.

(2) 상담소의 업무

성폭력피해상담소의 업무는 ① 성폭력피해를 신고받거나 이에 관한 상담에 응하는 일 ② 성폭력피해로 인하여 정상적인 가정생활 및 사회생활이 어렵거나 기타 사정으로 긴급히 보호를 필요로 하는 사람을 병원 또는 성폭력피해자보호시설로 데려다 주는 일 ③ 가해자에 대한 고소와 피해배상청구 등 사법처리절차에 관하여 대한변호사협회 · 대한법률구조공단등 관계기관에 필요한 협조와 지원을 요청하는 일 ④ 성폭력범죄 예방 및 방지를 위한 홍보를 하는 일 ⑤ 기타 성폭력범죄 및 성폭력피해에 관하여 조사 · 연구하는 일 등이다.

### (3) 보호시설의 설치주체

국가 또는 지방자치단체는 성폭력피해자보호시설을 설치·운영할 수 있다. 사회복지법인, 기타 비영리법인은 시장·군수·구청장에게 신고하고 보호시설을 설치·운영할 수 있다.

### (4) 보호시설의 업무 및 보호기간

보호시설의 업무는 ① 성폭력피해상담소의 업무 ② 성폭력피해자를 일시보호하는 일 ③ 성폭력피해자의 신체적·정신적 안정회복과 사회복귀를 도우는 일 ④ 기타 성폭력피해자의 보호를 위하여 필요한 일 등이다.

보호시설에 입소한 자의 보호기간은 6월 이내로 한다. 다만 보호시설의 장은 입소한 자의 보호를 위하여 필요하다고 인정하는 경우에는 시장·군수·구청장의 승인을 얻어 횟수에 상관 없이 3월의 범위 안에서 연장할 수 있다.

여성부장관 또는 시장·군수·구청장은 국·공립병원·보건소 또는 민간의료시설을 성폭력피해자의 치료를 위한 전담의료기관으로 지정할 수 있다. 지정된 전담의료기관은 상담소 또는 보호시설의 장의 요청이 있을 경우에는 성폭력피해자의 보건상담 및 지도, 성폭력피해자의 치료, 성병감염 여부의 검사 및 감염성병의 치료, 임신 여부의 검사, 성폭력피해로 인한 정신질환의 치료 등의 의료를 제공하여야 한다.

### (5) 비밀엄수, 유사명칭 사용금지 등

상담소 또는 보호시설의 장이나 이를 보조하는 자 또는 그 직에 있었던 자는 그 직무상 알게 된 비밀을 누설하여서는 아니 된다.

이 법에 의한 상담소 또는 보호시설이 아니면 성폭력피해상담소·성폭력피해자보호시설 또는 이와 유사한 명칭을 사용하지 못한다.

## 5) 벌칙 규정

### (1) 2년 이하의 징역 또는 500만원 이하의 벌금

① 영리를 목적으로 이 법에 의한 상담소 또는 보호시설을 설치·운영하는 자 ② 감독기관에 의한 허가의 취소, 업무의 휴지 또는 폐지명령을 받고도 상담소 또는 보호시설을 계속 운영한 자 ③ 상담소 또는 보호시설의 장이나 이를 보조하는 자 또는 그 직에 있었던 자가 직무상 알게 된 비밀엄수의무를 위반한 자

(2) 과태료 300만원 이하

① 정당한 이유 없이 감독기관에 보고를 하지 아니하거나 허위로 신고 또는 보고한 자 또는 조사·검사를 거부하거나 기피한 자 ② 유사명칭 사용금지를 위반한 자

(3) 양벌 규정

법인의 대표자, 법인 또는 개인의 대리인·사용인 기타 종업원이 그 법인 또는 개인이 업무에 관하여 카메라등 이용촬영, 영리목적의 상담소·보호시설의 설치·운영, 비밀엄수의무 위반, 시설의 폐쇄, 업무의 휴지 도는 폐지명령을 위반할 경우에도 행위자를 처벌하는 외에 그 법인 또는 개인의 대해서도 해당 각 조의 벌금형을 과한다.

## 11. 靑少年保護法

청소년보호법은 청소년에게 유해한 매체물과 약물 등이 유통되는 것과 청소년이 유해한 업소에 출입하는 것 등을 규제하고, 청소년을 청소년폭력·학대 등 청소년 유해행위를 포함한 각종 유해한 환경으로부터 보호·구제함으로써 청소년이 건전한 인격체로 성장할 수 있도록 함을 목적으로 종전의 미성년자보호법을 대체하여 제정되었다.

이 법에서 규정하고 있는 용어의 의미는 다음과 같다.

① 청소년 : 19세 미만의 자

② 청소년유해매체물 : (1) 청소년위원회가 청소년에게 유해한 것으로 결정하거나 확인하여 고시한 매체물 (2) 각 심의기관이 청소년에게 위해한 것으로 의결 또는 결정하여 청소년위원회가 고시하거나 청소년에게 유해한 것으로 확인하여 청소년위원회가 고시한 매체물

③ 청소년유해약물 : 주세법의 규정에 의한 주류, 담배, 마약류 관리에 관한 법률의 규정에 의한 마약류, 유해화학물질관리법의 규정에 의한 환각물질, 기타 청소년의 사용을 제한하지 아니하면 청소년의 심신을 심각하게 훼손할 우려가 있는 약물 등

④ 청소년유해물건 : 음란한 행위를 조장하는 성기구 등, 음란성·포학성·잔인성·사행성 등을 조장하는 완구류 등

⑤ 청소년유해업소 : 청소년의 출입·고용금지업소와 청소년 고용금지업소

⑥ 유통 : 매체물 또는 약물 등을 판매, 대여, 배포, 방송, 공연, 상영, 전시, 진열, 광고하거나 시청 또는 이용에 제공하는 행위와 이러한 목적으로 매체물 또는 약물 등을 인쇄·복사 또는 수입하는 행위

⑦ 청소년폭력 : 폭력을 통해 청소년에게 신체적·정신적 피해를 발생하게 하는 행위

### 1) 청소년 고용금지, 출입제한, 통행금지, 제한구역의 지정 등

청소년 고용금지, 출입제한, 통행금지, 제한구역 등은 다음과 같다.

① 청소년유해업소의 업주는 청소년 고용금지.

② 청소년 출입·금지업소의 업주 및 종사자는 출입자의 연령을 확인하여 청소년이 당해 업소에 출입금지·이용금지.

③ 지방자치단체는 청소년 보호를 위하여 필요하다고 인정할 경우 청소년에게 정신적·신체적 건강을 해칠 우려가 있는 구역을 청소년통행금지구역 또는 청소년통행제한구역으로 지정.

④ 누구든지 청소년유해약물 등으로부터 청소년 보호

### 2) 청소년유해행위의 금지

청소년유해행위는 다음과 같다.

① 영리를 목적으로 청소년으로 하여금 신체적인 접촉 또는 은밀한 부분의 노출 등 성적 접대행위를 하게 하거나 이러한 행위를 알선·매개하는 행위

② 영리를 목적으로 청소년으로 하여금 손님과 함께 술을 마시거나 노래 또는 춤 등으로 손님의 유흥을 돋구는 접객행위를 하게 하거나 이러한 행위를 알선·매개하는 행위

③ 영리 또는 흥행의 목적으로 청소년에게 음란한 행위를 하게 하는 행위

④ 영리 또는 흥행의 목적으로 청소년의 장애기형 등 형상을 공중에게 관람시키는 행위

⑤ 청소년에게 구걸을 시키거나, 청소년을 이용해서 구걸하는 행위

⑥ 청소년을 학대하는 행위

⑦ 청소년에 대하여 이성혼숙을 하게 하는 등 풍기를 문란하게 하는 영업행위를 하거나 그를 목적으로 장소를 제공하는 행위 등이다.

이와 같은 유해행위를 한 자가 위해행위와 관련하여 청소년에게 가지는 채권은 그 계약의 형식이나 명목에 관계 없이 무효이다. 또한 업소의 업주가 고용과 관련하여 청소년에게 가지는 채권도 마찬가지이다.

### 3) 가정 등의 역할 및 책임

청소년 친권자 또는 친권자를 대신하여 보호하는 자는 청소년유해환경에 접촉이나 출입을 못하도록 필요한 노력을 하여야 하며, 청소년이 유해한 매체물과 유해한 약물등을 이용하고 있거나 유해한 업소에 출입하고자 하는 때에는 이를 즉시 제시하여야 한다.

누구든지 청소년이 청소년유해환경에 접할 수 없도록 하거나 출입을 못하도록 노력하여야 하고, 청소년폭력·학대 등을 행하고 있음을 안 때에는 이를 제지·선도하여야 하며, 이러한 경우 관계기관에 신고·고발하는 등 청소년 보호를 위하여 필요한 노력을 하여야 한다.

국가는 청소년 보호를 위하여 청소년유해환경의 정화에 필요한 시책을 강구·시행하여야 하며, 지방자치단체는 해당지역 안의 청소년유해환경으로부터 청소년보호를 위하여 필요한 노력을 하여야 한다.

### 4) 선도·보호조치대상 청소년의 통보

시장·군수 또는 구청장은 판매금지등, 청소년 고용금지 및 출입제한 등, 청소년유해약물등으로부터 청소년보호, 청소년유해행위의 금지 규정에 위반하는 행위를 적극적으로 유발하게 하거나 연령을 속이는 등 그 위반행위의 원인을 제공한 청소년에 대하여는 친권자 등에게 그 사실을 통보하여야 한다. 또한 상기 청소년 중 그 내용·정도 등을 고려하여 선도·보호조치가 필요하다고 인정되는 청소년에 대하여는 관할경찰서장·소속학교장 및 친권자 등에게 그 사실을 통보하여야 한다.

### 5) 벌칙 규정

#### (1) 1년 이상 10년 이하의 징역

청소년유해행위의 금지 규정 제2호의 규정을 위반한 자

(2) 10년 이하의 징역

청소년유해행위의 금지 규정 제3호의 규정을 위반한 자

(3) 5년 이하의 징역

청소년유해행위의 금지 규정 제4호 내지 제6호의 규정을 위반한 자

(4) 이외의 위반행위에 대해서도 벌칙 규정과 양벌 규정이 있다.

## 12. 靑少年의 性保護에 관한 法律

청소년의 성보호에 관한 법률은 청소년의 매매춘행위가 사회문제로 대두되고 기존의 아동복지법과 윤락행위등방지법의 처벌 규정만으로 효과를 거두지 못하는 극한상황에 처하게 되어 청소년대상 성범죄의 처벌과 절차에 관한 특례를 규정하고 피해청소년을 위한 구제 및 지원절차를 마련하여 청소년대상 성범죄자를 체계적으로 관리함으로써 청소년을 성범죄로부터 보호하고 청소년이 건강한 사회구성원으로 성장할 수 있도록 함을 목적으로 한다.

이 법에서 규정하고 있는 용어의 의미는 다음과 같다.

① 청소년 : 19세 미만의 자

② 청소년대상 성범죄 : 청소년에 대한 강간·강제추행 등, 청소년이용음란물의 제작·배포 등, 청소년 매매행위, 청소년의 성을 사는 행위, 청소년에 대한 강요행위 등, 알선영업행위 등이다.

③ 청소년대상 성폭력범죄

④ 청소년의 성(性)을 사는 행위 : 청소년, 청소년을 알선하는 자 또는 청소년을 실질적으로 보호·감독하는 자 등에게 금품이나 그 밖의 재산상 이익, 직무·편의제공 등 대가를 제공하거나 이를 약속하고, 청소년과의 성교행위·청소년과의 구강(口腔)·항문(肛門) 등 신체의 일부 또는 도구를 이용한 유사성교행위, 신체의 전부 또는 일부를 접촉·노출하는 행위로서 일반인의 성적 수치심이나 혐오감을 일으키는 행위, 자위행위에 해당하는 행위

⑤ 청소년이용음란물 : 청소년이 등장하여 성을 파는 행위를 하거나 청소년의 수치심을 야기시키는 신체의 전부 또는 일부 등을 노골적으로 노출하여 음란한 내용을 표현한 것으로서, 필름·비디오물·게임물 또는 컴퓨터, 그 밖의 통신매체를 통한 화상·영상 등의 형태로 된 것.

### 1) 국가 등의 의무

국가 및 지방자치단체는 이 법에서 정한 범죄를 예방하고 청소년을 성적 착취 및 학대행위로부터 보호하기 위하여 필요한 조사·연구·교육·계도 및 법적·제도적 장치를 마련하고 필요한 재원을 조달하여야 한다.

모든 국민은 청소년이 이 법에서 정한 범죄의 상대방이나 피해자가 되지 아니하고, 이 법에서 정한 범죄를 저지르지 아니 하도록 사회환경을 정비하며, 청소년을 보호·선도·교육하는데 최선을 다해야 한다.

### 2) 보호처분

청소년의 성을 사는 행위, 청소년에 대한 강요행위등, 알선영업행위등, 청소년이용 음란물의 제작·배포등, 청소년의 매매행위 등의 죄의 대상이 된 청소년에 대하여는 선도보호 및 재활을 위하여 성매매방지 및 피해자보호등에 관한 법률을 적용하지 아니하고 소년법 규정에 의한 소년부의 보호사건으로 처리하며, 검사는 대상청소년에 대하여 사건의 성질·동기 및 기타 행위자의 성행등을 고려하여 소년법에 의한 보호처분이 상당하다고 인정할 때에는 소년부의 보호사건으로 처리할 수 있다. 이 경우 검사는 당사자의 의견을 존중할 수 있다.

소년부 판사는 대상청소년을 위하여 필요하다고 인정한 때에는 소년법에 의한 보호처분 외에 성매매방지 및 피해자보호등에 관한 법률의 규정에 의한 청소년지원시설 또는 청소년보호법 규정에 의한 청소년보호센터 및 청소년재활센터에 선도보호를 위탁하는 보호처분을 할 수 있다. 이때 위탁의 기간은 6월로 하되 소년부 판사는 6월의 범위 내에서 1차에 한하여 그 기간을 연장할 수 있다.

또한 보호처분을 하는 경우에는 사회봉사·수강명령을 동시에 명할 수 있다.

### 3) 보호시설 및 상담시설의 업무

청소년지원시설 , 청소년쉼터, 청소년보호센터 및 청소년재활센터는 필요한 경우 청소년대상 성범죄 신고의 접수 및 상담, 대상청소년과 병원 또는 관련시설과의 연계 및 위탁, 그 밖에 청소년성매매 등과 관련된 조사연구, 대상청소년의 보호·자립지원, 장기치료가 필요한 대상청소년의 다른 기관에의 연계 및 위탁 등의 업무를 수행할 수 있다.

또한 성매매피해상담소, 한부모가족복지상담소, 청소년상담 및 긴급구조 등의 기관, 청소년지원 등의 기관은 보호시설의 업무를 담당할 수 있다. 성폭력피해상담소, 성폭력피해자보호시설 등은 보호시설의 업무 외에 피해청소년의 신체적·정신적 안정회복과 사회복귀를 돕는 업무, 청소년대상 성폭력범죄의 예방과 방지를 위한 홍보, 청소년대상 성폭력범죄 및 그 피해에 관한 조사·연구, 그 밖에 피해청소년을 보호를 위하여 필요한 업무 등을 수행할 수 있다.

### 4) 성범죄자의 신상정보 등록 및 열람과 취업제한

청소년대상 성범죄로 유죄판결이 확정된 자 또는 열람명령이 확정된 자는 신상정보등록대상자가 된다. 등록대상자는 성명, 주민등록번호, 주소 및 실제거주지, 직업 및 직장 등의 소재지, 사진, 소유차량의 등록번호 등의 신상정보를 자신의 주소지관할 경찰관서의 장에게 제출하여야 한다.

법원은 판결로 열람정보를 5년간 열람에 제공하도록 하는 명령을 청소년대상 성범죄사건의 판결과 동시에 선고하여야 하고, 열람명령의 집행은 보건복지가족부장관이 한다.

청소년대상 성범죄로 형이 확정된 자는 형이 확정된 날로부터 10년 동안 유치원·각급 학교, 학원 및 교습소, 청소년보호센터 및 청소년재활센터, 청소년활동시설, 청소년쉼터, 보육시설, 아동복지시설, 청소년지원시설, 성매매피해상담소, 공공주택관리사무소, 청소년을 대상으로 하는 체육시설 등을 운영하거나 청소년관련 교육기관 등에 취업 또는 사실상 노무를 채용할 수 없다. 또한 이미 취업 중인 대상자에 대하여 해임을 요구하거나 운영 중인 청소년관련 교육기관 등의 폐쇄를 요구할 수 있다.

### 5) 범죄방지 계도 및 교육

보건복지부가족부장관은 청소년을 대상으로 한 성범죄의 발생추세와 동향 그 밖에 계도에 필요한 사항을 연 2회 이상 공표하여야 한다.

범죄방지 계도문에는 청소년대상 성범죄로 유죄판결이 확정된 자(청소년에 대하여 죄를 범한 경우에 한 함)의 성명, 연령, 직업 등의 신상과 범죄사실의 요지를 그 형이 확정된 후 이를 게재하여 공개할 수 있다. 다만 죄를 범한 자가 청소년인 경우에는 그러하지 아니하다. 또한 신상공개대상자에 대하여 등록대상자의 동의를 받아 청소년의 성보호에 필요한 교육을 실시할 수 있다.

그동안의 신상공개 추진현황을 살펴보면 제1차에는 대상자가 300명이었고 그 중

공개대상은 169명이었으나 제2차에는 공개대상이 443명, 제3차 670명, 제4차 643명 등으로 제13차까지 대상자는 모두 14,641명, 공개된 사람은 6,519명으로 집계되었다. 이를 범죄유형별로 보면 강간(미수, 방조 포함) 2,171명, 강제추행 2,082명, 성매수 1,576명, 성매수 알선 667명, 음란물 제작 23명 등으로 나타났다(제16차 성매매 방지대책 추진점검단 회의자료, 2008).

이와 같이 매년 신상공개 대상은 증가하는데 비해 청소년 대상 성범죄는 줄어들 기미를 보이지 않는다는데 문제의 심각성이 있으며, 피해청소년에 대한 교육, 상습적인 성범죄자에 대한 정신과적 치료의 필요성 등이 제기된다.

### 6) 벌칙 규정

#### (1) 1년 이하의 징역 또는 500만원 이하의 벌금

① 등록대상자가 정당한 사유 없이 제출정보 또는 변경정보를 제출하지 아니하거나 거짓정보를 제출한 때.

② 청소년을 청소년이용음란물의 제작자에게 알선한 자

#### (2) 과태료

청소년관련 교육기관 등의 장이 보건복지가족부장관의 해임요구를 정당한 사유 없이 거부하거나 1개월 이내에 이행하지 아니하는 경우에는 1천만원 이하의 과태료.

#### (3) 5년 이하의 징역 또는 5천만원 이하의 벌금

① 청소년대상 성범죄자의 신상정보의 등록·열람·보존 및 관리업무에 종사하거나 종사했던 자가 직무상 알게된 등록정보를 누설한 때, 청소년의 법정대리인과 청소년관련 교육기관의 장이 열람을 통하여 알게된 정보를 신문·잡지 등 출판물, 방송 또는 정보통신망을 이용하여 누설한 때.

② 정당한 권한 없이 등록정보를 변경하거나 말소한 자.

## 13. 健康家庭基本法

건강가정기본법은 건강한 가정생활의 영위와 가족의 유지 및 발전을 위한 국민의 권리·의무와 국가 및 지방자치단체 등의 책임을 명확히 하고, 가정문제의 적절한 해결방안을 강구하며 가족구성원의 복지 증진에 이바지할 수 있는 지원정책을 강구함으로써 건강가정 구현에 기여함을 목적으로 한다.

이 법에서 규정하고 있는 용어의 의미는 다음과 같다.

① 가족 : 혼인·혈연·입양으로 이루어진 사회의 기본단위

② 가정 : 가족구성원이 생계 또는 주거를 함께하는 생활공동체로서 구성원의 일상적인 부양·양육·보호·교육 등이 이루어지는 생활단위

③ 건강가정 : 가족구성원의 욕구가 충족되는 인간다운 삶이 보장되는 가정

### 1) 국민의 권리와 의무 및 국가등의 책임

국가와 지방자치단체는 건강가정을 위하여 필요한 제도와 여건을 조성하고 이를 위한 시책을 강구하여 추진하여야 한다. 국가 또는 지방자치단체는 이와 같은 시책을 강구함에 있어 가족구성원의 특성과 가정유형을 고려하여야 한다. 아울러 민주적인 가정 형성, 가정친화적 환경 조성, 양성평등한 가족가치 실현 및 가사노동의 정당한 가치평가를 위하여 노력하여야 한다.

또한 모든 국민은 가정의 구성원으로서 인정되고 인간다운 삶을 유지할 수 있는 가정생활을 영위할 권리를 가진다. 모든 국민은 가정의 중요성을 인식하고 그 복지의 향상을 위하여 노력하여야 하며, 혼인과 출산의 사회적 중요성을 인식하여야 하며, 국가 및 지방자치단체는 출산과 육아에 대한 사회적 책임을 인식하고 모성보호와 태아의 건강보장 등 적절한 출산환경을 조성하기 위하여 적극적으로 지원하여야 한다.

이와 아울러 가족구성원 모두는 가족해체를 예방하기 위하여 노력하여야 하며, 국가 및 지방자치단체는 가족해체를 예방하기 위하여 필요한 제도와 시책을 강구하여야 한다.

### 2) 건강가정정책

#### (1) 건강가정 기본계획의 수립 및 연도별 시행계획의 수립·시행

(2) 건강가정사업의 내용

건강가정사업의 주요 내용은 ① 가정에 대한 지원 ② 자녀교육 지원의 강화 ③ 가족단위 복지 증진 ④ 가족의 건강 증진 ⑤ 가족부양의 지원 ⑥ 민주적이고 양성평등한 가족관계의 증진 ⑦ 가족단위의 시민적 역할 증진 ⑧ 가정생활문화의 발전 ⑨ 가정봉사원 지원 ⑩ 이혼예방 및 이혼가정 지원 ⑪ 건강가정교육 등이다.

### 3) 건강가정전담조직

(1) 건강가정지원센터

① 건강가정지원센터의 설치

중앙, 시·도 및 시·군·구에 건강가정지원센터를 두며, 센터의 운영은 사회복지법인, 비영리법인, 고등교육법에 의한 학교 등에 위탁할 수 있다.

시·도 및 시·군·구에 설치하는 건강가정지원센터의 조직과 운영에 관한 사항은 당해 지방자치단체의 조례로 정한다. 센터에는 건강가정사업을 수행하기 위하여 관련 분야에 대한 학식과 경험을 가진 건강가정사를 두어야 한다.

② 건강가정사의 직무

건강가정사는 가정문제의 예방·상담 및 개선, 건강가정의 유지를 위한 프로그램의 개발, 건강가정교육, 가정생활문화운동의 전개, 가정관련 정보 및 자료 제공, 가정에 대한 방문 및 실태 파악, 아동보호전문기관 등 지역내 자원의 연계 등의 업무를 수행한다.

(2) 민간단체 등의 지원

국가 및 지방자치단체는 건강가정사업을 수행하는 단체 또는 개인에 대하여 필요한 비용의 전부 또는 일부를 보조하거나 그 업무수행에 필요한 지원을 할 수 있다.

## 第2節 女性福祉 傳達體系

여성복지사업을 주체 면에서 보면 전달체계는 중앙 및 지방자치단체가 직접 관리·운영하는 공공 전달체계와 민간이 직접 관리·운영하는 민간 전달체계로 구분할 수 있다. 여성복지사업은 초기 단계에서는 민간부문이 중요한 역할을 담당해 왔으나 최근에 들어서는 중앙정부의 역할이 커지고 있으며, 이와 함께 지방자치단체의 역할도 점차 증대되고 있다.

이상적인 사회복지 전달체계는 서비스가 통합되고, 지속성이 있으며, 접근이 용이하고, 책임성이 있어야 한다고 보았다(Gilbert & Specht, 1993). 또한 전문성, 적절성, 평등성, 노력성 등을 원칙으로 제시하기도 했으며(서상목·최일섭·김상균, 1989; 성규탁, 1990; 최성재·남기민, 1995), 사회복지 전달체계를 사정하기 위한 조건으로 충분성, 접근성, 연속성, 비파편성, 책임성을 제시하기도 한다(김영종, 2001).

### 1. 公共 傳達體系

여성복지 공공 전달체계는 보건복지부와 여성부를 정점으로 한 이원체계를 유지해 오다가 여성부가 여성가족부로 개편되면서 여성가족부로 일원화되었다가 2008년 이명박정부의 출범과 더불어 여성가족부가 여성부로 축소되고, 보건복지부가 보건복지가족부로 확대 개편됨에 따라 여성정책의 관장부처도 변화가 생겼다.

먼저 여성부 전달체계를 살펴보면 여성부를 정점으로 행정안전부 지방조직 즉, 광역자치단체의 각 시·도 여성가족과(여성복지과), 시·군·구 주민복지과(사회복지과) 여성정책담당을 두고 있다. 이와는 별도로 한부모가족복지상담소, 아동상담소 등 상담기관과 모자보호시설, 미혼모자시설 등 각종 여성복지시설을 통해 서비스가 전달되는 체계를 갖추고 있다. 이와 같은 전달체계하에서 여성부에서는 여성정책에 관한 장·단기 계획을 수립하고 매년 구체적인 사업지침을 작성하여 지방자치단체에 시달하고, 지방자치단체는 이를 집행하고 있다.

여성부가 발족되기 전 우리나라 최초의 여성문제 전담기관은 1982년에 설립된 한국여성개발원이었다. 그러나 당시 한국여성개발원은 보건복지부의 관리감독을 받는 기관으로서 여성에 대한 교육과 연구를 전담하는 기구에 불과했다. 그 다음으로 등장한 것이 1988년 정무제2장관실이었는데, 정무제2장관실은 여성정책을 총괄하는 최초의 독립된 정부기구였다. 그러나 여성정책뿐만 아니라 여성, 아동, 청소년과 문화, 예술분야 전체에 관여하는 부처였다. 본격적인 여성전담기구는 1998

년 대통령직속 여성특별위원회로서 성 차별 구제업무 및 대외협력업무, 여성정책 집행업무 등을 수행해 오다가 2001년 1월 29일 여성부로 승격되었다.

여성부의 신설로 이관된 법률은 윤락행위등방지법, 일제하 일본군위안부에 대한 생활안정지원법, 가정폭력범죄의 처벌등에 관한 특례법, 가정폭력방지 및 피해자보호등에 관한 법, 성폭력범죄의 처벌 및 피해자보호등에 관한 법률 등이다.

따라서 보건복지부에서 담당하던 성폭력 및 가정폭력 피해여성 보호 및 윤락행위 방지, 일본군위안부생활안정 지원, 여성평생교육업무, 여성단체 등록・관리 등의 업무가 여성부로 이관되었다. 또한 2004년에는 영유아보육업무까지도 이관되었다.

저출산・고령화사회로 접어들면서 전통적 가족구조와 역할이 변화되고 가족해체 문제가 심각해짐에 따라 이를 예방하고 새롭게 형성되는 다양한 형태의 가족이 가족공동체로서의 역할을 할 수 있도록 지원하는 것이 요구되어 2005년 정부조직법을 개정하여 여성부가 수행하는 업무 이외에 통합적 가족정책을 수립하고 각 부처의 가족정책을 수립・조정・지원하는 기능을 수행할 수 있도록 여성부로 개편되고 여성부의 직제도 여성정책본부, 가족정책국, 보육정책국, 권익증진국으로 재편되었다.

현행 여성부의 여성정책 담당부서를 살펴보면 여성정책국은 기획종합, 여성인력개발, 여성의 평생교육 등의 업무를 담당하고 있으며 권익증진국은 가정폭력・성폭력 예방 및 피해자 보호, 성매매방지종합대책, 여상단체활동, 여성자원봉사활동 등의 업무를 담당하고 있다.

한편 보건복지가족부는 저출산고령사회정책국의 가족정책관에서는 건강가정기본계획, 가족상담 및 교육프로그램 개발, 한부모가족 지원 및 한부모가족복지시설 지원, 미혼모 및 미혼모자시설에 대한 지원, 위기가족 및 소외가족에 대한 지원, 다문화가족과 관련된 사업 등을 담당하고 있으며, 아동청소년정책실의 보육정책관은 보육에 관한 종합 업무를 담당하고 있다.

이렇게 볼 때 현행 우리나라의 여성복지사업 전달체계는 여성복지 서비스의 제일선의 기능을 담당해야 할 하위체계가 확립되지 않아 지역주민의 정확한 욕구 파악과 이에 대한 적절한 대응이 불가능하다. 즉, 여성복지사업 전달의 최일선 기능을 담당하고 있는 읍・면・동의 사회복지직공무원의 업무량 과다로 인하여 요보호대상자의 선정의 정확성을 기하기 어렵고 이에 대한 효과적인 사전 예방사업과 사후관리가 미흡한 점 등 적절한 서비스 제공에 어려움이 있다.

여기에서 여성복지법상 규정되어 있는 전달체계와 전문인력의 배치 규정을 살펴보면 <표 3>과 같다.

<표 3> 여성복지법상의 전문적 서비스 전달체계와 인력의 배치 규정

| 구 분 | 전문적 서비스 전달조직 및 전문인력 배치 |
|---|---|
| 여성발전기본법 | ◦여성관련 시설의 설치・운영<br>◦여성자원활동센터의 설치・운영<br>◦한국양성평등교육진흥원의 설립 |
| 사회복지사업법 | ◦중앙에 사회복지위원회를 두고 시・도, 시・군・구에는 조례로 정한다.<br>◦사회복지사업에 관한 업무를 담당하는 사회복지전담공무원을 시・군・구 및 읍・면・동에 둘 수 있다. |
| 한부모가족지원법 | ◦시・도, 시・군・구에 한부모가족복지상담소를 둘 수 있다. 필요에 따라 한부모가족복지상담소의 분소 또는 아동상담소를 설치・운영할 수 있다. 한부모가족복지상담소에는 소장과 상담에 필요한 한부모가족복지상담원을 두어야 한다.<br>◦모자보호시설, 모자자립시설, 미혼모자시설, 일시보호시설, 여성복지관 등의 한부모가족복지시설에는 시설별로 규정된 종사자를 배치하여야 한다. |
| 성폭력범죄의 처벌 및 피해자보호등에 관한 법률 | ◦국가・지방자치단체는 성폭력피해상담소를 설치・운영할 수 있다. 또한 이외의 자는 시장・군수・구청장에게 신고 후 설치・운영할 수 있다.<br>◦국가・지방자치단체는 성폭력피해자보호시설을 설치・운영할 수 있다. 국가 또는 지방자치단체 외의 자가 보호시설을 설치・운영하고자 하는 때에는 신고하여야 한다.<br>◦상담소의 인력: 소장 1인, 상담원 2인 이상<br>◦보호시설의 인력: 소장 1인, 상담원 2인 이상 |
| 아동복지법 | ◦시・도지사, 시장・군수・구청장은 관할 구역 안에 아동상담소를 둘 수 있다.<br>◦사회복지법인, 기타 비영리법인은 시・도지사의 인가를 받아 아동복지시설을 설치할 수 있다.<br>◦아동상담소에 소장1인, 아동복지지도원 필요인원, 임상심리상담 1인, 의사(겸임 가능) 인, 영양사 1인을 둔다. |

<표 3>에서 계속

| | |
|---|---|
| 가정폭력방지 및 피해자보호등에 관한 법률 | ◦국가 또는 지방자치단체는 가정폭력관련상담소를 설치·운영할 수 있다. 국가 또는 지방자치단체외의 자가 상담소를 설치·운영하고자 할 때에는 시장·군수·구청장에게 신고하여야 한다. 상담소 인력은 소장 포함 3인 이상이다.<br>◦국가 또는 지방자치단체는 가정폭력피해자보호시설을 설치·운영할 수 있다. 그 외의 자는 시장·군수·구청장의 인가를 받아 보호시설을 설치·운영할 수 있다. 보호시설의 인력은 시설장 1인 등 필요 인원이다.<br>◦국가 또는 지방자치단체는 이 법에 의하여 설치·운영하는 상담소 또는 보호시설을 대통령령으로 정하는 유사한 성격의 상담소나 보호시설과 통합하여 설치·운영하거나 설치·운영할 것을 권고할 수 있다. |
| 성매매방지 및 피해자보호등에 관한 법률 | ◦시·도지사, 시장·군수·구청장은 성매매피해상담소를 설치·운영할 수 있다. 국가 또는 지방자치단체외의 자가 상담소를 설치·운영하고자 하는 때에는 시장·군수·구청장에게 신고하여야 한다.<br>◦한부모가족복지상담소는 성매매피해상담소의 업무를 수행할 수 있다.<br>◦광역시, 시·군·구 및 성매매피해상담소에는 성매매피해상담원을 배치하여야 하며, 성매매피해상담소에는 소장 1인, 상담원 3인, 사무원 1인 등 총 5명을 두어야 한다.<br>◦국가·지방자치단체는 지원시설을 설치할 수 있다. 또한 사회복지법인, 기타 비영리법인은 신고한 후 설치·운영할 수 있다.<br>◦시설의 종류는 일반지원시설, 청소년지원시설, 외국인여성지원시설, 자활지원센터 등이 있다. |
| 건강가정기본법 | ◦ 중앙, 시·도 및 시·군·구에 건강가정지원센터를 두며, 센터의 운영은 사회복지법인·비영리법인, 고등교육법에 의한 학교 등에 위탁할 수 있다.<br>◦센터에는 건강가정사를 두어야 한다. |
| 청소년의 성보호에 관한 법률 | ◦ 성매매피해상담소, 한부모가족복지상담소는 청소년의 성을 사는 행위, 청소년에 대한 강요행위등, 알선영업행위등, 청소년이용음란물의 제작·배포등, 청소년매매행위 등에 대한 신고접수 및 상담, 대상청소년과 병원 또는 관련 시설의 연계, 기타 청소년성매매등에 관련한 조사·연구 등의 업무를 수행할 수 있다.<br>◦청소년지원시설 또는 청소년보호센터 및 청소년지원센터는 대상청소년의 보호·자립지원을 위하여 상담소의 업무 등을 수행할 수 있다. |

## 2. 民間 傳達體系

여성복지에서 민간 조직이 필요한 이유는 타 사회복지 영역과 마찬가지로 중앙 및 지방행정조직으로서 달성할 수 없는 사회복지 서비스의 목적을 이루기 위한 것이다.

여성복지 서비스를 담당하는 민간 전달체계는 초기 단계에서부터 지속적으로 그 역할을 수행해 오고 있다. 이와 같은 민간 전달체계가 필요한 것은 중앙 및 지방자치단체가 달성할 수 없는 개별적이고도 다양하며 구체적인 서비스를 제공할 수 있기 때문이다. 특히 공적 전달체계의 기능을 보완·강화할 수 있고, 여성복지에 대한 사회적 책임을 분담하고 양자간의 협력체제를 구축할 필요가 있기 때문이다.

민간 여성복지 서비스 전달체계에는 사회복지법인, 재단법인, 사단법인 등의 비영리법인 등이 운영하는 여성복지시설이 최일선 조직으로서 생활 서비스를 제공하는 기능, 치료·훈련 서비스를 제공하는 기능, 원조 서비스를 제공하는 기능을 담당하고 있다. 그러나 우리나라 여성복지시설은 여성회관을 제외하고는 대부분 요보호여성을 대상으로 서비스를 제공하는 기능을 수행하고 있으며, 서비스의 내용은 예방적 차원보다는 사후 치료적 성격이 강하며, 재원은 국가보조금, 자체 부담금, 수익성 사업에 의한 이익금, 민간의 기부금 등에 의존하고 있다.

## 3. 女性福祉關聯 相談機關

여성복지관련 상담소는 성매매방지 및 피해자보호등에 관한 법률에 의한 성매매피해상담소, 한부모가족지원법에 의한 한부모가족복지상담소, 성폭력범죄의 처벌 및 피해자보호등에 관한 법률에 의한 성폭력피해상담소, 가정폭력방지 및 피해자보호등에 관한 법률에 의한 가정폭력관련상담소와 여성긴급전화「1366」, 아동복지법에 의한 아동상담소, 건강가정기본법에 의한 건강가정지원센터 등으로 구분할 수 있다.

이들 여성복지관련 상담소의 주요 업무 및 설치·운영주체는 앞에서 살펴보았으므로 생략하고 여기에서는 설치 현황만 살펴보기로 한다.

### 1) 한부모가족복지상담소

한부모가족복지상담소를 설치하는 기관의 장이 필요하다고 인정할 때는 동 상담소의 분소 또는 이동상담소를 설치·운영할 수 있다. 한부모가족복지상담소에는 상담실과 더불어 요보호자를 일시적으로 보호하기 위한 일시보호소를 운영할 수 있으며, 한부모가족복지상담소에는 소장과 상담에 필요한 한부모가족복지상담원을 두어야 한다.

그러나 현재 한부모가족복지상담소는 한 곳도 설치되어 있지 않다.

### 2) 성매매피해상담소

성매매피해상담소는 집결지 성매매업소에 종사하는 성매매여성들에 대한 현장방문상담, 법률·의료지원, 관련시설 연계 등을 통해 강금·성매매 강요 등 여성인권 유린상황에 조기 개입하고, 지원시설 등에 연계역할을 수행한다.

성매매피해상담소를 통한 성매매상담이 적극적으로 필요한 것은 청소년이 사회적 불안과 향락문화의 보급으로 가출하여 매춘가나 유흥업에 종사하기 때문이다. 뿐만 아니라 더 많은 미성년자들이 법과 사회적 보호를 받지 못한 채 방치되어 있으므로 이들에 대한 적극적인 활동을 통해 문제 발생을 사전에 예방하는 것이 더욱 필요하기 때문이다. 따라서 요보호대상이 될 가능성을 가진 가족을 미리 상담·교육함으로써 해체될 가능성이 있는 상황을 다시 회복시킬 수 있는 체제 개발이 시급하다.

<표 4> 성매매피해상담소 설치 현황

(2007년 12월말 현재)

| 구 분 | 계 | 서울 | 부산 | 대구 | 인천 | 광주 | 대전 | 울산 | 경기 | 강원 | 충북 | 충남 | 전북 | 전남 | 경북 | 경남 | 제주 |
|---|---|---|---|---|---|---|---|---|---|---|---|---|---|---|---|---|---|
| 개소 수 | 29 | 5 | 3 | 2 | 1 | 1 | 1 | 1 | 5 | 1 | 1 | 1 | 1 | 2 | 1 | 2 | 1 |

<자료> 여성가족부, 2008년도 권익증진사업운영지침, 2008.

성매매피해상담소 설치 현황은 <표 4>에서와 같이 전국 29개소의 상담소가 설치·운영 중에 있다. 그러나 이들 현황을 자치단체별로 살펴보면 심한 불균형을 이루고 있고, 전문상담인력의 수적 부족으로 인하여 요보호여성에 대한 실제적인 상담이 이루어지지 못하고 있다. 특히 29개소 중 지방자치단체가 운영하는 상담소는 대구에 1개소가 있다.

이와 함께 외국인 성매매·성폭력피해자에 대한 현장방문 또는 이동상담을 통해 감금·노예매춘·인신매매 등 여성인권 유린상황에 조기 개입하여 피해자를 구출,

보호시설 연계활동을 수행하는 곳으로 현장지원센터가 설치운영 중에 있는데, 「1366」, 여성폭력관련 상담소 등과 네트워크 구축 및 긴급상황에 처한 피해자 보호를 위해 관련 보호시설, 112, 119 등과 협조체계를 유지하고 있다. 또한 탈성매매여성들에 대해 자활사업장 연계를 통해 직업재활 프로그램, 사회기술훈련 프로그램 등을 실시하여 사회복귀 지원 등의 업무를 수행하고 있다.

국가 및 지방자치단체 이외의 자가 성매매업소 집결지역 또는 인근지역에 위치한 성매매피해상담소를 운영하여 지원을 받을 경우 현장상담센터로 명명하여 2003년도에 5개소를 지정하여 성매매여성들에 대해 실질적인 상담 서비스를 제공하고 접근성을 강화하고 있다.

### 3) 가정폭력관련상담소, 성폭력피해상담소, 통합상담소

<표 5> 가정폭력 · 성폭력 · 통합상담소 설치 현황

(2007년 12월 기준/개소)

| 구 분 | 계 | 서울 | 부산 | 대구 | 인천 | 광주 | 대전 | 울산 | 경기 | 강원 | 충북 | 충남 | 전북 | 전남 | 경북 | 경남 | 제주 |
|---|---|---|---|---|---|---|---|---|---|---|---|---|---|---|---|---|---|
| 가정폭력상담소 | 302 | 52 | 8 | 10 | 13 | 14 | 5 | 9 | 71 | 7 | 14 | 19 | 18 | 17 | 24 | 18 | 3 |
| 성폭력피해상담소 | 171 | 22 | 3 | 4 | 4 | 13 | 5 | 4 | 38 | 2 | 10 | 11 | 18 | 10 | 9 | 17 | 1 |
| 통합상담소 | 28 | 2 | 3 | 2 | 2 | - | 1 | 1 | 1 | 4 | 1 | 2 | - | 1 | 6 | - | 2 |
| 계 | 501 | 76 | 14 | 16 | 19 | 27 | 11 | 14 | 110 | 13 | 25 | 32 | 36 | 28 | 39 | 35 | 6 |

<자료> 여성가족부, 2008년도 권익증진사업운영지침, 2008.

가정폭력관련상담소는 <표 5>에서와 같이 2007년 12월 기준 343개소가 설치 · 운영 중에 있다.

성폭력피해상담소 설치 현황은 <표 5>에서와 같이 2007년 12월 기준 전국 171개소가 설치·운영 중에 있으나, 이들 상담소는 아직까지 대도시에 배치되어 전국의 피해여성에 대한 적절한 상담은 기대하기 어려운 실정이다.

가정폭력관련상담소와 성폭력피해상담소는 가정폭력 · 성폭력을 예방하고 가정폭력 · 성폭력의 피해자를 보호함으로써 건전한 가정 유지 및 해체를 방지하고, 피해자 인권을 보호하여 건강한 사회인으로의 복귀를 위해 통합운영상담소로 운영되고 있다.

통합상담소는 2007년 12월 기준 28개소가 운영 중에 있으나 이에 관련된 통합시설은 없다.

### 4) 여성긴급전화「1366」

가정폭력방지 및 피해자보호등에 관한 법률의 규정에 의한 여성긴급전화「1366」은 가정폭력·성폭력·성매매 등으로 긴급한 구조·보호 또는 상담을 필요로 하는 여성들이 언제라도 피해상담을 받을 수 있도록 전국적으로 통일된 국번없는 특수전화「1366」을 365일, 24시간 운영하여 여성인권을 보호하고 있다.

「1366」은 피해자에 대하여 1차 긴급상담, 서비스 연계(의료기관, 상담기관, 법률구조기관, 보호시설 등)등 위기개입서비스를 제공하고 전문상담소에 연계가 곤란한 야간·휴일 등 특정시간대의 1차 긴급상담 후 익일 오전 전문상담소로 인계 조치한다. 설치·운영주체는 비영리법인 또는 민간단체에 위탁하는 것을 원칙으로 하고, 민간위탁이 어려운 경우에만 시·도에서 직영토록 하여 폭력피해여성의 접근용이성과 운영의 자율성이 강화되도록 하고 있다.

여성긴급전화「1366」의 설치장소는 여성회관, 민간단체 등으로 전화권역별 1개소를 설치하여 여성폭력 근절의 전초기지 기능과 One-stop 서비스 제공의 중심기관 기능을 수행하게 되며, 또한 필요한 경우 16.5㎡ 이상의 긴급피난시설을 갖추어야 하며, 인근 보호시설 등에 7일 이내 전원조치가 가능하다.

「1366」은 2007년 12월 기준 16개소가 운영 중에 있다. 특히 이주여성에 대한 상담은 2006년부터 설치된 이주여성 긴급전화 「1366」 센터 1개소를 통해 이루어지고 있다.

### 5) 건강가정지원센터

건강가정지원센터는 중앙, 시·도 및 시·군·구에 설치하며, 센터에는 건강가정사를 배치하고 있다. 건강가정지원센터의 설치현황은 <표 6>과 같다.

<표 6> 건강가정지원센터 설치 현황

(2007년 12월 기준)

| 구 분 | 계 | 중앙 | 서울 | 부산 | 대구 | 인천 | 광주 | 대전 | 울산 | 경기 | 강원 | 충북 | 충남 | 전북 | 전남 | 경북 | 경남 | 제주 |
|---|---|---|---|---|---|---|---|---|---|---|---|---|---|---|---|---|---|---|
| 시설수 | 66 | 1 | 22 | 3 | 2 | 3 | 1 | 1 | 1 | 17 | 2 | 1 | 3 | 2 | 1 | 2 | 3 | 1 |

<자료> 여성부가족부, 2008, 가족사업안내.

법제상 제도화되어 있는 이와 같은 다양한 상담소는 대상자별로 구분한데 불과하여 전문 사회복지 서비스의 전개라는 명분에 비추어 볼 때 예산등 자원의 낭비와 이용자의 혼란을 초래하고 있다. 따라서 가정폭력방지 및 피해자보호등에 관한 법률에서는 유사한 성격의 상담소나 보호시설을 통합하여 설치·운영하거나 설치·운영할 것을 권고할 수 있도록 규정하고 있으므로 이를 기능별로 통합 조정하는 것이 바람직할 것이다.

## 4. 女性福祉施設

여성복지시설은 여성복지 서비스를 제공하는 최일선 전달체계이다.

여성복지시설은 한부모가족지원법, 성매매방지 및 피해자보호등에 관한 법률, 성폭력범죄의 처벌 및 피해자보호등에 관한 법률, 가정폭력방지 및 피해자보호등에 관한 법률 등과 지방자치단체의 조례에 의한 여성회관 등의 시설이 요보호여성을 선도 보호하고 있다. 그러나 이들 여성복지시설은 여성회관을 제외하고는 모두 사회복지법인, 기타 비영리법인이 설립 운영하는 민간 사회복지시설이다.

여성복지시설의 종류와 기능을 살펴보면 <표 7>과 같다.

<표 7> 여성복지시설의 종류 및 기능

| 구분<br>시설별 | 보호대상자 요건 | 보호<br>기간 | 주 요 기 능 |
|---|---|---|---|
| 모자보호<br>시설 | 18세 미만의 자녀를 양육하는 무주택 저소득 모자가족 | 3년<br>(+2년) | 저소득 모자가족의 기본 생계보장과 자립기반 조성 |
| 모자자립<br>시설 | 상동 | 3년<br>(+2년) | 상동 |
| 미혼모자<br>시설 | 임산부 및 출산 후 6월 미만의 미혼모와 자 | 6월<br>(+6월) | 숙식제공/분만의료혜택/<br>자립지원(직업교육, 인성교육, 상담지도) |
| 미혼모자<br>공동생활가정 | 2세 미만의 영유아를 양육하는 미혼모와 자 | 1년<br>(+3월) | 숙식제공/자립프로그램(양육교육, 인성교육, 상담지도) |
| 모자일시<br>보호시설 | 배우자로부터 물리적·정신적으로 학대받는 여성 (아동 포함) | 60일<br>(+2월) | 학대받는 여성(아동 포함)의 정신적 여유와 신체적 휴식 제공 |
| 일반<br>지원시설 | 성매매피해자등 | 1년<br>(+6월) | 숙식제공/ 상담 및 치료/ 의료지원/ 자립자활교육의 실시 및 취업정보 제공, 기술교육 |
| 청소년<br>지원시설 | 〃 | 1년<br>(19세까지) | 일반지원시설 업무 외에 진학을 위한 교육제공 및 취학을 연계하는 업무 |
| 외국인여성<br>지원시설 | 〃 | 3월 | 숙식제공/ 상담 및 치료/ 의료지원/ 법률지원/ 귀국지원 |
| 그룹홈<br>(공동생활가정) | 탈성매매여성으로서 자활조건이 성숙되었다고 판단되는 자 | 1년(6개월 단위로 3년에 도달할 때까지 연장가능) | 주거지원 |
| 자활지원<br>센터 | 〃 | 이용<br>시설 | 자활공동체등의 운영/ 취업 및 기술교육/<br>취업 및 창업을 위한 정보의 제공 |
| 성폭력<br>피해자<br>보호시설 | 성폭력범죄의 피해자 | 6월<br>(+3월) | 성폭력피해상담소의 업무/<br>성폭력피해자 일시보호/<br>신체적·정신적 안정회복과 사회복귀 지원/<br>기타 피해자의 보호와 관련된 업무 |
| 가정폭력<br>피해자<br>보호시설 | 가정폭력의 피해자 | 6월<br>(+3월) | 피해자의 일시보호/<br>신체적·정신적 안정 및 가정복귀 지원/<br>타 법률에 의한 위탁사항/<br>기타 피해자의 보호와 관련된 업무 |
| 긴급피난처 | 가정폭력·성폭력·성매매피해여성, 학대받는 여성 등 | 3일 이내<br>(+7일) | 숙식지원/<br>정신적·육체적 안정과 상담·치료 등 |
| 여성회관 | 일반여성,<br>요보호여성 | 이용<br>시설 | 여성복지 서비스중심기관의 역할/<br>여성평생교육기관의 조직화·활성화/<br>전문 복지서비스 제공/전문 기술교육/<br>여성소집단모임 지원 |
| 여성인력<br>개발센터 | 저소득여성 | 이용<br>시설 | 여성의 직업능력 개발훈련 |

### 1) 모자보호시설

모자보호시설의 분포 현황을 살펴보면 <표 8>에서와 같이 2007년 12월 31일 현재 모자보호시설은 40개소, 모자자립시설은 4개소, 모자일시보호시설은 14개소로 지역적 불균형상태에 있다.

<표 8> 모자보호시설의 분포 현황

(2007년 12월 31일 현재)

| 구 분 | 계 | 서울 | 부산 | 대구 | 인천 | 광주 | 대전 | 울산 | 경기 | 강원 | 충북 | 충남 | 전북 | 전남 | 경북 | 경남 | 제주 |
|---|---|---|---|---|---|---|---|---|---|---|---|---|---|---|---|---|---|
| 계 | 58 | 8 | 7 | 8 | 2 | 2 | 2 | 1 | 4 | 1 | 2 | 3 | 6 | 2 | 5 | 3 | 2 |
| 모자보호시설 | 40 | 6 | 6 | 5 | 1 | 1 | 1 | - | 2 | 1 | 1 | 2 | 4 | 2 | 5 | 2 | 1 |
| 모자자립시설 | 4 | - | - | - | - | 1 | - | - | 1 | - | 1 | - | 1 | - | - | - | - |
| 모자일시보호시설 | 14 | 2 | 1 | 3 | 1 | - | 1 | 1 | 1 | - | - | 1 | 1 | - | - | 1 | 1 |

<자료> 여성가족부, 2008년도 한부모가족지원사업안내

### 2) 미혼모자시설

<표 9> 미혼모시설 배치 현황

(2007년 12월 31일 현재)

| 구 분 | 계 | 서울 | 부산 | 대구 | 인천 | 광주 | 대전 | 경기 | 전북 | 전남 | 강원 | 충북 | 충남 | 경남 | 제주 |
|---|---|---|---|---|---|---|---|---|---|---|---|---|---|---|---|
| 계 | 40 | 5 | 3 | 1 | 1 | 3 | 1 | 4 | 1 | 2 | 2 | 1 | 1 | 1 | 1 |
| 미혼모자시설 | 25 | 4 | 2 | 1 | 1 | 2 | 1 | 3 | - | 1 | 1 | 1 | - | - | 1 |
| 미혼모자 공동생활가정 | 15 | 1 | 1 | - | - | 1 | - | 1 | 1 | 1 | 1 | - | 1 | 1 | - |

<자료> 여성가족부, 2008년도 한부모가족지원사업안내

미혼모자시설과 미혼모자공동생활가정의 배치 현황은 <표 9>와 같이 2007년 말 현재 미혼모자시설 25개소, 미혼모자공동생활가정은 15개소가 운영 중에 있다.

### 3) 성매매피해자지원시설

윤락행위등방지법에 의한 선도보호시설이 각종 지원시설로 바뀌게 되었다. 성매매피해자 지원시설의 배치 현황을 살펴보면 <표 10>과 같다.

<표 10> 성매매피해자지원시설 배치 현황

(2007년 12월 말 기준)

| 구 분 | 계 | 서울 | 부산 | 대구 | 인천 | 광주 | 대전 | 울산 | 경기 | 강원 | 충북 | 충남 | 전북 | 전남 | 경북 | 경남 | 제주 |
|---|---|---|---|---|---|---|---|---|---|---|---|---|---|---|---|---|---|
| 일반 | 27 | 9 | 3 | 2 | 1 | 1 | 1 | 1 | 4 | - | - | 1 | 1 | 0 | 1 | 1 | 1 |
| 청소년 | 14 | 5 | 2 | 2 | - | - | 1 | 1 | - | - | - | - | - | 1 | - | 2 | - |
| 자활지원센터 | 5 | 1 | 1 | - | 1 | - | - | - | 1 | - | - | - | 1 | - | - | - | - |
| 외국인쉼터 | 3 | 1 | - | - | - | - | - | - | 1 | - | - | - | - | - | - | 1 | - |
| 그룹홈 | 9 | 3 | 2 | - | - | - | - | - | 1 | - | - | 1 | 1 | - | - | 1 | - |

<자료> 여성가족부, 2008년도 권익증진사업운영지침.

### 4) 가정폭력 · 성폭력피해자보호시설

가정폭력 · 성폭력피해자보호시설의 배치 현황은 <표 11>과 같다.

<표 11> 가정폭력 · 성폭력피해자보호시설 배치 현황

(2007년 12월 기준/개소,명)

| 구 분 | 계 | 서울 | 부산 | 대구 | 인천 | 광주 | 대전 | 울산 | 경기 | 강원 | 충북 | 충남 | 전북 | 전남 | 경북 | 경남 | 제주 |
|---|---|---|---|---|---|---|---|---|---|---|---|---|---|---|---|---|---|
| 가정폭력 | 70 | 14 | 3 | 2 | 3 | 3 | 1 | 1 | 10 | 5 | 3 | 6 | 5 | 3 | 2 | 7 | 2 |
| 입소정원 | 1,148 | 209 | 80 | 20 | 52 | 88 | 30 | 20 | 130 | 66 | 70 | 66 | 54 | 60 | 35 | 118 | 50 |
| 성폭력 | 20 | 3 | 3 | 1 | 1 | 2 | - | 1 | 4 | 1 | 1 | - | 2 | - | - | - | 1 |
| 입소정원 | 222 | 35 | 35 | 20 | 10 | 20 | - | 10 | 40 | 10 | 10 | - | 20 | - | - | - | 12 |

<자료> 여성가족부, 2008년도 권익증진사업운영지침.

### 5) 긴급피난처

긴급피난처는 여성폭력피해자보호시설이 시설종별·지역별로 불균형하게 배치되어 있어 긴급히 보호를 받아야 할 여성을 위한 시설로, 여성폭력관련 보호시설이 없는 지역에서는 각종 보호시설 및 상담소, 여성회관, 민간단체 등에 임시보호시설을 갖추어 긴급피난처로 활용할 수 있도록 유도하며, 긴급피난처의 지정을 확대해 나가고 있다.

긴급피난보호대상은 긴급히 숙식지원이나 정신적·육체적 안정과 상담·치료 등을 필요로 하는 요보호여성과 그 자녀 및 가정폭력·성폭력·성매매 피해여성·학대받는 여성 등이다. 위기여성이 발생할 경우 우선 긴급피난처에 임시보호한 후 상황에 따라 전문시설로 연계 등 특별한 조치를 취한다.

긴급피난처는 <표 12>에서와 같이 2007년 12월 기준 71개소의 긴급피난처가 설치·운영되고 있다.

<표 12> 긴급피난처 지정 현황

(2007년 12월 기준/개소)

| 구분 | 계 | 서울 | 부산 | 대구 | 인천 | 광주 | 대전 | 울산 | 경기 | 강원 | 충북 | 충남 | 전북 | 전남 | 경북 | 경남 | 제주 |
|---|---|---|---|---|---|---|---|---|---|---|---|---|---|---|---|---|---|
| 시설수 | 71 | 1 | 7 | 5 | 1 | 1 | 5 | 6 | 11 | 8 | 2 | 2 | 1 | 4 | 5 | 11 | 1 |

<자료> 여성가족부, 2008년도 권익증진사업운영지침.

## 5. 女性福祉 서비스 擔當人力

공공부문 여성복지 서비스 담당인력은 관계법에 규정되어 있으나 실제 임용·배치되어 있는 인력은 그 수가 부족하고 전문성이 부족하며, 지역간, 행정단위간 불균형을 이루고 있으며, 전문성에 있어서도 사회복지사 자격증 소지자가 낮은 비율을 차지하고 있다.

여성복지시설과 상담소 전문인력의 자격기준을 살펴보면 다음과 같다.

### 1) 한부모가족복지상담소 및 한부모가족복지시설

한부모가족복지상담소 및 한부모가족복지시설의 장의 자격기준은 ① 사회복지사의 자격을 가진 자 ② 사회복지시설·사회복지단체의 임직원 또는 사회복지행정분야 공무원으로 5년 이상 종사한 경력이 있는 자 ③ 종교단체가 인정하는 종무에 종사한 자로서 여성부장관이 정하는 자 등이다.

한부모가족복지상담원의 자격은 사회복지사 3급 이상의 자격증 소지자 중에서 한부모가족복지상담소를 설치하는 기관의 장이 임용한다.

### 2) 성매매피해상담소, 지원시설 및 현장상담센터

성매매방지 및 피해자보호등에 관한 법률에 의한 지원시설 및 상담소 종사자의 자격기준은 다음과 같다. 먼저 지원시설 및 상담소의 장은 ① 사회복지사의 자격을 가진 자 ② 사회복지시설·사회복지단체의 임직원 또는 공무원으로서 여성폭력방지업무에 5년 이상 종사한 경력이 있는 자 ③ 성매매방지를 목적으로 설립된 단체 및 시설에서 5년 이상 성매매방지업무에 종사한 경력이 있는 자 등이다.

상담원은 ① 사회복지사 자격을 가진 자 ② 사회복지시설·사회복지단체의 임직원 또는 공무원으로서 여성폭력방지업무에 2년 이상 종사한 경력이 있는 자 ③ 가정폭력상담소나 성폭력상담소 등 사회복지사업법에 의한 상담소에서 상담업무에 2년 이상 종사한 경력이 있는 자 ④ 성매매방지를 목적으로 설립된 단체 및 시설에서 2년 이상 성매매방지업무에 종사한 경력이 있는 자 ⑤ 음악치료사·미술치료사 등의 전문치료사 자격증 소지자 ⑥ 청소년기본법에 의한 청소년지도사 및 청소년상담사의 자격을 가진 자 ⑦ 이주노동자 및 외국인관련 단체 및 시설에서 2년 이상 종사한 경력이 있는 자(외국인여성지원시설에 한함) 등이다.

지방자치단체가 운영하는 상담소의 상담원은 사회복지직렬의 공무원이다.

비영리법인 등 민간이 운영하는 상담소의 종사원은 상담소장, 상담원 3인, 사무직원 1인 등 총 5명이다. 지원시설 및 상담소의 장, 사무국장, 상담원, 직업훈련교사 등은 여성부장관이 인정하는 상담원등 종사자양성교육과정(150시간)을 이수하여야 한다.

이밖에도 현장상담센터의 인력은 센터장 1명, 수퍼바이저(수석상담원) 상담원 3~5인당 1인, 상담원은 지속관리대상자 10인당 1인 기준이며, 지역별로 최소 3인을 기본 인원으로 하고 있다. 센터장은 사업을 신청한 시설의 장이 맡고, 수퍼바이저를 겸하는 것을 원칙으로 하며, 사무국장은 지원시설 및 상담소의 사무국장 또는 시설의 장에 해당하는 법정 자격을 갖춘 자 또는 그 사업수행의 정규상담원으로서 해당 집결지 여성대상 상담업무에 2년 이상 종사한 자이다. 반면 상담원은 상담원의 법정자격을 갖춘 자로 하고 있다.

### 3) 가정폭력 · 성폭력상담소 및 피해자보호시설

#### (1) 가정폭력피해상담소 · 피해자보호시설

가정폭력방지 및 피해자보호등에 관한 법률에 의한 상담소, 보호시설의 장의 자격기준은 ① 사회복지사 2급 이상의 자격증을 취득한 후 가정폭력방지업무에 3년 이상 종사한 경력이 있는 자 ② 국가 또는 지방자치단체에서 7급 이상의 공무원으로 가정폭력방지업무에 5년 이상 종사한 경력이 있는 자 ③ 가정폭력상담원의 자격을 취득한 후 가정폭력방지를 목적으로 설립된 단체 및 시설에서 5년 이상 종사한 경력이 있는 자 등이다.

상담원은 ① 대학을 졸업한 자 또는 이와 동등한 학력을 소지한 자 ② 사회복지사의 자격을 가진 자 ③ 사회복지시설, 사회복지단체의 임직원 또는 공무원으로서 가정폭력방지업무에 3년 이상 종사한 경력이 있는 자 ④ 이주노동자 및 외국인관련 단체 및 시설에서 2년 이상 종사한 경력이 있는 자(외국인 보호시설만) 등이다.

가정폭력관련상담소에는 상담소장 1인, 상담원 2인 이상 등 상담 및 임시보호업무에 필요한 종사자를 두어야 하며, 상담소의 재정여건 등 불가피한 사유가 있는 경우 상담소의 장과 상담원은 겸임이 가능하다.

가정폭력피해자보호시설에는 보호시설의 장 1인과 상담원 등 그 밖에 종사자를 두어야 하며 시설종류에 따라 차이가 있다.

상담소, 보호시설의 장 및 상담원은 교육훈련시설에서 상담원교육과정(100시간)을 이수하여야 한다.

#### (2) 성폭력피해상담소 · 피해자보호시설

성폭력범죄의 처벌 및 피해자보호 등에 관한 법률에 의한 상담소 및 보호시설의 장 및 상담원의 자격기준은 ① 대학을 졸업한 자 또는 이와 동등 이상의 학력을 가진 자 ② 사회복지사의 자격을 가진 자 ③ 초 · 중등교육법에 의한 교원으로 3년 이상 종사한 자 ④ 사회복지상담업무에 3년 이상 종사한 자 ⑤ 보건의료⑧사회복지 또는 여성행정분야의 공무원으로 3년 이상 종사한 자 ⑥ 사회복지시설 또는 사회단체에서 임직원으로 3년 이상 종사한 자 ⑦ 종교단체가 인정하는 종무에 종사하는 자로서 여성부장관이 정하여 고시하는 자 등이다.

성폭력피해상담소에는 상담소장 1인, 상담원 2인 이상을 두어야 하며, 성폭력피해자보호시설에는 시설장 1인, 상담원 2인 이상을 두어야 한다.

상담소장, 보호시설의 장 및 상담원은 상담원교육기관에서 상담원교육(64시간)을 이수한 자로 한다.

#### (3) 통합상담소

통합상담소의 인력은 소장 1인(성폭력상담원 자격소지자), 상담원 4인(가정폭력 2인, 성폭력 2인, 수화가능한 상담원 1인 이상 확보)이며, 가정폭력관련상담소 및 성폭력피해상담소의 신고필증을 각각 교부받은 후 시장·군수·구청장에게 통합상담소로 따로 신고하여야 한다.

### 4) 여성긴급전화 「1366」

여성긴급전화 「1366」전담직원 자격기준은 다음과 같다. 먼저 대표자는 ① 사회복지사업법에 의한 사회복지시설에서 상담원으로 근무할 수 있는 자격을 가진 자 또는 사회복지사 자격이 있는 자 중 복지사업 경영마인드를 가진 자 ② 인력의 효율적 운용 및 대표의 대외활동 측면에서 운영주체 관계자의 대표직 겸직이 가능하다.

일반직원은 첫째, 가정폭력방지 및 피해자보호등에 관한 법률·성폭력범죄의 처벌 및 피해자보호등에 관한 법률에 근거한 상담원으로 ① 가정폭력관련상담소 또는 성폭력피해상담소에서 상담원 또는 자원봉사상담원으로 1년 이상 근무한 자 ② 여성긴급전화 「1366」에서 자원봉사상담원으로 1년 이상 근무한 자 ③ 사회복지사 3급 이상 자격을 가진 자로서 1년 이상 상담업무 근무경력 또는 사회복지사업에 1년 이상 종사한 경험이 있는 자 중 하나를 충족한 자이다.

인력배치는 시·도별 여성인구 수에 따라 전담직원을 차등 배치하는 것을 원칙으로 하고 있는데, 전담직원은 대표자 1인을 포함하여 서울·경기에는 10명, 기타 시·도는 9명으로 규정되어 있으며, 상담교육을 받은 자원봉사자를 4~9인 이상 배치하도록 규정하고 있다.

### 5) 건강가정지원센터

건강가정지원센터의 건강가정사에 대한 자격기준은 이수하여야 할 관련 교과목을 규정하고 있다. 관련교과목은 핵심과목 10개 중 5개 과목, 관련과목은 기초이론 4개 과목, 상담·교육 등 실제 3개 과목을 자격취득 교과목으로 규정하고 있다.

이와 같이 여성복지 서비스 담당인력의 자격기준은 제도마다 차이가 있어 형평성이 없으며, 자격기준이 완화되어 서비스의 전문성 확보가 어려운 실정이다. 특히 사회복지사 자격증 소지자이면서도 여성복지와 관련된 가정폭력·성폭력·성매매·건강가정센터지원사업에 종사하는 인력은 소정의 상담원교육을 이수하도록 규정하고 있는 것은 타 여성복지업무는 물론 사회복지업무의 전문인력자격 규정과도 차이가 있다. 또한 성매매방지 및 피해자보호등에 관한 법률, 가정폭력방지 및 피해자보호등에 관한 법률, 성폭력범죄의 처벌 및 피해자보호등에 관한 법률에서 종사자의 자격기준으로 별도의 교육기관을 규정하고 있으며 이수해야 할 교육시간도 제도마다 차이가 있다.

## 6. 女性福祉서비스 傳達體系의 問題點

사회복지 전달체계의 기본 원칙은 통합성, 지속성, 접근용이성, 노력성, 전문성, 적절성 등이 있다. 그러나 현행 우리나라 사회복지 전달체계의 문제점으로는 첫째, 상의하달식의 수직적인 행정체계 둘째, 행정체계의 다원화 셋째, 정책부서와 집행부서간의 연계 미흡 넷째, 전문성 확보의 미흡 다섯째, 종합적인 사회복지 서비스 기관의 부재 등이 지적되어 왔다.

이와 같은 사회복지 전달체계의 문제점은 곧 여성복지사업 전달체계의 문제점이 되고 있다. 여성복지시설의 양적 성장은 외관상 여성복지에 대한 관심을 충족시키는 것으로 보이지만 질적 측면에서 한계점을 보이고 있다. 즉, 단순히 거주자를 보호하고 이용자에 대한 수동적인 서비스 제공에 그치고 있어 효율적이고 합리적인 운영이 이루어지지 않고 있으며, 자립 및 자활을 돕는 역할의 접근이 등한시되고 있다고 지적을 받고 있다(김태진 외, 2001).

여성복지시설은 그 기능 및 지역별 분포에 있어서 여러 가지 제한점이 있으며 시설의 균형적인 분포가 이루어지지 않고 있다. 따라서 여성복지 증진을 위해서는 지역실정에 맞는 시설의 적정 배치 및 운영의 활성화가 이루어져야 할 것이다.

여기에서는 현행 여성복지사업을 중심으로 전달체계의 문제점을 정리해보면 다음과 같다.

첫째, 여성복지법제의 다원화체계에 따른 전달체계의 혼란

둘째, 중앙정부와 지방자치단체간의 업무 분담의 미확립

셋째, 여성복지시설의 다원화와 민간주도의 시설운영

넷째, 전문성 확보의 미흡

다섯째, 종합적인 여성복지 서비스기관의 부재로 인한 서비스 이용의 불편 등으로 나타났다.

기존 연구에서 제시하고 있는 여성복지 서비스 전달체계의 개선방안으로서는

첫째, 현행 전달체계의 이원화 현상, 업무의 중복 등의 문제를 극복하고 보다 효과적이고 효율적인 서비스를 전달하기 위하여 통합적인 전달체계를 구축한다.

둘째, 시설보호와 지역사회보호의 균형 있는 발전을 지향하면서 한 개인이 지니고 있는 복합적인 욕구에 적합한 다양한 종류의 서비스를 지역사회내에서 계속적으로 제공받을 수 있도록 하려면 지속성을 보장하는 서비스들간의 연계체계가 구축되어야 한다.

셋째, 지역사회의 여성들이 정보의 결여 또는 부족 및 지리적 장애, 심리적 장애, 선정절차상의 장애 등으로 인한 어려움 없이 서비스를 쉽게 이용할 수 있도록 접근성이 보다 강화되어야 한다.

넷째, 서비스 제공자 중심에서 이용자 중심으로 방향이 전환되고, 사후적, 치료적 모델과 더불어 예방적 접근이 중요시되고 있으므로 지역여성들의 욕구에 적합한 서비스를 개발하여 효과적인 서비스를 전달해 나가야 할 것이다.

다섯째, 여성복지 서비스의 질을 향상시키기 위해서는 복지정책, 행정 및 임상과 관련된 전문적인 지식과 기술을 갖춘 인력을 확충하고 조직체계 및 운영방식을 개선하여 보다 전문적인 프로그램을 개발하고 서비스의 질을 향상시키도록 한다는 방안을 제시하고 있다.

현행 여성복지사업 전달체계의 문제점을 바탕으로 효율적인 전달체계의 확립방안을 모색함에 있어서는 여성복지 서비스 전달체계의 개선만으로 해결되어 지는 것이 아니라 사회복지 전달체계의 총체적 관점에서 검토되어야 할 것이다. 왜냐하면 사회복지 서비스는 대상별로 분립체계를 형성하고 있으며, 기본법인 사회보장기본법, 사회복지사업법, 여성발전기본법을 비롯하여 정부조직법, 국가공무원임용령, 지방공무원임용령 등의 전반적인 맥락에서 논의되지 않고서는 효과적인 대안을 모색하기 어렵기 때문이다. 또한 전달체계의 개선방안 모색은 전달체계의 기본

요건인 통합성, 계획성, 접근용이성 및 책임성을 고려하여야 할 것이다.

여기에서 사회복지 전달체계의 원칙을 바탕으로 여성복지 서비스의 효율성 제고와 전문성 확보 차원에서 전달체계의 개선방안을 제시하면 다음과 같다.

첫째, 여성복지법제의 통합 일원화를 통한 업무체계의 확립

둘째, 여성복지시설의 통합 운영

셋째, 여성복지담당공무원 및 여성복지 서비스 전문인력의 적정인원 확보를 통한 서비스의 전문성 확보

넷째, 공·사 여성복지 서비스 업무의 역할분담 명료화

다섯째, 종합 여성복지센터의 운영 등을 제시할 수 있다.

제2편

# 특정집단별 여성복지의 문제와 대책

외국 여러 나라의 경우 여성문제, 여성의 복지욕구와 관련하여 모자가족, 미혼모, 가정폭력 및 성폭력 피해여성, 성매매여성들의 문제는 여성의 빈곤과 폭력의 문제로 간주하여 사회복지정책의 핵심과제로 다루고 있다.

제2편에서는 여성복지를 사회복지의 하위개념으로서 요보호여성은 물론 모든 여성들이 인간다운 삶을 영위할 수 있도록 정부 및 민간이 행하는 모든 조직적인 활동으로 보고, 그 중에서도 특히 사회적 지원을 필요로 하는 특정 여성집단의 복지문제에 초점을 두어 다루었다.

여기에서 특정여성집단이라고 칭하는 대상은 사회복지정책 및 사회복지 서비스 대상이 되는 요보호여성집단이다. 요보호여성집단은 모자가족, 이혼여성, 미혼모, 성매매여성, 근로여성, 가정폭력 및 성폭력 피해여성, 가출여성, 제3지대여성, 일탈 및 범죄여성, 장애여성, 노인여성 등으로 다양하다.

우리나라 여성복지사업의 대상은 모자가족, 미혼모, 성매매여성, 가출여성이 중심이 되어 오다가 1990년대에 이르러 여성복지의 대상이 확대되어 가정폭력 및 성폭력 피해여성까지 포함하기에 이르렀다. 그러나 요보호여성이 경험하는 일반적인 경로가 되는 가출여성의 문제에 대한 독립된 법제화는 이루어지지 않았으며, 통계적으로 파악하기 곤란한 제3지대의 여성에 대한 서비스 체계는 전무한 실정에 있다.

여기에서는 사회복지 차원에서 대상으로 다루어 온 모자가족, 미혼모, 성매매여성과 최근 법제화되어 사회복지 서비스가 전개되고 있는 가정폭력 및 성폭력 피해여성, 모자가족의 발생 배경이 되며 때로는 가정폭력의 피해나 가정의 유기로 인해 발생되기도 하는 이혼여성, 가정으로부터 이탈되어 있는 가출여성 그리고 근로조건이 취약한 근로여성을 대상으로 복지문제와 대책을 살펴보고자 한다. 이와 함께 일반여성의 사회복지 욕구와 관련된 지원체계, 평생교육과 성교육에 대해 살펴보기로 한다.

# 第 1 章 母子家族

전통적인 의미의 모자가족은 주로 배우자와 사별하거나 유기된 모자로 구성된 가족이었다. 특히 우리나라는 한국전쟁 후  남편을 잃은 수 많은 전쟁피해자인 여성을 중심으로 하는 모자가족의 문제가 심각한 사회문제로 대두되었다. 또한 1960년대 이후 급속한 사회변동과 더불어 모자가족이 날로 증가추세에 있으며, 이들은 경제적, 사회·심리적으로 불안정한 처지에 있어서 사회적 관심과 지원을 필요로 하고 있다.

가족의 구조적 결손이 경제적 빈곤과 맞물려서 가족의 기능적 결손을 초래하여 자녀양육의 어려움, 경제적 빈곤으로 인한 생활고, 사회로부터의 고립, 정서적 불안정 등으로 모자가족은 가족 기능을 제대로 발휘하지 못하고 있다.

모자가족의 가족들이 갖는 특수한 생활상의 곤란문제가 여성복지의 주요한 관심대상이 되어 왔으며, 이를 사회복지 측면에서 보면 어머니에 대한 여성복지적 의의와 함께 자녀에 대한 아동복지 그리고 가족 전체에 대한 가족복지의 의의를 동시에 갖고 있다.

모자가족에 대한 사회복지 차원의 관심은 모자복지법의 제정으로 출발하였으며, 모·부자복지법으로 개정되면서 모자가족뿐만 아니라 부자가족에 대한 사회복지적 접근이 이루어져 오다가 한부모가족이라는 용어가 널리 사용되면서 한부모가족지원법으로 개정 시행되고 있다.

## 1. 母子家族의 槪念

모자가족(fatherless family)이란 일반적으로 사별, 이혼, 유기, 별거, 미혼모 및 기타 사유에 의해 남편이 결손된 상태에서 어머니(편모)와 18세 미만의 자녀를 부양하고 있는 가구를 의미하고 있다. 모자가족을 모자가정, 모자세대, 여성가구주 가족, 여성세대주 가족, 미망인가구 등과 혼용하기도 하는데 이들은 서로 중복되는 면도 있지만 반드시 일치되는 개념은 아니다.

여성가구주 가족은 가구주가 여성이거나 가정의 생계를 실질적으로 책임지고 그 가구를 대표하는 사람이 여성인 경우로서 유배우 및 미혼여성까지 포함될 수 있는 광범위한 개념이다. 여성세대주 가족은 주민등록상에 세대주가 여성인 가정으로서 여성가구주 가족과 반드시 일치하지는 않는다. 예컨대 어린 맏아들이 세대주로 등록되어 있을 수 있다. 남편이 없다는 뜻의 미망인가구는 자녀들이 18세 이상으로 성장한 경우도 있고 아예 자녀가 없는 경우도 있다. 여기에서 가족이란 혈연관계, 정신적인 관계 및 법적 관계이고, 세대(世帶)는 현재 기거를 함께 하고 있는 사람들을 일컫는 것으로서 통계적 개념이다.

한부모가족지원법상의 저소득 모자가족이라 함은 보건복지가족부장관이 정하는 최저생계비, 소득수준 및 재산정도 등을 고려하여 보호종류별로 정하는 기준에 해당하는 저소득 모자가족이다. 즉, 세대주(세대주가 아니더라도 세대원을 사실상 부양하는 자를 포함한다)인 모와 모에 의해서 양육되는 18세 미만의 자녀로 이루어진 가정으로서, 모가 (1) 배우자와 사별 또는 이혼하거나 배우자로부터 유기된 여성 (2) 정신이나 신체의 장애로 장기간 노동능력을 상실한 배우자를 가진 여성 (3) 미혼 여성(사실혼 관계에 있는 자를 제외한다) (4) 배우자의 생사가 분명하지 않은 여성 (5) 배우자 또는 배우자 가족과의 불화 등으로 인하여 가출한 여성 (6) 배우자의 해외거주·장기복역 등으로 인하여 부양을 받을 수 없는 여성이다.

이 범위에 내포되어 있는 저소득 모자가족은 국가의 경제적 지원대상으로서 이들은 가족의 생계를 위한 수입원이 전적으로 어머니에게 의존하여 있으며, 현 사회의 경제구조에서는 열등한 위치의 여성이라는 점이다. 또한 18세 미만의 아동을 부양하는 가구이어야 하므로 맏이가 18세를 넘어서면 법적 모자가족의 지위가 박탈된다.

모자가족은 남편의 부재 원인과 부재기간 및 부재의 양과 정도에 따라 그 유형을 다음과 같이 분류할 수 있다.

첫째, 부재의 원인에 따라 분류하면 남편이 사망 혹은 군복무, 직업상의 이유 등으로 그 부재의 이유가 사회적으로 승인된 경우와 이혼, 별거, 유기 및 남편이 범죄나 정신질환 등으로 투옥되거나 시설에 수용된 경우처럼 사회적으로 승인받지 못한 경우로 구분된다.

둘째, 부재기간에 따라 일시적 부재와 영구적 부재로 구분된다. 일시적 부재는 선원이나 해외취업, 해외파견과 같이 일정기간이 지나면 다시 원상 복구될 경우이고, 영구적 부재는 사망의 경우처럼 남편이 다시 가족에게 돌아올 수 없는 경우이다.

셋째, 분리의 양과 정도에 따라 구분될 수 있다. 영구적 부재라 해도 남편이 자녀가 어렸을 때부터 부재한 경우와 남편이 집밖에서 분리되어 사는 경우로 나눌 수 있으며, 일시적 부재의 경우도 그 기간이 지남에 따라 그리고 정기적인지 간헐적인지에 따라 분류가 가능하다.

## 2. 母子家族 發生 要因

모자가족이 된 사유는 시대에 따라 변하고 있다. 또한 조사기관과 조사자에 따라 다소 차이가 나타났다. 한부모가 된 사유를 살펴보면 한국보건사회연구원의 조사(1995)에 의하면 사별(54.8%), 별거 · 유기(22.5%), 이혼(12.9%), 미혼모(9.6%) 순으로 나타났다(김미숙 외, 2000). 한국여성개발원의 1988년 조사에서는 사별(85.9%)이 가장 많았고, 이혼 및 별거(7.9%), 가출 및 유기(5.5%), 기타(0.9%)의 순이었다. 그러나 1996년에는 부의 사망(62.1%), 이혼(22.7%), 미혼모(4.1%), 유기(3.2%), 근로능력상실(2.5%), 가출(1.8%), 생사불명(1.7%)순으로 나타났다(보건복지부, 1996).

이와 같이 모자가족이 된 사유는 10년만에 사별의 비율이 절반수준으로 줄어든 반면, 이혼의 경우는 3배 이상 증가하였고, 가출, 유기 및 행방불명에 해당하는 비율은 증가폭이 상대적으로 매우 완만하게 이루어졌다. 이와 같이 모자가족 발생사유에서 이혼이 차지하는 비율이 높게 증가한 현상은 이혼으로 인한 모자세대 혹은 재혼으로 인한 복합가정의 출현이 증가한데 기인하고 있다.

미국의 경우 1992년 한부모가족의 80%가 모자가족이고 나머지는 부자가족이었다(Strand, 1995). 반면 1994년 우리나라의 조사에서는 모자가족이 72%, 부자가족이 21% 그리고 기타 결손가정이 7%로서(공세권 · 조애저, 1994), 우리나라의 모자가족 발생율이 미국과 거의 비슷한 양상을 띠고 있다.

한부모가족의 등장에는 두 가지 주 요인으로서 이혼율의 증가와 미혼모의 증가를 들 수 있다. 이혼의 증가는 모자가족의 어머니나 자녀들의 욕구가 과거와 다를 것임을 시사한다. 최근에는 어머니라고 해서 가정, 특히 자녀를 위하여 자신의 욕구를 무조건 희생하지 않는 경향이 있다. 여성으로서 어머니들은 남편, 아내, 자녀의 구조가 완전히 갖추어진 가족 안에서 불만스러운 일생을 영위하기보다는 비록 편모가 되더라도 자신을 더욱더 실현하고 싶어 할 것이다. 한편, 우리나라의 이혼은 서구와는 달리 대체로 이혼당사자의 감정이 악화된 상태에서 진행되고 처리되므로 감정적·정서적 부담이 훨씬 크고 그 후유증이 이혼 후에도 오래 지속되고 있다.

미국의 경우 모자가족의 주된 증가 원인이 미혼모, 특히 10대 미혼모의 증가이며 그 다음이 이혼이다(Strand, 1995). 미국에서는 10대 미혼모가 자녀를 양육하거나, 자녀양육과 병행하여 자신의 학업을 이수할 수 있도록 사회복지적 지원이 제공되고 있다. 그러나 미혼모가 자녀를 양육할 수 있는 사회복지적 대책이 거의 전무한 우리나라에서는 미혼모가 모자가족집단에서 차지하는 비율이 낮지만 앞으로 그 증가를 예상할 수 있다. 10대 미혼모는 신체적으로나 정신적으로 미성숙한 상태이므로 이들이 편모로 살아가기로 선택하게 되면 그들의 학교교육, 인성발달교육, 직업훈련, 어린 자녀의 양육방법지도 및 장래설계 등 사회복지적 욕구는 더욱 다양해진다. 그렇게 되면 이러한 서비스를 위한 사회복지비용이 증가할 것이므로(Marshall & Marx, 1991) 미혼모 발생 예방대책과 더불어 이들이 빈민화되어 빈곤계승의 악순환 고리에 전락하는 것을 예방할 지지서비스가 더욱 필요하게 된다.

이러한 모자가족 발생 요인의 변화는 전체적으로 보아 인성개발이나 성장지원의 비중을 강조하는 사회복지대책으로의 변화를 촉구하고 있다.

## 3. 母子家族의 現況 및 問題

통계청 자료에 따르면 한부모가족은 1985년 84만 8천 가구에서 1990년 88만9천 가구 그리고 1995년에는 96만 가구로 매년 증가추세이며, 이 가운데 82.1%가 편모가족이며, 편부가족은 17.9%로 나타났다. 그러다가 2005년에는 1.588.700가구로서 전체의 8.6%로 나타났으며, 이 중 모자가구는 1,083,000가구(79%), 부자가구는 287.000가구(21%)로 나타났다. 한부모가족 형성요인별 현황은 <표 13>과 같다.

<표 13> 한부모가족 형성요인별 현황

(단위 : 1,000가구, %)

| 구분<br>연도 | 총<br>가구 수 | 형성요인별 | | | | | 한부모가족<br>비율 |
|---|---|---|---|---|---|---|---|
| | | 유배우 | 사별 | 이혼 | 미혼 | 계 | |
| 1995 | 12,958 | 215(22.5) | 526(54.8) | 124(12.9) | 94(9.8) | 960(100) | 7.4 |
| 2000 | 14,312 | 252(22.5) | 502(44.7) | 245(21.9) | 122(10.9) | 1,124(100) | 7.9 |
| 2005 | 15,887 | 328(23.9) | 201(36.6) | 399(29.1) | 142(10.4) | 1,370(100) | 8.6 |

<자료> 여성가족부, 2008 한부모가족지원사업 안내

한부모가족이 되는 주요 원인은 <표 13>에 나타난 바와 같이 과거에는 배우자 사망이 주 원인이었으나 2000년의 경우 사별에 의한 경우가 44.7%, 유배우 22.5%, 이혼 21.9%, 미혼 10.9%였고, 2005년에는 사별 36.6%, 이혼 29.1%, 유배우 23.9%, 미혼 10.4%로 나타나 이혼에 의한 비율이 높아지고 있다.

모자가족이 부자가족보다 높은 비율을 차지하는 이유는 편부는 대부분 재혼하지만 편모의 경우 사회적 편견 등으로 재혼하기 어렵고, 여성의 평균수명이 남성보다 길고 사회활동이 적어서 불의의 사고를 통한 사고사(事故死)가 적은데 기인한다(김미숙 외, 2000).

## 1) 모자가족의 현황

### (1) 모자가족의 일반적 특성

대구광역시 모자가족을 대상으로 한 연구결과(전재일 외, 1997)를 토대로 모자가족의 특성을 살펴보면, 모자가족이 된 사유로는 배우자 사망(56.4%)이 가장 많고, 이혼(26.2%), 가출(7.8%)순이었다. 세대주의 교육수준은 중학교(42.2%)가 가장 많았고, 그 다음으로 초등학교(34.1%), 고등학교(20.3%), 전문대 이상(3.4%) 순이었다. 세대주의 직업은 단순노동(34.9%)이 가장 많았고, 그 다음으로 생산기능직(15.7%), 단순서비스직(15.0%), 무직(11.3%), 판매서비스직(9.3%) 순으로 나타났다.

### (2) 가족구성원

모자가족의 동거가족 수는 평균 3.77명이며, 4명(47.8%)이 가장 많고, 3명(30.2%), 5명(14.6%), 6명(1.5%) 순이었다. 모자가족의 평균 자녀 수는 1.78명으로, 2명(50.2%)이 가장 많고, 1명(36.0%), 3명 이상(13.7%) 순이었다. 자녀의 교육정도는 중·고등학교에 다니는 학생(63.1%)이 가장 많았고, 초등학교(27.9%), 미취학(8.8%), 전문대 이상(0.2%) 순이었다. 자녀양육을 포함한 가사일은 세대주 단독으로 책임지는 경우(80.9%)가 가장 많았고, 친척의 도움(8.15), 기타(2.6%) 순으로 나타났다.

### (3) 생활실태

모자가족의 주거생활은 임대아파트 거주(40.3%)가 가장 많았고, 월세(27%), 전세(18.0%), 더부살이(6.9%) 순이었으며, 자기집을 소유한 비율은 4.7%에 불과하였다. 사용하는 방의 수는 2개가 66.3%, 1개가 32.4%였다.

모자가족의 월평균 소득은 60만원대(25.7%)가 가장 많았고, 그 다음으로 50만원대(22.6%), 40만원대(19.4%), 40만원 이하(13.3%), 70만원대(11.5%), 80만원 이상(7.5%) 순이었다. 한편 월평균 지출은 60만원대(24.7%)가 가장 많았고, 그 다음으로 50만원대(21.5%), 40만원대(20.6%), 40만원 이하(20.6%), 70만원대(10.8%), 80만원 이상(8.3%) 순이었다. 모자가족의 생활이 빈곤하게 된 이유는 배우자가 없어서(53.4%)가 가장 많았고, 그 다음으로 건강이 좋지 않아서(19.3%), 무직 및 기술이 없어서(9.6%), 유산이 없어서(4.3%)의 순이었고, 별로 어렵지 않다는 가정은 2.9%에 불과했다.

자녀교육에 있어 가장 힘든 점은 경제적 문제인 자녀교육비문제(56.8%)가 가장 많았고, 그 다음으로 부의 부재(16.1%), 대화의 어려움(9.2%), 의논 상대의 부재(8.8%), 통제의 어려움(6.0%) 순으로 나타났다.

### (4) 욕구 특성

모자가족의 욕구와 관련된 특성으로서 모자가족의 56.4%가 최소 월 60만원 이상 생활비가 필요한 것으로 나타났으며 생활비 지출항목 중 가장 부족한 부분은 교육비가 50%를 차지하였고, 그 다음으로 주거비(19.3%), 식품비(12.2%) 순이었다. 생활에서 가장 힘든 점은 자녀양육 및 교육문제(53.4%)가 가장 많았고, 그 다음으로 생계문제(19.0%), 주거문제(14.7%), 건강문제(6.8%) 순이었다.

재혼할 의사는 없다(88.3%)는 응답자가 훨씬 높게 나타났으며, 재혼할 의사는 35세 미만이 35세 이상보다 많은 것으로 나타났다. 재혼할 의사가 있는 경우 그 이유는 경제적 이유(38.3%)가 가장 많았고, 그 다음으로 외로움(24.7%), 자녀교육 및 양육(23.5%), 노후생활 대비(13.6%) 순이었다. 재혼의 장애 요인은 자녀문제가 64.8%를 차지하였고, 적응에 대한 두려움(12.1%), 배우자에 대한 신뢰감 상실(9.6%) 순이었으며, 장애 요인이 없다는 사람은 9.8%로 나타났다(전재일 외, 1997).

이상의 현황에서 나타난 모자가족의 생활상의 특성을 요약하면 첫째, 모자가족은 절대 다수가 경제적으로 빈곤한 상태에 있다. 둘째, 모자가족은 가족구성원의 보호와 정서적 안정을 위한 가정병리상의 문제, 주로 가족의 건강문제로서 모 자신의 심리·정서적 고통으로 인한 각종의 질병을 갖고 있으며, 특히 모 자신이 경제활동에 참여하는 경우 가사노동의 대체성이 결여되어 있다. 셋째, 자녀교육 및 교육상의 문제를 가지고 있다. 특히 취업모의 경우는 자녀를 돌볼 사람이 마땅치 않고 부성(父性)의 결여로 자녀의 인격 형성에 심각한 영향을 미치게 된다. 넷째, 사회적 관계망이 제한되어 있다. 모자가족은 일반적으로 사회적 참여기회의 부족, 대인관계의 결여 등으로 모는 물론 자녀까지도 사회적으로 고립되거나 위축되는 문제를 가지고 있다.

### 2) 모자가족의 문제

여성가장에게는 경제적인 문제가 가장 크며, 가족관계의 어려움, 자녀양육의 어려움, 구직의 어려움, 심리적 위축감, 지역사회자원 연결의 부족 등을 겪고 있다(옥선화,2002).

모자가족의 문제를 경제적 문제, 자녀양육 및 교육문제, 자신들의 재혼을 포함한 사회·심리적 문제 등으로 구분하여 살펴보면 다음과 같다.

#### (1) 경제적 문제

모자가족의 편모가 당면하고 있는 가장 큰 어려움은 가족부양의 책임을 맡았던 부의 상실로 인하여 소득이 감소됨으로써 생기는 경제적 문제이다(Strand, 1995 ; 공세권·조애저, 1994 ; 한국여성개발원, 1988). 그러나 일부 소수를 제외하고 대부분의 어머니가 자녀를 부양하기 위해 직업을 가져야 함에도 불구하고 현재로서는 여성의 직업 안정성과 안정된 소득을 기대하기 어렵다. 따라서 빈곤의 여성화현상이 나타나고 있다. 모자가족과 빈곤의 관계는 서구에서 1960년대 중반 이후 사회복지의 중요한 이슈 중의 하나로 대두되었다.

이러한 요인들로 인해 경제적 부담을 안고 살아가는 모자가족으로서는 긴장의 연속선상에 놓여 있다고 볼 수 있다. 가정이 빈곤하여 생계를 위협받는다면 그 가정은 안정을 유지하기가 어렵게 된다. 빈곤은 객관적이고 동시에 주관적인 현상으로 객관적으로는 기본적 욕구를 충족하는데 필요한 소득이 적다는 것이고 주관적으로는 자신의 무능력이 욕구와 기대충족에 대한 정서 면과 결부되어 풍족한 생활양식과는 차별적인 느낌을 갖게 되어 삶에 대한 희망과 기대가 점점 둔화되기도 한다.

한국여성개발원(1988)이 실시한 저소득층 모자가족에 관한 조사결과에 의하면 조사대상 편모의 90%가 경제활동에 참여하여 가계부양자로서의 역할을 하고 있었으며 이들의 취업직종은 영세 자영업, 피고용 노동 및 농업이 대부분이었다. 피고용 노동에는 파출부 또는 가정부와 15인 이하의 제조업근로자가 높은 비율을 차지하고 있었으며 영세 자영업이나 농업경영의 경우 그 규모가 영세하여 낮은 소득과 함께 직업의 안정성 역시 결여되어 있는 것으로 나타났다.

### (2) 자녀양육 및 교육문제

한부모가족 자녀들이 갖고 있는 심리사회적 문제는 정서적 측면, 도덕적 측면, 학업성취 측면, 탈선 혹은 비행 측면의 문제 등으로 나누어 볼 수 있다. 정서적 측면에서 한쪽 부모의 부재는 한부모가족 자녀의 정서에 부정적인 영향을 미치는데, 부모의 감독권 및 동일시 대상의 상실과 사회적 통념에서 오는 압박감과 열등감 그리고 가족내 역할구조상의 문제로 인해 정서적 불안과 심리적 갈등을 경험하기 때문인 것으로 보고 있다. 이러한 정서적 경험의 결과 한부모가족의 자녀는 양부모가족의 자녀보다 정신신경증이나 우울, 정신분열증, 자살 등과 같은 정신적 결손의 가능성을 더 많이 안고 있다(최선애, 1984)고 보는 견해가 많다.

또한 한부모가족의 부모는 역할과다로 인하여 자녀에게 무관심해 짐으로써 자녀들은 도덕관념의 혼란을 경험하게 된다. 따라서 아버지가 없는 가정의 자녀는 자아발달의 수준이 낮으며, 도덕적 발달수준이 정상가정의 자녀보다 낮다(Daum, 1983)고 한다.

한쪽 부모의 결손은 한부모가족 자녀의 학업성취와 지적 능력의 저하를 초래하는데(Landy et al., 1969), 가족내적인 제반 요인이 자녀의 학교성적에도 영향을 미쳐 한부모가족 자녀들의 학교적응문제를 초래하기도 한다. 한쪽 부모의 부재로 인한 부모의 역할의 질적, 양적 부족과 가족관계의 불안정성으로 인하여 한부모가족의 자녀는 양부모가족의 자녀보다 탈선이나 비행을 행동화할 가능성이 더 높다(김정자 외, 1984).

이상에서와 같이 한부모가족의 자녀들은 한쪽 부모의 부재라는 구조적 결손으로 인해 심리사회적 적응상에 문제가 많거나 문제를 일으킬 확률이 높은 집단으로 지적되고 있는 것이 현실이다. 그러나 단순히 한쪽 부모의 결손 자체가 자녀의 심리사회적 적응에 부정적 영향을 미친다는 견해는 가족구조가 가족 기능에 직접 영향을 미치고 이것이 또 자녀들에게 영향을 미친다는 것인데, 과연 그러한 구조가 성립될 것인가에 대해 의문을 제기할 수 있다. 한부모가족 자녀들의 문제는 가족구조상의 결손에도 기인하지만 이보다는 가족 기능상의 결함이 더 중요한 요인이라는 점이 일반적으로 수용되어지고 있다.

또한 한부모가족 자녀들에 대한 부정적 견해가 이들의 복지문제 접근에 있어 도움이 되는가라는 점을 생각해 볼 수 있다. 한부모가족 자녀들에 대한 부정적인 견해가 오히려 이들에 대한 사회적 편견을 일으켜 한부모가족 자녀들로 하여금 부정적 인지구조를 가지게 할 수 있으며 이와 같은 자신에 대한 부정적 인지로 인해 한부모가족 자녀들의 심리사회적 적응에 악영향을 미치게 된다. 한부모가족 자녀들을 위한 공공 및 민간에서의 기존 복지프로그램에서도 이들에 대한 부정적 이미지가 그대로 반영되는 점을 볼 수가 있다.

모는 부득이 취업하여 생계를 위해 전념해야 하므로 자연히 자녀의 양육 및 교육문제에 소홀해질 수밖에 없다. 경제적 문제로 자녀의 취업기회를 잃게 되어 비행청소년이나 미혼모 등의 문제청소년이 될 가능성이 높다고 볼 수 있다. 가출청소년의 상당수가 결손가정 출신이라는 통계는 모자가족에서 자녀양육의 어려움을 입증하고 있다.

모자가족의 지출항목 중 가장 부족한 것은 교육비로서 지출의 50%를 차지하고 있으며, 가장 힘드는 부분은 자녀의 양육 및 교육문제가 53.4%로 나타나 자녀의 교육문제가 심각함을 알 수 있다. 자녀양육과 관련된 문제는 자녀의 연령에 따라 다른데 미취학아동의 경우 41.7%의 어머니가 일하는 동안 어린이들을 혼자 내버려 두고 있으며, 유아원이나 보육시설에 맡기는 경우는 7.3%에 불과해서 자녀양육문제의 심각성을 보여 주고 있다(전재일 외, 1997). 자녀교육과 관련된 경제적 문제는 맞벌이가정의 취업모에게도 마찬가지지만 편모의 경우는 배우자의 지원을 받을 수 없다는 점에서 더욱 심각하다.

이러한 자녀교육의 어려움은 아버지가 없다는 사실로 인해 위축되거나 대화의 어려움, 통제의 어려움, 의논상대의 부재 등으로 나타났다. 보다 큰 아이들의 경우에도 진학이 좌절되는 점, 그로 인한 자녀의 좌절감과 비행 등이 지적되고 있다. 결국 모자가족의 자녀의 방치, 자녀들의 좌절이 빈곤의 세대계승이나 청소년문제와 같은 사회문제를 야기하는데 있어서 모자가족의 빈곤문제와 깊은 관련을 가진다.

교육은 빈곤층이 사회적 신분 상승을 할 수 있는 대표적 수단이기 때문에 편모들의 자녀의 교육에 대한 관심도 많다. 편모들의 83.2%가 자녀들이 전문대 이상의 학력을 갖출 것을 기대하고 있다(전재일 외, 1997)는 사실에서 자녀에 대한 교육열을 짐작할 수 있다.

### (3) 사회 · 심리적 문제

모자가족의 모는 배우자와의 이별이라는 상황에서 가족내 상호작용뿐만 아니라 사회적 상호작용에서도 역할 변화가 일어나게 되어 역할갈등을 경험하거나 역할가중으로 어려움에 직면하게 된다.

부의 상실로 인한 충격으로 가정을 둘러싸고 있는 사회적 관계망의 축소와 그에 따른 사회적 지원의 감소 및 사회활동의 위축 등과 같은 부정적인 방향으로 변화를 경험하게 된다. 대인관계에 있어서도 부계친족과는 중간매개자의 상실로 인해 관계가 소원해지고 친구 및 이웃관계에도 변화를 가져온다. 정서적인 문제에 있어서도 모자가족이 생활에 적응하는 과정에서 발생되는 어려움은 첫째, 배우자와 이별을 전후해서 감정 변화로 겪게 되는 갈등 둘째, 가정내 역할 변화에 따른 문제들로서 생활비의 마련, 가사일, 자녀양육에 대한 역할 변화에서 오는 갈등 셋째, 모자가족에 대한 사회인식의 문제, 사회 속에서의 지위의 변화 및 관계의 변화에 따른 갈등 등으로 구분할 수 있다. 이러한 정서적인 문제는 경제적인 어려움으로 더 영향을 받게 되며 소득이 낮을수록 더 우울한 것으로 나타났다.

집안대소사에서의 의사결정의 어려움, 자녀양육문제, 위로 · 격려자의 부재, 생계부양의 책임을 지고 부권사회에 적응해야 한다는 심리적 압박감 등이다. 특히 모자가족의 모는 모두 성 문제로 인한 정서적 어려움을 겪고 있는 것으로 나타났는데 이것은 남성과는 달리 성적 욕구를 충족할 수 있는 통로가 현실적으로 제한적인 우리나라 사회구조와 가치관을 반영한 것이라 할 수 있다.

모자가족의 어머니는 배우자의 부재에서 오는 외로움, 자녀들이 아버지 없이 자라는데 대한 부담감 또는 죄책감 그리고 경제적 · 사회적으로 낮은 지위에 대한 열등감을 경험한다. 한국여성개발원의 조사(1988)에서 조사대상 편모의 86.6%가 공연히 화가 나거나 속상할 때가 있다고 하였다. 그리고 실제 자신이 겪고 있는 경제적 어려움보다 현재의 생활에 대한 주관적 평가가 편모의 정서적 안정에 더 큰 영향을 미치고 있음이 밝혀졌다. 이들의 54.7%는 화를 혼자 삭인다고 하였으며 17.4%는 아이들이나 주위사람들에게 화풀이하는 것으로 나타났다. 이러한 편모의 정서가 자녀에게 미치는 부정적 영향은 크게 나타나게 된다.

재혼할 의사가 없다는 사람이 훨씬 많은 것은 재혼이라는 문제는 이들의 고민거리 중의 하나임을 알 수 있다. 재혼하고자 하는 이유는 배우자를 맞이하여 경제적으로 안정되고자 하는 마음, 외로움의 해결, 자녀양육의 협조 등으로 나타났다. 동시에 자녀문제는 재혼의 장애 요인이 되고 있다(전재일 외, 1997 ; 공세권·조애저, 1995). 실제로 동거하는 사람이 있거나 또는 재혼할 의사가 있다 하더라도 모 자신뿐만 아니라 자녀들에게 미칠 영향을 고려해 재혼할 뜻을 유보하는 경향이 있다. 이렇듯이 재혼은 모자가족의 어머니는 물론 자녀문제와 맞물리는 어려운 과제이다.

사회·심리적 문제는 단시일에 해결되거나 그와 관련된 경제적 문제가 해결된다고 하여 자동적으로 없어지는 것이 아니다. 따라서 어머니와 자녀들이 현실을 수용하고 긍정적으로 미래를 설계할 수 있는 정신적 자립을 도모하는 것이 가장 중요하다. 또한 모자가족 어머니들의 자유로운 내적 생활에 제약이 되는 사회적 편견을 개선할 수 있도록 주민의식의 개발 및 홍보활동을 전개하여 간접적으로 이들의 정서적 안정을 도울 수 있는 방안이 강구되어야 할 과제이다.

### (4) 노후생활대책

불안정한 취업과 장시간의 노동, 낮은 임금 등으로 현재의 생활을 겨우 꾸려온 편모들은 자신의 노후에 대한 준비를 할 여유가 없다. 한국여성개발원(1988)의 노후대책에 대한 조사에 의하면 편모의 대부분이 혼자의 능력으로 살겠다(55.5%)고 했으며, 그 다음으로는 양로원에 가겠다(14.0%), 절·교회 등 종교단체에 의탁하겠다(10.2%)라고 응답했다. 모자보호시설에 입소한 어머니는 부양자녀뿐만 아니라 고령의 피부양자를 책임져야 하는 경우도 있다. 노령의 피부양자는 주로 시어머니이다. 고부간의 갈등은 일반가정에서도 견뎌내기 힘든 문제인데 경제적 문제와 자녀의 양육문제 그리고 남편의 부재 등 여러 가지 어려움에도 불구하고 고령의 피부양자를 부양해야 하는 중첩된 고통을 경험하고 있다.

대개 40대 초반까지의 편모들은 모자가족으로서는 혜택을 받을 수 있으나 자녀가 18세 이상이 되면 모자가족에서 제외되므로 빠르면 40대 중반부터 늦으면 50대 이상 65세 미만의 어머니들에 대한 사회복지 차원의 지원은 공백이 생기게 된다. 물론 여성회관과 같은 이용시설을 활용할 수 있으나 자녀들이 자신의 품을 떠나 역할이 축소되는 바로 이 시기에 혼자 살아가면서 노인이 되었을 때 당면하게 될 문제를 경감하고 개인의 삶의 질을 증진하기 위하여 노후생활에 대비하는 적극적인 지원책이 마련되어야 할 필요가 있다.

## 4. 母子家族을 위한 支援體系

모자가족에 대한 사회복지정책은 사회복지사업법을 비롯하여 국민기초생활보장법, 의료급여법, 한부모가족지원법, 아동복지법, 영유아보육법 등을 통해 경제적 지원과 사회복지 서비스가 행해지고 있다.

### 1) 저소득 한부모가족 선정기준

저소득 모자가족의 선정대상은 세대주인 모와 모에 의하여 양육되는 18세 미만의 자녀로 이루어진 가족으로서, 저소득 모자가족 선정기준에 적합한 자가 된다. 다만 국민기초생활보장수급자는 선정대상에서 제외된다. 소득인정액 산출방식은 국민기초생활보장제도와 같다.

연도별 선정기준은 <표 14>와 같다.

<표 14> 2008년도 저소득 한부모가족 선정기준

| 구분 | 2인 | 3인 | 4인 | 5인 | 6인 |
|---|---|---|---|---|---|
| 소득인정액 | 101만원 이하 | 133만원 이하 | 164만원 이하 | 193만원 이하 | 222만원 이하 |

2008년의 경우 7인 이상 가구는 1인 증가 시 291,600원씩 증액, 7인 가구 2,517,440원.

<자료>여성가족부, 2008, 한부모가족지원사업안내.

이와 같은 선정기준에 따른 2008년도 지원대상 한부모가족 현황은 <표 15>와 같다.

<표 15> 2008년도 한부모가족지원사업대상 저소득 한부모가족 현황

(단위 : 세대, 명)

| 구분 | | 계 | 한부모가족지원대상 | | |
|---|---|---|---|---|---|
| | | | 소계 | 재가보호 | 시설보호 |
| 계 | 세대 | 140,188 | 66,163 | 65,291 | 872 |
| | 인원 | 374,094 | 170,530 | 168,335 | 2,195 |
| 모자가족 | 세대 | 112,347 | 53,120 | 52,248 | 872 |
| | 인원 | 299,430 | 135,728 | 133,533 | 2,195 |
| 부자가족 | 세대 | 27,841 | 13,043 | 13,043 | - |
| | 인원 | 74,664 | 34,802 | 34,802 | - |

<자료>여성가족부, 2008, 한부모가족지원사업안내.

### 2) 경제적 지원 내용

#### (1) 자녀학비 및 아동양육비 지원

자녀학비 지원은 고등학교, 고등기술학교 및 고등학교 과정의 특수학교, 위의 학교와 유사한 각종 학교, 고등학교 과정에 상응하는 교과과정이 설치된 학교형태의 교육시설 등이 해당되며, 지원 내용은 수업료와 입학금 전액이다.

아동양육비는 8세 미만 아동의 건강한 성장과 이들 가정의 생활안정을 도모하기 위하여 지원되는 것으로서, 지원 기준은 1인당 월 50,000원이다. 여기에는 국민기초생활보장법에 의해 생계급여를 받는 수급자와 모자보호시설아동은 제외된다.

#### (2) 복지자금 대여

저소득 모자가족에게 장기 저리의 복지자금을 대여함으로써 생업기반을 조성하여 조기 자립 및 생활안정을 도모하기 위한 조치로서, 대출 기준 및 조건은 1인당 2,000만원 이내의 대여 한도액으로서 대여이율은 연리 3%의 고정금리이다. 대여기간은 5년 거치 5년 분할상환을 조건으로 하고 있다.

#### (3) 영구임대주택 입주 지원

무주택 저소득 모자가족을 대상으로 지방자치단체가 관리하는 영구임대주택 중 지역실정을 감안하여 일정량의 영구임대주택을 모자가족에 우선 공급한다.

#### (4) 고용의 촉진 및 고용지원 연계

직업훈련 및 취업알선대상자는 고용정책기본법 시행령 제15조에 의한 저소득 모자가족 및 모자보호시설 입소자이며, 지원수준은 고용촉진훈련기간 중의 훈련수당 등 비용을 지급한다. 또한 고용촉진훈련 이수자에 대하여는 취업자 현황을 파악하고 취업을 알선하며 공공시설내의 각종 매점 및 시설 운영의 우선 허가조치를 한다.

### 3) 모자복지시설에서의 상담 및 보호

모자가족을 위한 보호시설은 모자보호시설, 모자자립시설과 모자일시보호시설이 있다. 2007년 현재 모자보호시설은 41개소에 정원은 1,084세대이고, 모자자립시설은 4개소 정원은 62세대이다. 한편 모자일시보호시설은 14개소로 입소정원은 485명이다.

### (1) 모자보호시설

입소대상은 한부모가족지원법 제4조에 의한 모로서 18세 미만(취학 시 22세 미만)의 아동을 양육하는 무주택 저소득 모자가족과 미혼모자시설 퇴소자 중 스스로 아동을 양육하는 미혼모이다.

### (2) 모자자립시설

입소대상은 모자보호시설에서 퇴소한 모자세대로서 자립준비가 미흡한 세대와 한부모가족지원법 제4조의 규정에 의한 모로서, 18세 미만(취학 시 22세 미만)의 아동을 양육하는 무주택 저소득 모자가족 등이 대상이 된다.

### (3) 모자일시보호시설

입소대상은 배우자의 물리적·정신적 학대로 아동의 건전 육성과 모의 건강에 지장을 초래할 우려가 있는 모와 아동 또는 모로서 희망하는 자가 된다. 보호기간은 6월 이내이며, 필요 시 3월의 범위 안에서 연장이 가능하다. 보호내용은 숙식무료 제공, 의료급여 1종대상자로 보호, 법률상담, 심리상담, 퇴소 후 자립을 위하여 시설 외에서 근로를 희망하는 경우 적극 지원, 고등학생 학비지원, 방과 후 지도, 아동급식비 지급 등이다.

또한 학력아동이 인근학교에 출석을 원하는 경우에는 관련 교육기관과 협의하여 수업에 참가할 수 있도록 조치하고 있으며, 특히 입소시설에 대한 비밀보장과 특별보호를 행하고 있다.

모자보호시설 및 모자자립시설의 보호기간은 3년 이내로 하며 다만 관할 시장·군수·구청장이 보호기간의 연장이 필요하다고 인정하는 경우에는 2년의 범위 안에서 연장이 가능하다. 연장기간은 1년 단위로 한다. 모자보호시설 입소자에 대한 지원은 생계비(자립시설 제외), 고등학교 학비 지원, 방과 후 아동지도, 아동 급식비 지급(자립시설 제외), 직업훈련수당 및 훈련기간 중 생계비 지급, 복지자금 대여 지원, 영구임대주택 입주 지원, 2년 이상 기거 후 시설 퇴소 시 자립정착금(세대당 200만원)지원(자립시설 제외), 보육시설 이용 시 보육료 감면, 기타 국가 또는 지방자치단체가 정하는 경비를 지원한다.

이와 같이 모자가족의 안정된 생활기반 구축과 자립을 목표로 하여 경제적 지원을 중점적으로 제공하고 있지만 요구에 비하여 급여수준은 미흡한 실정이다.

### 4) 가족지원 서비스

모자가족에 대한 가족지원 서비스는 아동의 양육 및 보육 서비스, 장애인·노인·만성질환 등의 부양서비스, 취사·청소·세탁 등 가사 서비스, 교육·상담 등 가족관계증진 서비스 등으로서 한부모가족생활안정지원사업을 통해 이루어지고 있다. 즉, 모자가족의 탈빈곤은 안정적 경제활동에 기반하고 있으므로 이들의 직업활동에 장애가 되는 보육, 간병, 가족관계, 심리적 위축, 직업의식 고취, 취업알선 등 모자가족이 특별히 가지고 있는 복합적인 문제를 해결할 수 있는 종합 서비스를 제공하기 위해 사례관리 전담인력 배치, 지역사회자원 네트워킹 및 상담 프로그램 활성화, 문제해결 중심의 사전 및 지속적 사후관리 등 전문적인 지원체계를 구축하고 있다.

민간 서비스 프로그램은 주로 사회복지관의 모자가족 지원 프로그램을 통하여 이루어져 왔으나 2004년부터 저소득 여성가장에 대한 사례관리사업을 하는 전문기관으로서 여성가장희망센터가 운영되고 있다. 여성가장희망센터는 개인 및 가족상담, 집단상담·자조모임·문화프로그램 연계, 지역사회자원 연계 등을 통해 여성가구주를 지원하고 있다. 그러나 여성가정희망센터는 2007년부터 한부모가족희망센터로 명칭이 변경되었고, 2008년부터 건강가정지원센터와 통합 운영되고 있다.

## 5. 母子家族을 위한 支援體系의 改善方案

한부모가족이 겪고 있는 문제로는 경제적 문제, 자녀문제, 건강 및 의료의 문제, 심리사회적 지원의 문제 등 다양한 분야에서 욕구가 높게 나타나고 있는데, 그 중에서도 경제적 문제와 자녀문제가 한부모들이 가장 힘들고도 중요한 문제로 여기고 있다(김정자 외, 1988; 전재일 외, 1997). 따라서 한부모가족문제에 대한 접근은 경제적 문제와 자녀문제를 중심으로 이루어질 수밖에 없는데 경제적 문제는 주로 공공정책에 의해 집중적으로 해결책을 강구하고 있으나 자녀들의 심리사회적 문제는 공공정책에 거의 반영되지 못하고 있고 민간 차원에서도 접근 노력이 극히 미흡한 실정이다.

### 1) 경제적 지원정책

오늘날 모자복지정책의 전반적 추세는 모자가족의 여성가구주에게 어머니로서의 역할보다는 근로자로서의 역할을 요구하는 방향으로 바뀌고 있으나 여성근로자의 이중적인 역할 수행을 지원하는 체계는 아직도 미흡한 수준에 머물러 있다(한국여성개발원b, 2001). OECD국가들은 모자가족에 대한 사회정책이 복지급여정책에서 근로유인정책(workfare)으로 바뀌는 추세를 보이고 있으므로 여성가구주의 취업을 통한 자립지원방안이 모색되어야 할 것이다.

우리나라의 현실은 자녀가 18세가 되어도 자립을 하지 못하는 경우가 대부분이며 오히려 생활비 지출이 증가될 수 있는 시기이다. 취학 시에는 21세까지 모자가족으로 인정해주고 있지만 대학에 진학한 21세 이상의 경우 학비와 용돈을 모두 스스로 마련하기란 대단히 힘든 실정이다. 따라서 현행 맏자녀 나이로 선정기준을 제한하는 선정기준을 막내가 18세가 되는 때까지 인정하여 자녀 개개인의 실수요를 반영하는 범위로 개선되어야 할 것이다.

#### (1) 자녀교육비 지원의 확대

모자가족 모의 절대다수가 자녀들을 적어도 전문대 수준이상으로 교육시키고 싶어하는 교육열을 감안할 때 대학생에게도 교육비의 일부라도 지원하는 대책이 필요하다.

#### (2) 생계비 지원의 현실화

저소득 모자가족은 물론 국민기초생활보장법에 의하여 급여를 받는 모자가족의 생계비 지원의 내용이 부실하다. 따라서 지원수준을 적어도 최저생계비 수준까지 상향 지급되어야 할 것이다.

#### (3) 주택비 지원

영구임대주택에 입주함으로써 주택비 부담이 경감되기는 하였으나 동거가족 수가 평균 3.7명이고, 4명이 47.8%, 3명이 31.2%이며 많게는 6명(1.5%)까지 있는 가정도 있다(전재일 외, 1997). 따라서 영구임대주택보다 더 적절한 크기의 주택으로 이주할 수 있도록 전세자금 융자제도가 필요하다.

#### (4) 직종개발과 취업알선의 전문화

모자가족은 빈곤에 빠질 가능성은 높으나 노인가구나 소년소녀가장가구에 비하여 빈곤의 지속기간은 길지 않다. 그 이유는 모자가족의 어머니는 자녀와의 관계가 밀접하고 자녀에 대한 애착에서 빈곤상태를 벗어나려는 노력이 집념화되었을 수도 있고, 비록 저임금이기는 하지만 남성보다 여성이 선택할 수 있는 직업의 폭이 넓어 쉽게 고용될 수 있는 가능성이 높음을 들 수 있다(박병현, 1997).

생업자금은 2,000만원 한도에서 융자가 가능하나 절차가 까다로울 뿐만 아니라 새로운 사업을 벌이기에는 부족한 금액이며 그나마 경영기술이 없으면 사업의 실패라는 위험부담이 따르므로 많이 활용되지 못하고 있다. 그러므로 모자가족의 경제적 자립을 위한 지원책으로서 첫째, 어머니들에게 적절한 직종개발이 필요하며 둘째, 취업알선에 관한 체계화가 필요하다. 어머니 개개인의 능력과 잠재력을 평가하고 교육기간, 교육난이도, 취업의욕에 적합한 직종을 개발하여 고용계획과 사후지도를 실시할 전문 전담기구가 필요하다. 이러한 기구의 기능은 기존의 종합사회복지관의 모자가족 담당부서에 기능을 강화시킬 수도 있다.

가족복지는 원초적으로 가족 자체에 의한 추구를 이상으로 하면서 동시에 사회와의 유기적인 관계 유지로서 가능할 수 있다. 따라서 이들의 복지는 문제해결의 차원을 넘어선 자립·자활의 차원에서 지원책이 강구되어야 한다.

### 2) 정서적 지원 서비스의 확대

대부분의 편모가 외로움, 슬픔, 허탈감, 분노, 절망감, 부담감, 책임감을 느끼고 있으며, 특히 이혼의 경우는 분노가, 사별의 경우는 절망감이 더욱 짙다고 한다(한국여성개발원, 1984). 모자가족의 어머니들이 자녀에 대한 애착과 헌신이 각별하여 자녀를 위하여 재혼을 않겠다는 사람이 64.8%나 된다(전재일 외, 1997). 또한 이혼한 후 분노한 감정이 적어도 5~6년간 지속된다(한국여성개발원, 1988)는 점을 고려할 때 이들의 심적 고통이 대단히 심각함을 알 수 있다. 한부모세대를 대상으로 우울정도를 측정한 결과 우울의 정도가 심각하게 우려되는 점수인 35.0(Hudson 척도)을 넘는 비율이 한부모집단은 59.8%이고 자녀집단은 65.4%로 나타났다(최해경, 1997). 이처럼 어머니들의 정서적·정신적 안정상태가 불안하면 정신건강을 해칠 수도 있고 자녀의 생활에도 부정적 영향을 미칠 수도 있다. 따라서 모자가족의 정서적 안정을 위한 정서적 지원방안이 시급하다.

이러한 접근은 한부모가족지원법에서 규정하고 있는 가족지원 서비스를 통해 이루어져야 하므로 이에 대한 프로그램의 개발과 전문인력의 확보가 시급한 과제이다. 정서적 안정을 돕는 방법은 크게 개별상담, 집단상담 및 가족상담이 활용될 수 있다.

### (1) 개별상담

모자가족의 어머니들은 생계유지와 자녀교육을 위하여 애정과 정열을 쏟는 반면에 자신에게 주어지는 사랑과 애정의 공급원천이 부부가 있는 가정과는 다르기 때문에 상대적으로 정서적 결핍을 느낄 수 있다. 특히 저소득 모자가족은 사회로부터 지지가 낮고 상대적으로 심리적 디스트레스가 높아 모자복지사업의 중요한 과제가 되고 있다(김인숙, 1995). 이들에 대한 사회적 지지체계의 확대와 심리적 디스트레스를 경감시키는 상담지원이 필요하다.

### (2) 집단상담

집단상담은 어머니들에게 자신감을 심어주는 효과적인 방법의 하나이다. 집단과정은 개인이 지닌 장점을 강화시키고 개인으로 하여금 환경에 내재한 자원을 활용할 수 있는 능력을 학습하는 기회를 제공한다(Resnick, 1984). 소집단활동은 구성원들에게 하나의 사회적 경험을 제공하여 사회화를 촉진시키는 유익성이 있다(McBroom, 1970).

자조집단은 모자세대가 된 이후에 모가 경험하게 되는 다양한 일들을 서로 나눔으로써 자신과 자신의 경험을 정상화시키고, 서로의 성공적인 대처경험을 나눔으로써 서로에게 지원망을 확장시켜 준다. 자조집단내에서 모가 가지는 경험은 개별적으로 신뢰성, 독립성과 일관성과 같은 인격 성장, 정서관리행동과 문제해결행동을 향상시켜 준다.

자조집단은 구성원들에게 무엇보다도 동반자적 연대감과 지지와 위로를 공유하며 정보교환을 통해 삶의 지혜와 사회생활기술을 배양하는 이점이 있다(Powell, 1995). 따라서 사회복지관등에서 자조집단을 형성하여 지속적으로 정서적 지원을 제공하는 프로그램이 개발·활용되어야 할 것이다.

### (3) 가족상담

가족상담은 자녀양육에 관한 상담, 자녀진로지도 상담, 가족대화법 상담 및 가족치료를 포괄하는 용어로서 모자가족의 어머니들이 경제적 문제 다음으로 어려움을 호소하는 내용은 자녀와의 문제이다. 가정생활의 불화가 자녀들의 비행의 발생과는 정적 관계가 있다는 연구보고에 의하면 모자가족에서 가족 기능을 향상시켰을 때 가족구성원 전체의 사회적 기능이 증진되었다(Vosler et. al., 1987). Satir에 의하면 가족치료는 가정의 경직된 규칙을 개선하고 왜곡된 의사소통방법을 올바로 표현할 수 있게 하며 무엇보다도 자신을 바로 이해하고 있는 그대로의 자신을 수용할 능력을 길러주며 사회관계망에 대한 인식을 제고하고 자원화하는 능력을 길러준다(송성자 · 정문자, 1994). 따라서 이와 같은 가족상담을 통하여 모자간의 대화 증진, 가족들의 자긍심 고취, 인간관계 훈련, 가족유대의식 증진 등을 도모할 수 있다.

모자가족의 생활문제는 경제적 결핍과 자녀양육과 교육문제이며 어머니들은 외로움, 분노, 우울, 절망감, 부담감 및 책임감 등의 정신적 · 정서적 불안정상태를 지속적으로 경험하고 있으며 대부분 이러한 고민과 화를 혼자 삭이며 지내고 있다. 많은 어머니들이 특히 젊은 연령층의 어머니는 상대적으로 연령이 높은 층의 어머니보다 전문상담을 더 많이 원하고 있었다.

어머니들의 이러한 정신적 · 정서적 불안정은 어머니의 건강과 행복은 물론 자녀들의 성장과 가정의 장래를 위하여 시급히 해결되어야 할 중요한 과제이다. 현재 이들에게 제공되는 사회복지 서비스 프로그램은 경제적 지원에 비해 정서적 지원 대책은 미흡한 실정이다. 그러나 모자가족이 경제적으로는 물론 정신적으로도 완전히 독립된 생활을 영위할 수 있게 되기 위해서는 보다 근원적으로 존재적 내면세계의 변화를 성취하여야 한다. 따라서 개별상담, 집단상담 또는 가족상담 등의 정신적 · 정서적 지원 서비스를 제공할 수 있는 정책적 배려가 요청된다.

역사적으로 한부모가족은 비정상적인 가족형태로 간주되어 왔으나 1980년대 말 이래로 한부모가족에 대한 부정적인 시각은 비판의 대상이 되어 왔다. 왜냐하면 한부모가족을 특수한 욕구를 지닌 집단으로 인정하되, 기능장애가족으로 규정해서는 안 된다는 것이다. 한부모가족의 가장이 부딪치게 되는 가장 큰 문제가 경제적 욕구이지만 한부모라는 신분에 대한 사회의 부정적 인식도 큰 문제이다.

한부모가족과 일반가족의 차이는 중요한 변화의 시기가 언제 발생하는가와 몇 번 발생하는가 그리고 얼마만큼의 기간 동안 발생하는가에 따라 다르게 나타난다. 왜냐하면 한부모가족의 경우 가정에서 필수적으로 필요한 기능을 수행할만한 인물이 부족하기 때문에 그 기간이나 횟수가 많아질수록 문제는 더 심각하게 된다는 것이다.

1970년대 이후로 미혼모에 대한 출산율의 급격한 증가, 이혼 · 별거 부부의 증가, 자녀를 데리고 재혼하는 사람들의 증가와 같은 여러 요인들이 가족구조의 변화에 기여해 왔다. 이러한 변화는 세계적인 추세이다. 모자가족은 부모가 부양하는 가정에 비해서 빈곤층에 포함될 확률이 거의 5배나 된다(Garfinkel & Mclanahan, 1986). 그 이유는 (1) 여성의 낮은 임금 (2) 비거주 아버지의 자녀위탁비 부담의 부족 (3) 낮은 정부의 지원 등이다. 따라서 저소득 모자가족에 대한 지원은 제한된 고용이나 사회적 고립과 같은 구조적 현실의 차이를 고려한 정책이어야 효과를 거둘 수 있다.

한부모가족이 발생하는 것을 예방하기 위한 방안에 대한 사회복지전담공무원의 의견을 종합해보면 가족 기능 강화, 위기가족에 대한 상담 서비스 지원, 경제적 어려움으로 인한 가족해체 예방을 위한 가족의 경제력 제고, 미혼모 발생을 예방하기 위한 성교육, 한부모가족의 어려움에 대한 홍보 등을 제시하고 있으므로(한국보건사회연구원, 2000) 이와 같은 내용들이 모자가족을 위한 지원정책에 반영되어야 할 것이다.

# 第 2 章 離婚女性

부부의 결혼생활에 변화를 가져오는 지난 세기의 가장 특징적 현상 중의 하나는 이혼율의 증가였다. 이혼은 현대 산업사회에서만 나타나는 현상은 아니나 산업화와 도시화의 진전으로 이혼에 대한 태도가 긍정적으로 변화되기 시작하였고, 이혼 건수도 연차적으로 증가하고 있으며 최근에는 황혼기 이혼이 제기되는 등 연령과 계층에 관계 없이 나타나고 있고 그 원인도 다양해지고 있다.

이혼은 불행한 가족생활을 청산하기 위한 최후의 수단으로 이용되고 있으며, 이로 인해 파생되는 여러 가지 문제들은 부부관계뿐만 아니라 자녀, 친·인척 전체의 가족문제로까지 파급되고, 나아가 그 수가 증가함에 따라 사회적 문제로까지 이어지고 있으며, 한부모가족을 발생시키는 주 요인이 되어왔다.

이혼은 이혼 건수나 이혼율의 문제뿐만 아니라 이혼 후의 결과와 영향이 심각성을 띠고 있으므로 예방적 차원에서 가족 기능을 회복시키는 대책이 필요하며, 이혼한 가정에 대한 지원 프로그램도 절실히 요구되고 있다.

## 1. 離婚의 槪念

이혼이란 법률상으로 완전 유효하게 성립된 혼인을 당사자인 부부가 생존 중에 혼인관계를 해소시킴으로써 혼인으로 발생한 일체의 관계를 소멸시키는 것을 의미한다. 이혼은 가족의 핵을 이루는 부부가 어떤 이유로든 가족의 공동생활을 하지 못하고 결혼과 가족관계를 중단시킴으로써 스트레스를 유발하는 생활사건이다.

이혼에 대한 개념이나 인식은 사회가 발달하고 시대적인 사상이 변하면서 달라지고 있다. 특히 현대사회에 이르러서는 남녀평등 사상의 영향으로 결혼생활이 불만족스러울 경우에는 남녀 누구나 이의 해결책으로 이혼을 생각하게 되는 사회적인 분위기가 조성되어 버렸다.

이러한 영향등으로 이혼율은 급속한 증가 추세를 보이고 있으며 특히 최근에는 황혼이혼문제가 제기되고 있으며, 이혼연령도 일정한 연령층보다는 모든 연령층에서 나타나고 있고 그 원인도 다양해지고 있어 이혼은 앞으로도 계속 증가될 것이며, 이혼의 후유증도 심각해질 것으로 전망된다.

이혼에 대한 시각은 첫째, 부부와 자녀로 구성된 정형화된 가정형태만이 완전가정으로 인식되었던 의식에서 독신 또는 한부모가족 등도 가정형태의 하나라는 의식으로 변화하는 것 역시 이혼의 가능성을 내포하고 있는 것이다.

둘째, 이혼 후 개인복지상태에 대한 연구결과로는 상반된 결과를 나타내고 있다. Price와 Mckenry는 여러 연구 결과를 종합하여 이혼이 일부 사람들에게는 긍정적인 경험이지만 대부분의 사람에게는 고통이며 스트레스가 된다고 하였다.

셋째, 이혼으로 인한 가족해체를 보는 측면은 긍정적인 시각과 부정적인 시각으로 나누어진다. 긍정적인 시각은 조정하기 어려운 부부갈등을 이혼으로 해결하여 합리적인 삶을 찾는다는 관점에서 출발한다. 다만 가족해체로 인해 야기되는 가족문제를 최소화하고 건강한 가족의 삶을 살 수 있도록 하기 위해 국가와 사회가 정책을 모색해야 한다는 관점이다. 반면 부정적인 시각은 부모의 이혼은 자녀의 성장에 부정적인 영향을 미쳐 청소년비행의 원인이 되므로 가능한 한 참고 살아야 한다는 주장이다(변화순, 1996).

이혼에 대한 이론적 관점은 사회교환 이론과 경제적 모델이 있다. 이 두 모델은 현재의 결혼의 장·단점과 가능한 다른 대안, 예컨대 다른 사람과의 결혼이나 독신 등을 비교하여 결혼여부를 결정한다고 설명하고 있다(김정옥 외, 1995).

이혼을 보는 시각이 긍정적이든 부정적이든간에 이혼과정에서 당사자는 심리적 고통을 비롯한 여러 측면에서 많은 어려움을 경험하게 되는 것은 분명하다.

## 2. 離婚 原因

이혼 원인에 대한 연구결과에 의하면 이혼 원인은 개인적 요인, 사회적 요인, 경제적 요인, 문화적 요인 등으로 구분된다.

이혼율은 가정과 사회의 안정성을 측정하는 하나의 척도이다. 사회가 발달하면서 사고방식이 달라지고, 이와 더불어 이혼관도 시대적으로 변화되어 왔으며, 이러한 변화가 바로 이혼의 주된 원인이 되고 있다.

### 1) 산업화와 도시화

이혼은 현대 산업사회에서만 찾아볼 수 있는 현상은 아니나 산업화와 도시화의 진전으로 이혼에 대한 태도가 긍정적인 방향으로 변화되기 시작하였고, 이혼 건수도 연차적으로 계속 증가하게 되었다.

산업화와 도시화는 개인의 성취성, 특이성, 자기중심성의 가치를 보편화시키고 익명성과 사회적 이동성을 증가시키므로 이혼율을 상승시키게 된다. 그에 따라 도시지역의 이혼율이 시골지역보다 더 높은 양상을 나타낸다. 도시지역은 단절된 인간관계를 지닌 이질적 사회여서 개인의 자유로운 삶을 가능하게 하므로 이혼기회를 증가시킨다. 산업화된 사회에서 이혼이 증가된다는 이론이 거의 모든 사회에 적용될 수 있다면 우리 사회에서도 예외일 수가 없을 것이다.

### 2) 사회경제적 환경 및 여성의 사회경제적 지위의 변화

사회적 혼란 특히 전쟁은 이혼율의 급격한 증가를 예측하고 있다. 전쟁동안 단기간의 구애기간과 전쟁으로 인하여 장기간 부부가 별거하게 되어 혼외성관계의 기회가 증가하여 이혼을 증가시킨다고 볼 수 있다.

결혼과 마찬가지로 이혼은 경제적인 주기를 따른다. 경제적 조건에 따라 이혼율이 변화한다. 즉, 경기가 호황기에 접어들면 이혼율이 증가하고 불황기에는 이혼율이 오히려 낮아진다. 경기가 좋지 않을 때는 이혼 시의 재산분배나 자녀에 대한 재정지원의 비용을 충당하기 어려워지므로 이혼이 억제된다.

높은 이혼율은 부분적으로 남녀평등에 기인된 여성의 지위상승에 그 원인이 있다. 여성들의 교육수준이 높아지고 그에 따른 취업기회의 증대는 남성에 대한 여성의 경제적 의존을 약화시키는 역할을 하였다. 여성들은 과거와 같은 의존적이고 종속적인 주부의 역할에 더 이상 만족하려고 하지 않고 자신의 성취와 독립에 더 높은 가치를 두기 때문에 이혼할 가능성이 커진다.

### 3) 결혼에 대한 문화 및 가치관의 변화

여성의 교육 및 취업의 기회의 증가로 결혼이 과거보다 선택적이 되었다. 결혼에 대한 비현실적 높은 기대 즉, 이상주의적인 결혼관과 낭만적인 이혼의 신화이다. 보다 실질적인 관계를 기대하는 부부들은 보다 애정적이고 표현적인 관계를 기대하는 부부들보다 결혼생활에 더 만족했다. 배우자들간의 밀접한 관계에 대한 높은 기대는 이혼율을 높게 한다. 이혼자들 가운데는 결혼의 이상적인 신화와 함께 이혼의 낭만적인 신화 속에 살고 있는 사람이 많다. 낭만적인 이혼의 신화 속에 있는 사람들은 이혼하면 스트레스와 갈등이 더 줄어들고, 더 많은 자유의 기쁨을 누리고 자기발견의 기쁨이 올 것이라고 기대한다.

이혼에 대하여 어떤 가치관을 갖고 있느냐에 따라 이혼율은 달라진다. 이혼은 시대, 지역, 민족, 각 개인별로 차이가 있지만 그 어느 경우든 이혼은 있을 수 있는 인간행위 유형이라고 생각하면 이혼은 증가할 수밖에 없다. 또한 사회적 제도로서의 결혼보다는 사랑을 바탕으로 하는 결혼관계를 강조할 때 이혼율은 증가할 수 있다. 애정에 바탕을 둔 결혼관계를 중요시하는 사회는 결혼생활의 경과와 함께 이혼하고자 하는 소망을 증대시킨다. 이혼하는 미국인들의 가장 보편적인 대답은 사랑없는 결혼생활을 지속할 수 없어 이혼한다는 것이다.

우리나라의 이혼에 대한 태도는 남녀간에 다소의 차이가 있는데, 남자의 경우 이혼에 반대하는 성향이 64.8%인데 반해 여자는 52.3%였으며, 이혼해서는 안 된다는 생각은 남자는 18.5%, 여자는 15.3%, 이혼에 찬성하는 경우는 남자는 5.0%, 여자 8.1%로 나타났다(통계청,2005 한국의 사회지표,2006).

결혼은 근본적으로 경제적인 후원과 자녀양육에 대한 책임의 실용적인 목적을 위한 사회적인 제도였다. 그러나 오늘날 사랑이 지속되는 결혼과 지속적인 관계의 결혼을 동일시하게 되었다. 결혼에 대한 제도적인 이점 이상의 관계 자체를 강조하면 결혼은 필연적으로 영원하지 않은 것으로 정의하게 된다.

현실적인 결혼생활에 있어서는 애정이 결혼생활을 지속할 수 있는 충분한 바탕이 되지 못한다. 사랑이 결혼의 가장 중요한 조건이 되고 부부로서의 의무와 동일계층, 동일 종교내에서의 결혼이 제2차적 중요성을 가질 때 이혼은 증가할 수밖에 없다. 특히 개인주의, 자기성취, 개인만족이 강조되는 사회에서는 이혼하고자 하는 소망이 증가되고 있는 것은 당연한 일이다.

또한 당연시되어 왔던 역할 구분이 덜 명확하게 구분되면서 부부간의 대화는 보다 다투게 되고, 지배 대신 협력이 특정화되어 사소한 문제에 대해서도 끊임없는 협상, 재협상을 하게 된다. 따라서 부부관계는 좀 더 실용적이고 더 가변적이고 혼란이 수반될 가능성이 크다.

이혼에 대한 태도는 이혼에 대해 사회가 부여하는 가치에 대한 개인의 반응경향성을 의미한다, 대개의 경우 이혼에 대한 보수적인 태도는 결혼해체의 억제력으로 작용하여 결혼의 결속력을 증가시키고, 이혼에 대한 허용적인 태도는 결혼해체를 촉진하는 힘으로 작용한다(한경혜 외,2003).

또한 법이 이혼을 억제하는 기능을 수행하는 데에는 한계가 있으며 이혼을 도덕적인 문제로 보는 사람은 점점 줄어들고 있다. 그러나 보다 근본적인 요인은 가정에 대한 책임감이 붕괴되고 개인주의적인 가치관이 출현되었다고 할 수 있다.

### 4) 이혼의 개인적 원인들

개인적 수준에서의 이혼 원인은 국가나 개인에 따라 다양하며 시대에 따라서도 차이가 있다. 개인적 속성에 속하는 것은 출생 성장지, 혼인연령, 배우자와의 연령차, 학력, 직업, 생활조건, 혼전성관계, 혼인의 성립과정, 성격차, 윤리의식 그리고 생활주기상의 권태기, 경제적 무능력 등이다. 미국여성들의 이혼 원인을 분석한 결과(Price & McKenry, 1988)에 의하면, 1950년대까지만 하더라도 남편의 가정부양 실패나 과도한 권위주의가 이혼의 주된 원인이었으나 최근에는 의사소통의 부족과 개인적 성격의 불일치 그리고 부부가 느끼는 불행감이 가장 중요한 이혼 원인들이다.

600명 이상의 이혼한 미국인 남녀를 대상으로 이혼 원인을 조사한 결과 여성들은 이혼의 원인으로 기본적 불행감, 성격의 불일치, 정서적, 신체적 학대 그리고 남편의 알콜 남용과 배신행위를 가장 많이 지적한 반면 남성들은 자신의 알콜 남용과 아내의 여성해방운동을 이혼의 원인으로 지적하였다.

### 5) 인구통계학적 특성

높은 이혼율은 인구통계학적 특성과도 상관이 있다. 예를 들면 20세 이전에 결혼한 사람들이 20세 이후에 결혼한 사람들보다 더 높은 이혼율을 나타낸다. 어린

연령에서 결혼하는 사람일수록 정서적으로 미성숙하고 더 적은 교육을 받았으며 혼전임신과 같은 불가피한 여건에 처해 있을 가능성이 많다. 결혼연령과 함께 결혼생활의 지속 연수도 이혼율에 영향을 준다. 결혼생활의 기간이 짧을수록 이혼율이 높고 결혼생활이 길어질수록 이혼율이 낮아진다.

미국의 조사에서는 물론 한국인들도 결혼생활 5년 이내에 이혼하는 사람들이 가장 많고 이혼자의 60~65% 정도가 결혼 10년 이내에 이혼한 것으로 나타났다. 최근에 20년 이상의 결혼생활을 한 부부들 사이에서 이혼율이 다소 증가하고 있기는 하지만, 전체 이혼사례에서 차지하는 비율은 아직도 낮은 수준을 유지하고 있다.

가정이 소속하는 사회경제적 지위도 이혼과 상관이 있다. 일반적으로 사회경제적 지위가 낮은 집단이 높은 집단보다 더 높은 이혼율을 나타낸다. 사회경제적 지위가 낮은 사람들은 가난과 같은 생활 스트레스를 더 많이 경험할 수 있으므로 결혼생활의 안정성이 낮아질 수 있다. 가정의 사회경제적 지위 그 자체보다 실직과 경제적 불안정이 이혼을 가져올 수 있다는 연구결과도 있다.

또한 종교를 갖지 않은 사람들이 종교를 가진 사람들보다 이혼할 가능성이 더 많다. 그 외 결혼한 배우자의 한 사람 혹은 두 사람 모두가 이혼을 경험한 가정출신일 때, 그리고 배우자들 사이의 교육수준이 상당한 정도로 차이가 있을 때 이혼 가능성이 크다.

## 3. 離婚 現況

### 1) 이혼율

이혼동태통계에 의하면 1975년에 0.5이던 조(粗)이혼율(인구 1,000명당 이혼건수)이 1990년에 두 배인 1.0으로 증가하였고, 1995년에는 1.2로 나타났으며 2000년에는 119,982건이 발생해 조이혼율은 2.5로 나타났고 2003년에는 167,096건이 발생하여 조이혼율은 3.5로 나타나 이혼율에서의 급격한 변화를 보이고 있다. 이와 같이 지난 20여년 동안의 이혼율은 급속한 증가 추세를 보이고 있다.

그러다가 2004년을 기점으로 하양 추세를 보이고 있다. 즉, 2004년에는 139,365건으로 조이혼율이 3.2, 2005년에는 128,468건으로 3.0, 2006년에는 125,032건으로 2.9, 2007년에는 124,590건으로 2.8로 나타났다(통계청, 2007년 이혼통계결과).

이와 같은 결과는 최근의 혼인 건수 감소, 이혼숙려기간제의 시범 도입 등에 기인한 것으로 평가된다.

결혼에 대한 이혼율을 보면 1970년도에는 이혼이 2만여 건으로 결혼 23쌍에 대해 이혼 1쌍 꼴로 이루어진 반면 1995년에는 이혼이 7만 건이 넘어 결혼 6쌍에 대해 1쌍 꼴로 이루어졌다가 2003년에는 결혼 304,932건, 이혼은 167,096건으로 나타나 2쌍 결혼에 1쌍이 이혼한 것으로 나타났다.

이혼시기는 결혼 후 5년 미만에 이혼하는 비율이 가장 높으나 결혼 10년 후의 이혼도 계속 증가하고 있어 결혼생활에 대한 부부의식이 변화하고 있음을 알 수 있다. 즉, 1985년의 경우 5년 미만에 이혼한 비율이 41.5%, 5～10년 미만이 30.6%, 10～15년 미만의 경우 15.7%로 나타났으나 한편 2005년에는 4년 미만 자가 25.9%, 5~9년 22.2%, 20년 이상 18.7%, 10~14년 18.4%, 15~19년 14.8% 순으로 나타났다. 반면 2007년에는 27.1%, 20.5%, 20.2%, 17.5%, 14.7%로 나타났다.

성별 이혼연령을 살펴보면 2005년의 경우 여성의 일반이혼율은 6.5%이며, 30~34세가 12.5%, 35~39세 12.7%, 40~44세 11.2%, 45~49세 8.0%로 나타난 반면 남성의 일반이혼율은 6.6%이며, 각각 9.3%, 12.0%. 12.3%, 10.2%로 나타났다(통계청,2005인구동태통계연보,2006). 반면 2007년의 경우 여자는 30~34세가 18.8%, 35~39세 21.4%, 40~44세 18.0%, 45~49세 13.7%로 나타난 반면 남자는 각각 14.0%, 22.2%, 20.0%, 17.8%로 나타났다(통계청, 2007년 이혼통계 결과).

한편 외국인 배우자와의 이혼은 2005년 한 해 동안 4.728건이 발생하여 전년 대비 25.8% 증가하였으며, 이 중 외국인 처와의 이혼은 전년 대비 51.7% 증가한 반면 외국인 남편과의 이혼은 2.5% 증가에 그쳤으나 2007년에는 8,828건으로 전년대비 40.6%나 증가되었다.

이혼사유는 부부불화(가족간 불화 포함), 건강상문제, 경제문제, 기타 문제로 구분할 수 있는데, 1980년에는 각각 74.4%, 3.3%, 3.6%, 13.3%였던 것이 2003년에는 각각 69.9%, 0.6%, 16.4%, 13.1%로 나타나 경제문제가 차지하는 비율이 점차 높아지고 있다. 그러나 2005년에는 성격차이 49.2%, 경제문제 14.9%, 기타 13.8%, 가족간 불화 9.5%, 배우자부정 7.6% 순으로 나타났다. 반면 2007년에는 성격차이 46.8%, 경제문제 13.6%, 가족간 불화 8.0%, 배우자 부정 7.8%, 정신·신처젝 학대 4.8% 순으로 나타났다.

이혼부부의 평균 동거기간은 11.5년으로 1997보다 1.7년 늘어난 것으로 나타났으며, 4년 미만이 27.1%, 5~9년 20.5%, 15년 이상도 34.9%나 되었다.

이혼 당시 20세 미만의 미성년 자녀를 두고 있는 경우가 58.6%로서, 이 중 2명은 28.3%, 1명인 경우가 25.9%, 3명 이상인 경우는 44.6%였으며, 자녀가 없는 경우는 41.4%로 나타났다. 이 통계는 과거 자녀 때문에 이혼하지 못하는 현상은 이미 바뀌었음을 반증하는 것으로 볼 수 있다.

### 2) 이혼 경향의 변화

이혼율은 증가해 오다가 2004년을 기점으로 낮아지고 있다. 그러나 일정한 연령층보다는 모든 연령층에서 행해지고 있으며, 그 원인도 다양해지고 있다. 특히 1985년 이후 이혼율 증가, 여성의 이혼청구율 증가, 신혼기·황혼기 이혼의 증가, 배우자 학대로 인한 이혼청구의 급증 등의 변화의 조짐을 보이고 있으며, 1990년 이후 그 현상은 매우 뚜렷해지기 시작하였다. 이는 1985년 이후 우리 사회에서 가족관계 양상의 변화가 1990년 가족법 개정으로 인하여 여성의 자녀양육권, 재산분할청구권을 인정함으로써 더 이상 여성이 자신과 재산문제로 인해 불이익을 받지 않는 사회적 여건을 형성한 것으로 해석할 수 있다(변화순, 1996).

이혼 원인 조사결과에 의하면 남성의 경우 제 1원인은 성격차이(23.2%), 배우자의 외도(17,9%), 경제파탄(12.5%)등이 10%를 상회하였고, 그 외에 본인의 음주(7.1%), 본인의 외도(5.4%), 사상·신앙의 불일치, 배우자의 거짓말, 배우자의 이상성격, 불신, 배우자의 성적 불만 등으로 나타났다(김병찬, 2000).

여성의 경우 제 1원인은 배우자의 외도(32.7%)가 당연 높은 비율을 차지했으며, 성격차이(13.5%), 본인의 외도(8.7%), 배우자의 음주(5.8%), 경제파탄(5.8%), 생활무능(5.8%) 등이었다.

이와 같이 남성은 이혼의 원인을 대체로 성격차이, 배우자의 외도, 경제파탄, 배우자의 경제적 낭비, 배우자의 가출 등을 지적했다. 여성은 배우자의 외도가 두드러졌고 그 다음으로 성격차이, 배우자의 신체적 폭력, 생활무능, 배우자 부모 및 가족의 간섭, 학대 등을 지적했다. 특히 여성 본인의 외도가 제 1원인에서 8.7%(남성의 경우 5.4%)로 나타났다.

이혼의 성립은 원인을 제공하는 측과 이혼을 추진하는 측이 있어야 이루어지는데, 이혼 원인의 차이에서 남성은 이혼 원인 제공의 비율이 상당히 높은 반면 여성은 이혼 원인을 제공하는 비율이 낮아, 남성은 이혼 원인제공자로서 이혼을 당하는 입장이며, 여성은 이혼추진자의 입장에 있다(김병찬, 2000).

각국의 혼인율(1987~1991년)을 비교해보면 인구 천명당 혼인율은 미국이 8.8명으로 가장 높았고, 일본 6.2명(1997년), 영국, 캐나다 5.5명(1995년), 스웨덴 3.8명 순으로 나타났다. 반면 조이혼율은 혼인율이 가장 높았던 미국이 4.89(1986년)로 가장 높았고, 덴마크 2.87(1988년), 일본 1.26%(1988년)의 순으로 나타났다.

전세계적으로 이혼율이 높은 나라 중의 하나인 미국은 이미 1950년대부터 이혼율이 증가하기 시작하여 1966년부터 10년 사이에 이혼율이 배로 증가하여 1970년대에는 결혼한 미국인의 40~50%가 이혼하였고 1980년대 이후로 이혼율이 안정되기 시작하였으나 그 비율은 55~60% 정도에 달했다. 미국의 경우 높은 이혼율은 많은 한부모가족을 양산시켰고 재혼율의 증가도 가져왔다.

이와 같은 이혼율의 증가는 국제적 추세로서 1960년대부터 상승하기 시작하여 70년대에 가속화되었다. 이혼율의 증가현상은 1970년대 초반 이후 각국에서 행해진 이혼법의 개정에 의해 이혼 성립 근거가 종래의 책임주의에서 파탄주의로 전환됨에 따라 무책임주의에 입각한 이혼이 인정된 데 기인한 것으로 볼 수 있다. 이와 같이 이혼에 대한 사회적 통제력이 이혼의 증가로 인하여 급속도로 둔화되었다. 이혼이 보편화되어 있는 미국에서는 어린이의 약 반수가 부모의 이혼을 경험하고 있으며, 영국은 1/4, 노르웨이는 1/3의 어린이가 부모의 이혼을 경험하고 있다.

서유럽의 경우 대개 1970년대에 접어들면서 이혼법이 대폭 개정되고 이혼율이 크게 증가하였는데 1960년대에 비해 1988년의 이혼율은 프랑스의 경우 3.5배, 벨기에 4.5배, 네덜란드는 거의 5배로 증가하였다. 더불어 재혼, 삼혼, 동거생활, 한부모가족이 증가하는 등의 사회문제도 부각되기 시작했다.

## 4. 離婚家庭의 問題

이혼은 이혼당사자나 자녀들에게 일생에서 가장 스트레스를 많이 주는 위기원으로 알려지고 있다(Davies& Cummings, 1994). 이혼은 모자가족과 부자가족을 발생시키는 주 요인이 되어 왔다.

이혼모가정이란 일반적으로 이혼으로 인해 편모와 자녀만으로 이루어진 가정을 말한다. 부부의 결혼관계를 인위적으로 종결짓는다는 것은 갑자기 부부가 이혼하는 것으로 끝나는 단순한 사건이 아니라 그것은 부부가 이혼 결정을 내릴 때까지의 어려운 과정과 별거기간 그리고 이혼 및 이혼 후의 재적응의 기간을 포함하는 계속적인 과정이다. 따라서 이혼은 현실적 문제뿐만 아니라 신체적·정신적 건강문제와 가족문제 그리고 대인관계문제를 불러일으킨다(장휘숙, 1996).

### 1) 현실적 일상생활문제

이혼 후 여성이나 남성 모두 가정관리, 주택관리, 재정관리, 시간관리 등의 현실적 문제를 처리하는데 어려움을 겪는다. 즉, 역할 변화에 따른 어려움에 봉착하게 된다. 결혼생활을 통하여 상호보완적 역할에 익숙해 있었던 부부들은 이혼 후 혼자서 여러 가지 문제를 처리해야 할 때 당황한다. 이혼한 사람들의 대부분은 잡다한 문제를 처리할 시간이 부족하다고 느낀다. 특히 이혼 후 가사일을 혼자서 처리해야 하는 남성들은 가정의 관리와 유지에 더 많은 신경을 쓸 수밖에 없다.

이혼은 여성을 빈곤하게 하는 주요한 요인 중의 하나가 되고 있으며, 경제적 자립능력이 없는 여성의 어려움은 더욱 심각하다. 소득수준이 낮은 집단에서는 이혼 그 자체가 빈곤에 영향을 미친다기보다는 낮은 생활수준이 더욱 더 경제적 어려움에 영향을 미치게 된다.

### 2) 신체적·정신적 건강문제

이혼은 배우자 사망 다음으로 심각한 위기사건이다. 이혼여성들은 대부분 이혼 직후에 정서적인 혼돈과 우울, 불안정한 정서상태 등과 같은 심리적 상처를 가장 많이 받는다.

이혼과정 동안의 긴장은 신체적 건강을 악화시키고 심리적 장애를 초래할 가능성이 많다. 이혼과정에 있는 사람들에게서 신체적·정신적 건강문제가 많이 발생하고 있음을 제시하고 있는 연구들(Bloom et al., 1978; Chiriboga et al., 1978)도 있다. 이혼을 경험한 사람들이 정신의학시설에 입원하는 비율이 다른 인구집단보다 높고 또 교통사고나 사망률 및 기타 질병율에서도 가장 높게 나타나고 있다. 이와 같은 현상은 이혼문제가 중요한 사회문제로 부각되고 있음을 의미하는 것이다.

이혼 스트레스 원(stressor)은 다음의 세 가지로 구분할 수 있다. 첫째, 사회적 스트레스 원은 가족, 자녀, 친구 그리고 전 배우자와의 관계성이 단절되고 이혼과정에 있어서 사회규범과 의식이 결핍되며 이혼모델에 대한 역할모델의 결핍, 가족재구성의 어려움, 가족구성원내에서의 지속적인 관심과 접촉에 대한 사회적 제도의 인식 부족, 법적 체계문제, 만족할 만한 만남과 성생활을 확립하는데 있어서의 어려움 등을 포함한다. 둘째, 심리적인 스트레스 원은 개인의 사회적, 성적 역할을 재평가하고 노여움, 불안, 양가감정, 의존, 고통의 감정, 매력없음, 무기력, 무능력 등의 감정을 포함한다. 셋째, 행동적 스트레스 원은 가정의 계획, 조직, 유지, 가계에 있어서의 와해 등으로 인한 생활의 혼란 등을 포함한다.

결혼생활을 계속하는 사람들과 비교했을 때, 이혼한 사람들은 높은 질병 감염률을 나타내고 알콜중독이나 안전사고의 발생율이 높으며 자살에 의한 사망률도 더 높다. 특히 이혼한 남성들은 이혼한 여성들보다 자살을 감행하거나 심각한 심리적 장애를 보일 확률이 더 높다(Price & McKenry,1988). 일반적으로 이혼으로 인한 외로움은 이혼여성들이 지배적으로 경험하는 정서라고 할 수 있다. 외로움의 감정은 겉으로는 사회적 고립이나 사회적 지지체계의 상실로 나타난다. 이혼 당사자들에게 미치는 스트레스 정도는 대상에 따라 다양하지만 일반적으로 성에 따라 다르게 나타난다.

첫째, 남편과 자녀에게 지나치게 의존적인 삶을 살던 여성은 이혼을 인생의 실패로 생각하는 경향이 높다. 왜냐하면 사회적·경제적·감정적인 삶의 영역들을 남편과 자녀에게 전적으로 의존하였기 때문에 이혼을 결혼의 실패로 여기며 이러한 실패의식은 낮은 자아존중감과 자아감 상실에 커다란 영향을 미치기 때문이다. 반대로 매우 독립적인 성 역할 태도를 가진 여성이 이혼을 하게 되면 이들은 자아상실에 대해서 어려움을 덜 느낄 것이다. 그것은 이혼 후 자신을 위한 잠재력을 개발함으로써 사회적으로 자신감을 되찾을 수 있는 가능성이 크기 때문이다.

둘째, 남성이 자녀를 양육하는 어려움의 양상은 여성들과는 다르다. 특히 우리 사회는 남성 혼자서 자녀를 양육할 수 있는 여건이 조성되지 않았기 때문에 매우 힘들다. 가사문제를 남성 스스로 해결해야 할 현실에서 대부분의 남성들은 혼란에 빠지게 된다. 가사로 인한 불편이 누적되면 정서적으로나 심리적으로 불안정해 진다. 자신의 집을 분할하는 경우 혹은 위자료를 지불하거나 자녀의 양육비를 지불해야 하는 경우 남성들 역시 경제적으로 어렵기는 마찬가지이다. 특히 저소득층의 남성들은 이혼 후 경제적, 자녀양육의 어려움은 더욱 심하다(변화순, 1996).

### 3) 가족문제

이혼으로 종전의 가족구조는 해체되고 가족구성원들은 새로운 역할을 경험하게 된다. 가족문제는 주로 자녀문제로서 여자 자녀들보다 남자 자녀들이 반항적이고 일탈적으로 변화되기 쉽다. 이혼이 자녀에게 미치는 영향은 아동의 연령, 성별, 가족구조, 이혼사유 등에 따라 차이가 있으나 연령이 낮을수록 크게 작용하고 있다.

이혼한 부부가 경험하는 문제들을 정서적 문제, 가정문제, 대인관계, 실제적 문제의 네 영역으로 나누어 생각할 때, 남녀 모두가 가장 어려웠던 문제가 가정문제 영역에서 자녀의 앞날에 대하여 염려하는 것으로 나타났다.

Demos와 Acock(1988)는 부모의 이혼으로 인한 영향은 시간이 흐르면서 감소되지만 일반적으로 가장 부정적인 영향을 미치는 시기는 학령기이고 그 다음은 전 학령기라고 하였다. 장기적으로 부모의 이혼은 자신들이 성인이 되어 부모의 역할에 가치를 부여하는 방식이나 그 역할에 적응하는 방법에 영향을 미친다.

Booth와 Brikerhoff(1984)에 의하면 남성과 여성 모두 이혼가정에서 성장한 경우 이혼하는 경향이 더 높다. 이것은 부모의 이혼 경험이 이성과의 관계에 대한 존경심과 장기적인 친밀관계에 대한 유대를 감소시키고 결혼에 대한 부정적인 태도를 갖게 하기 때문이다.

이혼의 영향은 남아에게 더 부정적이며(Kurdek & Berg, 1987), 특히 동성의 부모가 없는 경우에 더욱 심각한 것으로 알려졌다. 그러나 우리나라의 경우 남아보다 여아에게 더 부정적인 영향을 미치는 것으로 나타났다(황옥자, 1980).

이혼 이후 부모들의 자녀양육방식이 변화되고 관계가 나빠지는 것은 대부분 양육자가 이혼 이후 새로 담당하게 된 한부모로서의 역할에 적응하는데 따른 어려움, 경제적 압력, 가사 이외의 경제적 활동에 대한 부담, 자녀양육 및 의사소통과 훈육의 문제 그리고 이혼에 대한 사회적 편견으로 인한 스트레스, 전 배우자에 대한 갈등 등을 해결하지 못하고 그것을 자녀에게 분노로 대처하기 때문이다(Fine et al, 1983).

이혼한 어머니가 자녀를 양육하게 될 때 어머니의 부모역할양식은 보다 더 권위주의적으로 변하는 경향이 있다. 편모들은 자녀를 그의 아버지와 분리시켰다는 죄책감에 시달리고 자녀양육과 직업역할을 동시에 수행해야 하기 때문에 어려움을 겪는다. 대조적으로 자녀양육을 맡은 이혼한 아버지들은 자녀들에게 더 많은 독립을 요구하며 권위주의적이 아닌 부모역할양식을 채택한다. 이혼 전보다 이혼 후에 아버지들은 보다 더 훌륭하게 부모역할을 수행한다. 한편 자녀양육권을 갖지 못한 이혼한 부모들은 자녀와의 접촉이 차단당할 때 깊은 상실감을 느낀다. 특히 자녀양육권을 갖지 못하고 이혼한 여성들은 두고 온 자녀에 대한 그리움으로 고통스러워 한다.

가족관계 측면에서 이혼 후 한부모가 양부모의 역할을 다하기에는 이해와 능력이 부족하고 결과적으로 의사소통의 어려움까지도 따른다. 그리고 부모의 이혼에 의해서 가족연대감이 파괴되었을 때 자녀들은 감정적, 정서적 타격을 받게 된다. 따라서 이혼가정의 자녀들은 가정, 학교, 사회, 이성문제에 부적응현상을 초래할 경향이 높다고 한다. 그러나 한부모가족의 자녀가 대개 문제를 일으키기 쉽다는 가정(假定)은 실제로 입증되기 어렵다는 것이 최근의 연구에서 밝혀지고 있다. 다만 한부모가족에서 다른 요인이 자녀양육을 어렵게 한다는 것이다.

부모의 양육이 부적절하면 자녀들에게 상당한 불안감을 줄 수 있다. 부모의 애정을 상실한 자녀가 대인관계에서 불안정성을 보이는 것은 불안감이나 낮은 자아

존중감 때문일 수 있다. 어린 시기에는 정서적으로 상처받기 쉽고 확고하지 못하며, 발달을 위하여 외적 요인의 안정성을 필요로 하기 때문에 지속성은 하나의 지침이 된다. 그러므로 자녀의 복지를 위한 기준에서 우선적으로 고려해야 할 것은 지속성이다. 이혼가정의 미성년자녀들이 경험하는 심리·사회적 문제와 적응에 대한 사회복지실천적 관심과 접근이 절실함을 알 수 있다.

이혼판례에 나타난 자녀의 복지경향은 다음과 같다. 첫째, 양육에 대한 결정기준이다. 부모와 어쩔 수 없이 헤어지게 되는 경우 미국 및 유럽 국가에서는 어머니에게 우선권을 주었으나 우리나라에서는 부모가 자녀양육에 장애요인이 없다면 일반적으로 아버지에게 우선권이 주어졌다. 그러나 가족법 개정 이후 자녀의 양육시 가장 중요한 첫 번째 기준은 자녀의 안정과 행복이므로 현재 양육하고 있는 어버이에게 우선권을 주고 있다.

둘째, 아버지의 부정이나 아내에 대한 학대 그 자체는 자녀의 양육을 제한하는 원인이 되지 않았다. 가정폭력가해자는 부모로서의 자격이 제한되어야 하는데, 우리나라에서는 가정폭력이 자녀에게 미치는 심각한 영향에 대한 인식 부족으로 친권이 제한되지 않고 있다.

### 4) 대인관계 문제

이혼한 사람들은 사회적 접촉망의 축소에 기인된 고립감으로 어려움을 겪는다. 이혼과 함께 이사를 하거나 거주지를 변경함으로써 가까운 이웃을 잃게 되고 이혼에 대한 사회의 부정적 시각에 의해 오랜 친구들과의 관계도 변할 수 있다. 일반적으로 여성들은 남성들보다 이혼 성립기간 동안과 이혼 후에 친구나 가정의 연결망을 재형성하거나 유지하는 더 나은 능력을 지니고 있다.

이혼자들은 가족과 친구를 가장 친밀한 사람으로 생각하고 있다(Huddleston, 1993; Abrons & Bawman, 1982). 일반적으로 가족들은 물질적인 면에서 구체적인 도움을 제공하는 반면 친구들은 정서적인 면에서 더 큰 도움이 되는 경향이 있다. 그러나 1년에서 1년반 정도 되는 시기에는 대부분 기혼 친구와의 관계가 소원해지거나 중단되는 경향이 있으므로 이혼자의 적응을 더 어렵게 한다.

여성과 남성 중 이혼 후에 누가 더 큰 고통을 경험하며 소위 그의 이혼과 그녀의 이혼 중 누구의 이혼이 더 많은 부정적인 문제를 포함하는지에 대해 Price와 Mckenry는 남성들은 단기적으로 더 부정적 영향을 받는 반면, 여성들은 해결해야 할 더 많은 장기적 문제를 갖는다고 하였다.

우리나라의 이혼한 여성과 남성들을 대상으로 이혼 후 경험하는 문제들을 조사한 결과(한경혜, 1993)에서는 여성들이 남성들보다 더 많은 문제를 더 심각하게 경험하는 차이가 있었다. 즉, 남녀 모두 가장 높은 비율로 응답한 자녀의 앞날에 대한 걱정에 대해서도 여성들은 남성들보다 훨씬 더 심각하게 걱정하고 있었다.

여성들 중에서도 전통적인 성 역할을 지니고 있는 여성들이 평등주의적 성 역할을 지향하는 여성들보다 이혼에 적응하기 위한 더 길고 어려운 시간을 경험한다. 자녀를 양육하고 남편의 직업역할을 뒷바라지하는데 헌신해 온 여성들은 이혼 후 직업을 구하고 스스로 생계를 유지해야 할 때 깊은 좌절감을 맛보지 않을 수 없다. 일생 동안 주부역할만을 수행할 것이라는 기대를 가지고 결혼생활을 시작한 전통적인 여성들은 이혼을 개인적 실패로 간주한다. 이혼에는 여러 가지 불안이 따르므로 이혼을 결정하지 못하는 것도 사실이다.

### 5) 경제적 문제

이혼을 요구하는 여성이 증가하고 있지만, 이혼 후 혼자서 자립하는 여성은 그다지 많지 않다. 이혼 후 여성이 독립하는데는 성 차별, 연령제한, 육아문제 등 사회적 장애물이 있기 때문이기도 하지만 가사노동만 해왔던 전업주부들이 사회에서 자립할만한 능력을 갖지 못했기 때문이다.

경제적 문제는 이혼을 결심하게 되는 요인이 될 뿐만 아니라 이혼 후의 실제적인 삶을 규정하고 통제하는 주요 요인이다. 경제적 어려움은 이혼여성의 이혼적응에 가장 큰 장애가 된다.

이혼여성들의 경제적 빈곤문제는 새로운 빈곤층으로서의 여성 또는 빈곤의 여성화로 표현되고 있다. 결과적으로 이혼은 빈곤여성의 수를 증가시키는 주요 요인으로 간주되고 있다. 이혼 초기에 이혼여성들의 가계소득의 원천은 재산분할, 위자료, 양육비 등이지만 저소득층 여성의 경우 그것으로 가계를 유지하는데 심각한 위협이 될 수 있고, 경제적으로 불안정한 여성들이 더 빨리 재혼하는 경향에서도 알 수 있다.

이혼 당시 미성년 자녀를 둔 경우가 이들의 생존과 직결되는 양육비문제가 해결되지 않고 있어 빈곤의 여성화를 촉진하는 결과로 이어진다.

## 5. 離婚家庭에 대한 支援體系

### 1) 이혼예방대책

이혼은 이혼 건수나 이혼율의 문제뿐만 아니라 이혼 후의 결과와 영향이 심각성을 띠고 있으므로 이혼을 예방하기 위해서는 가족 기능을 회복시키는 차원의 대책이 당면과제이다.

#### (1) 가정생활교육 프로그램

이혼을 예방하는 전략으로서 가정생활교육 프로그램을 실시하는 것이 하나의 방안이 될 수 있다. 교육 프로그램은 결혼불만 요인을 약화시키고 나아가 보다 나은 부부관계로 강화시키기 위하여 대인관계의 역동성, 가정내 인간관계, 이성간의 관계 특성, 의사소통방법, 갈등해결방법 등을 활용할 수 있다.

이혼과 관련하여 고부간의 갈등을 결혼생활의 주된 장애 요인으로 지적되어 왔으나 오늘날 가정생활 가치관의 변화를 볼 때 고부간의 문제라기보다는 부모와 자녀간의 세대간 가치관의 갈등이라고 볼 수 있으므로 이러한 고부간의 갈등을 문제로 보고 그 해결책을 찾을 것인지 아니면 구조기능적 입장에서 필요악으로 볼 것인지에 따라 가정생활과 이혼에 영향을 주게 되므로 이에 대한 관심을 가져야 할 것이다.

#### (2) 가족상담 및 치료 프로그램

위기상태에 있는 부부를 대상으로 이혼을 예방하기 위한 접근에는 부부상담 및 치료 프로그램이 필요하다. 위기의 원인이나 상황에 따라 상담 및 치료방법이 달리 적용되어야 하는데 이혼의 원인 즉, 위기의 원인은 다양하므로 여러 유형의 상담 및 치료방법이 제공되어 가족 기능이 강화되도록 지원되어야 한다.

### 2) 이혼과정에서의 중재

#### (1) 조정 및 중재

이혼을 고려하는 과정에서 이혼에 대해 상담 상대자를 보면 혼자서(32.5%), 본인의 형제 · 자매(24.4%), 가까운 친구(19.4%), 본인의 부모(13.1%) 등으로서 전문상담원과의 이혼상담은 아주 낮은 것으로 나타났다(김병찬, 2000).

우리나라는 이혼 청구 시 조정전치주의를 채택하고 있다. 이혼억제 요인을 살펴보면 자녀양육, 부정적인 사회적 인식, 결혼생활의 의무감, 부모의 반대, 경제적 요인, 법적인 처리과정, 배우자에 대한 애정, 위자료, 종교적 요인 등의 순으로 나타났다(김병찬, 2000). 이를 미루어 볼 때 이혼을 고려하고 있거나 결심한 부부를 대상으로 부부관계 회복을 위한 화해, 만족스러운 이혼을 위한 조정 및 중재, 부부당사자의 판단을 돕기 위한 이혼관련 법률상담의 기회를 제공하는 것은 의미 있는 일이다.

2005년부터 이혼숙려기간제(離婚熟慮期間制)가 시범 도입되고 2007년 12월 민법 개정으로 2008년 6월 23일부터 본격적으로 시행되기에 이르렀다. 이는 협의이혼당사자가 일정기간(양육해야 할 자녀가 있는 경우는 3개월, 양육하여야 할 자녀가 없는 경우는 1개월)이 경과한 후 가정법원으로부터 이혼의사 확인을 받아야만 이혼이 가능하도록 하는 제도이다.

이혼에 대한 의식조사결과에 의하면 이혼에 대해 58.6%가 반대하며, 이유가 있으면 하는 것이 좋다는 7.1%로 2000년 이후 증가추세에 있으며, 성별로는 남자(63.8%)가 여자(53.7%)보다 이혼에 대해 더 보수적이며, 연령이 높을수록 해서는 안된다고 생각하는 비율이 높고, 연령이 낮을수록 이유가 있다면 하는 것이 좋다는 비율이 높게 나타났다(통계청, 2007, 이혼통계결과).

가족해체의 원인인 이혼이 매년 증가하고 있고, 협의이혼의 비중이 높아지고 있어 부부가 협의이혼하는 경우 자녀의 복지를 도모하기 위하여 친권, 양육에 관한 상담을 권고함으로써 이혼율의 증가를 방지하고 부부재산분할, 위자료 등 이혼으로 인하여 야기되는 경제적 문제를 원만히 해결하고 나아가 건강한 가족관계의 기틀을 마련하기 위한 이혼절차에 관한 특례법안이 논의되고 있다.

#### (2) 법률적 재판

화해, 조정, 중재가 설립되지 않을 때는 법률적 재판을 하게 된다. 재판에 있어서는 재산분할, 위자료, 자녀에 대한 양육권 및 양육비, 면접교섭권 등에 대해서는 남녀에게 공평하게 이루어져야 하며 이혼 후 불리해지는 배우자를 고려하여야 한다.

#### (3) 자녀에 대한 배려

이혼한 가정의 자녀들에게는 특별히 지지적인 서비스가 필요하므로 그들을 위한 부모의 세심한 배려가 있어야 한다. 자녀가 이해할 수 있고 마음의 준비를 하여 자녀 스스로 이혼상태에 대처할 수 있는 기회를 주어야 한다. 그리고 부모 자신이 평정상태가 아니라 할지라도 희생당하고 있는 자녀에게 세심한 주의를 기울여 자녀에게 이성적인 대안을 제시해 주어야 하며, 동거부모는 자녀와의 관계를 위하여 개방적인 대화를 하는 등의 노력을 통해 이혼으로 인한 위기를 최소화하여야 한다.

2005년의 경우 이혼 당시 미성년 자녀를 둔 경우가 63.4%였으나 2007년에는 58.6%로 나타나 이들의 생존과 직결되는 양육비 문제가 해결되지 않고 있다. 이혼 시 친권 및 양육권이 남성보다 여성에게 두 배 가까이 주어지고 있으나 전 남편으로부터 양육비를 제대로 받지 못하고 있는 실정이다.

가사소송법상 양육비 지급 불이행 시 이행명령이나 과태료 부과(100만원 이하), 감치처분(30일 이내) 등의 조치를 취할 수 있고 양육비 지급 판결 후 민사소송을 통해 강제집행을 할 수도 있다. 그러나 이와 같은 조치는 거의 이루어지지 않고 있다.

이혼여성의 양육비 확보문제는 바로 아동 및 청소년의 문제이다. 따라서 아동복지법상의 방임죄, 가정폭력특별법상의 보호처분 등을 활용하여 양육비 확보를 강화할 필요가 있다.

### 3) 이혼 후의 적응

이혼에 대한 태도는 이혼행위뿐만 아니라 결혼생활에도 영향을 미친다. 또한 이혼에 대한 태도는 이혼 후 적응에도 영향을 미친다.

이혼 적응은 이혼과 관련된 문제의 스트레스에 어떻게 대처하는가에 따라 달라지며, 이 대응은 스트레스와 적응의 매개 요인인 사회적 지지의 자원에 의존한다.

일반적으로 이혼 후 재혼하거나 전 배우자와 접촉을 완전히 끊는 단계가 되면 이를 적응이라고 한다. 한편 이혼의 적응이란 한 배우자가 다른 배우자에 대해 결혼생활 동안 가지고 있었던 감정적인 몰입에서 벗어나기 시작한 바로 그 시점부터 시작된다고 보기도 한다. 즉, 이혼 적응은 상실된 기존생활의 유형에서 벗어나서 새로운 삶의 유형으로 대처하기 위한 이중적 과정으로서 사랑, 지위, 기존생활유형의 상실에 대한 적응 그리고 새로운 생활유형에 익숙해지기 위한 적응이라고 할 수 있다.

개인이 이혼에 적응한다는 것은 결혼한 사람으로서의 지위에서 벗어나서 전 배우자에 의존하지 않는 독립적 정체감을 확립하고 동시에 일상생활의 다양한 역할들을 적절하게 수행할 수 있다는 것을 의미한다(Kitson & Raschke, 1981). 다시 말하면 전 배우자와의 접촉을 끊는 것만이 능사가 아니라 독립된 개인으로서 일상생활을 영위할 수 있어야 한다는 것이다. 이혼적응기간 동안 사회적 지지는 이혼으로 인한 긴장 효과를 감소시키며, 이혼 후의 적응에 중대한 영향을 미친다. 대부분의 이혼한 사람들은 이혼 후 1~5년 정도의 적응기간을 필요로 한다(Lamanna & Reidman, 1988).

이혼 적응에 영향을 미치는 변인들은 연령, 성과 같이 개인이 조절, 통제할 수 없는 요인과 사회적 지원, 심리적 지원과 같이 어느 정도 조절, 변화가 가능한 요인들이 있다. 이혼 후 직면하는 다양한 문제들에 대하여 이혼한 부부들 모두가 취업이나 독립적으로 생활하려고 노력하는 등의 독립전략이 가장 효율적인 것으로 나타났다. 전반적으로 여자들은 남자들보다 다양한 대응방식을 활용, 의존하여 특히 운다든지 화가 나면 참지 않고 화를 내는 등의 감정표현방식이나 상담자를 찾는다든지 새로운 기술을 배우는 등의 학습활동을 남자보다 잘 활용하며, 신앙에의 의존, 활용도도 남자보다 높다.

이혼 후의 복지대책이 구비되면 오히려 이혼을 조장하는 역기능현상이 우려될 수 있으나 사회복지 차원에서 이혼 후의 생활안정을 지원하는 대책은 강구되어야 하는 것이다.

### (1) 재 혼

21세기의 급변하는 사회문화적 환경 속에서 우리 사회가 경험하는 변화 중의 하나는 가족 유형으로서 특히 재혼가족의 출현이다(김연옥, 2000).

재혼과 관련하여 현행 민법에는 이혼한 여성은 혼인관계가 종료되는 날로부터 6개월이 경과하지 아니하면 재혼하지 못한다고 규정되어 있다. 이와 같은 재혼금지기간은 다른 문화권에서도 적용되고 있다. 이러한 제도는 자녀의 적출추정이 중복되는 것을 방지하기 위한 합리적인 차별이라고 보는 견해도 있으나 출산능력이 없는 여성의 경우에는 명백한 남녀차별 규정이다.

일반적으로 재혼시장에서는 수요와 공급의 원리가 적용되고 있으나 여성의 경우 재혼을 하기가 쉽지 않다. 여성은 전 배우자와의 생활에서 오는 회의, 환멸로 인해 재혼의사가 없거나 재혼할 의사가 있다 하더라도 조건을 갖춘 마땅한 상대를 선택하기가 쉽지 않다.

재혼에 대한 태도는 찬성하는 경우 남자는 26.8%, 여자는 18.9%로 나타났으며, 반대하는 경우는 남자 11.9%, 여자 18.6%로 나타났다(통계청, 2008, 사회조사).

재혼을 이혼에 대한 궁극적인 적응으로 보는 사람들이 있다(Price & McKenry, 1988). 재혼은 여성에게 이혼으로 초래된 경제적 어려움을 완화시킬 수 있는 긍정적 대안으로 인식된다.

이혼한 사람들은 결혼생활을 해 본 경험이 있기 때문에 재혼 시에 결혼생활의 긴장이나 갈등을 더 잘 처리할 수 있을 것으로 생각된다. 그러나 많은 연구들은 두 번째 결혼이 첫 번째 결혼보다 이혼으로 끝날 가능성이 더 많다고 제시한다. 심지어 재혼한 30대 여성의 2분의 1 이상이 두 번째 이혼을 경험할 것이라는 주장도 있다.

재혼가족은 구조, 기능, 가족관계, 정서적 측면 모두에서 초혼가족과는 분형하게 다른 특성을 갖는다(김연옥, 2002). 재혼가정은 보통 복합가정이라고 불린다. 생물학적 부모와 자녀로 구성되는 핵가정과는 달리 복합가족은 새로운 가족구성원들이 점차적으로 첨가되는 것이 아니라 즉시적으로 형성된다. 모든 가족구성원들이 새로운 관계를 형성하고 새로운 역할들을 맡아야 하므로 어려움이 발생한다. 새로운 가정에 포함되기를 거부하는 자녀들이 있을 수 있고 그들의 반항적 행동이 어려움을 가중시킨다. 또한 전 배우자나 조부모들이 새로운 가정에게 계속적인 영향을 미칠 수 있다. 이와 같이 전 배우자와 그들 사이의 자녀 그리고 친인척들로 구성되는 복잡한 가족구조는 복합가정에게 많은 긴장을 초래할 수 있다. 이러한 복잡한 특징은 재혼가족을 위협하는 요인으로 작용하여 재혼가족내의 부부갈등과 가족갈등을 심화시켜 가정해체의 위험성을 높이게 된다.

미국 전체 결혼의 약 60% 이상이 재혼관계로 추정되고 있으며, 초혼의 이혼율보다 재혼의 이혼율이 더 높다는 사실이 이를 뒷받침해 주고 있다. 재혼가족은 가족의 재구조화 경험을 겪는 과정에서 많은 어려움이 따른다. 따라서 재혼가족이 성공적인 가족생활을 영위하기 위해서는 가족구성원 상호간의 친밀감 형성과 신뢰 등이 바탕이 되는 가족관계 형성이 중요하게 된다.

### (2) 전 배우자와의 애착관계

이혼자의 사회적 관계의 중요한 부분을 차지하는 영역은 전 배우자와의 관계이다. 분노나 후회 혹은 미련이나 애정의 형태로 존재하는 전 배우자에 대한 애착은 이혼 후의 적응에 어떤 영향을 미치게 된다. 이혼 후 독립적 정체감을 형성하기 위해서는 먼저 정서적 이혼이 선행되어야 하기 때문에 전 배우자에 대한 애착의 지속은 적응에 방해가 된다고 주장하는 사람들이 많이 있다. 즉, 애착의 지속은 이혼 후의 적응에 부정적이라는 것이다(Berman, 1985). 대조적으로 전 배우자와의 관계가 우호적이면 오히려 적응에 도움이 된다는 주장도 있다. 그 증거로서 이혼한 아내가 지속적인 애착을 보일 때, 남성들은 자녀양육을 더 많이 지원하고 협조적이라는 것이다(Wright & Price, 1986).

적응과 애착에 대한 이와 같은 상반된 주장과 함께 두 요인 사이에 서로 관련이 없다는 연구결과도 있다. 어쨌든 전 배우자와의 관계가 이혼 후의 적응에 영향을 미친다는 것은 사실로 받아들일 수 있다.

### (3) 경제적 지원

경제적 어려움은 이혼 후의 적응을 어렵게 만든다. 남성들이 이혼 후 경제적 타격을 거의 받지 않는 것과는 대조적으로 대부분의 이혼한 여성들은 경제적 어려움을 겪는다. 특히 아동을 양육해야 하는 여성들은 아동의 아버지로부터 양육비를 제대로 지불받지 못하는 경우가 많아 경제적 어려움이 가중된다. 대부분의 이혼한 모자가족들은 그 사회의 가장 빈곤한 계층을 형성한다. 이와 같이 이혼한 여성들의 일차적인 긴장원은 경제적 어려움이므로 그들의 취업 여부는 이혼 후의 적응과 높은 상관이 있다.

### (4) 사회적 지원망

사회적 지원망의 존재는 이혼 후의 적응을 용이하게 한다. 보통 가족이나 친척 혹은 친구들이 사회적 지원망을 형성한다. 일반적으로 친구들은 이혼과정 동안 정서적 안정을 제공하는 역할을 하는 반면, 가족들은 경제적 도움이나 자녀양육과 같은 실제적 도움을 줌으로써 이혼 후의 적응을 돕는다. 특히 부모들은 이혼한 자녀를 위로하고 손자녀를 보살피며 독립할 수 있도록 적극적인 도움을 제공한다. 이혼한 여성들은 남성들보다 이혼 후 부모와 더 자주 접촉하고 더 많은 경제적 도움을 받는 경향이 있다.

### (5) 대처전략

대처전략이란 외부적인 생활긴장으로 인한 정서적인 디스트레스를 예방하고 통제하는데 사용되는 반응(Pearlin & Schooler, 1978)이기도 하고, 기존에 형성된 반응양식에 의한 도전이나 위협이라고 생각되는 상황을 통제하려는 시도(Lazaru, 1974)이기도 하다. 어떤 대처전략을 사용하느냐에 따라 이혼 후의 적응은 차이를 보인다. Kitson과 Raschke(1981)는 이혼 적응에 미치는 요인을 개인이 조절할 수 있는 요인과 조절할 수 없는 요인으로 구분하고, 개인이 조절할 수 있는 요인에는 경제적 형편, 전 배우자와의 관계, 친족과의 관계, 사회적 지지망 그리고 대처전략 등이 포함된다고 하였다.

Berman 과 Turk(1981)는 대처전략척도(Coping Strategy and Resource Inventory: CSRI)를 개발하고 요인분석을 실시하여 사회활동, 학습, 개인적 이해, 감정표현, 독립성 및 가정활동의 여섯 가지 대처양식을 추출하였다.

CSRI를 사용하여 한국의 이혼한 남녀를 대상으로 연구한 결과(한경혜, 1993)에 의하면 여성과 남성의 대처전략에는 차이가 있다. 5점 척도로 구성된 각 요인별 문항에 대해 3점 이상의 점수를 얻은 문항을 남녀별로 살펴보면, 이혼한 여성들은 취업, 새생활 확립, 독립적 생활이 이혼 후의 적응에 가장 큰 도움이 되었다고 응답하였다. 또한 종교에 몰두하거나 새로운 기술을 배우는 것도 이혼한 여성들에게 유익한 일이었다. 이혼한 남성들도 이혼 후의 적응을 위해 처음 5개 행동에 대해서는 여성들과 유사한 대처전략을 사용하고 있으나 종교나 새로운 기술의 학습은 이혼한 남성들에게는 도움이 되지 못하였다. 특히 남성들에게 있어서 이성교제는 이혼 후의 적응을 위한 중요한 대처전략 중의 하나여서, 여성들의 경우보다 재혼이 더 쉽게 이루어질 수 있음을 알 수 있다.

이와 같이 여성들이 남성들보다 이혼에 적응하기 위하여 더 많은 대처전략을 사용함으로써 이혼이 남성들보다는 여성들에게 더 적응하기 어려운 사건임을 알 수 있다.

스트레스에 대한 대처전략은 그 상황을 변화시키려는 적극적인 대처와 그에 대한 반응에 초점을 두는 소극적인 대처의 범주로 구분할 수 있다. 이와 같이 대처전략들은 스트레스에 각각 다른 영향을 미치고 또 대처전략 역시 상황적인 요인이나 성격특성, 인지적 평가 등의 영향을 받기도 하지만 전반적으로 볼 때 스트레스의 적극적인 태도로 활용할 때 전문적인 것으로 인식되고 있다.

## 6. 離婚家庭에 대한 새로운 接近

이혼가정의 아동을 위한 원조방법이나 실질적인 프로그램은 건강가정지원센터등에서 부분적으로 실시되고 있다. 가족구조의 변화로 인한 부모역할의 과부담은 이혼당사자들의 심리 사회적 문제뿐만 아니라 자녀와 관련된 문제들에까지 영향을 미치고 있다.

아동기에 경험하는 부모의 이혼은 아동발달에 중요한 영향을 미친다. 부모의 이혼으로 인해 긴장감과 감정해소문제, 생활의 변화, 책임감의 증가 등에서 비롯되는 심각한 스트레스를 경험한다. 또한 학업성적의 하락과 함께 분노나 공격성, 후퇴, 억압, 죄의식, 대인관계, 자아개념 저하, 비사회적 행동 등을 경험하게 되며, 수많은 상실감과 대인관계의 실태감, 새로운 가족으로서 전이에의 어려움을 경험한다(Wallerstein & Kelly, 1980). 따라서 한부모가족이 증가하고 있고 그로 인한 아동 및 청소년문제가 심각한 점을 고려할 때 예방적이고 치료적인 차원의 상담지원방안이 모색되어야 할 것이다.

여기에서 이혼 예방 내지 이혼가정에 대한 지원방안을 제시하면 다음과 같다.

첫째, 미혼자들에게 결혼에 대한 사전교육 프로그램을 통해 이혼이 생기지 않도록 한다. 또한 불안정한 가정에 대해서는 이혼의 결과에 대한 심각성과 영향성을 주지시키는 가족상담 프로그램이 활성화되어야 할 것이다.

둘째, 이혼절차를 보다 까다롭게 하고, 조정 및 중재에 역점을 두는 상담지원이 필요하다.

셋째, 이혼여성을 위한 경제적 자립기반 조성 및 심리·사회적 성향을 고려한 상담지원이 활성화되어야 할 것이다.

# 第3章 未婚母

미혼모의 문제는 현실 사회의 어느 계층에서나 그들이 낳은 사생아의 문제와 함께 존재하고 있다. 즉, 미혼모가 되는 것은 성의 문제에 연루되는 것이며 그들의 경제적인 배경이나 가정환경, 교육수준과는 관계 없이 모든 청소년들에게 관련된 일반적인 문제가 되고 있다.

미혼모의 문제는 임신으로 겪는 신체적 변화로부터 출발하여 그들이 임신과정에서 처해 있는 심리적 상황도 문제의 대상이며, 더 나아가 미혼부와 그들 가족과의 상호관계 등 미혼모문제의 복잡성을 갖는다. 우리 사회에는 미혼모는 존재하고 있으나 미혼부는 존재하지 않는다는 말이 나올 정도로 미혼임신, 출산 및 양육의 문제는 여성에게만 책임과 고통이 부과되고 있는 실정이다.

우리나라는 1970년대 후반부터 미혼모의 수가 큰 폭으로 증가하고 있으며, 특히 10대 미혼모의 출현은 심각성을 더해 주고 있다. 미혼모의 발생으로 파생되는 문제들은 미혼모 개인은 물론이고 미혼모가 출산한 아동, 나아가서 가정과 사회에까지 부정적인 영향을 미치기 때문에 심각한 사회문제가 되고 있다. 이와 같이 미혼모문제는 미혼모 개인의 도덕적 책임의 문제를 떠나 심각성을 띠고 있으므로 가정과 사회 차원의 대책이 요구되고 있다.

## 1. 未婚母의 槪念

미혼모(unwed mother)란 법적으로 결혼하지 않은 상태에서 임신했거나 분만한 여성을 말하며 그 중에는 이미 결혼한 기혼자가 사별, 이혼, 별거상태에서 법적 관계가 아닌 남자와의 관계에서 임신했을 경우도 있고 또 처녀가 혼전임신을 한 경우도 있다. 또한 미혼부(unwed father)란 미혼모로 하여금 아기를 임신케 한 상대되는 남자를 말한다(NASW, Encyclopedia of Social Work, 1995).

우리나라에서 미혼모문제를 사회복지 차원에서 관심을 쏟기 시작한 것은 1968년 한국기독교양자회(현 홀트아동복지회)에서 미혼모 상담을 실시한 것이 처음이며 그 후 입양기관이 아동복지적 측면에서 미혼모 상담을 확대해 왔으나 주로 아동의 친권포기상담에 관심을 두었기 때문에 미혼모문제의 근본적인 해결의 영역에까지 이르지 못했다.

미혼모문제는 미혼모 모두를 사회문제의 대상으로 삼아야 할 필요는 없다. 혼외임신을 통하여 사생아를 낳은 후에도 결혼을 할 수 없게 되거나 자녀양육이 불가능하게 될 때 그 문제가 나타나게 된다. 따라서 사회복지 차원에서 미혼모문제를 다루는 대상은 (1) 부정한 성행위가 사회의 가치관이나 도덕규범을 이탈하거나 (2) 임신으로 인하여 사회적, 경제적 지위가 떨어지거나 사회에 적응하지 못하고 (3) 정서적 · 교육적 · 경제적 지위가 불안하여 아동양육에 문제가 발생하거나 (4) 아동의 법적 지위가 문제되어 사회적 물의를 일으킬 때 사회문제의 대상이 된다(김근조, 1986).

미혼모문제를 다룸에 있어 취급대상에는 미혼모에게 아기를 임신하게 한 상대남자인 미혼부와 미혼모로부터 태어난 아기인 사생아(법률상 혼인외출생자)를 포함해서 다루는 것이 문제 해결에 도움이 된다. 그러나 우리나라에서는 통상 혼외임신으로 직접적 영향을 많이 받는 쪽이 여자이므로 혼외임신문제는 특히 미혼모와 그 자녀의 문제로 집약되고 있다.

미혼모에 대한 관심과 연구는 20세기에 들어와 본격적으로 이루어졌다. 1920~1930년의 시기에는 그 범위가 제한적이었으나 결손가정이나 교육기회의 부족으로 인한 무지 등의 사회적인 측면과 저능이나 정신적인 허약함 등의 개인적인 측면에서 발생 원인을 찾았다. 이 시기의 대책은 미혼모의 재활책이기보다는 사생아의 권리보호라는 측면에서 미혼모에 대해 법적인 권리를 인정하게 되었다. 즉, 사생아는 법적으로 보호되어야 하고 모에 의해 양육되어야 하며 모가 아이에게 적절한 양육을 할 수 있도록 지원을 해야 한다는 확신을 낳게 되었다.

1930~1940년에는 결손가정, 무능한 모, 술주정 아버지와 난잡한 성행위 등의 사회적인 측면과 도덕기준의 타락, 청소년 범죄를 일으키는 낮은 행동표준 등의 사회·심리적인 측면에서의 변화를 원인으로 취급했다. 미혼모에 대한 정신분석학적 시도가 행해졌고, 미혼모 자신의 중요 관심사, 아이를 입양시켜야 하는 것에 관한 의견의 차이 등에 관심이 주어졌다.

1940~1950년에는 미혼부모됨(parenthood)의 심리적인 측면이 강조되기 시작하였으며, 사회적인 원인에서 심리적인 원인으로 옮겨지게 되었다. 즉, 해결되지 않은 유아기의 oedipus complex를 해결하기 위해 미혼모가 된다는 원인관계적 가설로 발전되었다.

1960년 이후에는 미혼모와 그 가정과의 관계 사이에 놓여 있는 문제에 관심을 가지면서 심리적 측면에 대한 연구가 이루어져 미혼임신의 심리적 해결에 많은 회의를 가지게 되었으며, 급격한 사회변동으로 인한 가정생활의 변화와 성에 대한 태도의 완화, 10대 청소년의 동료문화의 영향, 자극적인 오락물과 매스 미디어 등 사회적 요인과 빈곤 및 저소득에 따른 저교육수준과 의료적인 혜택을 충분히 받지 못하는 등의 경제적인 측면에 관심이 모아졌다.

## 2. 未婚母 發生 要因

결혼 전에 갖는 성관계를 혼전성관계라고 한다. 이와 같은 혼전성관계는 하나의 단일한 현상으로 논의하기는 어렵다. 또한 이를 성 역할에 대한 기대가 다른 문화적인 상황을 이해하지 않고 정상성이나 도덕성과 혼돈해서는 안 될 것이다.

미혼모가 되는 요인은 크게 개인적 요인, 가정적 요인, 경제적 요인, 사회·문화적 요인으로 구분할 수 있으며 이러한 특정 요인 중 어느 한 가지에 의해 미혼모가 되기보다는 개인적, 가정적, 경제적, 사회·문화적 요인이 복합적으로 작용하여 미혼모가 된다고 볼 수 있다.

### 1) 개인적인 요인

미혼모가 되는 요인은 모와의 갈등, 수동적이고 무기력한 부에 대한 갈등, 자기처벌적인 행위, 의존할 수 없는 사랑의 대상자에 추종하고자 하는 행위, 미혼모가 선천적으로 성적 욕구가 유난히 강하거나, 지능이 낮아 무분별한 행동을 하며, 특별한 경우에는 그녀의 가치관이나 성격이 사회적 규범이나 통념을 초월하여 사회적인 제약을 받지 않는 경우와 사회의 규범이나 가치관 등에 반항하는 경우, 성격장애나 정신분열증 등 정신적 결함을 가지게 되는 경우가 요인이 된다. 그리고 한 개인의 발달과정에서 각 시기마다 이루어져야 할 성장이 제대로 형성되지 않을 경우 정서적 장애가 생겨 미혼모가 되는 요인이 될 수 있다. 반대로 자신이 처해진 환경에 적응하지 못하고 갈등이나 압력에 의해 미혼모가 된 것은 자아기능이 강하기 때문으로 보는 견해도 있다.

### 2) 가정적 요인

별거 혹은 이혼 전 부모와의 불일치나 갈등, 별거하고 있는 편친의 방문 시 느끼는 긴장, 편친의 재혼에 따른 계부모에 대한 적응문제, 별거한 편친과의 애정적인 교섭의 상실 및 잔존한 부모와의 조화의 어려움, 편친의 감독 불충분, 자녀에 대한 가정적 책임의 증가, 결손가정에서 발생하는 열등감과 불안정감 등이 요인이 된다. 그리고 부모-자녀 관계의 손상에 따른 부모의 사랑 및 이해 결여, 부부관계 손상으로 가족간 대화의 단절, 부모의 성격장애 즉, 지배적 부모, 부모의 성에 대한 태도가 폐쇄적인 경우 부모의 방탕, 알콜중독 등의 부도덕한 가정, 빈곤가정에서의 아동에 대한 무관심과 학대 등도 요인이 된다.

### 3) 경제적 요인

경제적 배경이 미혼모가 되는 요인이 될 수 있는 것은 직접적인 것이라고 할 수는 없으나 가족의 능력 또는 자신의 경제적 능력으로는 생활을 영위할 수 없는 상황일 때 그들은 어릴 적부터 취업활동을 하게 되고 그러한 취업환경 속에서 성숙하지 못한 이성교제가 설정될 수 있는 것이며, 또 막연한 공상으로 가출하여 도시에서 방황하다가 성매매나 접대부 등 비건전한 직업에 종사하게 되는 것이다. 이러한 배경은 그녀의 교육수준과도 관련지을 수 있는 것이며 교육수준은 인생관, 가치관 확립에 요체가 되는 것이므로 성장기의 정상적인 교육은 올바른 가치관 정립의 밑거름이 된다. 경제적인 능력이 없기 때문에 제대로 교육을 받지 못한 체 성매매의 가능성이 높은 직업에 종사하게 되는 경우가 많아 그들에게 일탈행위를 조장하는 결과를 낳게 하는 것이고, 이렇게 될 때 미혼모가 되는 환경적 요소가 존재하는 것이다.

#### 4) 사회 · 문화적 요인

사회 · 문화적 요인으로서는 가정 기능의 약화, 성 윤리의 변화, 산업화 · 도시화에 따른 사회적 변화와 관련되어 있다. 또한 대중매체의 퇴폐적, 자극적인 성적 자극은 감수성이 예민하고 모방심리가 강한 청소년의 호기심을 자극하여 성 문제를 유발시킨다.

도시화 · 산업화과정에서 여성의 사회진출이 증대되었다. 이에 따른 남녀의 접촉빈도가 높아진 반면, 전반적으로 남녀교제가 미성숙상태에서 비정상적인 교제가 많게 되고, 또 과거의 성 규범이 시대 사조에 따라 관념의 변화를 가져와 자유연애 사상과 성 개방의 시대에 와 있다는 환경적 요인을 지적할 수 있다.

이러한 접근들은 모두 미혼모의 성격에 대해서 어떠한 동질성을 가정하는 것이다. 왜냐하면 미혼모들은 심리적이든 사회적이든 어떠한 특성을 공유하게 되며 이러한 특성에 근거하여 혼전 성행위를 하고 혼전임신을 하게 되며 결국은 미혼모가 된다는 식의 논리이기 때문이다. 그러나 최근에 이르러서는 미혼모들은 그 성격유형, 가정배경 등에서 아주 다양하다.

혼전 성행위를 하는 것이 어떤 특정 집단의 성원들에게만 가능한 것이 아니라 모든 사람에게 가능한 것이라는 전제에 근거하여 미혼모의 발생 원인을 성행위적으로 설명하려는 제3의 접근이 시도되고 있다. 즉, 일단 성관계가 이루어졌다고 볼 때 미혼모가 되는 것은 피임을 하지 않거나 실패했을 때, 낙태하지 않고 출산에까지 이르게 되었을 때, 출산할 때까지 결혼하지 않았을 때 일어나는 것으로 보며 이 중 특히 피임에 관련된 과정에 초점을 두고 어떠한 상황에서 피임에 대한 차별적 선택이 이루어지는지를 설명하고자 하는 것이다.

이상에서 미혼모의 발생 요인에 관한 기존 이론들을 살펴보았는데 이러한 접근들은 모두 그 한계와 함께 나름대로 유용성을 갖고 있기 때문에 미혼모 발생을 설명하기 위해서는 이러한 이론들을 포괄하려는 노력이 필요하다.

일반적으로 미혼임신이 되는 이유로서 첫째, 결혼 전의 성행위에 대해 부주의하다. 둘째, 도덕관과 가치관의 혼동으로 성욕이나 연정(戀情)을 통제할 수가 없다. 셋째, 범죄의 한 유형으로 미혼임신을 선택한다. 넷째, 미혼상태에서 아기를 낳아 가정의 부모에게 데리고 감으로써 자신의 어머니와 동일시하려는 신경증적인 필요성이 존재한다는 등으로서, 미혼모의 임신은 개인적인 심리적 요인과 사회적 배경이 되는 가족, 문화, 경제적인 영향이 복합적으로 작용하여 발생하는 것으로 볼 수 있다.

## 3. 未婚母의 實態

### 1) 미혼모의 발생현황

미혼모의 발생현황은 통계적으로 정확히 파악될 수 없는 성격을 지니고 있다. 그러나 통계에 나타난 미혼모는 친권포기 상담을 의뢰한 미혼모나 시설 입소를 원하는 미혼모의 통계에 불과하며 병·의원을 통해 임신중절을 한 미혼모는 거의 대부분 공개되지 않고 있어 통계상의 미혼모는 발생 미혼모의 일부분에 그치고 있다고 볼 수 있다.

보건복지부가 파악하고 있는 미혼모는 1982년 7,425명, 1985년에는 10,383명, 1987년에는 10,212명으로 최고 정점을 유지해 오다가 1989년 6,150명으로 감소 추세로 나타나고 있다.

여기에서 공개된 몇 가지 통계자료를 통해 미혼모의 실태를 살펴보면 다음과 같다. 먼저 홀트아동복지회의 1996년도 미혼모상담 통계에 의하면 1,089명을 상담하였는데 이들의 연령분포는 10대와 20대가 대부분을 차지하고 있으며, 15세~24세의 청소년이 81.9%를 차지하고 있다. 이들의 교육수준은 중학교 이하가 15.3%, 고등학교가 72.7%로 나타났으며 초·중·고·대학 재학 중인 미혼모는 21.9%를 차지하고 있다. 직업은 무직, 학생, 회사원 순으로 나타났으며, 상대되는 미혼부는 미혼이 82.9%를 차지하고 있고, 일시 교제자 60.2%, 친구·애인 관계가 21.2%등으로 나타났으며, 미혼모 중 28.6%가 가출을 경험했던 것으로 나타났다.

미혼모시설인 대구 혜림원에서 입소보호를 받고 있는 미혼모 현황(1999년 5월 10일 현재)을 살펴보면 1998년 12월말 현재 259명의 입소자 중 연령 분포는 14세 2명, 15세 8명, 16세 18명, 17세 35명, 18세 30명, 19세 33명으로 10대가 18.6%를 차지하고 있으며, 20대가 43.6%, 30대가 8%를 차지하고 있다. 학력수준은 중졸 이하가 19.6%, 중·고·대학 재학생이 12.7%를 차지하고 있다. 직업분포는 무직 42.8%, 학생 12.7%, 생산직근로자 14.6%, 회사원 11.5%, 서비스업 11.1%, 점원등 단순직 6% 순으로 나타났다.

미혼모의 상대되는 남성은 일시 교제자가 50.9%, 애인이나 친구 32.0%, 폭력배 8%, 동거인 6% 순이었다. 임신하게 된 상태에 대해서는 교제 중 피임상태에서 임신한 경우가 77.2%, 성폭행에 의한 임신 8%, 동거 중에 임신한 경우는 8%이며, 결혼을 기대하고 임신한 경우도 4%나 되었다.

출산하게 된 동기로서는 낙태(abortion) 시기를 놓쳐서가 53.8%, 경제적 이유로 낙태를 못해서 16.9%, 양육하기 위해서가 각각 14.2% 등으로 나타나 원치 않은 임신과 원치 않은 출산이 대부분을 차지하고 있다.

미혼모시설을 퇴소하게 된 동기는 귀가가 57.8%, 취업을 위해서 20.3%, 학업을 계속하기 위해서 15.6% 순으로 나타났다. 시설에 입소했던 미혼모의 아동양육유형은 친권포기 후 입양이 79.6%, 본인 양육 12.1% 등으로 나타나 미혼모의 아동은 거의 대부분 입양조치되고 있음을 알 수 있다.

김태진(1975)의 연구결과에 의한 미혼모실태는 미혼모의 일반적 특성으로서 연령은 20~24세(54%)가 가장 많고, 16~19세와 25~29세(21.%), 30~34세(4%)순으로 나타났으며, 학력은 국졸(54%)이 가장 많았고, 중졸(29%), 고졸(12%), 대학교 재학 또는 졸업(3%) 순이었다. 직업은 생산직근로자(31%)가 가장 많았고, 무직(28%), 가정부와 다방종업원(각각 8%), 식당종업원, 접대부, 회사원 등이었다. 이들 중 45%가 결손가정 출신이었다.

미혼부모가 인연을 맺게 된 동기는 유원지등에 놀러 가서 우연히 만났거나, 유흥업소에서 일하면서 알게 된 경우가 각각 18%로 가장 많았고, 평소에 아는 사이(14%), 친구소개(12%), 직장동료(9%) 등으로 나타났으며, 이들 중 62%는 부모와 떨어진 상태에서 미혼부와 인연을 맺게 되었고, 34%는 동거경험을 갖고 있었다. 미혼부를 알게 된 후 임신에 이른 기간은 1개월 이내(28%)가 가장 많았고, 만난 즉시(22%), 3~6개월(13%), 1~3개월(12%)로 나타나 교제시작 즉시 성 관계가 이루어졌음을 알 수 있다.

임신 사실을 알게된 후 미혼부의 태도는 행방을 감춘 경우(25.4%)가 가장 많았고, 유산시키라고 하거나(22.2%), 결혼하자고 제의하거나(12.7%), 헤어지자고 한 경우(9.5%)순으로 나타났으며, 별다른 반응을 보이지 않은 경우는 23.8%로 나타났다. 친권포기 상담을 하게 될 당시의 미혼부와의 관계는 미혼부의 45%가 임신사실을 알고 행방을 감추었거나 부모의 반대로 헤어졌거나 결혼, 군입대 등으로 관계가 끊어졌으며, 한 두번 교제 후 임신사실도 모른채 헤어진 경우가 32%, 동거 중에 있으며 곧 결혼할 예정으로 있는 경우는 5%에 불과했다(김태진, 1975).

이들 미혼모들은 임신에 따른 정신적 충격으로 술·담배 등을 복용한 경우가 많으며 출산일 직전까지 학교나 가정에 임신 사실을 숨겨 왔다. 또한 이들은 피임등에 무지했거나 임신 자체를 인정하려 하지 않거나 심각한 정서적 불안을 보이는 경우가 많아 미혼모의 산전 건강관리가 제대로 이루어지지 않는 것으로 나타났다.

한국여성개발원의 연구결과(1984)에 의하면 미혼모의 낮은 교육정도, 결손가족, 가족의 소득수준, 부모의 폐쇄적인 성 태도, 낮은 자아정체감 그리고 친구의 개방적인 성 태도가 미혼모 발생의 요인으로 나타났다.

임신하는 10대들은 피임방법을 모르거나 피임을 하지 않거나 한다. 대한가족협회(1991년)의 조사결과에 의하면 14~24세의 근로청소년 500명 중 매번 피임한 사람은 2.1%, 때때로 사용한 사람은 6.2% 그리고 피임을 하지 않는 사람은 무려 91.7%에 이르렀다. 피임을 하지 않는 이유로는 피임방법을 몰라서가 39.7%, 준비가 안 되어서 22.4%, 피임기구를 사는 것이 쑥스러워서 19.5% 그리고 피임의 안정성을 의심해서가 14.4%로 나타났다. 이와 같이 피임방법을 사용하지 않는 이유는 인구통계학적 요인으로서 18세 이하의 어린 소녀들, 더 낮은 사회·경제적 수준, 대학에 진학하지 않음 등이 있고, 생물학적 요인으로서는 임신한 경험이 없거나 사전 계획 없는 우연한 성교 그리고 성교의 순간에 피임방법을 사용할 수 없는 상황 등이 있으며, 심리적 요인으로서는 무기력과 숙명주의적 태도에 기인된 통제감의 부족, 낮은 교육적 성취와 목표, 높은 수준의 불안과 낮은 자아강도 그리고 낮은 자아존중감과 높은 자아중심성 등이 있다(장휘숙, 1996).

여성가족부가 미혼모시설 11개소에 입소한 미혼모 238명을 조사한 결과(2005)에 의하면 연령은 15세 이하 1.7%, 16~20세 31.5%, 21~25세 45.8%, 26~30세 14.3%, 31~35세 5.5%, 35세 이상 1.2%로 나타났고, 학력은 고등중퇴 이하가 35.3%, 고졸 47%, 대학재학 이상이 17.7%로 나타났다. 임신사유는 교제 중 원치 않은 임신 66%, 피임실패 16.0%, 아기를 갖게 위해 7.5%, 성폭행 3.8%, 기타 5.9% 등으로 나타났다. 출산하게 된 이유는 낙태시기를 놓쳐서 28.8%, 아기를 낳기 위해 26.3%, 낙태가 무섭고 두려워서 15.3%, 낙태비용이 없어서와 낙태가 죄악이라는 생각이 각각 11.3%, 미혼부가 아기를 원해서 3.4% 등으로 나타났다.

미혼부와의 관계는 친구소개 37%, 우연히 16.4%, 직장동료 13.4% 등으로 만나 교제 중 자연스럽게 임신하였으며, 학교 선후배(8.4%), 채팅(10.1%), 성폭행(2.9%) 등으로 나타났으며, 임신 후 미혼부와의 관계는 헤어진 경우가 62.1%, 가끔 만나는 경우가 10.8%, 결혼 예정 6.0%, 교제 중인 경우가 19.4%로 나타났다. 미혼모의 어려운 점으로는 마음의 혼란 35.6%, 경제적인 문제 23.9%, 가족과의 관계 15.2%, 주위의 시선 10.9%, 미혼부와의 관계 6.1%, 학업문제 5.2%, 아이문제 3.5% 등으로 나타났다.

이상의 몇 가지 사례에서 나타났듯이 우리나라는 급격한 산업화·도시화로 인한 전통적인 문화적 가치의 혼란, 서구 문화의 유입과 향락산업의 발달로 인한 성 개방풍조의 만연, 대중매체의 무분별한 성적 자극 및 성교육의 부재 등에 기인하여 미혼모가 발생하고 있다고 볼 수 있다.

### 2) 미혼모의 일반적 특성

10대 임신율이 증가한다는 사실은 성적인 활동이 활발한 10대들의 숫자가 증가하고 있다는 것을 반영하고 있다(Marec다, 1987). 혼전성교에 의한 임신으로 어린나이에 결혼하는 것은 성적인 결함이나 임신을 합법화시키려는 욕망으로 볼 수 있다. 낙태를 하지 않고 아이를 출산한 10대들은 낙태를 한 10대들과는 다르다. 그들은 대부분 부부가 되어도 정서적으로나 사회경제적으로 독립을 하지 못하는 경우가 많다(윤가현, 1990).

미혼모의 현황에서 나타난 일반적 특성은 다음과 같다.

첫째, 미혼모에 대한 정확한 통계는 파악하기 어려우나 매년 크게 증가 추세에 있다.

둘째, 미혼모의 연령은 20대가 과반수를 차지하고 있으며, 10대 미혼모가 크게 증가하는 추세에 있으며 연령은 점점 낮아지는 추세에 있고, 첫 성관계의 연령이 저연령화되고 있다.

셋째, 미혼모의 교육수준은 중졸 이하의 저학력이 아직도 일반적이나 고등학교 학력 이상의 고학력 미혼모가 급격히 증가 추세에 있으며 학생이 미혼모가 되는 비율이 증가하는 추세에 있고 또한 중퇴자도 증가 추세에 있다.

넷째, 미혼모의 직업은 특정한 분야에 종사한 사람이라기보다는 다양한 분야에 종사하는 것으로 나타났다.

다섯째, 미혼모는 부모의 감독권에서 벗어나 생활한 경우가 많고, 미혼모는 가출경험이 많으며 가출상태에서 미혼모가 되었거나 미혼모가 된 후에 가출하는 등 가출과 관련이 있다.

여섯째, 미혼모의 가족관계에 있어서 과거에는 결손가정 출신에서 발생 빈도가 높았으나 정상가정에서 발생하는 비율이 증가하는 경향을 보이고 있어 가정내에서의 도덕적 규제의 약화와 청소년의 신체적 조기 성숙으로 성행위의 적극적인 양상이 나타나고 있다.

일곱째, 미혼모는 성에 대한 지식과 피임방법에 대한 이해가 부족하며 성관계에 대한 태도는 순간적, 충동적, 맹목적인 것이 일반적이다. 일반적으로 10대들이 피임을 하지 않고 성관계를 갖는 이유는 여러 가지이다. 10대들의 성 관계는 보통 기대하지 않은 상황에서 발생하게 되고, 원하지 않는 임신은 개인적·대인적·도덕적·종교적 차원에서 위기를 불러일으킬 수 있다(Mareck, 1987).

여덟째, 미혼모 발생과정의 특징으로서 과거의 조사에서는 우연한 기회에 알게 되어 미혼모가 되는 경우가 대부분이었으나 최근에는 평소 아는 사이에서 미혼모가 발생하는 추이로 변하고 있으며 부모와 떨어져 생활하는 과정에서 미혼모가 되는 경우가 많아지고 있다.

청소년 임신과 관련된 가족적, 심리적, 사회적, 대인관계 특징은 첫째, 청소년 발달과 관련된 이슈 둘째, 임신과 관련된 사건특징 셋째, 동료 및 가족역동과 같은 대인관계 넷째, 미디어의 영향 다섯째, 인지적 특징 등이 있다(Mcwhirter et al, 1998).

## 4. 未婚母의 問題

### 1) 미혼모의 문제

현실 사회의 어느 곳에서나 그들이 낳은 사생아의 문제와 함께 존재하고 있으며 다만 국가나 시대의 상황에 따라 그들의 사회적 지위나 보호책에 차이가 있을 뿐 문제의 심각성은 그대로 존재하고 있다(김태진, 1975).

미혼모의 문제는 단순히 임신으로 겪는 신체적 변화뿐만 아니라 그들이 임신과 정에서 처해 있는 심리적 상황도 문제의 대상이며 더 나아가 미혼부와 그들 가족과의 상호관계 등으로 미혼모문제는 복잡성을 갖고 있다.

#### (1) 미혼모가 경험하는 문제

미혼모가 경험하는 문제로서 신체적인 문제는 임신에 따른 신체의 변화, 산전산후의 건강관리의 문제가 있고, 심리적 문제로서는 임신·분만에 따른 불안, 공포, 사회적 관념에 따른 가족과 사회의 비난에 대한 두려움, 수치심으로 학업이나 직장을 포기하고 가출하는 문제, 미혼부에 대한 증오와 적개심으로 사회에 대한 반항적·자학적 태도를 보이는 등의 문제가 있으며, 사회적 문제로서는 사회관계와 경제적 수단의 상실로 인해 사회적 지위나 기회의 박탈, 사회적응의 어려움 등이 있으며, 경제적 문제로서는 분만·양육비, 생활비 부담의 문제가 있다.

미혼모가 경험하는 가장 큰 문제는 영양상태와 산전치료가 20대나 30대 모성에 비해 크게 뒤진다는 점이다. 특히 임신 3개월 이전에 산전진료는 거의 이루어지지 않고 있다. 특히 10대 여성의 임신은 의학적으로 다음과 같은 문제점을 갖고 있다. 첫째, 산전 진찰률이 낮다. 둘째, 정신적 불안정이 증가한다. 셋째, 임신 중 각종 합병증이 증가한다. 또한 태아 및 신생아에서도 각종 합병증이 증가한다. 넷째, 임산부 사망률 및 각종 이환률이 높다. 다섯째, 인공유산율이 높다. 이와 같이 15세 이하 소녀의 임신과 출산은 유산, 사산, 조산, 저체중아의 출산과 같은 좋지 않은 결과를 낳기도 한다. 또한 어린 나이의 성행위는 성병감염에 노출될 위험을 증가시킨다.

미국의 경우 청소년 임신과 출산율은 성경험과 청소년의 혼전섹스, 가족계획의 방법, 낙태서비스, 사회경제적 지위, 인종과 민족 사이에 나타나는 경향에 영향을 받는다(Spitz, 1993). 따라서 성경험의 동향은 혼전섹스와 동거의 보편화 정도와 성행위에 대한 대중의 가치기준 변화에 따라 달라진다.

이와 같이 미혼모는 임신한 아기의 처리문제, 거처할 장소, 정서적 문제, 부모와의 관계, 미혼부와의 관계, 대인관계 등 많은 문제를 지닌 채 가정과 사회의 냉대와 거부, 미혼부의 무책임과 임신에 대한 부정적 반응으로 죄의식, 수치심, 소외감을 느끼게 되고 좌절감에 빠져 미혼모 자신은 물론 아동, 가정, 사회 전체에 영향을 미치게 된다. 이러한 복합적인 문제상황에 처해 있는 미혼모는 위기상황을 적절히 극복하지 못하면 사회적 일탈자로 전락하게 되며, 기아(棄兒)의 발생 등 새로운 사회문제를 야기시키게 된다.

### (2) 미혼모 발생과정상의 문제

미혼모의 발생과정에서의 문제점은 과거의 조사에서는 우연한 기회에 알게 되어 미혼모가 되는 경우가 대부분이었으나 최근에는 평소 아는 사이에서 미혼모가 발생하는 추이로 변하고 있으며 아직은 부모와 떨어져 생활하는 과정에서 미혼모가 되는 경우가 많아 부모의 적절한 지도감독의 결여가 미혼모를 되게 하는 요인으로 지적될 수 있다. 미혼부모들이 만난 후 임신한 시기는 과거의 조사에서보다 오래 사귄 후 임신한 경우가 많은 것은 평소 아는 사이에서 미혼모의 발생이 많음을 시사하는 것으로 건전한 이성교제에 대한 인식 부족을 엿볼 수 있고 상당수가 집에서 부모와 함께 생활하는 과정에서 미혼모가 되는 것은 자녀에 대한 부모의 적절한 감독의 소홀 및 미숙한 상호관계에서 기인하는 것임을 시사하고 있다.

### (3) 미혼모문제 해결과정의 문제

미혼모들의 대부분은 스스로 임신사실을 인지하였으나 인지시기가 과거의 조사에서 보다 늦어진 것으로 나타나 상당수 미혼모들이 성에 대해 무지하고 단순하다는 것을 알수 있다. 이는 현실적으로 적절한 사전 대책을 수립하는 것을 어렵게 만들며, 한 번도 검진을 받지 않은 경우가 과반수에 달하고, 검진시기도 임신 말기인 7~8개월에 가서야 받은 것으로 나타나 건강관리에 많은 헛점이 있음을 알 수 있으며 산후의 모자건강에 많은 영향을 끼치는 요인으로 작용하고 있다. 그리고 임신 중 미혼모들은 임신 사실을 모르고 또는 알고서도 다양한 종류의 약물을 복용하게 되어 분만 시 또는 성장과정에서 문제점으로 제기될 가능성을 안고 있다.

임신을 확인한 미혼모는 과거보다는 부모 및 가족, 미혼부와 상의하는 추세에 있으나 여전히 대부분의 미혼모는 무보호상태에서 그냥 있었던 경우가 많아 현실적으로 미혼모의 문제는 미혼모 자신만이 고통받고 있음을 단적으로 드러내고 있다.

미혼부의 임신에 대한 책임의식이 과거보다는 적은 폭이나마 증가했으나 여전히 책임회피가 가장 두드러진 반응으로 나타났다. 이는 미혼모는 존재하나 미혼부는 존재하지 않는다는 것을 입증하는 것으로서 우리나라에서 미혼모에 대한 실태와 시각을 반영하는 것이다.

미혼모가 아동을 양육하다가 친권포기한 경우 타인 양육보다는 가족들과 함께 생활하면서 양육하거나 혼자 양육함으로써 대부분 양육과정에서 가족과의 많은 갈등을 경험하고 아동양육에 필요한 경제적인 어려움을 경험하고 있으나 이에 대한 지원책은 미흡한 실정이다.

### 2) 미혼모가 끼치는 영향

#### (1) 미혼모 자신에게 미치는 영향

미혼모는 사회로부터 받는 강한 압력 때문에 원치 않는 결혼을 하기도 하며 결혼, 취업 등 장래가 제약받게 된다. 학업 중인 미혼모는 학업중단이 불가피하여 교육기회를 상실하게 되고 직장여성은 취업을 중단해야 하므로 경제적인 타격을 받게 된다. 또한 미혼모는 결혼 후에도 별거율·이혼율이 높고 불행한 결혼생활을 하는 경우가 많으며 미혼모의 대부분이 정상적인 임산부에 비해 산전후 건강관리의 소홀로 분만하게 되어 건강에도 악영향을 미치게 된다.

대한가족보건복지협회의 발표자료에 의하면 2000년 한해 동안 15~44세 사이의 여성 중 유배우자의 낙태경험률은 약 30%이다. 반면 1991년 전국 출산력과 가족보건실태조사결과에는 150만 건으로 나타났지만 비공식적으로는 200만 건이 넘는 것으로 추정하고 있으며, 이 중 20%가 미혼여성의 낙태로 추정하고 있다.

인공임신중절이 여성에게 미치는 영향은 수술에 의한 감염, 출혈로 인한 쇼크사 위험, 자궁내막 유착, 자궁외 임신, 임신 중에 유산 증가, 불임증 유발 등이다.

### (2) 사생아에게 미치는 영향

미혼모는 대부분 심리적, 신체적, 경제적으로 불안정한 상태에서 임신을 하게 되므로 임신 중이나 출산 후에도 아이에게 나쁜 영향을 미치게 된다. 특히 20대 이전의 미혼모에게서 태어난 아이는 조산아, 미숙아, 유아 사망의 가능성이 높고 선천적 결함과 신체장애와도 밀접한 관계가 있다. 10대 미혼모의 문제는 장애아동을 출산할 확률이 매우 높다는 점이다. 이에 대한 공식적인 통계는 없지만 입양기관이나 미혼모자시설에서는 10대 미혼모의 장애아동 출산율이 50% 이상 될 것으로 추정하고 있다. 이렇게 장애아동의 출산율이 높은 것은 10대는 생식기관이 미성숙한데다 미혼모의 대다수가 술, 담배에 노출되어 있으며, 약물을 복용하는 경우가 많기 때문이다. 그리고 임신으로 인한 심리적 충격과 불안감 그리고 영양부족도 장애아동 출산율을 높이는 요인이 된다. 또한 18세 이하의 출산은 위험하여 유산과 조산율이 높고 미숙아를 낳을 가능성이 높다.

가족관계에서 볼 때 아버지의 부재로 사랑을 받지 못하고 아버지에 대한 동일시의 욕구가 충족되지 못하였기 때문에 인격 형성에도 악영향을 미치게 된다. 또한 사생아는 사회적, 법적 차별대우를 받을 수 있기 때문에 애정 결핍, 사회적 냉대, 출생 시부터 부모에게 버림받았다는 열등감, 죄의식 등으로 인해 정상적인 성장발달에 문제를 갖게 되며 사회적응이 어려워 여러 가지 사회문제를 일으킬 가능성이 많게 된다.

미혼모의 비합법적인 성행위의 결과로 태어난 아동을 학대, 유기하는 사례가 발생하게 되는데 요보호아동 발생통계에 의하면 1990년의 5,721명 중 기아가 1,844명이고 미혼모의 아기는 2,369명이었으며, 1995년에는 4,576명 중 기아가 1,227명, 미혼모 아기가 1,285명으로 나타나 이를 입증하고 있다. 특히 경제적 지위와 지적 수준이 낮고 사회화가 미숙한 상태의 미혼모는 아동을 유기함으로써 아동경시현상을 초래할 위험성을 보이고 있다.

### (3) 가정에 미치는 영향

미혼모는 그들의 부모에 대하여 수치심을 갖게 되며 사회생활에 흥미를 잃게 된다. 또한 가정내에 미혼모가 존재함으로써 가족구성원간의 의견 충돌, 사생아의 부양문제, 미혼모 장래문제 등에 있어서 가정생활에 물의를 일으키게 된다. 미혼모문제가 사회문제로 부각되는 것은 미혼모의 일탈행위가 가족의 결속력과 통제력을 약화시킬 가족해체현상을 유발시키기 때문이다. 즉, 미혼모로 인하여 가족구성원의 결속력과 연대감의 상실이 역할 패턴의 약화 및 붕괴를 가져오게 된다는 점이다.

우리나라에서는 미혼모가 가정에 미치는 영향을 가족관계 내부 또는 가정생활에만 국한하여 설명하고 있어 미혼모문제를 사회문제로서 파악하려는 노력이 미흡하다.

(4) 사회에 미치는 영향

기능주의적 관점에서 볼 때 미혼모가 비합법적인 성행위를 통하여 사생아를 임신, 출산하는 것은 결혼제도라는 사회규범의 합의에 대한 배반이며 사회안정을 파괴한 행위로서 사회의 가치관에 혼란을 야기시키게 된다.

미혼모는 결혼하지 않은 상태에서 아이의 엄마가 된다는 점에서 전통적인 결혼제도를 부정하는 것이 된다. 이러한 부정적인 태도는 성 도덕의 붕괴를 초래함으로써 성 질서를 포함한 사회질서를 혼란하게 하고 이를 허용하지 않는 문화체제에서는 이것을 수치스럽게 여겨 동료간에 격리를 일으킬 수 있다.

## 5. 未婚母를 위한 支援體系

우리나라에서는 미혼모에 대한 정부 차원의 정책과 서비스는 거의 없이 민간 입양기관이 미혼모 상담을 주도하고 아동의 입양사업을 전담해 왔다.

미혼모 자체가 주요한 문제성을 지니고 있음에도 불구하고 기존 윤리나 도덕관념으로는 다루어질 수 없다는 점과 개인과 가정, 사회가 이 문제를 수용할 태세가 갖추어져 있지 않다는 점에서 문제 해결접근의 한계가 있으며 이러한 문제 해결은 거의 초보단계 수준에 머물러 있다.

### 1) 미혼모상담

우리나라의 미혼모에 대한 상담보호는 주로 민간 입양기관이 맡아 왔으며, 미혼모 상담은 미혼모문제에 대한 관심보다는 사생아의 보호문제에 대한 관심과 서비스에 집중되고 있는 실정이며, 정부 차원의 미혼모를 위한 대책과 서비스는 거의 없는 실정이다. 그러나 최근 들어 미혼모문제에 대하여 여성복지사업의 일환으로 미혼모 발생의 예방과 선도보호사업 계획을 수립하여 민간기관과 협조하여 추진하고 있다. 주요 내용으로는 요보호여성 발생 예방 및 선도사업으로서 시·군·구 여성회관 및 여성복지관련 상담소의 상담사업을 강화하고 청소년을 대상으로 한 성교육 실시, 비행청소년·가출청소년 상담지도 등을 하고 있으며, 미혼모자시설을 지원하는 등 다양한 지원이 이루어지고 있으나 예방적 효과를 기대하기는 힘들다.

입양기관이 미혼모상담 및 아동에 대한 입양사업을 실시하고 있으나 친권포기 전의 심리적 단계나 친권포기 후의 적응단계에는 접근하지 못하고 있으며, 단지 분만 직후의 친권포기단계만이 존재하는데 문제가 있다. 그러나 미혼모자시설에서는 친모에게 분만 전부터 상담서비스를 제공하고 있으나 상담의 초점이 친모보다는 신생아의 입양 여부 결정에 두고 있어 친권포기가 친모에게 미치는 장·단기 영향에 대한 고려는 거의 이루어지지 않고 있다.

### 2) 미혼모자시설등에서의 상담 및 보호

미혼모자를 위한 시설은 미혼모자시설, 미혼모자공동생활가정, 미혼모공동생활가정 등이 있다. 미혼모자시설은 미혼의 임산부 및 출산 후(6월 미만) 보호가 요구되는 여성으로서 분만혜택과 숙식보호를 필요로 하는 희망자가 입소대상이다. 보호기간은 6월 이내이며 관할 시장·군수·구청장이 필요하다고 인정하는 경우에는 6월의 범위 안에서 연장이 가능하다.

보호내용은 숙식 무료 제공, 분만 의료 혜택(의료급여 1종 대상자로 관리)과 지역내 병원·보건소 등을 지정하여 산전·분만·산후에 필요한 검진을 받을 수 있도록 하고, 이상분만 등 의료급여를 적용할 수 없는 부분에 한하여 미혼모 특수치료비 지급, 자립지원을 위한 직업교육 및 인성교육, 상담지도, 3개월 이상 입소한 후 퇴소할 때 피복비 지원 등이다.

미혼모자공동생활가정은 출산 후의 미혼모와 해당아동으로 구성된 미혼모자가족이 일정기간 공동으로 가정을 이루어 아동을 양육하고 보육할 수 있도록 지원하는 것을 목적으로 하는 시설이다.

미혼모공동생활가정은 출산 후 해당 아동을 양육하지 아니하는 미혼모들이 일정기간 공동으로 가정을 이루어 생활하면서 자립을 준비할 수 있도록 지원하는 것을 목적으로 하는 시설이다.

## 6. 未婚母問題에 대한 새로운 接近

미혼모문제는 미혼모 개인의 도덕적 책임의 문제를 떠나 심각성을 띠고 있다. 즉, 비합법적인 성행위를 통한 사생아의 임신이 사회가치관의 혼란을 초래함은 물론 태어난 아동이 학대, 유기의 대상이 될 우려가 있으며, 미혼모가 됨으로써 심리적 갈등, 정서적 결핍, 직장이탈, 교육기회의 박탈, 가정불화, 가정이탈 등으로 사회적응이 어렵게 된다는 점이다. 미혼여성의 혼전성관계는 사회적인 여러 여건이나 기타 다른 나라의 경우로 보아 계속 증가할 추세이다. 따라서 미혼여성의 혼전임신에 따른 미혼모와 사생아의 발생도 계속 증가될 것이다. 이와 같은 미혼모문제를 해결하기 위한 접근방법은 미혼모 발생의 사전 예방을 위한 조치와 사후 치료적 차원의 프로그램으로 대별할 수 있다.

### 1) 예방적인 측면

증가하게 될 미혼모 발생의 근절책은 기대할 수 없지만 문제 발생의 원인에 따른 개인, 가정, 사회에 대한 상담서비스, 결손가정, 빈곤가정에 대한 지원의 확대를 통한 가정생활의 안정을 도모하고, 학교, 기업체 등 미혼여성이 집단적으로 생활하는 집단에 대해 성교육, 성 상담의 기회를 확대해 나가며, 청소년 유해업소의 근절, 원하지 않은 임신에 대한 합법적인 임신중절수술의 허용 등의 방법이 모색됨으로써 미혼모 발생의 예방 내지 수적 감소가 가능하게 될 것이다.

### 2) 사후 치료적 측면

#### (1) 미혼모에 대한 전문적 접근

미혼모의 연령이 저연령화되었다는 것은 이들을 위한 접근이 조기에 이루어져야 하며, 다양하고 전문화되어야 함을 의미하고 있다.

미혼모에 대한 서비스는 사회적 치료와 심리적 치료로 구분할 수 있는데, 사회적 치료는 수입의 유지, 주거의 제공, 산전산후의 진료, 직업상담 등을 통해 사회적응이 이루어지도록 서비스를 제공하는 것이고, 심리적 치료는 대인관계의 조정, 임신과 출산에 대한 반응, 자아개념 등 임신·출산으로 인한 전반적인 정서문제를 다루어 자아의 분열을 막고 건전한 자아를 확립하여 자신의 문제를 해결해 나가도록 돕는 서비스이다.

입양동의등의 방법으로 아동을 친권포기하는 미혼부모는 끊임없는 우울증, 괴로움, 죄책감 등의 심각한 심리적 고통을 경험하고 있으며 이러한 고통은 친모증후군으로 나타나고 있다는 것이 외국의 연구 결과이며, 국내 친부모상담원들도 친권포기가 친부모의 정신건강에 미치는 영향을 인정하고 있다는 점에서 적절한 상담프로그램 개발이 필요하다.

### (2) 미혼부 책임의 제도화

미혼모 배후에는 미혼부가 있음에도 불구하고 사회는 그 동안 미혼모만을 문제시하였다. 앞에서 제시한 통계에 의하면 미혼모의 연령이 저연령화됨에 따라 미혼부의 연령도 어려지고 있다. 그러나 상당수의 미혼부가 현재 직장을 가지고 있고 나이도 25세가 넘은 성인이다. 따라서 미혼모가 자녀를 양육하기를 원할 때 미혼부로 하여금 자녀가 성년이 될 때까지 일정한 금액의 양육비를 부담하도록 법제화할 필요가 있다. 이와 같은 제도는 미혼모들과 자신의 행동에 책임을 갖게 하고 무분별한 성행동을 줄이는데 장기적인 효과가 있을 것으로 기대된다. 미혼부들에게 자신의 행동에 대한 책임을 불어넣고 궁극적으로는 미혼모의 발생을 줄이는 방안이 될 것이다.

### (3) 미혼모에 대한 통합적 지원

현행 사회복지 서비스 법제는 미혼모를 보호하는 직접적으로 관련된 단일 법령이 없으며, 모자가족, 성매매여성, 가출여성과 함께 요보호여성으로 분류되어 예방사업과 시설보호방법의 치료적 지원에 치중되어 있다. 따라서 미혼모에 대한 효과적인 접근을 위해서는 미혼모상담기관, 미혼모자시설, 직업훈련시설, 입양기관, 건강가정지원센터 등과의 유기적인 연계를 통한 종합적인 지원체계가 구축되어야 할 것이다.

# 第4章 家庭暴力 被害女性

가정폭력은 중세부터 있어 왔지만 국가적 관심이 집중된 것은 최근의 일이다. 우리나라에서 가정폭력이 사회문제로 공론화된 것은 1997년에 제정된 가정폭력방지 및 피해자보호등에 관한 법률의 시행 이후부터라고 볼 수 있다.

가정폭력의 원인은 사회적으로 모든 문제와 갈등을 폭력으로 해결하려는 폭력문화가 보편화되고 아내는 남편에게 복종해야 한다는 가부장적 이데올로기로 인해 가해자인 남편은 아내의 권리를 부당하게 침해하고 신체적·정신적 고통을 가해도 된다는 사회의 통념에서 비롯된다고 볼 수 있다. 뿐만 아니라 피해여성들의 폭력을 감수하는 태도와 가정영역에서 아내에게 가해지는 남편의 폭력을 심각한 사회문제로 인식하지 않는데 있다.

가정폭력은 사회의 어느 특정집단에서만 일어나는 현상이 아니라 연령이나 직업에 관계 없이 다양하게 나타나고 있다. 가정폭력의 정도는 가벼운 상처나 고통을 주는 경우도 있지만 상황에 따라서는 심각한 고통이나 살인까지 이어질 수 있는 위험이 도사리고 있다.

폭력피해여성은 가출과 귀가의 악순환을 경험하며 우울증, 무기력증, 소화불량, 불면증, 두통 심지어 알콜중독, 자해, 자살까지 하게 되는 등 심각한 후유증을 나타내고 있다. 가정폭력 중 아내학대문제는 사회폭력의 온상지이며 폭력의 공포가 후손들에게 미치는 피해는 광범위하여 폭력의 악순환이 되고 있다.

이와 같은 심각성을 띠고 있는 가정폭력은 가정의 안정성과 정체성을 훼손하고 나아가 가정파탄을 초래할 정도로 만연되어 있어 실효성 있는 가정폭력 방지대책이 시급한 실정이다.

## 1. 家庭暴力의 槪念

가정폭력(domestic violence, family violence)이란 가정내에서 발생하는 모든 종류의 폭력을 지칭하는 개념으로서, 가족구성원 중의 한 사람이 다른 가족원에게 의도적으로 적대적인 물리적 힘을 사용하거나 정신적 학대를 통하여 고통을 주는 행위(Straus, 1990)로 규정되는데, 여기에는 신체적, 언어적, 정서적 그리고 성적 학대 등이 모두 포함된다. 가정폭력 가해자는 양성이 될 수 있으므로 원래는 중립적인 의미로 규정하고 있다.

가정폭력은 가족구성원들에 의해 행해지는 작위·부작위의 모든 행위이며, 그러한 행위에서 연유된 상황이 다른 가족구성원들의 동일한 권리와 자유를 박탈하고 가족구성원들의 최적의 성장발달을 저해하며 선택의 자유를 저해하는 것을 의미한다. 여기에는 단순한 물리적·신체적 손상을 주는 행위뿐만 아니라 자아존중감을 해치는 언어적 학대, 성적 학대의 경우도 포함되는 포괄적인 의미의 폭력행위이다. 따라서 가정폭력에는 자녀학대, 배우자학대, 부모학대와 같은 주제들이 포함되어 부부 사이, 부모와 자식 사이, 형제간의 폭력 등으로 다양하지만 우리 사회에는 부부간의 폭력 중 남편에 의한 아내구타가 제일 많은 것으로 알려져 있다.

아내를 구타하는 행위를 정의하는 것은 쉽지 않다. 실제로 학자나 실무자들간에 유사 용어들이 혼용되고 있는 것은 구체적으로 학대의 정도나 범위를 설정하는데 어려움이 있기 때문이다. 관련 문헌들에는 아내학대(wife abuse), 아내구타(wife battering), 아내폭행, 가정폭력, 배우자 학대(spouse abuse), 부부폭력(marital violence) 등의 명칭이 사용되고 있으며, 우리나라에서는 아내학대와 가정폭력, 아내구타 용어들이 큰 차이 없이 쓰여지고 있다.

우리나라 가정폭력범죄의 처벌등에 관한 특례법에서는 가족구성원 사이에 신체적, 정신적 또는 재산상 피해를 수반하는 행위로 규정하고 있다.

가정폭력에 대한 개념정의에서 고려해야 할 것은 첫째, 학대의 대상이다. 대부분의 문헌에서는 부부폭력이 법적으로 결혼한 부부 사이에서 행해지는 학대에 초점을 둔 것으로 남편이 아내를 학대하거나 아내가 남편을 학대하는 것 그리고 법적으로 남이 되었지만 전 배우자, 동거 중인 상태에 있는 배우자를 포함하고 있다.

둘째, 학대의 의미를 생각해 볼 수 있다. 부부간의 학대는 신체적 위해행위와 그로 인한 신체적 손상에 즉각적인 관심을 보이지만 좀 더 관찰해보면 심리적이고 정서적인 면에서 깊은 상처를 호소하는 경우가 상당히 많음을 알 수 있다.

구타(battering), 폭력(violence), 학대(abuse)등의 용어는 그 뜻이 다르게 사용되는데, 폭력은 신체적 공격의 모든 행위를 일컫는 말이며, 학대는 개인에게 손상을 입히는 신체적, 비신체적 행위 모두를 포함한다. 그리고 구타는 문헌상에는 반복적인 정서적, 심리적 학대까지도 포함하나 실제적으로는 신체적 폭행의 심한 공격행위를 나타내는 말로 쓰여지고 있으며, 이들은 경우에 따라서 같은 뜻으로 혹은 다른 뜻으로 사용되기도 한다.

셋째, 학대의 범위에 관한 것이다. 학대는 따귀 때리기부터 심하게는 무기를 사용하고 성적 압력을 가하는 등의 신체적인 학대와 배우자에게서 받는 심리적 학대(수치심 및 언어적 비하)를 포함할 수 있다.

넷째, 행위가 일회성이냐 아니면 반복적인가도 중요한 분류기준이 된다. 이에 대해서 (1) 심각한 폭력의 경우는 단 1회일지라도 모두 학대성 폭력으로 간주하는 방법과 (2) 한 달에 한 번 이상 어느 정도 반복적으로 나타나는 심각한 폭력만을 학대적 폭력으로 간주하는 방법이 있다(변화순 · 원영애 · 최은영, 1993).

가정폭력은 다른 형태의 폭력과 공통점을 가지고 있으면서도 다음과 같은 특색이 있다. 첫째, 가정폭력은 가해자와 피해자가 서로 긴밀한 관계를 갖고 있다는 면에서 다른 형태의 폭력과 구분된다. 둘째, 가정폭력이 초래하는 신체적 · 감정적 해악은 일회적이 아니고 오랜기간 동안 지속되고 반복되는 특징을 갖는다. 셋째, 가정폭력은 피해당사자에게만 그 충격이 주어지기보다는 함께 사는 가족구성원 모두에게 영향을 미친다는 특징을 갖는다(한국형사정책연구원, 1998).

배우자 학대가 다양한 형태로 많은 부부들에게 영향을 끼치고 있다는 사실이 널리 알려지기 시작한 것은 1970년대 초 주로 미국에서였다. 그 이후 가정폭력관련 문제는 법률가와 몇몇의 임상전문직과 더불어 사회복지사의 주된 활동영역으로 자리잡기 시작하였고, 피해자들이 주로 찾게 되는 지역사회정신보건센터, 아동보호전문기관 등에서 제공되는 상담 · 치료 프로그램 역시 사회복지사들이 주된 역할을 담당하는 영역으로 인식되고 있다.

우리나라의 배우자 학대 경향이나 증가 추세 그리고 서비스 프로그램 등은 서구 특히 미국의 문화적 영향을 받고 있는 바가 크지만 이 영역에 개입하여 수행할 주된 역할에 대한 인식도 미약한 실정이다.

## 2. 家庭暴力 發生 要因

학계에서 널리 인정되고 있는 가정폭력관련 제 이론은 크게 3가지로 요약된다(Steinmetz,1987). 첫째, 선천적으로 공격적 성향을 가졌거나 술 또는 마약중독 등 개인적 차원의 정신병리학적 이론 둘째, 사회학습, 교환, 상호작용 등에 의한 사회심리학적 이론 셋째, 사회적 지원, 갈등체계 또는 문화적 규범 등에 의해 설명되는 사회문화적 이론 등이다.

여기에서는 개인내적 이론과 사회학습 이론, 좌절·공격 이론 및 사회구조적 이론을 살펴보고자 한다.

### 1) 개인내적 이론

가정내 폭력행위의 요인을 개인적 차원에서 찾고자 하는 접근방법은 학대관계에 있는 남편과 아내의 심리적 특성 및 성격구조에 초점을 맞추어 분석하는 방법이다. 이같은 분석방법에는 아내학대행위를 부분적 병리가 존재하는 일탈행위로 전제하고 가해자인 남편의 유형과 심리적 특질을 분석하는 관점과 여성심리 자체에 폭력행위를 유발하는 측면이 있다고 전제하여 학대받고 있는 여성을 중심으로 분석하는 관점이 있다.

Walker(1988)에 의하면 아내를 학대하는 남편의 심리적 특성은 병적인 질투심을 느끼고 있으며 일상생활에서 심한 스트레스를 느끼고 있으나 적절히 해소할만한 기술을 습득하지 못하였고, 자신의 남성다움을 과시하기 위해 성(sex)을 하나의 공격적인 행위로 사용한다는 것이다. 또한 그들은 좌절하기 쉽고 충동을 억제하지 못하며 폭력적·폭발적 기질이 있고, 아동기에 신체적·성적 학대의 경험이 있으며, 의미 있는 타인의 학대를 본 경험이 있고, 정서적으로 아내와 아이들에게 의존해 있다는 것이다. 이밖에도 실직하여 돈을 벌지 못하거나 혹은 다른 이유에서 자기 일에 만족하지 못하는 경우 즉, 남편들은 자기 아내가 자신보다 더 많은 교육을 받았거나 더 많은 돈을 번다는 사실에 고통을 느끼며 자신의 좌절감을 아내에게 쏟아버리게 된다는 것이다.

또한 학대받고 있는 아내의 개인내적 이론은 여성 자신들이 무의식적으로 희생당하기를 원하기 때문에 자신들을 공격받게끔 허용하거나 혹은 남편들의 주체할 수 없는 가학적인 충동 때문에 폭력을 행사하게 된다는 것이다. 즉, 아내학대행위는 피학성을 만족시켜 주고 남편의 가학성을 표출할 수 있음으로써 부부간의 정서적 평행상태를 유지시켜 주는 행위라는 것이다.

### 2) 사회학습 이론

사회학습 이론은 폭력행위가 학습된 행동이라고 본다. 즉, 어릴 때부터 보고 배운 것이 폭력밖에 없기 때문에 문제 상황에 부딪히면 폭력으로 해결하는 것 이외에는 방법을 모른다는 것이다. 아내학대자의 65%는 어렸을 때 학대받은 경험이 있거나 가족내의 폭력에 접했던 경험이 있다고 Qanby와 Harris의 조사에서 밝히고 있다. 또 아동을 학대하는 부모는 본인들이 폭력의 대상이었음을 증명하는 조사들도 많이 있다.

Bandura의 학습 이론에 의하면 개인의 학습바탕은 원래 백지상태라고 가정하고 폭력행위를 관찰, 모방함으로써 새로운 공격행위의 기술을 습득하고 또한 공격행위에 대한 금지해제를 일으켜 양심의 가책이나 죄의식이 없이 폭력을 사용할 수 있고 인간의 모든 행동은 주로 사회적으로 전해지는 것이고 그 한 형태로서 공격적 행동도 학습된 것이라고 했다.

개인이 갖고 있는 공격적 특성은 어린 아동기부터 양육과정과 사회화과정을 통하여 형성되는 것이며 부모가 취하는 아동양육형태, 부모가 보여 주는 공격행동의 관찰학습을 통하여 새로운 공격행동기술을 습득하게 된다. 뿐만 아니라 개인이 좌절상황에 빠졌을 때 그 문제 해결의 수단으로서 평화롭고 온건한 방법을 채택하지 않고 공격행동방법을 선호하여 실행에 옮기게 되며 이와 같은 행동경향은 단순히 아동기에만 국한되는 것이 아니라 성인기에도 계속되어 나간다. 이와 같이 폭력행위는 학습되어질 뿐만 아니라 폭력을 당한 경험에 의해서도 발생할 수 있고 인간은 강화조건에 따라 행동을 변화시킬 수 있다고 한다.

### 3) 좌절·공격 이론

좌절·공격이론은 목적하는 바가 좌절되어 그 결과 공격적 행위가 발생한다고 보는 이론으로서, 가학행위는 남편이 실직, 경제적 난관, 직장 스트레스 등이 높을수록 가학행위가 높다는 조사결과에 비추어 해석되었다.

좌절은 목적 달성을 방해당하는 것을 의미하고 공격은 타인에게 신체적 상해를 주려는 의도적인 행동이며 신체적으로 구타하는 것과 마찬가지로 언어로 표현되는 욕설도 공격적 행동으로 간주됨을 의미한다.

어떤 사람을 해치려는 의도적인 행위는 우연히 상해를 주게 되는 것이 아니고 공격은 계속성의 견지에서 볼 수 있고 어떤 행동도 공격성의 요소를 갖고 있다.

이 이론은 마치 아내가 남편을 좌절시켰을 경우 학대가 일어날 수 있을 것으로 추측함으로써 폭행의 책임을 희생자인 아내에게 전가시킬 위험을 안고 있다.

### 4) 사회구조적 이론

가정폭력은 개인 심리와 가족역학의 관계에서 뿐만 아니라 사회와도 상호 연관성이 있다는 관점에서 사회구조적 이론은 문화적 규범, 전통, 가치, 구조 등의 주위의 상황에 의하여 아내에 대한 학대가 발생한다고 가정한다.

아내구타를 비롯한 여성에 대한 남성의 폭력은 여성에 대한 사회적 고정관념과 관계가 있다. 다시 말하면 법률상의 지위, 능력과 업적, 성취동기, 남녀의 독특한 성 역할, 교육 및 취업의 기회불균등 등에 있어서 여성에 대한 편견과 부정적인 고정관념은 사회 전반에 퍼져 있으며 이러한 부당한 고정관념이 가정내에서 여성에 대한 남성의 폭력을 불러일으키는 원인이 될 수 있고, 만일 여성에 대한 고정관념이 법적 지위, 교육제도, 재산소유, 고용기회 등에서 사라지게 된다면 가정에서의 폭력문제도 감소하게 될 것이다.

소가족제도로 변화된 현대 가족의 경우에는 여성의 자녀양육 및 자녀와의 정서적 관계가 더욱 중요하게 강조됨에 따라 이에 대한 사회적 필요성이 여성에게 내면화되어 여성은 모성의 역할을 수행함으로써 스스로 더 큰 성취감과 만족감을 느끼게 되고, 가족유지를 최대의 가치로 받아들이게 되는 것이다. 이와 같이 남편의 학대행위를 너그럽게 인정하는 의식구조와 법 제도의 적용이 모든 남편과 아내들 특히 잠재적 학대자와 피학자에게 무의식적인 영향을 주고 있음을 알 수 있다.

## 3. 家庭暴力의 實態

### 1) 부부폭력의 특성

아내구타와 가정폭력에 관한 국내의 연구와 외국의 보고에서 일치되게 밝히고 있는 점은 아내구타라는 사건이 적어도 사회의 어느 특정집단에서만 일어나는 현상이 아니라는 사실이다. 즉, 구타행위는 모든 연령층에서 발생하고 있으며, 남편이나 아내의 직업도 다양하게 분포되어 있다(손영자, 1994).

아내구타의 실태를 선행연구를 통해 살펴보면 다음과 같다. 한국형사정책연구원이 서울에 거주하는 기혼 남녀 1,200명을 대상으로 한 조사결과에 의하면 생애기간 동안 가정내에서 경험한 폭력은 가정 밖의 일반인으로부터의 폭력경험보다 더 높게 나타났다. 결혼생활을 통하여 남편의 폭력을 한번 이상 경험한 여성은 45.8%, 부인에게 한 번 이상 폭력을 행사한 남성은 50.5%였다(한국형사정책연구원, 1992). 이와 같이 현대 사회의 가정은 더 이상 폭력과 범죄로부터의 안전지대가 아니라는 사실이 입증된다.

전국을 대상으로 한 가정폭력 실태조사에 의하면 전체 가정의 31.4%가 부부간의 폭력을 경험하였다고 조사되었다(김재엽, 1998; 김재권, 2000). 이는 미국의 16.1%, 일본의 17.0%에 비해 높은 비율이다. 특히 부부폭력가정의 60~80%의 자녀가 부부간의 폭력을 목격하고(Rosenberg, 1987;Wildin et al., 1991, 김정옥 · 장덕희, 1999; 장덕희 · 이경은, 2000), 나아가 부부폭력과 자녀폭력이 중복 발생될 확률은 35~100%인 것으로 나타났다(O'Keefe, 1995; 김정옥 · 장덕희, 1999).

또다른 선행 연구결과에 의하면 기혼여성 중 절반 이상이 결혼기간 동안 남편으로부터 폭력을 당한 경험이 있다. 보건복지부 조사(1999)에서는 남편의 61%, 심영희 등(한국형사정책연구원, 1992)의 서울 조사에서는 남성 응답자의 50.5%가 결혼기간 동안 아내에게 폭력을 행사한 것으로 나타났다.

무작위로 표집된 708명의 기혼여성을 대상으로 조사한 결과에 의하면 결혼 후 남편에게 구타당한 경험이 있는 사람이 42.2%였고, 지난 1년 동안 구타당한 경험은 14%였다(이화수, 1984). 대구지역 여성의 전화 상담의 결과를 보면 전체 상담건수 중 구타상담이 1993년에 32%, 1994년에 22% 그리고 1995년에 22%를 차지하고 있다. 게다가 부부갈등이나 기타 배우자 외도, 시댁갈등의 문제 등이 구타로 이어질 가능성이 높은 점을 감안하면 실질적인 상황에서의 구타 건수는 더욱 높을 것으로 추측된다.

여성부의 전국 가정폭력실태조사보고(2005)에 의하면 배우자의 폭력을 경험한 여성의 63.8%가 우울증 증세를 보였으며, 부부생활에 만족하지 못하는 경우도 60.9%에 이르는 것으로 나타났다. 또한 가정내 생활뿐만 아니라 친척이나 이웃을 만나는 횟수가 줄어드는 것으로 나타나 가정폭력이 배우자의 정신건강과 부부생활뿐만 아니라 정상적인 사회생활에도 악영향을 미치는 것으로 드러났다. 조사대상 부부의 51.9%가 자신의 자녀에게 신체적인 폭력을 행사한 경험이 있는 것으로 나타나 가정폭력은 가정내의 문제로만 끝나는 것이 아니라 아동학대 또는 자녀들이 탈선행위, 가출 등으로 이어지고 결국에는 가정을 파괴하고 가족을 해체시키는 요인으로 작용하고 있음을 알 수 있다.

이와 같이 가정폭력은 새로운 현상이 아니며 역사적으로 존재하여 온 여러 문화에 걸쳐 팽배한다. 또한 사회적 폭력이 증가할 경우 가정폭력이 늘어나는 경향이고 가정폭력이 증가할수록 사회적 폭력이 늘어나는 경향이 있다고 하였다. 뿐만 아니라 가정폭력간에는 서로 연관성이 있어 남편과 부인 사이의 폭력이 있는 경우 자녀에게도 폭력이 있어날 가능성이 많다고 하였다(Straus&Gelles,1988).

가정폭력은 피해자에게 가벼운 상처나 고통을 주는 경우도 있지만, 상황에 따라서는 심각한 고통이나 살인까지 이어질 수 있는 위험이 도사리고 있다. 이와 같이 가정폭력은 친밀과 애정의 근원지인 가정에서 발생된다는 점에서 가해자·피해자뿐만 아니라 가족 다수에게 부정적인 영향을 미치게 된다.

(1) 발생 원인

한국보건사회연구원은 조사결과에 의하면 가정폭력의 발생 원인은 남편의 술버릇이 29.0%로 가장 많았으며, 경제적 문제(16.5%), 남편의 자격지심 및 열등감(12.0%) 그리고 부부간 성격차이(10.8%)등도 비교적 큰 비중은 차지하고 있으며, 이외에도 남편의 오해, 의처증, 사소한 말다툼에 의한 확대, 시댁문제, 남편의 이성문제에 의한 다툼의 확대, 상호 이해 부족 등도 원인이 된 것으로 나타났다. 한편 아내에 의한 남편학대 및 폭력의 2.8%는 특별한 이유가 없이 발생하였고, 부부의 성격차이(25.6%), 경제적 문제(20.9%)와 아내의 이성문제(19.4%)도 큰 이유로 나타났다.

또 다른 조사결과에 의하면, 남편의 술버릇이 29.0%로 가장 높았으며, 경제적 문제(16.5%), 남편의 자격지심 및 열등감(12.0%) 그리고 부부간의 성격차이(10.8%) 순으로 나타났다. 따라서 가정폭력의 발생 원인으로서 첫째, 가부장적 가치관 둘째, 가해자의 음주벽 셋째, 실직, 경제난 등에 의한 스트레스와 가족갈등 넷째, 성장시 폭력의 목격 및 경험에 의한 공격적 성향 형성 다섯째, 성격차이와 가족관계기술의 부족 등을 들고 있다(김승권, 1999).

한편 동거하는 남녀의 폭력비율은 법적으로 결혼한 부부의 약 2배에 해당된다(Lane & Gwartney-Gibbs, 1985; Stets & Straus, 1990). 높은 아내학대율과 관련된 3가지 경제적 요인으로 ① 빈곤 ② 불안정한 고용과 실업 ③ 육체노동의 고용 등이다(Dibble & Straus, 1990; Gelles Cornell, 1990).

이와는 달리 남편 자신에게 문제가 있거나 아내를 소유물로 생각하는 인식 속에서 아내를 구타하는 경우가 더 많은 것으로 나타났다. 예를 들면 권위적인 남편의 사회적, 가정적 열등감의 표출, 외도, 도박, 음주, 의처증, 그밖에 여러 가지 이유 같지 않은 이유를 빌미 삼아 자신의 존재를 과시하고자 하는 데서 구타발생 원인을 찾을 수 있다.

(2) 폭력경험기간

부부간의 폭력은 결혼 초기에 많이 발생된다. 부부폭력은 30세 이하의 부부에서 발생할 확률이 50세 이상의 부부보다 2배나 높다(Straus et al., 1988).

아내가 처음으로 구타를 당하는 시기는 결혼 후 1년 이내가 약 60~80%, 결혼 5년 이내는 92%로 비교적 결혼생활 초반부에서부터 나타났다(김광일, 1985; 한국여성개발원, 1993). 그러므로 아내폭력이나 학대가 장기간에 걸친 결혼생활에서의 갈등이나 불만의 표출로 보기는 어렵다. 또한 구타의 빈도를 살펴보면 대부분 규칙적이고 반복적인 주기성을 띄고 있는 것으로 보아 반드시 아내의 잘못이나 실수에서 구타행위가 발생한다고 보기에도 무리가 있다.

(3) 폭력유형 및 폭력방법

가정폭력의 유형은 첫째, 손과 발로 구타하거나 기구를 사용하는 구타 등 신체적인 형태 둘째, 협박이나 모욕 혹은 경제권 박탈 등 언어적, 심리적 형태 셋째, 강제적인 성행위, 가학증과 같은 성적 형태 넷째, 재산이나 기물을 파괴하는 등의 형태가 있다. 이러한 폭력들은 동시에 일어나기도 하며 특히 신체적 폭력은 언어적·심리적 폭력이나 학대와 동시에 일어나는 경우가 많고 나머지 폭력과도 상호관련된다(장서영, 1995).

남편에 의한 아내학대 및 폭력은 신체적 폭력이 62.1%로 가장 많았으며, 정서적 학대는 35.3%, 재산과 관련된 폭력등 기타 폭력은 2.8%였다. 반면, 아내에 의한 남편폭력은 신체적 폭력이 52.8%, 정서적 학대는 47.3%로 나타났으며 심각한 신체적 폭력을 당하는 남편도 10.3%나 되었다(한국보건사회연구원, 1999).

구타방법은 주먹으로 때리거나 발로 차이는 경우가 가장 많았으나, 흉기를 사용하거나 담배불로 지지는 등 잔인한 구타행위도 상당수 있었다(여성의 전화, 1992). 폭력 후 강제적 성관계의 발생률은 여성의 전화 조사에서는 24.5%, 여성개발원의 연구에서는 28.8%, 그리고 형사정책연구원의 연구에서는 22.9%로 나타나 10명 중 2~3명의 여성은 구타를 당한 후 공포와 고통의 상황 속에서 성관계까지 이어지는 것으로 나타났다.

(4) 폭력에 대한 대응태도

남편의 폭력에 대한 대응행동은 그대로 맞고 있다는 여성이 16.4%, 소극적 대응

행동(말로 대들거나 용서를 빌거나 몸을 피하는 등)을 하는 여성이 60.7%, 함께 때리고 싸우는 경우가 22.9%로 나타난 결과를 볼 때, 적극적으로 대응하는 여성이 매우 적었다(한국형사정책연구원, 1992). 남자의 폭력은 있을 수 있다는 남편의 폭력허용도는 63.1%로 높게 나타났고, 남편의 폭력이 아내에게도 책임이 있다는 응답자가 43.1%로 나타났다. 이러한 학대와 폭력에도 불구하고 결혼생활을 지속하는 이유는 자식과 남편에 대한 사랑, 경제적 의존도 등이다(김경화, 1985).

이와 같이 폭력에 대한 피해여성들의 태도는 말로만 대들거나 그냥 맞고만 있거나 도망다니거나 하는 식의 대부분 소극적인 대응(77.1~81.9%)이었고, 같이 때리고 싸우는 식으로 대응하는 경우는 20% 내외였으며 주위사람에게 도움을 청하는 경우는 많지 않다(한국형사정책연구원, 1992, 한국여성의 전화, 1995).

전국을 대상으로 한 가정폭력 실태조사에 의하면 그냥 맞기만 했다(14.0%), 잘못했다고 빌고 애원했다(6.7%), 말로 대든다(17.4%), 같이 때리고 싸웠다(16.3%), 숨거나 도망(27.0%), 기타(18.5%)로 남편의 폭력이 근절되지 않은 상태에서 어떻게 해서든 폭력을 피하고 보자는 식의 임시방편적, 소극적 태도를 취해 왔다.

한편 전국의 성인남녀 1,000명과 가정폭력피해자 326명을 대상으로 한국보건사회원구원(1998)이 조사한 결과에 의하면 피해자의 입장에서 일방적으로 당하는 경우가 남편은 40.5%, 아내는 63.0%, 아동은 58.7%로 가정폭력 발생 시 대부분의 피해자들은 매우 수동적으로 대처하고 있는 것으로 나타났다. 이에 비해 아내에 대한 남편폭력은 월 2~3회 학대 및 폭력을 당하는 경우가 31.4%로 가장 많았고, 거의 매일 발생하는 경우도 25.7%나 되었으며, 주 2~3회 발생은 5.7%였다.

### 2) 가해자의 특성

가정폭력행위자의 유형은 첫째, 가족과 아내에게만 폭력을 사용하는 남성과 가족과 아내와 타인 모두에게 폭력을 행사하는 남성으로 구분된다. 후자에 속하는 행위자들이 아동기 학대경험을 더 많이 가지고 있으며, 더 심각한 폭력을 행사하고, 알콜문제와 지배적인 남성 이미지를 더 강하게 보이고 있다. 둘째, 의존형 집단과 지배형 집단으로 나눌 수 있다. 지배적 유형의 남성들은 의존적 유형에 비해 더 폭력적이고, 반사회적 성향을 나타낸다(장희숙,김예성,2004).

가해남편의 특성을 살펴보면 가해남편의 성장환경은 70%가 폭력가정에서 자랐으며, 16%가 붕괴된 가정에서 성장했다. 폭력가정의 폭력 내용은 아버지로부터 어머니가 구타당하며 성장한 경우가 50%, 어머니로부터 아버지가 구타당한 경우가

20%였고, 남편 본인이 아버지로부터 맞으면서 성장한 경우가 42%, 어머니로부터가 40%였다.

가해자의 성격특성은 미성숙하고 의존심이 강하며 의심이 많고 남성으로서의 확신을 갖지 못하며 자존심이 낮아서 사소한 일에도 감정폭발이 잘 일어나고 지나친 방어로서 남을 비난하고 마음속은 병적 질투에 차 있다. 정신의학적 진단은 첫 번째 유형으로 정신병의 증상 때문에 구타하는 사람이다. 즉, 정신분열증, 편집장애, 성도착, 조울증, 뇌증후군, 진행성마비 등이 전체 구타자의 34%이며, 두 번째 유형은 인격장애자들로서 66%를 차지하고 있다.

피해아내들이 밝히는 남편의 특징은 첫째, 지배자형 둘째, 방어자형 셋째, 승인추구형 넷째, 혼합형으로서 혼합형은 가장 위험한 유형으로 질투나 의심이 많으며 죄책감이 적은 반면 신경정신질환이나 알콜중독문제를 가진 경우가 많다(유가효, 1998). 가정폭력을 행사하는 가해자가 알콜중독이거나 의처증 등의 인성적 기질을 가질 때 자녀나 배우자를 구타하는 강도가 심각한 것으로 나타났다(김정옥 · 장덕희, 1999).

### 3) 피해자의 특성

1970년대에 수행된 연구들(Walker, 1978; Rounsaville, 1978)에 의하면 구타당하는 여성들은 결손가정 출신이고 부모로부터 구타당한 경험이 있으며, 낮은 자아존중감과 무기력감을 갖는다고 주장하고 있다(장휘숙, 1996, 재인용).

피해아내의 특성을 살펴보면 성장환경은 5%가 자신의 어머니가 구타당하는 아내였으며, 20%는 부모로부터 구타당하며 학대받고 자랐다. 이들의 성격특성은 첫째, 결혼 전에 정상적인 가정에서 성숙한 성격을 지니고서 결혼관계에 들어간 사람과 둘째, 정서적으로 취약하거나 미성숙한 상태에서 결혼생활을 시작한 사람들이다. 성장과정이나 결혼 전 성격이 어떠하든 장기적 구타는 아내의 건강에 치명적인 영향을 주게 된다. 정신의학적 진단은 외상 후 스트레스 장애가 80%였으며, 우울증 10%, 기타 정신신체장애, 적응장애, 알콜중독, 만성정신분열증이 나타나고 있다.

결혼과정은 정상적이지 않은 사례가 80%로서 그 이유는 폭력이나 붕괴된 가정에서 자란 여성은 반항과 두려움으로 가출하거나 그 상황을 도피하기 위해 결혼을 서두르게 되고 많은 경우 부모의 반대가 있었거나 결혼 전 임신이나 강간당한 후 결혼단계에 들었기 때문이다.

여성의 전화 쉼터를 이용한 피해여성의 공통적인 특징은 첫째, 가출과 귀가의 악순환을 경험하며 생명의 위협을 받게 되는 지경에 이르러서야 이혼을 마지막 출구로 여기고 도움을 요청한다는 점 둘째, 자녀를 버리고 집을 나온 것에 대해 죄책감을 가지며 자녀보호와 양육에 큰 부담과 갈등을 안고 있다는 점 셋째, 친구나 사회관계로부터 소외, 고립되어 있어 어쩔 수 없이 남편에게 의존하게 된다는 점 넷째, 남편의 폭력문제보다 외도가 더 큰 문제로 의식되어 폭력문제와 외도문제가 겹칠 경우 더 큰 정신적 갈등을 경험하여 가출하게 된다는 점 등이다(신은주, 1995).

아내폭력 및 학대의 관련 변인들을 살펴보면, 연령이 젊은 부부일수록 폭력행사가 높고(여성의 전화, 1984), 학력과의 상관관계는 일관적으로 검증되지 않았지만, 부부간의 학력 차이는 아내학대와 높은 상관관계를 보였다. 주부의 사회적 활동은 남편에 대한 의존도와 긍정적인 관계를 보이는데, 사회활동이 적은 주부일수록 학대의 경험이 높게 나타났다(여성의 전화, 1984). 반면 소득이 낮을수록 아내에 대한 신체적 학대가 빈번하다(김경화, 1985).

### 4) 가족관계 특성

가정폭력이 발생한 가정의 부부관계 특성으로 공통적인 것은 부부간의 애정적 유대와 결속력이 약하고 의사소통에 문제가 있어 역기능적이 대화패턴이 나타난다는 점이다. 성생활이 원만하지 못하고 남편이 아내에 대해 열등감을 가지며 아내를 무시하는 경향이 많고 아내 역시 남편을 무시하고 있다. 남편은 남성지배적이고 고정적인 성 역할관념, 성 차별의식이 많으며 부부관계는 인격을 존중하는 평등한 관계가 아닌 지배와 복종의 주종관계를 이루고 있다. 이들은 상호합의를 통하여 갈등을 해결하는 방법보다는 역할소홀, 복종, 회피, 협박, 말안하기, 불만을 누적시켜 폭발하기, 자해, 언어적 · 신체적 폭력 등의 역기능적인 방법을 사용하는 경우가 많다. 또한 부부 모두가 자아존중감이 낮고 감정을 자제하거나 분노를 통제하는 능력이 부족하다.

부모와 자녀관계 또한 가부장적 구조가 엄격하게 적용되고 있어서 부모는 자녀를 독립된 인격체로 대우하기보다는 개인의 소유물로 의식하는 경향이 많으며, 부모와 자녀간의 의사소통이 잘 안되고 가족 공동적인 활동의 기회가 적다.

부부간에 폭력을 행사하는 가정의 청소년들은 일반적인 가정의 자녀들보다 폭력을 당하는 경우가 15배나 높았다(Massachusettes Coalition, 1995). 특히 폭력가정에서 성장한 자녀들은 비폭력가정의 자녀에 비해 행동상의 부적응에 있어서는 뚜렷한 차이를 나타냈다(O'keefe, 1994). 부부폭력은 자녀폭력을 동반하고, 이러한 가정폭력 경험은 세대간 전수된다(김재엽, 1998;김기원, 1995)는 점에 주목하여 가족관계에서 부모에 의해 발생하는 가정폭력 경험이 자녀에게 미치는 영향에 관해 연구가 시작되었다.

몇몇 연구에서도 부부간 폭력을 행사하는 가정의 60~70%는 자녀들을 학대한다(Straus, Gelles & Steinmetz, 1980 ; Huges,1980)고 했다. 또한 남편에게 학대받는 여성의 30~80%는 그들의 성장과정 동안 부모간의 폭력을 목격하였으며, 자신 또한 신체적 학대를 경험한 것으로 조사되었다(Gayford, 1975).

## 4. 家庭暴力 被害女性의 問題

가정폭력관련법의 시행 이후에도 가정폭력이 감소되지 않았다는 것은 법의 시행으로 지금까지 숨겨졌던 가정폭력사례들이 사회에 노출되고 있기 때문이다.

가족의 안정적인 측면에서 핵가족은 고립된 단위인 만큼 인간관계의 범위가 부부와 자녀와의 관계로 좁아졌다. 따라서 가족의 안정은 부부생활의 감정조절과 인간적 융합에 의존하게 되었고, 부부 사이의 강한 감정적 유대는 때로는 불만과 실망을 낳게 하여 애정의 냉각을 초래하기 쉽고 인격적 성장이 이러한 위기를 극복치 못하게 될 때 결혼생활은 이혼에 이르는 파탄의 경지에 도달하게 된다. 따라서 심각하게 받아들여야 할 요소는 실질적인 이혼에 의한 구조적 결손까지는 도달하지 않았다 할지라도 가정내에서 반복되는 학대로 인한 정서적 이혼상태에 있는 가족의 기능적인 결손이 갖는 가족해체적인 요소들이다.

가정내 아내학대문제는 사회폭력의 온상지가 되며 폭력은 아내 길들이기 등으로 미화하고 부부간의 문제로 간주하여 폭력을 허용하고 폭력을 목적달성의 도구로 이용하고 폭력의 책임을 은폐하거나 희생자에게 뒤집어 씌우는 사회기풍 등이 가정내 폭력의 간접적인 원인이 되기도 한다. 아버지의 폭력은 자녀의 비행과 범죄에 직접적인 영향을 미치기보다는 다른 매개변인들을 통해서 간접적인 영향을 미치는 것으로 나타났다(한국형사정책연구원, 1998). 실태분석을 통하여 도출된 가정폭력 피해여성의 문제를 살펴보면 다음과 같다.

### 1) 피해여성의 정서적 문제

성폭력이나 가정폭력의 피해는 여성에게 신체적·정신적으로 심각한 영향을 미친다. 신체적 피해를 보면, 상당수의 피해자가 심한 두통을 호소하였으며, 현기증, 수면장애, 소화불량 등의 경미한 증상에서 타박상, 골절상 등의 신체상해는 물론 성적 장애, 임신불안증, 의욕상실, 언어상실증 등의 후유증으로 고통을 겪고 있다(한국여성개발원, 1993). 정신적 피해는 신체적 상해처럼 외부에 노출되지는 않지만 장기화될 확률이 높다. 가령 사람 만나기를 기피한다거나, 가슴이 두근거리거나 매사에 불안하고 자신이 없어지거나 우울증에 빠지기도 한다. 특히 성폭력을 당한 여성들은 성에 대한 불안한 죄책감, 분노 등으로 성적 장애행동을 보이기 쉽고, 구타당한 대부분의 여성들은 학습된 무기력(learned helplessness) 증세를 보인다. 이러한 증세는 정신적으로 의욕을 잃게 하고, 사리판단의 인지능력을 저하시키고, 모든 일에 대한 동기나 성취감을 상실하게 만든다.

아내구타는 피해여성에게 극심한 정신적 어려움을 가져온다. 아내구타가 피해여성의 정신건강에 미치는 부정적 영향에 대한 연구결과를 살펴보면, 김재엽(1998)은 가정폭력 전국조사 결과 피해여성은 높은 우울증을 경험하고 있으며, 특히 심한 경우 자살충동을 나타낸다고 보고하였다. 홍창희(1997)의 연구에서는 피해자의 83%가 우울증을, 56%가 남편에 대한 죄책감을 느꼈으며, 자살을 시도한 것으로 나타났다. 한국여성개발원이 아내구타 피해여성들을 대상으로 실시한 조사에서도 응답자의 반 이상이 자존심과 자신감을 잃고 무기력하며, 죽고 싶다는 심각한 우울상태에 빠져 있는 것으로 나타났다(변화순·원영애·최은영, 1993).

구타당하는 아내의 무기력, 자아강도, 자아 기능에 영향을 미치는 요인은 ① 아내의 교육수준을 포함한 사회 경제적 능력 ② 폭력에 대한 아내의 과거 경험 ③ 아내의 신체 건강 ④ 남편의 경제 사회적 능력 ⑤ 남편의 구타의 심각성 ⑥ 자녀의 수 등으로서, 아내의 교육수준이 높고 경제능력이 있는 경우, 남편의 사회적 지위가 높고, 경제력이 클수록 아내의 무기력은 덜하고 자아강도는 비교적 강하고, 자아기능도 비교적 보전되고 있다. 반면 폭력가정에서 자란 아내, 신체건강이 나쁜 아내, 남편의 구타가 심할수록, 자녀의 수가 많을수록 아내의 무기력은 심하고 자아강도가 약하며 자아기능도 많이 손상되어 있다(김광일·문경서, 1994).

구타의 결과로 매맞는 아내들은 학습된 무기력을 발달시킨다. 소위 매맞는 증후군(battered woman's syndrome)의 대표적 특성인 학습된 무기력은 여성들이 반복적으로 구타당함으로써 자신을 보호하거나 도망갈 방법이 없다고 느끼기 때문에 나타나는 증상이다(장휘숙, 1996).

가정폭력이 피해여성에게 미치는 정서적 문제는 다음과 같다.

첫째, 자아존중감이 심하게 결여되어 있다. 이것은 구타가 미치는 가장 큰 손상으로서 수치심과 자존심이 파괴되고 우울증과 무기력증에 빠지며 소화불량, 불면증, 두통 심지어 자살기도, 알콜중독, 자해까지 하게 된다.

둘째, 환경상황을 통제하는 능력이 없다. 이들은 사회로부터 격리되고 결혼생활 이외의 인간관계를 유지하지 못하게 되어 가정폭력문제의 심각성을 의식하지 못하게 되어 결국 무능화된다.

셋째, 정서적으로 침묵하고 있다. 분노의 감정을 억누르다 보니 자신의 전반적 감정이 함께 억제되어 혼돈 속에 빠지게 된다.

넷째, 남편의 행동동기와 기분에만 주의를 집중시키다 보니 불안과 긴장상태에 빠지게 되고 공포감을 갖게 된다.

다섯째, 독립심이 상실되어 있다. 맞아 죽더라도 남편에게 의지하고 살 수밖에 없다고 체념하고 살아간다. 여성이 가정폭력에서 벗어나지 못한 이유는 남편이 온갖 협박을 하면서 폭력을 행사해 왔기 때문에 남편의 보복을 두려워하고 있으며, 남편으로부터 떨어져 독립생활을 할 능력에 대한 두려움이 있고, 자식을 보호하기 위해서 그리고 남편에게 죄의식을 갖고 있는 점 등이다. 이와 같은 이유들이 복합적으로 작용하여 고통스러운 관계를 청산하지 못하고 그 상황에 익숙하게 된다.

여섯째, 아내구타문제는 피해자인 아내만으로 끝나는 것이 아니라 폭력의 공포가 후손들에게 미치는 피해는 광범위하다. 즉, 폭력의 악순환인 것이다. 부부간 폭력의 목격은 아동의 기능과 발달상에 결적적인 영향을 미친다(Kolbl, Blakel & Engleman, 1996). 근본적으로 없어지지 않는 한 계속 반복되거나 점차 심각해지는 특징응 지니고 있다. Walker는 가정폭력의 순환과정은 3단계로 설명하고 있는데, 초기에는 형성단계에서 많은 시간이 소요되고 폭력이 발생하면 즉시 사과하지만 폭력이 반복될수록 화해의 단계가 줄어들거나 없어지고 긴장형성단계와 폭력발생단계만 있게 된다고 보고 있다(Walker, 1984). 한편 낯선 사람 사이에 발생하는 폭력과는 다르게 가정폭력은 반복되기 쉽다(Straus Gelles & Steinmetz, 1980).

매맞는 아내를 위한 쉼터에 있는 자녀들에게 그들이 경험한 정서적·행동적 문제유형을 조사한 결과 가정에서 부모의 폭력을 목격하고 성장한 자녀들은 심한 내적(우울, 정신신체증), 외적(공격성, 행동화) 행동상의 문제를 갖고 있는 것으로 나타났으며, 부모간의 폭력을 목격한 아동의 기능과 관련된 변수들 중 외부로 표출되는 행동상의 문제 즉, 행동장애가 아동문제 사정 시 아동의 가정폭력 경험을 가장 잘 설명해주는 변인이라고 지적하고 있다(O'Keefe, 1994).

### 2) 여성의 불안전한 개인적 경제상태와 사회의 부정적 통념

대부분의 모자일시보호시설(쉼터) 생활자들은 시설입소 후 며칠 지나서 아이들 생각 등으로 인해 본인 스스로 친인척에게 연락하여 시설에 있음을 알리거나 혈안이 되어 찾는 남편에 의해 결국 집으로 들어가게 되지만 계속되는 남편의 구타로 다시 집을 나오게 되며, 직업이 없거나 있더라도 단순서비스직에 종사하는 등으로 경제적 여유가 없다. 따라서 자녀부양등의 이유 때문에 폭력을 감수하며 독립적인 생활을 하지 못하고 있다.

사회적으로 모든 문제와 갈등을 폭력으로 해결하려는 폭력문화가 보편화되고 아내는 남편에게 복종해야 한다는 가부장적 이데올로기에서 가해자인 남편은 아내의 권리를 부당하게 침해하고 신체적·정신적 고통을 가하게 된다. 뿐만 아니라 피해여성들이 폭력을 감수하는 태도와 가정영역에서 아내에게 가해지는 남편의 폭력은 적극적인 사회문제로 인식하지 않고 있는 점이 커다란 문제점으로 지적될 수 있다.

## 5. 家庭暴力 被害女性에 대한 支援體系

가정폭력은 당사자간의 폭력 그 자체뿐만 아니라 이혼의 원인이 되기도 하고 이로 인한 자녀들의 탈선과 가출로 이어지기 때문에 사전에 해결해야 할 과제이다.

가정내 아내학대문제를 줄이거나 예방하기 위해서는 가정내 학대받는 여성문제에 어떻게 접근하여 그 대책을 수립할 것인가가 먼저 논의되어야 한다. 여기에서는 가정폭력 발생 후에 필요한 대책으로 피해자와 가해자를 위한 사회복지대책에 대해 살펴보고자 한다.

증가하는 가정폭력에 대한 입법은 가정내의 폭력으로 인하여 가정이 파괴되고 가정구성원이 신체적·정신적 피해를 당하고 있어 가정폭력을 예방하고 가정폭력으로 인한 피해자를 보호함으로써 건전한 가정을 육성하기 위해 가정폭력피해자에 대한 사회복지 차원의 대응으로 가정폭력관련상담소와 가정폭력피해자보호시설을 설치·운영하고 있다.

가정폭력에 대한 사회적 개입은 사법체계 및 경찰, 의료체계 그리고 사회복지체계를 포함해 가정폭력문제를 전담하는 전문기관과 쉼터가 있다.

### 1) 가정폭력관련상담소등에서의 상담

가정폭력 피해여성을 위한 상담기관은 가정폭력관련상담소와 통합상담소, 여성의 전화상담, 여성긴급전화 「1366」, 여성회관의 여성상담실 등이 있다.

가정폭력관련상담소는 가정폭력 피해신고를 받거나 이에 관한 상담, 가정폭력으로 인하여 정상적인 가정생활 및 사회생활이 어렵거나 기타 긴급히 보호를 필요로 하는 피해자에 대한 임시보호를 하거나 의료기관 또는 피해자보호시설로의 인도, 가해자에 대한 고발 등 법률적 사항에 관한 자문을 얻기 위한 대한변호사협회 또는 대한법률구조공단 등에 필요한 협조와 지원의 요청 등의 업무를 수행한다.

또한 가정폭력가해자 성행 교정을 통한 폭력의 재발방지를 위해 가정폭력가해자 교정 · 치료프로그램이 운영되고 있다.

### 2) 모자일시보호시설 및 가정폭력피해자보호시설의 운영

#### (1) 모자일시보호시설

모자일시보호시설은 배우자의 물리적 · 정신적 학대로 아동의 건전 양육과 모의 건강에 지장을 초래할 우려가 있는 모와 아동 또는 모로서 희망하는 자를 일시보호하는 시설이다. 모자일시보호시설 이용자에 대한 보호내용은 숙식 무료 제공, 의료급여 1종 대상자로 관리, 법률상담, 심리상담, 퇴소 후 자립을 위하여 시설 외 근로를 희망하는 경우 적극 지원, 피복비 지원 등이다.

현재 쉼터를 운영하고 있는 모자일시보호시설 모두 운영비 조달의 어려움으로 인해 보다 질 높은 서비스를 제공하지 못하고 있다. 또한 시설 면에서 볼 때, 시설은 갖추어져 있었으나 활발하게 이용되지 못하고 있는 상황이고 그로 인해 자립, 취업의 알선이 어려운 상태다. 특히 전문인력의 부족으로 입소된 대상자들에게 의식 변화, 피해의식 감소, 무력증 극복교육 등이 현실적으로 충분하게 이루어지지 않는 상태이다. 또한 운영비의 부족과 공간상의 제약으로 다양한 프로그램의 실시가 불가능하며, 모자일시보호시설과 연계된 직업보도시설의 시설기자재 부족 등으로 실제적인 직업기술훈련을 시킬 수 없는 등 많은 어려움과 문제를 안은 채 운영되고 있다. 그러므로 대부분의 모자일시보호시설 생활자들이 변화 없이 퇴소하는 경우가 있어 여전히 피해의식과 수치심에 눌려 원래의 자리로 돌아갈 수밖에 없다.

이밖에도 전문상담기관의 부족, 영유아보육시설 활용이 불가능한 점 등 장기적인 계획을 통해 해결해야 할 과제를 안고 있다.

### (2) 가정폭력피해자보호시설

가정폭력피해자보호시설은 가정폭력관련상담소의 임무, 피해자를 일시보호하는 일, 가정폭력피해자의 신체적·정신적 안정 및 가정복귀를 돕는 일 등을 행한다. 입소대상자는 가정폭력피해자 및 그 가정구성원 등으로 본인이 입소를 희망하거나 동의하는 경우, 보호자의 입소동의가 있는 경우 등이다.

보호내용은 숙식 무료제공, 법률 및 심리상담, 치료지원, 퇴소 후 자립을 위하여 시설 외 근로를 희망하는 경우 적극 지원, 학력아동이 인근학교에 출석을 원하는 경우 관련 교육기관과 협의하여 수업에 참가하도록 조치 등이다.

특히 신체적·정신적 치료가 필요한 가정폭력피해자에게 치료비를 지원함으로써 폭력피해자의 후유증을 최소화하기 위한 치료보호의 범위는 ① 보건에 관한 상담 및 지도 ② 신체적·정신적 피해에 대한 치료 ③ 임산부의 심리적 안정을 위한 각종 치료 프로그램의 실시 등 정신치료 ④ 임산부 및 태아보호를 위한 검사 및 치료 ⑤ 가정폭력피해자 가정의 신생아에 관한 의료, 진단서 발급 등이다.

치료보호에 소요된 비용 전액을 지원함을 원칙으로 하되 총 진료비용이 300만원을 초과하는 경우 위원회의 심의를 거쳐 지급여부를 결정하며, 지원기간은 피해발생 후 경과기간 관계없이 치료비를 지원하고 있다.

## 6. 家庭暴力 被害女性을 위한 支援體系의 改善方案

### 1) 모자일시보호시설 및 가정폭력피해자보호시설의 증설

가정내에서 학대받는 여성들이 폭력으로부터 도망친다고 해서 평화를 찾을 수는 없으므로 이들이 신체적·정신적 안정을 회복하여 가정에 복귀하도록 지원하는 것은 절실한 일이다. 그러나 학대받는 여성을 위한 피난처로서의 모자일시보호시설과 민간 차원의 쉼터는 일부지역에만 설립되어 있다. 따라서 지역적 균형이 이루어지도록 피해자보호시설을 설립할 필요가 있다. 그러나 예산등의 사정으로 단시일내에 피해자보호시설의 증설이 불가능하다면 작은 규모로 기존의 여성회관, 여성복지관 또는 사회복지관의 일부 공간을 활용하여 쉼터의 역할을 담당하도록 해야 한다.

또한 모자일시보호시설이 가정내에서 학대받는 여성의 긴급피난처이기 때문에 위치를 외부에 공개할 수 없는 보안상의 문제를 안고 있으나 각종 상담기관과 여성잡지, 지역신문 등을 이용한 홍보를 통해 많은 학대받는 여성들이 휴식처로서 심리적 안정 회복 등의 전문적 서비스를 받을 수 있도록 지원해야 할 것이다.

### 2) 전문적인 상담 및 치료 제공

가정내에서 학대받는 여성을 위한 사회복지 서비스로서 피난처 설립이 필요하며, 이러한 피난처에서 우선적으로 해야 할 일은 응급실에 보내어 상해를 치료받게 한 후 스트레스 장애증세등 정신적 피해를 회복하기 위한 심리상담 · 치료이다. 치료에 있어서는 피해여성뿐만 아니라 가해자의 치료가 병행되어야 한다.

가정폭력피해자보호시설에서 생활하고 있는 19명의 피해여성을 대상으로 한 조사에 의하면 가장 심하게 경험한 정서 · 심리적 고통은 자주 우울해 하고, 폭력 당시의 상황이 자주 떠오른다고 하여 외상 후 스트레스장애(post-traumatic stress disorder)의 증세를 나타내고 있었다(보건복지부, 2000).

가정내에서 학대받은 여성을 위한 치료방법은 정신분석적 방법이나 내담자 중심의 방법보다는 가치관 확립을 도모하며 현실을 직면하고 생활설계를 돕는 교육적 치료방법이 더 효과적이다. 즉, 지속적인 교육 프로그램을 통한 자아강화라고 할 수 있다. 교육 프로그램의 내용은 교양교육, 주장훈련, 법률교육, 의식변화교육, 수익활동을 위한 교육 등이 있다.

학대받은 여성에게 제공해야 할 서비스 중 개별상담 서비스는 모든 서비스 중 우선되어야 한다. 남편과의 문제, 자녀문제 등을 충분히 이야기할 수 있도록 돕고 가정에서 뛰쳐나오는데 따르는 불안, 죄책감 등 부정적인 심리적 반응을 줄일 수 있도록 도와야 한다.

학대받는 아내에 대한 구체적인 상담지도 방안을 제시해보면, 모자일시보호시설 보호기간별 특성에 따라 단계별로 지도계획을 세워 상담 · 지도하는 것이 효과적인 방법이 될 것이다. 즉, 1단계 전반에는 두려움, 증오심, 자녀걱정 등 심각한 갈등상태의 불안을 해소시키는 안정위주 지도에 관심을 갖고, 후반에는 스스로 냉정히 생각하는 기회를 갖도록 하며 자아의식 고취와 남편학대 방지를 위한 물적 증거준비(진단서, 사진, 학대 경위서 진술)를 시킨다.

2단계는 냉각기 이후 계획수립 준비단계로 학대 원인 분석 및 이혼할 것인지 또는 새롭게 변화할 것인지 등의 설계 결정을 하는 시기로 한다.

3단계는 안정기로서 별거, 이혼, 조정 등의 결정된 상황 실천 준비단계이다. 홀로 서기를 할 때는 직업보도 연계등의 계획수립을 하고, 조정 결정 시 가해자(남편) 접근 지도를 해야 할 것이다. 특히 가해자에게 접근할 때에는 상담원이 전화로 아내의 가출 확인을 해주고 상담자를 소개한 후 함께 있음을 통보한 후 스스로 학대를 시인하고 반성하는 기색이 있을 때는 개별상담 또는 부부상담을 통해 부부의 책임과 의무, 역할 지도와 갈등 원인 및 문제점 찾아주기, 상호 단점 인지확인, 반성과 용서의 시간을 갖게 하고 새로운 생활다짐 시간을 가지도록 한다. 또한 상담서비스는 반드시 사후지도까지 연결되어야 한다. 사후지도는 피해자를 지속적으로 관리한다는 차원에서 매우 중요하다.

이외에도 집단지원 서비스로서 유사한 고통을 겪은 사람들이나 그들을 이해하는 사람들과 함께 집단을 형성하여 어려웠거나 성공적인 그들의 경험을 나누며 고립감, 죄책감을 완화시켜주는 일종의 집단상담 등도 효과적일 것이다.

가정폭력문제를 상담하는 상담기관 대부분이 전문인력의 부족등으로 자원봉사자에 의존하고 있으므로 이와 같은 전문적인 상담 및 치료의 제공을 위해서는 가정폭력상담 전문인력의 적정 배치가 선행되어야 한다.

### 3) 정보 제공 및 자원연결 서비스

지역사회내에 사회복지관 재가복지봉사센터나 가정법률상담소 등 여성이 특별히 필요로 하는 도움을 줄 수 있는 단체나 개인을 연결해주어 법적인 문제, 의료서비스, 폭력에 대비한 경찰, 가정봉사 서비스 등 여성이 필요로 하는 사회복지 서비스를 제공하여 실제적인 도움을 줄 수 있는 체제를 구축해 나가야 할 것이다.

현행 법 규정에 상담소와 일시보호시설, 경찰의 역할, 지방자치단체의 역할 등은 명시되어 있으나 사회복지사의 역할은 거의 명시되어 있지 않다. 따라서 사회복지사가 개입할 수 있는 정책 개발과 함께 피해자 지원 프로그램, 가해자 교정 프로그램, 아동학대 예방 프로그램, 가정폭력 예방을 위한 가족치료 프로그램 등의 전문적 프로그램이 개발 활용되어야 할 것이다.

### 4) 소득유지 및 주거 서비스

학대받는 여성이 모자일시보호시설 퇴소 후 홀로서기를 하고자 독립적인 가정을 갖게 되면 대부분 소득이 감소하게 된다. 소득의 감소는 생계를 위협할 수 있으므로 기술을 습득시켜 취업토록 하거나 경제적으로 자립할 수 있는 정기적인 소득을 가질 때까지 이혼 전이라 할지라도 국민기초생활보장법, 한부모가족지원법을 확대 적용하여 최소한도의 생계급여를 하거나 후원자를 결연시켜 돕도록 한다. 소득확보를 위해 직업훈련을 지원한다든지 취업 시 기존의 영유아보육시설과 연계한 자녀보육 서비스를 확대해 나가야 할 것이다.

또한 가정내에서 학대받은 여성과 아동에게 경제적인 문제 다음으로 어렵고 긴박한 요구는 거주공간의 확보이다. 그러나 주거서비스가 미흡하여 모자일시보호시설에서 퇴소한 여성들이 갈 곳이 없어서 또다시 학대를 각오하고 집으로 돌아가는 일이 빈번한 실정이다. 따라서 경제적인 여유가 있는 학대받은 여성을 제외하고 기존 모자보호시설에 입소를 원할 때에는 최우선적으로 입소토록 배려하고 나아가서 영구적인 주거공간으로서 영구임대주택에 입주할 수 있도록 정책적인 배려가 있어야 할 것이다.

### 5) 가정폭력피해자보호시설 운영의 전문화

가정폭력피해자보호시설의 주 기능은 보호와 문제 해결 및 자립을 위한 원조이나 지금까지는 기능을 단순하게 학대받는 여성의 피난처, 쉼터의 일시보호 서비스 등 주로 보호의 기능에 치중되어 있으며, 이와 같은 소극적 기능에서 탈피하여 상담 서비스, 교육프로그램 서비스, 직업보도 서비스, 정보 제공 및 자원연결 서비스 등의 보다 적극적인 기능으로 전환되어야 할 것이다. 그렇게 하기 위해서는 시설운영에 있어서 전문상담원·기능교사 등을 확보하여 보다 실제적인 상담 및 치료, 직업보도 등의 가정내 학대받은 여성들을 위한 사회복지 프로그램을 개발하여 적용토록 하는 등 시설운영이 전문성을 기하여야 할 것이다.

피해자보호 및 가해자에 대한 사법체계에 있어서 문제가 되는 것은 첫째, 피해자의 의사를 존중하는 문제로서 피해자의 주변적 상황을 감안할 때, 피해자는 자신과 자녀의 최소한의 생활과 신체적 안전을 보장받기 위해 가해자에게 의지할 수밖에 없다. 따라서 피해자의 의견이 신체적 안전과 경제적 생활보장이 확보되는 방향으로 서비스가 제공되어야 한다.

둘째, 법적 처분이 내려진 후 제재를 당한 가해자의 보복성 폭력에 대한 보호장치가 마련되어야 한다.

셋째, 경제적 자립을 위해서는 피해자보호시설의 직업훈련은 제한적이므로 직업훈련기관이나 시설 즉, 여성인력개발센터나 종합사회복지관 등을 이용할 수 있도록 조치하여야 한다.

넷째, 피해자에 대한 상담·치료과정에서의 문제점은 상담 후 피해자의 정신·정서상담 및 사회적 제반 상황의 변화에 대한 사후지도체계가 없으므로 지역사회자원과의 연계 및 서비스의 연속성을 확보할 수 있는 체계 구축이 시급하다.

다섯째, 가정보호사건의 처리결과를 보면 가해자에 대한 보호관찰, 접근범위 제한, 사회봉사·수강명령, 상담위탁이 중심을 이루고 있고 치료·감호위탁이나 친권행사 제한 등은 소수에 그치고 있다. 따라서 가해자를 피해자로부터 격리하여 조치하는 시설의 설치 및 운영방안이 모색되어야 한다.

마지막으로 가정폭력의 피해자들을 보호하거나 폭력을 예방할 수 있는 대책을 마련하기 위해서는 일차적으로 가정폭력을 허용하거나 관용하는 사회문화적 규범들이 개선되어야 한다. 즉, 가정폭력은 단순한 가정내 사생활의 문제가 아니라 가정내 약자의 인권을 유린하며, 폭력을 심화시키고, 세대간에 전수되는 심각한 사회문제임을 인식해야 하는 점이다.

가정폭력에 적절히 대처하기 위해서는 지금까지 가정폭력의 실태와 결과에 중점을 둔 시각을 가정폭력의 발생 원인을 규명하고 제거하는데 초점을 모아야 할 것이다.

# 第5章 性暴力 被害女性

최근 우리나라에서는 성폭력이 양적으로 증가하고 있을 뿐만 아니라 질적으로 흉포화됨으로서 인신매매, 강간, 어린이 추행 등 극단적인 형태의 성폭력이 심각한 사회문제로 대두되고 있다. 성폭력사건의 신고율은 매우 낮아 숨겨진 성폭력사건은 실제 더 많은 것으로 추정된다.

성폭력으로 인한 피해는 여성만이 당하는 것은 아니지만 실제 드러나고 있는 성폭력 피해자의 대다수가 여성으로서 여성들은 각종 형태의 성폭력 위협 속에서 살아가고 있다. 성폭력으로 인한 피해는 여성의 신체적·정서적·사회적 기능 및 가족관계에 이르기까지 광범위하게 나타나고 있으며, 시간이 경과됨에 따라 더욱 악화되는 경향을 보이고 있다. 이와 같이 성폭력은 피해여성 개인에게 미치는 엄청난 정신적, 육체적 영향은 물론 사회적 영향도 크다.

성폭력상담이 매년 증가하고 있는데, 이는 성폭력피해 자체가 증가하기도 했지만 성폭력을 범죄로 인식하는 여성이 많아지고, 성폭력의 범주에 대한 인식도 강간에서 성추행, 성희롱까지 점차 확대되고 있기 때문인 것으로 보인다.

이와 같은 성폭력의 심각성에 대처하여 성폭력범죄의 처벌 및 피해자보호 등에 관한 법률, 청소년의 성보호에 관한 법률 등이 제정 시행되고 있다.

## 1. 性暴力의 槪念과 觀點

### 1) 성폭력의 개념

성폭력의 정의는 그것이 범죄인지 아니면 성 문제인지 혹은 연구자가 어떤 개념에 초점을 두느냐에 따라 그 정의가 다양하게 달라진다. 대다수 국가들의 형법체계는 성폭력과 강간을 구분하고 있으며, 이 경우 강간은 보다 치명적인 가해로 보는 반면 성폭력은 강간미수, 성추행, 과다한 성기노출, 관음증(觀淫症), 성행위 강요 등 합의되지 않은 모든 종류의 성적인 접촉을 포괄하는 개념으로 사용되고 있다(NASW, 1995).

우리나라의 현행법과 여러 연구들을 보면 성폭력을 동의 없이 강제적으로 성적 행위를 하거나 성적 행위를 하도록 강요, 위압하는 행위 및 성행위를 유발시키는 선정적인 언어로 유인하는 행위로 보고 있다. 그리고 성폭력의 범위에는 성적 추행(가슴, 엉덩이, 성기부위를 접촉하거나 집적거리기, 키스, 음란한 행위), 성기노출(피해자 또는 가해자의 성기를 노출시키는 행위), 강간미수, 강간(아내강간, 구강성교, 항문성교, 다른 물질을 성기에 삽입하는 행위 포함), 윤간, 강도강간(가족면전강간), 근친강간, 성적 가혹행위(가해자의 성적 만족을 위해 상대방에게 신체적 상해를 입히는 행위), 음란물 보이기·음란물 제작에 이용, 윤락행위 강요, 음란전화 등이 포함된다.

이렇게 볼 때 성폭력은 강간뿐만 아니라 추행, 성적 희롱, 성기노출, 성추행과 근친강간을 포함하는 어린이 성학대, 윤간, 아내강간, 강도강간 등 여성뿐만 아니라 남성에게도 가해지는 모든 신체적, 언어적, 정신적 폭력을 포괄하는 광범위한 개념이다. 따라서 성폭력에 대한 막연한 불안감이나 공포뿐만 아니라 그것으로 인한 행동제약도 간접적인 성폭력으로 볼 수 있다.

현행 성폭력범죄의 처벌 및 피해자보호등에 관한 법률에서는 이와 같은 유형의 대부분을 성폭력으로 규정하고 있으나 아내강간은 포함되지 않고 있으며, 이에 대해 여성계에서는 아내강간도 포함시킬 것을 요구하고 있는 실정이다.

### 2) 성폭력에 대한 관점

성폭력에 대한 이론적 접근은 미시적 차원에서 출발하여 중간단계를 거쳐 점차 거시적 차원으로 발전해 왔다. 미시적 차원의 접근은 1960년대에 이르기까지 주도적으로 나타난 접근방법으로서 가해자에 초점을 맞춘 임상적인 연구를 중심으로 전개되었으며, 1960년대를 통해서 사회학적 접근이 시도되었다. 1970년대 초부터는 여성학적 시각을 가진 거시적 접근이 활발하게 전개되면서 많은 부분 감추어져 오던 성폭력이 적극적으로 드러남과 동시에 심각한 사회문제의 하나로 관심을 끌게 되었다.

Baron과 Straus(1989)은 성폭력 원인론을 다음의 네 가지로 정리하고 있다. 첫째, 강간은 여성에 대한 성적 대우수준을 반영하며, 가부장제의 산물이다. 둘째, 강간은 프로노그라피 보급의 결과이다. 셋째, 강간은 사회적 해체를 반영한다. 넷째, 사회적으로 인정된 폭력보다 덜 사회적으로 인정된 폭력으로 확산된다. 강간이 이러한 경우이다. 따라서 성폭력의 예방은 수입 및 고용불평등의 감소, 성차별주의의 제거 그리고 도시생활의 소외효과를 개선하는 것이라고 주장하고 있다.

### (1) 전통주의적 관점

전통적인 남/여성관에서 볼 때 성폭력은 그리 흔하게 일어나는 사건이 아닐 뿐만 아니라 심각한 사회문제로 볼 수 없다. 남성은 모든 여성을 성폭력의 대상으로 삼는 것이 아니라 그래도 좋을만한 여성들만을 대상으로 성폭력을 행사하기 때문이다. 보편적으로 여성은 정숙한 아내와 매매음이나 서비스업에 종사하는 정숙하지 못한 이들을 상대로 한 성폭력은 특별히 비난받을 일이 아니며 더욱이 사회문제로 인식할 필요가 없다고 보는 시각이다.

### (2) 사회 심리적 관점

사회병리론에서는 강간범의 인성적 특성에 따라 분노형, 권력형, 가학형으로 분류하고 있다. 첫째, 분노형 강간범은 자신이 쉽게 접근할 수 있는 대상을 선택하여 필요 이상의 폭력을 행사하여 강간을 범하는데, 이 때 그의 감정상태는 우울과 분노로 특징지을 수 있다. 둘째, 권력형 강간범은 피해여성에 비해 상대적으로 권력을 가지고 있으면서 상처받기 쉬운 대상자를 골라 미리 계획한 대로 폭력을 행사하는데 여성을 통제하기 위하여 필요한 만큼의 폭력만을 사용한다. 셋째, 가학형 강간범은 공격성과 육체적 힘을 성애(性愛)화하는 특성을 보인다. 이들이 저지르는 성폭력은 의식의 분열과 흥분상태에서 미리 치밀하게 계산되고 계획되며, 대부분 낯선 여성을 선택하는 경향이 있다.

정신병리론에서는 일반적으로 범죄의 사회성에는 관심을 가지지 않으며, 남성성을 사회적으로 합당한 방법으로 표현할 능력이 결여된 일부 남성의 일탈적 행위로서 성폭력을 규정하고 있다. 그러나 성폭력의 가해자들이 어떤 인성적인 특성을 공유하고 있다 할지라도 그것이 바로 정신분열증이나 히스테리 등의 정신분석학적 분류에 속할 수 있는가에 대해서는 임상의들도 의문을 제기하고 있으며, 사실상 실증적 연구를 통해서 볼 때도 강간을 범한 남성과 강간을 하지 않은 남성 사이의 뚜렷한 인성상의 차이를 발견하고 있지 못하다.

#### (3) 사회구조적 관점

생태학적 이론, 아노미론, 폭력하위문화론, 차별적 기회론 등은 성폭력의 원인에 관한 연구에 있어 사회구조와 조직 또는 폭력을 저지르게 되는 사회과정에 역점을 두는 접근이다.

#### (4) 페미니스트적 관점

페미니스트적 관점에서는 성폭력문제를 보는데 있어 가해자보다는 피해자에게 관심을 가지며 성폭력을 가부장제 사회에서 여성에 대한 남성의 지배와 통제를 유지하기 위한 수단으로 파악하고 있다. 즉, 페미니스트적 관점은 가해자의 인구학적, 사회학적 혹은 정신적이고 심리적인 측면에 관심을 갖기보다는 성폭력을 실제로 겪고 있는 피해자들의 경험을 더욱 중요시한다는 점이다.

## 2. 性暴力의 實態

성폭력에 대한 공식 통계만으로 성폭력의 실태를 파악하기에 미흡하다. 그러나 상담기관이나 연구조사에서 나타난 성폭력실태는 성폭력이 인생의 특징적 성격이며 많은 여성들이 생애동안 다양한 형태의 성폭력을 여러 번 경험한다는 것이다. 공식통계상에 나타난 우리나라 성범죄는 유형별로 추세가 다르게 나타나는데 강간, 간통, 기타 음란행위 등은 증가하는 추세이다. 특히 약취와 유인 중 인신매매는 크게 증가하고 있다. 성범죄 유형별 정도를 비교해보면 성범죄 중 가장 많은 비중을 차지하는 것이 강간이다.

### 1) 성폭력 발생률

성폭력사건은 시간이 흐를수록 증가 추세에 놓여 있으며, 일반 폭력이나 강도 등의 강력범죄와 함께 발생하는 율이 높아지면서, 단순히 정조상실이 아닌 생명을 위협하는 범죄로 자리잡고 있다. 이러한 현상은 물론 성폭력사건 자체가 증가하는 원인도 있겠지만, 성폭력에 대한 여성들의 인식이 매우 적극적으로 변화하고 있다는 면을 보여주는 것으로 해석할 수 있다.

해마다 범죄의 발생 건수는 증가하고 있으며 특히 여성을 주요한 범죄대상으로 하는 성범죄가 증가하고 있다. 1980년대 이래 강간범죄는 꾸준히 증가해서 1993년에 인구 10만명당 발생 건수가 16.0건에 이르다가 1996년에는 12.2건으로 약간 감소하였다. 강간범죄자의 연령분포는 1990년에는 17~25세가 50%이던 것이 1996년에는 25.8%로 줄었으나 같은 기간 동안 26~40세의 연령층은 32.6%에서 48.3%로 증가하여 그 연령층이 높아지고 있음을 알 수 있다. 교육수준에 있어서도 점차 고학력 경향을 띠고 있다.

1998년도 성폭력상담소 상담실적을 통해 보면 전국 43개소에서 24,788건으로 1997년의 12,358건의 2배나 되었고, 1996년 7,921건의 3배나 증가하였다. 이러한 통계는 성폭력 사례가 증가하였다기보다는 여성들의 성폭력피해에 대한 인식이 새로워져 신고의식이 높아진데 기인한다고 할 수 있다. 상담유형별로 살펴보면 강간이 8,317건(33.5%), 성추행이 5,419건(21.9%), 기타 성희롱, 음란전화 등이 11,052건(44.6%)으로 나타났다(사회복지신문 1999년 3월15일 제384호). 피해자의 연령분포는 19세 이하가 45%를 차지하고 있으며, 가해자는 모르는 사람(12.8%), 직장동료 · 상사(8.8%), 이웃(8.2%), 동급생 · 후배(7.2%) 순이며, 이 외에도 근친 친 · 인척, 교사 · 강사 등이며, 기타가 48.6%를 차지하고 있다.

여성가족부의 전국 202개 성폭력피해상담소의 상담집계 결과에 의하면 2006년의 성폭력 상담실적은 총 57,865건으로 전년도에 비해 25%나 증가하였으며, 피해유형별로는 강간 11,588건(42.5%), 성추행 10,714건(39.7%), 기타 성희롱이나 음란전화가 4,784건(18.2%) 순으로 나타났다.

한편 경찰청 접수 성폭력 발생 건수(2002~2006년)을 살펴보면 2003년에는 12,494건으로 전년 대비 7.9%, 2004년에는 12.6%, 2005년에는 4.6% 감소하였으나 2006년에는 13.9% 증가하였으며, 최근 5년간 13세 미만 아동대상 성폭력범죄가 63%나 증가하였다.

우리나라에서 성폭력관련 범죄의 신고율은 매우 낮다. 한국형사정책연구원(1989) 연구에 의하면 성폭력 중 강간의 경우 신고율은 약 2.2%에 불과한 것으로 나타났다. 게다가 성적추행, 음란전화 등은 통상적으로 신고를 하지 않기 때문에 실제로 얼마나 많은 여성들이 성폭력의 피해를 받고 있는가를 예측할 수 없다. 성폭력피해의 신고율은 그 유형에 따라 다르게 나타났는데 유형별로 보면 심한 성폭력은

6.1%, 가벼운 성폭력은 1.8%, 강간 14.3%, 강간미수 7.1%, 가벼운 추행 1.1%, 성희롱 1.1%, 성기노출 3.1%로 나타나 강간과 강간미수, 심한 성폭력을 제외한 성폭력 피해의 신고율은 매우 낮은 것으로 나타났다.

서울지역 기·미혼 여성에 대한 성폭력피해자 조사결과(심영희, 1993)에 의하면 성폭력 범죄의 확산으로 인해 불안의 정도가 매우 높아 94%가 불안을 느끼고 있으며, 대낮에 혼자 집에 있을 때에도 50% 정도가 불안을 느끼며 이로 인해 행동제약까지 받는 것으로 나타났다.

한국성폭력상담소(2000)에 의하면 성폭력의 가해자와 피해자는 아는 관계가 75.75%, 모르는 사람이 17.5%, 미상 5.72%로 나타났다. 이를 구체적으로 살펴보면 가까운 관계로서 직장 31.28%, 친족 14.29%, 데이트상대 9.95%, 학교·학원 9.50% 순이었다. 피해유형별로 보면 성희롱 40.40%, 성추행 28.33%, 강간 22.85%, 강간미수 4.75% 순이었다.

성폭력의 유형별 특징으로서는 발생의 연속선을 이루어 가벼운 추행, 성기노출, 음란전화, 성적 희롱, 심한 추행, 강간미수, 강간, 어린이 성추행 순으로 많은 것으로 나타났다.

### 2) 피해자의 특성

미국의 경우 성폭력의 피해자는 대부분이 여성이지만 적지 않은 수의 남성(8~10%)도 피해자이다. 성폭력은 사춘기와 20대 초반의 여성이 가장 많은 위협을 받고 있으며, 성폭력은 물리적 폭력보다는 오히려 강요와 협박에 의해 이루어지고 있다.

성폭력의 첫 피해 당시 연령은 19-20세가 가장 많으나 어린이 성추행은 12세가 가장 많았으며, 일반적으로 성폭력은 연령에 관계 없이 일어나고 있다.

대구성폭력상담소(1997)에 의하면 피해자의 연령분포는 20대(43.9%), 14~19세(16.4%), 30대(12.5%), 8~13세(12.2%), 7세 미만(8.7%), 40대(5%), 50대(1.3%) 순으로 나타나 20대가 가장 많고 19세 미만 미성년자도 37.3%나 차지하였다.

### 3) 가해자의 특성

가해자는 모르는 사람일 것이라는 통념과는 달리 피해자와 안면이 있거나 주변 인물일 경우가 많아 성폭력의 보편화에 경종을 일으킨다.

성폭력가해자의 특성으로서 연령은 20대가 가장 높은 분포를 보였고 30대, 15세 -20세 미만, 40대 순이었다. 가해자의 학력은 매우 높은 것으로 나타났다. 가해자를 유형별로 살펴보면 연령별 차이가 나타나지 않고 있다. 그러나 가벼운 성폭력의 경우 10대의 미혼이 41.3%인데 비해 50대의 기혼은 19.4%에 불과하다. 음란전화는 10대가 23.4%, 50대는 3.2%로 두 집단간의 차이가 약 7배나 된다. 직장내 성적 괴롭힘의 경우는 30대가 17.6%로 가장 많고, 10대는 3.2%로 가장 적게 나타났고, 20대와 40대는 각각 9.5%로 나타났다. 한편 성폭력행위자의 교육수준은 크게 영향을 받지 않는 것으로 나타났다.

한편 가해자는 이웃(19.3%), 직장이나 학교 지인(17.7%), 근친(17.5%), 신원미상(13.8%), 기타(25.4%) 등으로 나타나 성폭력의 60.8%가 평소 피해자와 잘 아는 사이에서 발생하는 것으로 나타났다.

심한 성폭력의 경우 가해자와 피해자의 관계는 72.7%는 알고 있는 사이에서 발생한 것으로 나타났는데, 그 중 친구나 애인에 의한 사례가 31.8%로 가장 많았고, 평소 알고 지낸 사이의 사례는 28.8%, 직장 동료나 상사 10.6%였으며, 모르는 사람이 27.3%였다. 한편 가벼운 성폭력의 대부분(79.6%)은 낯선 사람에 의한 것이고, 아는 사람 (8.1%), 직장 동료나 상사(7.4%) 순으로 나타났다.

### 4) 발생장소

성폭력피해자를 보면 연령이나 교육정도, 사회 경제적 지위 등에 관계 없이 발생되고 있음을 알 수 있고, 발생장소도 인적이 드문 곳 뿐만 아니라 피해자나 가해자의 집이나, 숙박업소 등 다양한 곳에서 발생하고 있다.

성폭력 발생장소는 심한 성폭력은 여관 등 숙박업소(21.6%), 가해자의 집(17.6%), 야외 혹은 공원(15.7%), 대중교통수단(11.8%)의 순으로 발생빈도가 높게 나타났으나 가벼운 성폭력은 대중교통수단(46.0%), 거리 혹은 뒷골목(21.6%), 직장이나 학교(10.6%) 순으로 발생빈도가 높았다(한국형사정책연구원, 1998).

이와 같은 성폭력의 실태를 통해 볼 때, 우리 사회의 성폭력의 위험수준은 이미 상당히 높은 정도에 이르렀다고 판단할 수 있다. 첫째, 피해자의 연소화 및 근친강간의 수적 증가현상이 두드러지게 나타나고 있다. 둘째, 가해자의 연소화 및 약물사용의 증가현상이 나타나고 있다. 셋째, 지속적으로 강화되어 온 이중적 성 윤리의식 및 왜곡된 성 문화가 확산되고 있다. 그 외에도 성 의식을 개선하기 위한 다양한 교육 및 사회제도의 부재와 같은 상승 요인이 존재하고 있다.

가해의 성격, 피해자의 심리적 상태 그리고 피해에 대한 반응의 특징 등에 따라 성희롱 행위가 피해자에게 미치는 효과는 다양하다.

전반적으로 성폭력관련 연구를 종합하여 보면, 성폭력의 피해는 여성의 연령이나 사회적 지위, 시간, 장소에 관계 없이 발생하고, 또한 일회성으로 일어나는 것이 아니라 일상생활 속에서 지속적으로 반복되는 경우도 상당수 있다고 보고되었다. 게다가 성폭력 경험은 완전히 치유되기보다는 일생을 통하여 피해자를 괴롭히는 증상으로 남게 되면서, 부분적인 생활의 일부가 아닌 총체적인 상처로 남게 되기도 하며, 특히 재피해의 경험을 가진 여성들이 많다는 점에서 성폭력의 심각성이 더욱 크다.

## 3. 性暴力 被害女性의 問題

성폭력은 일어난 사건 자체로서 끝나는 것이 아니라 엄청난 사회적 영향을 미치는데 그 중에서 가장 중요한 것은 성폭력의 악순환을 통해서 여성을 통제하고 불평등한 상태로 묶어놓는데 중요한 역할을 한다는 것이다. 또한 성폭력은 피해자에게 정서적·신체적·사회적 후유증을 남기고 있다. 성폭력의 후유증의 대표적인 증상으로서 불안이나 두려움, 우울, 사회적응 및 성적 기능상의 문제, 정신적 후유증을 들 수 있다.

성폭력 피해로부터 회복한다는 것은 그렇게 쉬운 일이 아니다. 특히 우리 사회에 만연되어 있는 남성중심적인 강간신화와 여성의 순결을 중요시하는 사회분위기는 피해여성들이 전문적 도움을 구하는 것을 어렵게 만든다. 대부분의 피해여성들은 성폭력 경험을 숨겨야만 하는 일로 생각하고 남에게 알려질까봐 전전긍긍한다. 그에 따라 피해여성들이 받는 충격과 상처는 시간경과와 함께 오히려 깊어져서 그들의 삶 전체에 파괴적 영향을 미친다.

이와 같이 개인의 일생 전체를 망가뜨리는 성폭력의 경험은 피해여성에 따라 중다차원의 다양한 반응을 불러일으킨다. 즉, 성폭력 피해는 중복적이고 복합적으로 나타난다.

성폭력 피해여성들이 나타내는 피해들을 정리하면 다음과 같다.

### 1) 정서적 문제

성폭력피해자가 경험하는 가장 대표적인 후유증은 두려움과 불안이다. 성폭력이 발생하는 동안 피해자가 경험하는 반응은 그 후 성폭력의 후유증에도 영향을 주게 된다.

지속적 공포와 불안, 우울증, 자아 존중감의 감소 및 외상 후 긴장장애를 나타낸다. 또한 성적 불안감이나 성행위에 대한 혐오감 혹은 죄책감과 함께 성 불감증을 포함하는 성적 역기능을 갖는다. 또한 남성에 대한 공포, 혐오감, 적개심을 갖게 되고 죄책감, 의욕상실, 타인에 대해 공격적이 되기도 한다.

성폭력 피해여성의 첫 번째 반응은 침묵이다. 피해자들은 그것은 어떻게 인식하고 처리해야 할지 몰라 침묵과 혼돈의 사태에 빠진다. 두 번째로 나타나는 반응은 자신이 경험한 사건을 무조건 부정하려는 방향으로 나간다. 세 번째 반응은 순결상실감으로 인해 이성관계나 결혼과 관련하여 심리적 불안감을 나타낼 수 있다. 네 번째로 나타낼 수 있는 반응은 남성혐오다. 이러한 남성혐오는 결국 자신의 인격 형성에 필수적인 요소인 인간에 대한 신뢰의 기반이 완전히 훼손되어 누구도 믿을 수 없는 존재로 인식하고 극도의 불안과 공포를 유발하게 된다. 다섯 번째로 피해자들이 나타내는 반응으로 분노를 들 수 있다. 이러한 반응은 자신의 행복이 다른 사람으로 인해 파괴된데서 오는 고통과 절망의 표현이다.

### 2) 행동적 문제

성폭력은 피해자의 사회적응에 여러 방식으로 손상을 가져온다. 여러 남성과 관계를 갖고 과도하게 성행위를 추구하는 등 성적으로 난잡한 행동을 하며 가출하여 성매매를 하는 여성도 있다. 또한 알콜이나 약물을 복용하고 의존적이고 일탈적 행동을 한다.

### 3) 신체적 문제

신체적 문제는 일반적인 성폭력 피해의 후유증의 하나이며 이는 외적으로 드러나는 신체적 상처가 거의 없거나 전혀 없는 경우에도 신체적 반응을 초래하게 된다. 정서적 외상에 기인된 신체적 질병은 물론 성폭력에 동반된 폭력에 의해 상처를 입을 수 있다. 또한 AIDS를 포함하여 성병에 감염되고 임신되기도 한다.

### 4) 대인관계 문제

모든 남성들을 무서워하고 혐오하는 것은 물론 친구들과도 어울리지 못한다. 타인을 불신하기 때문에 대인관계 및 사회관계를 단절한다.

### 5) 가족관계 문제

성폭력은 피해자 자신뿐만 아니라 가족에게도 영향을 미쳐 가족구성원들은 분노, 보복, 무력감과 죄의식 등 전형적인 재난반응을 경험하게 된다. 가족과의 관계도 심각하게 손상된다. 부모나 형제자매와의 대화도 점차 감소한다. 결혼한 여성들은 대부분 남편과 이혼한다. 자녀가 있는 경우에는 자녀에 대한 부모역할 수행이 어려워진다.

성폭력 피해여성에게 있어서 가족은 가장 중요하고 일차적인 사회적 지지자라고 할 수 있다. 즉, 가족구성원이 스트레스 상황에 처하게 되면 가족은 이를 조만간에 인식하고 사회적 지지를 제공하게 된다. 이는 가족이 그 구성원에게 사회적 지지를 제공하기 이전에 가족도 역시 스트레스를 받게 됨을 의미한다(이원숙, 1998).

피해여성들이 위에서 언급한 문제들을 모두 경험하는 것은 아니다. 성폭력의 피해자들이 어떤 문제들을 갖고 어느 정도로 얼마나 빠르게 회복될 수 있는가는 개인에 따라 차이가 있다. 일반적으로 가해자와의 관계, 성폭력이 일어난 장소 및 사용된 물리적 힘의 양과 같은 요인들이 피해자의 반응에 영향을 준다. 또한 이전의 성폭력 경험, 개인의 성격 특성 그리고 가족이나 친구 혹은 지역사회로부터 받는 지원의 종류와 양에 따라 성폭력에 대한 반응과 회복 속도 및 회복의 정도가 달라질 수 있다.

이와 같이 성폭력 피해여성의 스트레스는 개인적 차원, 가족적 차원 그리고 문화적 차원에 의해 영향을 받게 된다.

## 4. 性暴力 被害女性에 대한 支援體系

### 1) 법적 측면

성폭력에 관한 특별법의 특징은 다음과 같다. 첫째, 기존법상 고소가 불가능했던 직계존속등 근친에 의한 성폭력에 대해 고소할 수 있게 되었다. 둘째, 피해자의 신원과 사생활에 관한 비밀을 보장하기 위해 심리를 비공개로 할 수 있게 되어 수사 및 재판과정 등에서 피해자의 인권이 침해되는 것을 예방할 수 있는 조치가 마련되었다. 셋째, 국가 또는 지방자치단체는 성폭력피해상담소와 성폭력피해자보호시설을 설치할 수 있도록 규정하고 있다. 성폭력에 대한 법적 대응에 있어 이러한 변화는 과거에 비해 발전적 성격을 띠고 있다고 할 수 있다.

그러나 현행 성폭력특별법은 다음과 같은 문제점을 안고 있다. 첫째, 여성계에서 주장하던 아내강간은 성폭력의 범주에 포함되지 않았다. 이는 성폭력이 성적 자기결정권에 대한 침해라는 입장이 수용되지 않아 아직도 양성평등이 실현되지 못하고 있다. 둘째, 성폭력피해자에 대한 상담소와 보호시설의 설치에 관한 조항을 임의조항으로 규정하여 국가의 책임을 회피하고 있으므로 성폭력피해자를 위한 상담 및 보호시설이 실효성을 갖기 위해서는 법적 강화가 이루어져야 할 것이다.

### 2) 성폭력피해상담소 및 성폭력피해자보호시설의 운영

성폭력피해자를 위한 시설로서 성폭력피해상담소와 여성긴급전화 「1366」, 성폭력피해자보호시설이 있다. 성폭력피해상담소는 국가 또는 지방자치단체나 국가 또는 지방자치단체 외의 자로서 시장·군수·구청장에게 신고한 자가 설치할 수 있으며, 주요 기능은 성폭력 피해를 신고받거나 이에 관한 상담에 응하는 일, 성폭력피해로 인하여 정상적인 가정생활 및 사회생활이 어렵거나 기타 사정으로 긴급히 보호를 필요로 하는 사람을 병원 또는 성폭력피해자보호시설로 데려다 주는 일 등이다.

이와 함께 성폭력피해자 치료보호가 행해지고 있는데, 치료보호의 범위는 ① 성폭력피해자의 보건상담 및 지도 ② 성폭력 피해의 치료 ③ 성병감염여부의 검사 및 감염성병의 치료 ④ 임신여부의 검사 ⑤ 성폭력피해로 인한 정신질환의 치료 ⑥ 진단서 발급 ⑦ 기타 성폭력피해 증거물 채취를 위한 검사 등이다. 이에 따른 비용의 지원 등은 가정폭력피해자에 대한 내용과 동일하다.

성폭력피해자보호시설의 업무는 성폭력 피해상담, 성폭력피해자 일시보호, 성폭력피해자의 신체적·정신적 안정회복과 사회복귀를 돕는 일, 기타 성폭력 피해의 보호를 위하여 필요한 일 등이다.

보호대상자는 본인이 희망하는 경우 미성년자로서 보호자의 동의가 있는 경우, 기타 근친상간 피해자, 정신지체인, 정신질환자, 사회복지시설에 수용자 등으로서 상담직원의 상담결과 보호자의 입소동의를 받게 되는 것이 적절하지 못하다고 인정되는 경우이다. 보호기간은 6월 이내이며 시장·군수·구청장의 승인을 얻어 횟수에 관계 없이 3월의 범위 안에서 연장이 가능하다.

이밖에도 성폭력가해자 교정치료프로그램은 성폭력피해상담소 One-stop지원센터,

해바라기아동센터 등에서 이루어지고 있으며, 성폭력피해자 치료·회복프로그램은 성폭력피해자보호시설, One-stop지원센터, 해바라기아동센터, 프로그램에 참여할 피해자를 확인할 수 있는 방법을 제시하고 있는 성폭력피해상담소 등에서 실시하고 있다.

한편 아동성폭력전담센터는 성폭력피해자에 대하여 의학적 진단 및 평가와 치료, 응급구조 그리고 지지체계로서의 가족기능 강화를 위한 의료 및 심리적 지원과 신고 및 소송 등 법적 서비스를 One-stop으로 제공함으로써 13세 미만 성폭력피해아동과 정신지체장애인이 성폭력의 피해로부터 벗어나 정상적인 발달과 적응을 돕고 나아가 성폭력피해를 예방하는데 목적을 두고 아동성폭력전담센터를 설치하고 있다. 설치 지역은 서울, 대구, 광주 등 3개 지역이다. 여기에서는 수사기관, 의료기관, 보호시설 등 관련기관·단체와 연계체계를 통하여 피해아동 중심의 보호시스템을 구축하고 있다.

또한 여성폭력피해자 One-stop지원센터는 성폭력·가정폭력 및 성매매 등 폭력피해자에 대하여 상담·의료·법률·수사지원의 24시간 One-stop운영체계를 구축하는 것으로, 운영인력은 관리운영팀장 1인, 상담전문가 3명 이상 의료인력 간호사 1명, 경찰(여경) 3명 이상 파견 등이다. 설치장소는 전담의료기관이나 대학병원 중에서 응급실, 정신의학과, 산부인과를 갖춘 종합병원이며 전국 14개소가 설치 운영중에 있다.

### 3) 성폭력피해자를 위한 서비스

성폭력피해자를 위한 서비스는 민간 차원에서 상담서비스 위주로 실시되어 왔다. 성폭력피해자를 상담하는 기관은 한국성폭력상담소, 여성의 전화 등이었는데 급증하는 성폭력 상담사례 수에 비해 절대수가 부족하였다. 게다가 한국성폭력상담소를 제외한 나머지 기관은 다른 상담과 병행하고 있어 엄격한 의미에서 성폭력상담전문기관이라고 볼 수 없다. 이들 기관이 성폭력피해자에게 제공하는 서비스는 개별상담, 무료 법률상담 그리고 의료적 서비스와의 연계가 주종을 이루고 있어 성폭력피해자의 개별 특성에 맞는 장기적이고 전문적인 서비스는 미비한 상태이다. 이들 기관이 재정상의 이유 등으로 자원봉사자에 의한 전화상담에 의존하고 있어 전문적이고 장기적인 개입에는 한계가 있다고 볼 수 있다.

이러한 문제점을 개선하기 위해 「1366 상담전화」를 여성긴급전화「1366」으로 확대 발전시켜 전문상담원이 365일·24시간 핫라인으로 운영하며 민간상담소와 연계해 여성폭력피해자의 상담과 보호가 항상 이루어지도록 대비하고 있다.

또한 성폭력응급키트를 의료기관등에 무상 보급하고 있으며, 성폭력피해자의 치료를 위한 전담의료기관을 지정 관리하고 있는데 2007년 12월 현재 서울 42개소, 부산 14개소, 대구 10개소 등 333개가 지정 관리되고 있다.

## 5. 性暴力에 대한 社會的 對應方案

### 1) 왜곡된 성 의식의 변화

성폭력의 근본적인 원인은 여성에 대한 남성이 지배와 통제를 정당화하고 여성을 약자로 간주하는 성 차별주의라고 볼 수 있다. 따라서 성폭력문제를 근본적으로 해결하기 위해서는 양성평등에 대한 의식이 확립되어야 할 것이다. 특히 성과 관련하여 세 가지 차별적 편견이 성폭력을 조장한다고 볼 수 있다.

첫째, 성욕에 관한 차별적 편견이다. 전통적으로 남성의 성욕은 억제하기 힘들고 발산적이라는 의식이 성폭력을 정당화하고, 오히려 성폭력피해자인 여성의 몸가짐이나 태도를 비난하게 한다.

둘째, 성 역할에 관한 차별적 편견이다. 여성은 수동적이고 순종적이며 남성은 공격적이고 능동적이라는 남녀에 대한 통념적인 이분법적 성 역할 의식은 성 문제에서도 그대로 적용되어 남성의 성적 공격성이 자연스러운 것으로 간주된다. 특히 이러한 의식은 아는 사람으로부터의 성폭력을 정당화하는데 기여한다.

셋째, 성 윤리에 관한 차별적 편견이다. 전통적인 가부장제도 아래서는 부부간의 자연스러운 애정의 교류를 배제하는 대신에 남성에게는 혼외 성관계를 용인하고 여성에게는 이를 절대 금지하는 성에 대한 이중적인 기준이 당연시되었다. 여성을 애정의 대상으로 여기기보다는 남성의 이기적 본능의 대상으로 생각하는 경향이 잔존하여 여성을 남성의 성적 도구시하게 되고 이로 인하여 인신매매 및 매춘 등의 심각한 사회문제를 야기시키고 있다.

성폭력문제를 예방하기 위해서는 근본적으로 이와 같은 성 의식에서의 편견이 변화해야 할 것이며, 이를 위해서는 가정, 학교, 매스컴 등 모든 사회단위에서 왜곡된 성 의식을 개선하기 위한 노력을 해야 할 것이다. 아울러 성폭력을 예방하기 위해서는 성 차별적이고 퇴폐적인 성 문화에 대한 비판적 대응능력을 기를 수 있는 성교육이 필요하다.

### 2) 퇴폐적인 향락산업에 대한 규제

왜곡된 성 의식에 기반하여 남성이 여성의 성을 상업적으로 소비하는 것이 보편적인 사회적 추세가 되었다. 산업사회가 성숙되어 감에 따라 서비스산업의 발달이 촉진되고 성 개방 풍조가 파급되어 혼외성관계 및 혼외정사가 증가하는 추세를 보이고 있으며, 성의 상품화현상은 성매매여성과 미혼모를 양산하는 결과로 이어지고 있다. 특히 향락유흥업소가 범람하고 이러한 업소에 종사하는 여성이 겸업매춘형태에 관여하고 있음을 볼 때 성을 매개로 한 퇴폐적인 향락문화의 증가는 여성을 더욱 남성의 쾌락의 대상으로 간주하게 하고, 현재 만연하고 있는 폭력문화와 결합되어 다양한 형태의 성폭력을 야기시키는 요인으로 작용하고 있다. 따라서 성폭력문제를 예방하기 위해서는 여성의 성적 정체성을 왜곡하고 있는 향락산업에 대한 실효성 있는 규제가 필요하다.

### 3) 성폭력문제에 대한 정책적 접근

성폭력에 대한 사회복지 서비스의 필요성이 높아지고 있으나 현재까지의 사회복지 차원의 대응은 서비스 내용이 빈약하고 그 수준이 낮았으며 대상이 요보호여성층에 편중되어 있고 전달체계가 이원화되어 있으며, 전문적인 지식과 기술을 갖춘 인력도 부족한 형편이다.

이러한 현실에서 성폭력문제에 대한 사회복지정책적 접근은 첫째, 성폭력피해상담소와 보호시설의 확충 및 재정적 지원이 필요하다. 현재 민간 차원에서 행해지고 있는 성폭력피해상담소에 대한 정책적 지원, 특히 재정적 지원을 통해 성폭력상담이 체계적으로 이루어 질 수 있게 해야 하며, 성폭력피해자를 위한 보호시설에서 행하는 집단보호 및 치료 그리고 재활서비스가 실효성을 거둘 수 있는 내용으로 강화되어야 한다.

둘째, 사회복지사 등에 의한 아동 성폭력 신고제가 도입되어야 하고 피해아동을 위한 특수 위탁시설이 필요하다. 아동의 성폭력에 대한 인식이 부족하며 또한 아동 성폭력이 아는 사람에 의해 행해지는 경우가 많아 신고의 방해를 받기가 쉽다는 특수성을 감안할 때 아동상담기관등이 아동 성폭력을 사법당국에 신고할 수 있는 성폭력 신고제의 도입이 절실하다. 그리고 성폭력피해아동을 보호 치료할 수 있는 특수 위탁보호가정이나 시설의 설치가 필요하다.

셋째, 성폭력 서비스관련 전문가를 위한 훈련프로그램이 필요하다. 성폭력피해자를 위한 서비스는 매우 포괄적이고 전문적인 능력이 요구되고 있으나 현재의 성폭력 서비스 관계자들은 대부분 자원봉사자들로서 그 전문적 자질과 훈련이 부족하다.

지역사회가 성폭력에 대처하기 위한 포괄적인 서비스체계를 구축하려면 피해자, 가해자 그리고 지역사회의 세 가지 차원에서 접근되어야 하며 이들을 유기적으로 연계시키는 협조체계를 구축하여야 한다. 따라서 협조체계 구축방안은 다음과 같다. 첫째, 지역사회는 성폭력피해자를 위한 위기개입 서비스, 의료적 서비스, 경찰 및 사법체계, 사회복지 서비스 및 정신의료 서비스 그리고 기타 서비스체계를 갖출 필요가 있다. 둘째, 지역사회에서는 가해자에 대해서 경찰, 사법체계, 대안적 치료의 측면에서 대처하여야 한다. 셋째, 지역사회 차원에서 사회운동, 지역사회교육 그리고 예방적 대책이 마련되어야 한다(이원숙, 1998).

성폭력피해자를 위한 효과적인 서비스를 위해서는 각 전문분야에 대한 충분한 지식과 개입기술을 습득할 수 있는 훈련프로그램의 개발과 이를 교육하는 훈련센터의 설립이 필요하다. 넷째, 의료, 사법, 사회복지 서비스간의 연계 및 조정이 필요하다. 성폭력피해자가 성폭력 피해 후 거치게 되는 병원, 경찰서, 법원, 상담기관, 일시보호소간의 효과적인 연계와 의뢰체계가 확립되어야 하며 이 과정에서 신속하면서도 피해자의 인권을 보호할 수 있는 서비스의 제공이 필요하다.

### 4) 성폭력문제에 대한 임상적 접근

성폭력문제에 대한 사회복지의 임상적 접근은 성폭력피해자, 성폭력피해자의 가족 그리고 가해자에 대한 접근으로 나누어 볼 수 있다. 우선 성폭력피해자를 위한 치료적 접근은 위기개입적 성격을 띠며, 각 단계별로 구체적 서비스와 연계하여 개인 혹은 집단상황하에서 다양한 치료적 접근을 하게 된다. 성폭력피해자를 위한 개입은 초기단계에서는 신고접수를 받아 피해상황에 대한 기초조사를 하고, 병원에 의뢰하여 신체검사를 받게 한다. 그 후 중간단계에서는 신체적 상해에 대한 치료를 하고 성폭력 치료를 위한 임상적 개입을 개인 혹은 집단 수준에서 실시하고 일시보호시설의 알선 등 사회적 지원과 더불어 교육적, 법적 지원을 병행하며, 마지막으로 사후관리단계에는 피해자에 대한 지속적인 관리를 통해 사회 재적응과정을 점검해야 한다.

성폭력피해자가 정상적으로 사회에 재적응하는 것을 돕기 위해서는 피해자 가족에 대한 가족치료적 접근도 병행해야 한다. 피해자 가족치료는 가능한 한 모든 가족구성원이 치료과정에 참여할 수 있도록 유도해야 하며, 성폭력으로 받은 정신적 충격에 대한 치료내용과 성폭력 및 성폭력피해자에 대한 올바른 인식을 하도록 하여 피해자가 가정내에서 재적응하는데 적극적 도움이 되어야 한다.

지금까지의 성폭력문제에 대한 임상적 접근은 주로 피해자에게만 초점을 두었으나, 성폭력의 재발을 방지하고 성폭력가해자가 정상적인 사회생활을 할 수 있게 하기 위해서는 가해자에 대한 치료적 접근도 필요하며 이를 가능하게 하는 제도적 지원이 요청된다.

# 第6章 性賣買女性

성매매행위는 사회 전반에 걸쳐 여러 가지 문제를 야기한다는 것은 주지의 사실이다. 현행법상 모든 매춘행위는 불법이고 미성년 매춘도 이 범주에 포함되고 있으며 법적으로는 금지주의를 채택하고 있으나 실제적으로는 성매매여성을 관리하는 규제주의적 정책을 실시하고 있어 모순을 나타내고 있으며, 다양한 수준에서의 노력에도 불구하고 성매매행위의 예방과 단속 그리고 자활지원사업은 한계를 보이고 있다. 즉, 성매매행위에 대해 법으로서 엄격하게 금지하고 통제하고 있으나, 현실적으로는 성매매행위가 널리 통용되고 있는 모순을 보이고 있다는 점이다.

이것은 단속을 통한 처벌과 성매매행위의 계속이라는 악순환이 거듭되어 실제로는 근절되지 않고 있다는 것이며, 이러한 성매매행위는 근래에 와서 양적인 증가뿐만 아니라 질적인 다양성을 보이고 있어 새로운 형태의 쾌락주의가 성의 상품화에 깊이 젖어 있다.

이와 같이 증가하는 성매매문제에 대처하기 위해 윤락행위등방지법을 성매매알선등 행위의 처벌에 관한 법률과 성매매방지 및 피해자보호등에 관한 법률로 개정하여 강력한 조치를 취하고 있으나 유사성행위나 인터넷성매매 등 음성적인 성매매는 갈수록 번창하고 있는 실정이다.

성매매방지법 시행 이후의 평가는 상반되고 있다. 즉, 긍정적인 면에서의 평가는 성매매행위는 법으로 금지되어 있으므로 성매매관련사업, 혹은 집결지의 수가 감소하였을 뿐만 아니라 성매매 피해 여성의 탈성매매사례가 증가하고 있다는 점을 들고 있는 반면 부정적인 시각에서는 그 유형이 날로 다양화되어 실질적으로 줄지 않았다고 보는 시각도 있다. 또한 불법화된 성매매는 현재적 조건에서 다양화(신종, 변종)되고, 디지털화되고, 개인화되었으며, 세계화되었다는 지적도 나오고 있다.

매매춘문제는 청소년, 여성, 가정 등 복합적인 문제를 안고 있기 때문에 복합적인 사회복지적 접근이 필요하다.

## 1. 性賣買의 槪念과 歷史

### 1) 성매매의 개념

성매매와 관련된 용어는 다양하게 사용되어 왔다. 윤락(淪落)이란 "타락하여 몸을 버림"으로 정의되고 있으나 행정적으로나 법규상 사용하는 윤락의 개념은 윤락행위등방지법에서 규정하고 있었다.

Ellis는 매춘남녀를 이성이나 동성의 다양한 욕구를 충족시키는 일을 직업으로 하는 자로 규정하고 있다. 매춘부란 상대를 가리지 아니하고 금전을 위해 공연히 신체를 제공하는 여성으로 규정할 수 있다. 따라서 윤락행위는 매춘(賣春 : prostitution)과 동의어로 볼 수 있다. 매춘은 여성의 성 그 자체에 대한 차별의 용인에서 시작된 것으로 여성에 대한 사회적 차별의 전형적인 표현이라는 주장도 있다. 매춘의 정의에는 대개 상대를 가리지 않는 난교(亂交), 많은 섹스상대자, 끊임없는 성범죄, 금전 수수, 세상의 악명 등을 포함하고 있지만 이러한 요인들 중의 어느 하나도 어떤 사람을 매춘부라고 증명하기에는 불충분하다.

윤락행위등방지법에 의하면 윤락행위라 함은 불특정인을 상대로 하여 금품 기타 재산상의 이익을 받거나 받을 것을 약속하고 성행위를 하는 것으로 규정하고 있다. 즉, 윤락행위는 불특정인으로부터 금전, 기타 이익을 수수하는 약속을 하거나 기타 영리의 목적으로 성행위를 하는 것으로 정의하고 있어서 불특정인과 재산상의 이익 수수의 두 가지 측면을 강조하고 있다. 이러한 의미에서 볼 때 윤락행위란 일정하지 않는 사람과의 성행위라는 점에서 불륜(不倫)행위와 구분된다.

윤락행위등방지법이 폐지됨에 따라 윤락이라는 용어 대신 성매매 개념이 도입되었다. 성매매알선등 행위의 처벌에 관한 법률에서는 성매매를 불특정인을 상대로 금품 그 밖의 재산상의 이익을 수수·약속하고 성교행위, 구강·항문 등 신체 일부 또는 도구를 이용한 유사성교행위에 해당하는 행위를 하거나 그 상대방이 되는 것으로 규정하고 있다. 또한 성매매알선등 행위를 (1) 성매매를 알선·권유·유인 또는 강요하는 행위 (2) 성매매의 장소를 제공하는 행위 (3) 성매매에 제공되는 사실을 알면서 자금·토지 또는 건물을 제공하는 행위로 규정하고 있다.

성매매행위에 대한 사회적 인식과 행정적 규제 면에서 보면 성매매행위를 인간의 기본적 욕구인 성적 욕구의 충족이라는 점과 사생활 보호, 성범죄의 예방, 정절을 지키려는 많은 여성들의 보호를 위한 필요악으로 인식하여 성매매행위를 인정하든가 또는 묵인해야 한다는 주장과 성매매행위를 사회병리의 한 현상으로 보아

이를 근절해야 한다는 주장이 대립되어 왔다. 그러나 현대사회에 있어서는 성매매행위를 필요악설에 의해 방치하는 경우는 드물고, 사회문제의 하나로 보아 이를 규제하는 경향이 강하며 규제의 필요성으로서 성매매여성 자체의 인권보호라는 점에 초점을 두고 있다.

성매매행위에 대한 시각은 첫째, 성매매행위를 반드시 근절해야 되는 사회문제로 보지 않거나 볼 수 없다는 논리가 있다. 이를테면 성매매행위는 인간의 본능적 욕구와 관련될 뿐만 아니라 법률적 제재가 아무런 효과를 거두지 못했다는 역사적 경험 그리고 사생활의 보장이라는 법치주의의 원리에 비추어 이를 단속하거나 규제하는 것은 낭비와 간섭의 불과할 뿐이며 오히려 성범죄의 증가를 초래할 수 있다는 주장이다.

Bebel(1979)은 결혼과 매춘은 동전의 양면이라고 하여, 매춘을 생물학적 범주보다는 오히려 정치 경제적 범주로 보고 있다. 이러한 맥락에서 보면 산업형 매춘도 여성의 특이한 생리적·자연적인 상황에서가 아니라 사회구조적, 경제적인 문제로 파악할 수 있다.

둘째, 성매매행위는 반드시 근절되어야 할 사회병리이며 따라서 규제가 필요하다는 주장은 성매매행위가 국민의 풍속과 도덕을 해치며 성병의 만연을 포함하여 국민보건을 위협할 뿐만 아니라 성매매여성의 인권보호를 위해서도 당연히 요구된다는 주장이다.

매춘은 성폭력과 직접적인 관련은 없으나 매춘은 여성의 성에 대한 남성의 매수를 뜻하는 것으로서, 넓은 의미에서 역시 성폭력의 문제와 마찬가지로 남성중심적·여성억압적 성 문화의 표본이라고 할 수 있다.

성매매시장이 관리의 대상이 되어야 하는가 아니면 금지 통제의 목표여야 하는가의 문제는 정책적인 과제로서 문화와 의식, 철학과 역사, 종교까지 결부되는 복합적인 성격을 띠고 있다.

### 2) 매춘의 역사

역사적으로 볼 때 봉건사회에서 시민사회에로의 발전은 성을 해방시켜 연애와 결혼 및 이혼의 자유까지도 법률적으로 인정하게 되었으나 성적 욕망의 개방에 따른 성의 유희화, 쾌락 중심의 편집광적인 경향과 함께 성을 상품화시켰다.

인간의 성적 욕구는 가장 기본적이고 자연적인 욕구의 하나이면서 또한 유사 이래로 가장 많은 사회적 통제를 받아오고 있는 욕구 중의 하나이다. 이러한 성적 욕구의 모순의 돌파구라 할 수 있는 매춘은 어느 시대 어느 사회에서나 실제로 불법으로서 혹은 국가의 묵인하에서 사창의 형태를 취하거나 혹은 공창의 형태를 취하면서 존속되어 왔다.

매춘의 기원은 접대 매춘, 제례 매춘, 종교 매춘의 세 가지로 구분할 수 있다. 매춘이 본격적으로 발달하기 시작한 것은 그리스·로마시대에 들어와서 였다. 그 당시 귀족들의 노예는 방탕한 주인의 성적 노리개 감이었고, 공창이나 사창제도가 생겨난 것도 이 때이다. 접대 윤락과 제례 윤락은 금전수수와의 관계 없이 행해졌다. 이와 같이 성매매행위는 종교 의식, 전쟁, 빈곤과 관련되어 오랜기간 동안 존재해 왔는데, 종교 의식에 있어서는 제물로서 나이 어린 젊은 여자를 바치는 행위에 그 근원이 있으며, 또한 전쟁에서 군인의 사기를 높이기 위한 위안부로서 여성들이 윤락의 대상이 되어 온 것은 부인할 수 없는 사실이다. 그리고 빈곤에 의해 생활을 유지하고 가난을 극복하기 위해 여성 자신의 몸을 경제수단으로 전락하게 한 것 또한 성매매행위와 관련이 있다고 볼 수 있다.

인류의 역사와 더불어 시작된 가장 오래된 직업 중의 하나라고 하는 매춘이 그 부정적인 장구한 역사에도 불구하고 인권이 절대적인 가치기준이 되는 서구 사회에서조차도 여전히 유력한 직업 중의 하나로 자리잡고 있다.

성매매행위는 어느 나라를 불문하고 어느 일정한 시점에서 형성되어 나타난 문제가 아니라 자본주의 경제체제에서 불가피하게 나타나고 있는 것으로 역사적으로 오랫동안 유지되어 현대사회에까지 내려 온 것이며 아직까지도 근절되지 않고 있는 문제를 낳는 필요악의 존재가 되어 오고 있다.

우리나라에서 매춘행위가 본격적으로 이루어지게 된 것은 1916년 정무총감부령(유곽업창기취제규정)에 근거하여 유곽을 설치하고 공창제도가 도입되면서부터이며, 1944년에 제정된 여자정신대노동법에 의해 동원된 정신대종군부가 대표적이다.

역사적 시간의 길이와 문명의 진보에 비례하여 매춘의 기세가 쇠퇴하지 않는 것은 이중규범(double standard)이 존재하는 한 필연적이라고 Bullough부부(1987)가 지적하고 있듯이 가임(可姙)여성의 상당한 부분이 전업적 매춘이나 준 매춘적 직업에 종사한다는 우리 사회의 현실에서 더욱 실감나는 이야기이다.

우리나라의 성매매에 관한 연구는 매춘현상 그 자체가 갖는 오랜 역사성에도 불구하고 매우 제한적인 수준에서 진행되어 왔으며 진행되어 온 연구들은 여성학 관점에서의 매춘연구, 사회복지학 관점의 연구, 공중보건학 관점의 연구들로 분류할 수 있다. 그러나 이러한 연구의 결과를 통해 볼 때 우리나라의 성매매문제는 다양한 수준에서의 노력에도 불구하고 그 근본적인 해결책을 기대하기에는 한계가 있다. 즉, 매춘을 근절시키려는 끊임없는 노력에도 불구하고 사라지지 않고 있는데, 그 이유는 인간의 성생활은 단지 규제할 수는 있어도 억압할 수는 없기 때문이며, 항상 성을 팔려고 하는 사람과 이를 사려고 하는 사람이 동시에 존재하기 때문이다.

## 2. 性賣買의 要因

성매매행위는 어느 시대 어느 체제하에서도 차단되거나 근절되지 않는 뿌리 깊은 역사성을 지니고 있다는 점에서 성매매의 원인을 구명하지 않고서는 합리적인 예방책과 선도대책도 나올 수 없다는 점을 증명해 주고 있다.

성매매행위의 발생은 기본적으로는 빈곤과 관련되어 있고 윤리적 의식과 가치관의 변화 등 개인 및 사회환경 요인 등의 복합적인 작용에 의한 것으로 볼 수 있다. 성매매여성의 경로 면에서 보면 이들 대부분이 가출을 경험하고 있다는 점에서 가출의 원인에 대한 구명도 있어야 할 것이다.

### 1) 개인적 요인

한 여성이 성매매를 하는데 있어서 결정적인 요인을 개인적인 소질로 보는 견해로서 지능지수가 낮고, 성에 대한 무지 내지 호기심, 허영심, 성적 쾌락에의 지향 등의 정신적·도덕적 타락, 정신적·심리적 결함이 성매매의 요인이 되기도 한다.

### 2) 가정적 요인

정상적인 가정은 가족구성원의 기본적 욕구를 충족시켜 준다. 따라서 가족 기능의 해체는 그 자체가 사회문제이기도 할 뿐만 아니라 비행, 범죄 등 또 다른 일탈적 사회문제를 창출하기도 한다.

가정이 결함 내지 장애가 있는 경우 또는 가정 자체가 해체된 경우에는 가정이 갖는 기능을 기대할 수 없을 뿐만 아니라 가족구성원의 인격 형성에 악영향을 미치게 되고 나아가 사회적 내지 반사회적 성격으로 발전하여 결과적으로 성매매의 요인이 되기도 한다. 또한 과거에는 성매매의 원인론으로서 경제적 빈곤이 크게 작용한 것으로 나타났으나 경제성장을 통한 소득수준의 향상에도 불구하고 성매매여성의 수가 줄지 않고 있는 사실은 경제적 빈곤이 절대적 원인이 아니라는 것을 입증하고 있기도 하다.

### 3) 사회 문화적 요인

산업화·도시화에 따른 인구의 이동, 사회변천에 따른 도덕관·가치관의 변화, 남녀의 접촉기회 증가, 성 개방 풍조로 인한 성적 향락의 추구 심리, 성의 상품화 세태, 남녀의 불평등한 사회 경제제도 등으로 청소년의 성 모랄이 변화된 것이 성매매의 요인이 되기도 한다. 이와 같은 개인적, 가정적, 사회 문화적 요인이 직접 또는 간접으로 관련되어 성매매가 되는 것이며 이제 성매매의 문제는 개인적인 문제의 차원을 넘어 사회문제로 자리잡고 있다.

### 4) 정신·심리적 요인

한 여성이 성매매를 하는데 있어서의 결정적인 요인을 개인적인 소질로 보는 경향이 있다. 즉, 지능지수가 낮은 여성은 잠재적으로 성매매를 할 가능성이 높다는 견해이다. 그러나 지능의 결함 그 자체가 성매매의 직접적인 원인이 되는 것이 아니고 적절한 교육 또는 사회적응력을 갖지 못하기 때문에 성매매가 되기도 한다.

## 3. 性賣買女性의 實態

일반적으로 성매매행위는 크게 세 가지 유형으로 분류되고 있다. 첫째, 사회통제의 수단 면에서 공창과 사창 둘째, 지역점거의 형태 면에서 집창과 산창 셋째, 성매매여성의 행동형태 면에서 전통적 매춘, 산업형 매춘, 겸업매춘 등이다.

우리나라에서의 성매매행위는 사창으로서 집창과 산창이 혼재하고 있고 전통적 매춘이 퇴조를 보이는 반면 상대적 빈곤 또는 돈을 벌기 위해서나 쾌락을 얻기 위해 퇴폐향락업소를 매개로 하는 산업형 매춘 또는 겸업매춘이 크게 증가하고 있는 경향이 있다. 산업형 매춘은 과소비와 향락문화에 의한 직접적인 산물이라고 볼 수 있으며, 성 상품화의 한 형태라고 볼 수 있다.

한국여성정책연구원의 2007년 전국 성매매실태조사결과를 통해 성매매실태를 살펴보면 다음과 같다.

첫째, 전업형 성매매 집결지로 인식되는 39개 지역을 조사대상으로 한 결과 집결지역 업소는 1,443개소, 성매매여성 수는 3,644명, 연간 성구매자 수는 251만명,

집결지 업소당 1일 평균 성구매자 수는 5.8명, 연간 거래액은 2,068억원, 평균 성적 서비스 비용은 82,251원으로 나타났다.

둘째, 겸업형 성매매관련 업소를 살펴보면 업종별 성매매알선 비율은 일반유흥주점업 56.2%, 무도유흥주점업 56.3%, 간이주점업 2.7%, 다방운영업 28.6%, 노래방운영업 19.4%, 이용업 12.2%, 마사지업 62.7%, 기타 미용관련 서비스업이 25.5%로 추정되는데 성매매알선업체는 8개 업종에 44,804개소, 여기에 고용된 성매매여성 수는 147,000여명으로 추정되며, 겸업형 성매매업소 전체의 1일 평균 성구매자 수는 151,000명, 여기에서의 성적 서비스 평균 비용은 150,000여원으로 조사되었으며, 연간 성구매자 수는 5,010만명으로 추산하고 있다.

셋째, 전업형 성매매업소와 겸업형 성매매알선업소 수는 46,247개소로 추정되며, 전업형, 겸업형, 인터넷 및 기타 성매매를 포함한 전체 성매매여성 수도 약 270,000명 수준으로 20~30대 여성인구의 3.5%를 차지하며, 같은 연령대 취업여성인구의 약 6.3%에 해당된다.

전국적으로 연간 성구매자 수는 약 9,400만명 정도로 추정되었으며, 이 중 인터넷 및 기타 성매매의 구매자 수는 4,154만명은 추정되는데 이는 20~64세 성인남성 중 1인당 연간 6회 정도 구매하는 수치이다. 한편 성매매관련 산업의 경제규모는 전업형 집결지의 총 거래액은 2,020억 원, 겸업형 8개 업종의 성매매로 인해 산출되는 총 거래액은 약 7조 7,000억 원, 인터넷 및 기타 성매매의 총 거래액은 6조 2,000여억 원으로 총 14조여 원으로 추정되며, 이것은 2006년 국내총생산(GDP)의 1.7%에 해당되는 수준이다(한국여성정책연구원, 2007).

### 1) 성매매여성의 현황

어느 때나 성매매여성의 현황은 신뢰성을 갖기 어렵다. 왜냐하면 특정지역에 밀집하여 성매매행위를 할 뿐만 아니라 개별적으로 때로는 주택가에서까지 성매매행위를 하는 등으로 그 양태가 매우 다양해지고 있기 때문이다. 현실적으로 파악된 성매매여성보다는 산업형 매춘이나 겸업매춘이 훨씬 더 많다는 것은 상식에 속한다는 점에서 실태파악이 제대로 되지 않고 있음을 알 수 있다.

그동안 정부의 조사에 의하면 특정지역내의 성매매여성의 수는 꾸준히 감소되고 있는 것으로 나타났으나, 퇴폐향락업소를 매개로 한 다양하고도 새로운 성매매의 형태가 증가하고 있어서 실제적으로는 점점 증가하고 있다는 주장도 있다. 보건복지부 자료(2000)에 의하면 1999년 말 현재 성매매밀집지역은 48개소이고, 여기에

5,567명의 성매매여성이 있으며, 성병검진자 13만명을 포함한 51만 5천명의 성매매여성 및 우려여성이 있는 것으로 추정되고 있다. 이러한 추정치는 성매매의 심각성을 보여주고 있다.

매매춘여성 추정치 자료는 이외에도 한국형사정책연구원(1990)은 658,003명으로 추정하고 있으며, 한국여성민우회(1995)는 120만명으로 추정한 바 있다. 그러나 한국형사정책연구원의 조사에 의하면 2002년도 국내 매춘시장의 매출이 GDP의 4.1%에 달하며, 최소 33만명의 여성들이 성매매관련 산업에 종사하는 것으로 나타났다. 이 숫자는 20~30대 여성인구의 4.1%에 해당하며, 같은 연령대 취업인구의 8%에 해당한다. 20~64세 남성인구의 20%가 2002년 한해 동안 성매매를 경험했으며, 이들은 월평균 4, 5차례 성을 구매하면서 화대로 일회 평균 154,000원을 지출한 것으로 나타났다(한국형사정책연구원, 2003).

YMCA의 조사에 의하면 우리나라의 향락산업의 연간 매출액은 GNP의 5% 이상이며, 성을 판매하는 여성의 수는 120~150만명 정도로서 15~29세 사이의 여성인구의 약 1/5에 해당하는 것이라고 추정 발표한 바 있다(서울 YMCA 향락문화시민운동보고서, 1989). 이것은 전국의 향락업소 40만개소에 각각 3명의 여성이 종사하는 것으로 추정한 것이다.

1995년 현재 313,991개소의 향락업소에서 1,208,865명의 성매매여성이 있다고 민간단체가 추정하고 있으며, 여성특별위원회 보고자료에 의하면 1994년 현재 전국적으로 56개소의 성매매지역에 5,213명의 성매매여성이 있는 것으로 집계하고 있다(서울특별시, 1998).

이와 같은 집창 이외의 성매매가 우려되는 장소는 식품위생법에 규정된 식품접객업소(다방, 일반음식점, 단란주점, 유흥주점), 공중위생법에 규정된 위생접객업소(숙박업, 목욕장업, 이용업), 의료법, 안마사에 관한 규칙 등에 규정된 안마시술소 등이 있다.

### (1) 성매매여성의 연령

성매매여성이 매춘생활을 시작한 연령은 15세 미만( 8.7%), 15-19세 (59.9%), 20-24세 (24.5%), 25세 이상 (7.1%)으로 구분해 볼 때, 10대가 68.6%를 차지하고 있으며, 매춘생활을 하게 된 경위는 친구 소개(52.8%), 매스컴 광고이용(17.3%), 자발적(11.8%), 인신매매(6.3%)등이며, 이들의 전 직업은 여성근로자(30.2%), 술집, 카페, 다방 등 접객업소 종사자(41.0%)들이다. 매춘생활을 하게 된 동기는 돈을 벌기 위해서(84.3%), 허영심(56.7%), 가정불화(42.5%), 소외감(33.1%), 실연(11.8%), 충동

(11.0%), 강요(9.4%) 등으로 나타나 경제적인 이유가 가장 높고, 허영심, 가정불화, 소외감 등 개인적, 가정적 요인이 복합적으로 작용한 것으로 나타났다(성민선, 1989).

한편 이들의 첫 성 경험을 연령별로 살펴보면, 15세 미만(14.3%), 15-19세(72.4%), 20-24(12.8%)로 나타났으며 자발적인 성행위는 63.6%로 가장 높았고 그 다음이 강간(18.6%), 돈 거래(11.1%)로 나타났다. 가출경험은 15세 미만(14.6%), 15-19세(71.6%), 20-24세(12.2%), 25세 이상(1.6%) 순이었으며 가출 이전의 성 경험은 55.6%가 있는 것으로 나타났다.

성매매여성의 거의 대부분은 가출한 경험이 있으며 성매매여성 중 54.4%가 20-24세 사이에, 13.5%가 20세 미만에서 매춘생활을 한 것으로 나타났으며 성매매여성 중 60.5%는 돈을 벌기 위해 스스로 매춘생활을 시작한 것으로 나타났다(박정은, 1994).

이와 같은 자료를 통해 성 경험과 가출연령, 성매매행위의 관계성을 살펴보면 성 경험이 가출로 이어졌거나 가출 전에 성 경험이 없었다 하더라도 가출 이후 성 경험을 가지면서 최종적으로 매춘생활에 빠지게 되었다고 볼 수 있다.

### (2) 성매매의 동기

성매매에 나선 청소년들을 직업별로 보면 학교에 다니지 않는 청소년이 125명, 고교생 69명, 중학생 49명, 학원생 40명, 초등학생 8명 등이었다. 또한 2003년 말부터 2004년 1월 31일까지 청소년 성매매 특별단속을 실시한 결과 성매매사범은 553명이었으며, 성매수자 371명 중 30대가 159명, 40대 43명, 20대 14명, 10대 18명, 50대 11명으로 나타났다.

이들의 성매매행위에 대한 태도는 성매매행위 자체를 긍정적으로 인식하는 사람이 68%였고, 다른 생활에 적응하기가 곤란하여 매춘생활을 청산하지 못하는 사람이 76%로 나타났다. 특히 이들은 돈을 쉽게 벌어서 자립하려고 하는 사람이 76%, 좋은 남자와 만나서 결혼하는 것이 장래의 희망이라는 사람이 81%로 나타났다. 또한 요보호여성을 위한 선도보호시설이 요보호여성들을 보호하고 수용하는 시설로 알고 있는 사람이 74%이며, 공창제도를 인정하고 공창자치제도를 운영할 수 있기를 바라는 사람이 84%로 나타났고, 폭력배등 매춘시장 주변의 정화를 요구하는 경우도 11%나 되고 있다.

한편 1999년 말 현재 60개 업소에 354명이 활동하고 있는데 이들 중 25~29세가 57%, 20~24세가 17%, 30세 이상 26%로 나타났다. 부산 완월동에는 77개 업소에

634명이 활동하고 있는데, 20대가 67%, 30대가 23.6%, 19~20세가 6% 등이며, 이들의 성매매행위의 동기는 생계를 위해서가 90%, 가정불화 7%, 가출 후 귀가포기 2% 등으로 나타났으며, 체류기간은 1년 미만이 33%, 1~5년이 63%로 나타났다.

또 다른 조사에 의하면 성매매여성들의 학력은 중학교 이하가 49%, 고교 50%, 대학이 1%로 나타났으며 80%가 대도시 출신이었다. 이들 중 81%가 현재 생활에 만족한다고 답변했으며 만족하고 있는 가장 큰 이유로서는 돈을 많이 벌 수 있고(60%), 골치 아픈 일이 없어서 좋다는 것이다(20%). 이를 뒷받침하듯이 이들의 월수입은 500만원을 넘고 있다. 성매매여성이 되기 전의 직업은 유흥업소 종사자가 35%로 가장 많았으며, 성매매여성이 된 경위는 30%가 친구의 추천이며, 광고를 보고 스스로 찾아 왔다는 사람도 30%나 되었고, 그리고 이들 중 75%는 자신이 무슨 일을 하게 될지를 알고 찾아 왔다는 것이다. 이런 생활을 청산하고 공장 근로자가 될 의향이 없느냐는 질문에 92%가 부정적인 응답을 했으며 장래계획으로서는 자신의 가게를 갖기를 원하는 사람이 44%로 가장 많았다.

이와 같이 매춘시장의 분위기는 매춘시장의 급속한 확산과 겸업매춘시장의 전국적 잠식현상으로 기존의 특수지역의 벽을 허물고 말았으며 과거의 전통적 호객행위는 줄어들었고 성매매의 자발성과 매춘시장에서의 자율성은 과거에 비해 크게 신장되고 있는 것으로 나타났다.

### (3) 유입경로

여성들이 성매매행위를 하게 된 경로는 첫째, 유입과정은 경제적인 빈곤이 제일 큰 이유이고 성관계를 이미 경험한 이후에 들어온 경우이다. 둘째, 성매매여성 자신이 순결, 정절 이데올로기를 수용함으로써 모순적인 자아정체감을 지니고 있다. 셋째, 성매매여성의 수입정도, 학력, 연령은 여타의 여성노동시장과 비교할 때 높은 수준을 나타내고 있다. 넷째, 성매매여성의 개인적인 소망은 탈매춘이지만 경제적 여건과 외부세계에 대한 두려움, 자신감 결여 등으로 행동에 옮기지 못하고 있다(김자혜, 1993).

매춘을 하게 되기까지의 과정은 미혼여성의 경우 가출을 경험하여 여타 직종에 종사하다가 매춘에 빠지는 경로를 밟는 여성이 56.6%를 차지하고 있고, 가출에서 바로 매춘으로 유입되는 경우가 19.1%, 결혼(동거) 후 가출하여 매춘으로 유입되는 경우도 12.2%나 된다. 이와 같은 경로에서 알 수 있듯이 매춘여성의 87.9%가 가출한 후 매춘으로 빠지게 되는 것은 시사하는 바가 크다. 가출을 91.6%가 경험하였으며 가출여성은 20~25세 미만이 50.0%, 20세 미만이 31.3%나 되었다(한국여성개발원, 1993).

이와 같이 성매매 유입과정은 저연령화, 인신매매, 선불금과 소개비로 인한 빚의 굴레, 경찰에 의한 사기죄 처벌, 감금과 감시, 업주에 의한 착취 등의 문제상황이 작용하고 있음을 알 수 있다.

#### (4) 성매매업소 집결지

성매매업소 집결지란 성매매업소 밀집지역을 일컫는 말로서 과거에는 윤락가, 사창가, 집창촌 등으로 불리워졌으며, 유형별로는 전업형 성매매업소 밀집지역을 지칭한다.

집결지는 성매매가 공공연하게 이루어지는 곳으로 성매매시장의 상징적 핵심이며, 대부분 블록화되어 있고, 폐쇄적인 공간구조를 갖고 있어 종사여성에 대한 착취와 인권유린의 온상이 되고 있다.

성매매업소 밀집지역 현황을 한국형사정책연구원 조사(2002)를 통해 살펴보면 전업형 성매매집결지가 총 69개 지역, 2.938개 업소에 9,092명의 여성이 종사하는 것으로 나타났으나 한국여성정책연구원의 조사(2007)에서는 39개 지역에 1,443개 업소로 나타났으며, 성매매여성 수는 3,644명으로 조사되었다. 그러나 2008년 9월 현재 전국 31개 지역에서 935개 업소에 2,282명의 성매매여성이 종사하는 것으로 집계되었다(제16차 성매매방지대책추진점검단 회의자료, 2008).

이와 같은 집결지 종사여성의 특성은 성매매기간이 길고 상대적으로 고령자가 많으며, 남성관, 결혼관 및 성에 대한 인식이 왜곡되어 있으며, 업주와 감시자와 인간적 친밀감이 형성되어 의존적이며, 폭력이 일상화되어 있음에도 인권침해에 무감각하며, 탈성매매를 원하고 있으면서도 대부분 지원시설 입소를 꺼리고 있다는 점 등이다.

### 2) 고객(성의 구매자)

전통사회에서의 매음남성들이란 사회 일부의 한량들의 오락적인 추구에 그쳤으나, 오늘날 향락업소의 매매춘현상은 소비과시적인 쾌락지향성에서 출발하며 정상적인 보통 남성들이 대거 진출한다는 것이 특징이다. 남성에게는 사적인 여가문화와 공식적인 여가문화에도 성과 퇴폐에 손쉽게 접근할 수 있도록 구조화되어 있다.

고객이 성매매행위자와 성적 거래를 하게 되는 원인은 성매매에 대한 이중적 사회규범과 성적 욕구를 갖는 연령과 결혼연령과의 차이, 고객의 입장에서의 성매매의 경제성 즉, 성적 욕구를 충족시키기 위하여 특정 여성과 접촉하는데 따르는 위험 부담을 피할 수 있으며 부부간의 불화, 배우자의 성적 매력의 감퇴 등으로 성매매여성과 고객과의 관계는 철저한 성적, 경제적 관계이다.

이화여대 한국여성연구소가 20대에서 40대까지의 남자 대학생과 직장인 352명을 대상으로 설문조사한 결과에 의하면 혼전 성 경험이 80%를 상회하는 것으로 나타났다. 그 중 44.7%가 매춘여성을 상대로 첫 경험을 하였다고 한다(우리사회연구회, 1995).

한국여성의 전화연합에 의하면 전체 남성 2명 중 1명은 성 구매 경험이 있으며, 3명 중 1명은 사회생활과정에서 성 구매는 있을 수 있다고 생각하는 것으로 나타났다. 또한 성 구매 경험자 중 18.0%만이 성 구매 후 죄책감을 느꼈다고 답했으며, 성병에 걸리까봐 두려웠다(27.0%), 별 느낌이 없었다(26.0%), 기대와 달리 실망했다(21.3%)라고 응답해 상당수가 자신의 성 구매를 범법행위로 기억하고 있지 않았다. 성 구매 동기는 중복응답을 포함하여 55.1%가 술자리 또는 접대관행 때문이라고 응답했다(한국여성의 전화연합, 2003).

성 행위는 여러 가지 기능을 갖고 있기 때문에 출산이나 쾌락을 위해서만 성 행위를 한다는 것은 정당화될 수 없다. 즉, 매매춘은 성의 다목적성을 고려하지 않은 체 금전획득을 위해 쾌락적·오락적 성에만 치중한 것으로 성이 갖는 본연의 기능을 제대로 못하다고 볼 수 있다.

### 3) 중간촉매자

중간촉매자는 성매매행위자와 고객과의 접촉을 가능케 해주고 중간에서 이익을 취한다. 그러한 접촉을 가능케 하는 방법은 장소를 제공하거나 성적 거래에 합의하도록 주선하는 것 등이다. 포주는 성적 거래의 양 당사자에게 적합한 장소를 제공함으로써 이득을 취하고, 펨프등은 고객에게 성매매행위자를 소개함으로써 이득을 취한다. 이들 중간촉매자는 성매매행위자와 고객의 희생자이자 착취자이다. 중간촉매자가 성매매행위를 조장하는 가장 중요한 원인은 경제적 동기이며, 다음으로 문화적 요인으로서 행위에의 습관화이다.

## 4. 性賣買의 問題

성매매행위는 동서고금을 막론하고 존재해 왔고 성매매행위의 주체는 일반적으로 여성으로 인식되어 왔으며 따라서 보호, 처벌의 대상도 성매매여성이 중심이 되어 왔다. 또한 성매매의 문제는 성매매여성의 수적 증가 그 자체만으로도 문제가 되며, 성매매여성의 연소화, 성매매과 범죄와의 연계현상이 두드러지게 부각되고 있어 성매매의 사회병리문제가 제기되어 왔다.

우리 사회의 성매매행위는 개인적 타락이나 한 인간의 사회적 일탈을 암시해 주는 반인간적인 제도로만 기능하는 것이 아니라 이제 서로가 서로에게 굳이 고상함을 내세워 인간관계의 벽을 유지시키기보다는 동시 타락의 심리적 기회구조 속에서 각자의 욕망을 관리·해소할 수 있는 원색적 채널이자 집단적 카타르시스의 한 방편으로 정착하여 사회 전체적으로 확산되기에 이르렀다(박종성,1994).

성매매의 문제는 크게 성매매행위 주체인 성매매여성 자신의 문제와 전체 사회에 미치는 문제로 대별할 수 있다.

### 1) 성매매여성 자신의 문제

성매매여성 자신의 문제로서는 신체적 학대와 성병(sexually transmited disease)의 감염, 임신 등과 관련된 건강상의 문제와 성을 상품화하는데 따른 인간성 상실, 도덕성의 타락, 쾌락주의의 생활태도 등이 있다.

우선 경제적 문제로서 성매매여성들이 성을 판매하여 벌어들이는 수입은 결코 적지 않으나 성매매여성 중 상당수는 빚을 지고 있으며 종사기간이 오래된 여성일수록 빚을 지고 있는 비율이 높게 나타났다. 돈을 벌기 위해 이 길을 선택했으나 결과적으로 경제적 목적을 달성하지 못하고 중간착취자에게 이용당하고만 결과가 되었다. 성매매여성의 의식은 성매매행위에 대해 죄책감을 갖고 있기도 하나 전반적으로 커다란 문제의식이나 죄책감을 가지지 않은 채 생활하고 있어 선도보호조치가 한계에 봉착할 수밖에 없다.

성매매여성들은 매춘생활을 청산하고 싶으나 매춘생활을 당장 청산할 수 없거나 매춘생활 이외의 다른 생활에 적응하기가 곤란하다고 생각하고 있고 다른 일자리를 구하기가 힘들다는 등의 이유로 매춘생활을 청산하지 못하고 있다. 즉, 성매매여성들의 사회복귀를 가로막고 있는 요인은 첫째, 경제적 요인 둘째, 사회의 편견 셋째, 매춘생활을 통하여 내면화된 자신의 성격적 특성 등으로 요약할 수 있다.

### 2) 전체 사회에 미치는 문제

사회 전체에 미치는 문제로서는 성병 만연으로 인한 국민보건의 저해, 성 도덕의 문란으로 성범죄의 증가, 인신매매의 성행, 퇴폐문화 심화, 성 규범의 해이, 성의 상품화로 인한 도덕성과 건강상의 상실 등의 문제가 있다.

희생자 없는 범죄(Schur, 1965)라고 가볍게 여겨오던 매매춘은 점차 사회의 지배적인 가치관으로 형상화해 가고 있는 물질만능주의와 퇴폐·향락산업의 번창에 따라 여성들의 황폐화는 물론 인신매매(人身賣買)라고 하는 범죄를 촉발하여 시민들의 기본적인 신변의 안전을 우려하는 상황이 되었다. 결과적으로 각종 성범죄를 유발하는 심각성을 띠고 있다.

## 5. 性賣買女性에 대한 政策的 接近과 支援體系

### 1) 성매매문제에 대한 입장과 시각

매매춘문제에 대한 외국의 입장과 시각을 살펴보면 매매춘에 대한 법 제도는 크게 금지주의와 규제주의, 합법화로 나눌 수 있다. 금지주의는 매매춘을 위법으로 규정하고 이를 위반하는 사람을 처벌하는 것이다. 금지주의내에서도 성을 파는 행위만을 금지하는 경우, 성을 사고 파는 모든 행위를 금지하는 경우, 또는 매매춘을 알선하는 행위를 금지하는 경우 등으로 나누어진다.

규제주의는 일정한 조건하에서 매매춘을 정부가 관리하고 규제하는 것을 말한다. 즉, 특정지역내에서만 허용한다든지, 허가를 받은 매춘여성만이 영업을 하게 한다든지, 공인 매춘옥의 지정, 성병관리 등 정부의 감독과 규제하에서 부분적으로 매춘을 인정하는 것이다. 반면 합법화는 매춘을 완전히 직업으로 인정하여 국가에서 세금도 징수하고 간섭을 하지 않는 경우이다.

매매춘에 대한 법적 대응은 거의 모든 국가에서 금지주의나 규제주의를 채택하고 있다. 매춘행위 그 자체를 범죄로 규정하고 처벌하는 국가는 한국을 비롯하여 필리핀, 스리랑카, 타이, 헝가리, 니카라과, 쿠바, 우크라이나, 탄자니아, 적도 뉴기니아 등을 들 수 있다. 몇 개국을 제외하고는 성을 사는·행위인 매춘을 처벌하기 위한 입법조치를 하고 있는 나라는 거의 없다. 또 매춘남성을 처벌할 수 있도록 법률에 규정하고 있다고 하더라도 법률에 규정되어 있는 것과 실제로 법이 집행되는 것은 물론 별개의 문제이다.

규제주의를 택하고 있는 나라는 오스트리아, 아일랜드, 파나마, 르완다 등으로 이러한 국가들은 매춘행위는 당국이 지정한 한정된 장소에서만 하도록 용인하고, 의사의 감독을 받도록 하거나 공공연하게 눈에 띄지 않는 집안에서만 가능하도록 하고 있다고 한다. 영국의 경우 매춘 그 자체는 위법으로 삼고 있지 않으나 적극적으로 광고활동을 하면서 영업행위를 하는 것은 엄금되고 있다. 독일의 경우도 매매춘 그 자체가 법률상의 처벌대상은 아니다. 그러나 매춘을 장려하거나 선전하는 것은 금하고 있으며, 노상매춘도 허용되지 않고 있다. 매춘여성은 보건소에서 정기적으로 성병검사를 받을 의무가 있고 소득세도 납부하여야 한다.

### 2) 우리나라의 성매매행위에 대한 규제

우리나라는 1947년 7월 공창제도등 폐지령에 의해 공창이 폐지되고, 1961년 윤락행위등방지법이 제정·시행되었고, 1995년 이를 개정하여 대처해 오다가 2004년 이를 폐지하고 대체입법으로 성매매처벌법 및 성매매방지법을 제정·시행하고 있다.

성매매행위와 관련된 법률로서는 성매매알선등 행위의 처벌에 관한 법률·성매매방지 및 피해자보호등에 관한 법률을 비롯하여 아동복지법, 청소년보호법, 근로기준법, 직업안정법, 공중위생법, 모자보건법, 전염병예방법, 공중목욕탕업법, 보건소법, 식품위생법, 풍속영업의 규제에 관한 법률, 공연법, 후천성면역결핍증예방법, 의료법, 안마사에 관한 규칙, 관광진흥법, 성폭력범죄의 처벌 및 피해자보호등에 관한 법률, 청소년의 성보호에 관한 법률 등이 있다.

산업형 매매춘 가능업소에 대한 관련법은 <표 16>과 같다.

<표 16> 산업형 매매춘 가능업소 관련법

| 업 종 | 내 용 | 관련법 |
|---|---|---|
| 매매춘행위관련 | 매매춘 행위, 매매춘행위의 상대자, 매매춘 알선 및 장소 제공 등 | -성매매알선등 행위의 처벌에 관한 법률 |
| 식품접객업 | 휴게음식점(다방), 단란주점, 유흥주점 | -식품위생법<br>-공연법 |
| 위생접객업 | 숙박업(여관, 여인숙, 호텔 등), 목욕장업(증기탕 등), 이용업 | -공중위생법<br>-관광진흥법 |
| 안마시술업 | 안마시술 | -의료법, 안마사에 관한 규칙 |
| 풍속영업 | 유흥주점, 노래연습실, 무도학원, 무도장, 증기탕, 여관, 이용업 등 | -풍속영업의 규제에 관한 법률<br>-청소년 보호법 |
| 직업소개소 | | -직업안정법 |
| 관광사업 | 여행알선업, 관광숙박업, 관광객이용시설업 | -관광진흥법 |

풍속영업의 규제에 관한 법률은 풍속영업을 하는 장소에서 성매매행위 또는 음란행위를 하게 하거나 이를 알선·제공하는 행위를 금지하고 있어 겸업형 성매매를 처벌하고 있다.

성매매알선등 행위의 처벌에 관한 법률에 의하면 성매매, 성매매알선등 행위, 성매매 목적의 인신매매, 성을 파는 행위를 하게 할 목적으로 타인을 고용·모집하거나 성매매가 행하여진다는 사실을 알고 직업을 소개·알선하는 행위 및 성매매관련 행위가 행하여지는 업소에 대한 광고행위 등을 금지행위로 규정하여 윤락행위등방지법의 처벌 규정보다 강화된 벌칙 규정을 두고 있다.

이 밖에도 청소년보호법은 미성년자의 유흥업소 고용이나 성매매행위를 금지하고 있고, 아동복지법은 아동에게 음행을 시키거나 음행을 매개시키는 행위를 금지하고 있는 등 실제로 처벌법규는 있으나 집행력이 약하거나 단속이 제대로 안 되고 있는 실정이다.

### 3) 상담 및 보호

#### (1) 성매매피해상담소 운영

성매매여성을 대상으로 성매매피해상담소가 상담업무를 수행하고 있다. 성매매상담소는 성매매여성에 대한 현장상담, 법률·의료지원 등을 통해 감금·성매매강요 등 인권유린상황에 조기 개입하고, 성매매피해자지원시설, 자활지원 등에 연계역할을 수행하고 있다.

이 밖에도 성매매여성을 대상으로 하는 상담사업은 여성긴급전화「1366」, 현장상담센터, 여성회관, 성폭력피해상담소, 여성복지시설 등 상담기관간의 유기적인 협조체제를 구축하고 있다. 중점 상담은 성매매업소 밀집지역, 저소득 밀집지역, 유흥·성매매지역, 다중이용시설, 가출·성매매여성·미혼모·매맞는 요보호여성 등이 주 대상이다.

#### (2) 성매매 피해여성에 대한 보호

성매매 피해여성에 대해 종전까지는 처벌, 규제 일변도의 정책으로 일관되어 오다가 성매매방지법의 시행 이후 피해여성의 인권보호 및 치료지원으로 정책적 변화가 이루어졌다.

검사는 성매매를 한 자에 대하여 사건의 성격·동기, 행위자의 성행 등을 고려하여 보호처분에 처함이 상당하다고 인정하는 때에는 특별한 사정이 없는 한 보호사건으로 관할법원에 송치하여야 하며, 판사는 심리의 결과 보호처분이 필요하다고 인정한 때에는 (1) 성매매가 이루어질 우려가 있다고 인정되는 장소나 지역에의 출입금지 (2) 보호관찰등에 관한 법률에 의한 보호관찰 (3) 사회봉사 · 수강 명령 (4) 지원시설에의 감호위탁 (5) 성매매피해상담소에의 상담위탁 (6) 전담의료기관에의 치료위탁 등의 처분을 할 수 있다. 이 경우 처분은 병과할 수 있다.

### (3) 성매매피해자에 대한 처벌특례 및 보호

성매매피해자란 첫째, 위계 · 위력 그 밖의 이에 준하는 방법으로 성매매를 강요당한 자 둘째, 업무 · 고용 그 밖의 관계로 인하여 보호 또는 감독하는 자에 의하여 마약 · 향정신성의약품 또는 대마에 중독되어 성매매를 한 자 셋째, 청소년 · 사물을 변별하거나 의사를 결정할 능력이 없거나 미약한 자 또는 중대한 장애가 있는 자로서 성매매를 하도록 알선 · 유인된 자 넷째, 성매매 목적의 인신매매를 당한 자 등이다.

이러한 성매매피해자의 성매매는 처벌하지 않으며, 성매매알선등 행위, 성매매 목적의 인신매매를 한 자가 그 행위와 관련하여 성을 파는 행위를 하였거나 할 자에게 가지는 채권은 무효이다.

### (4) 지원시설 운영

성매매행위의 악순환 고리를 끊기 위해서는 매춘생활에 젖은 성매매여성을 재사회화하고 사회에 복귀시킬 사회적 안전망이 필요하다. 성매매피해자등을 위한 지원시설은 일반지원시설, 청소년지원시설, 외국인여성지원시설, 자활지원센터로 구분된다.

이 밖에도 그룹홈(공동생활가정)이 있다 . 그룹홈은 성매매피해자지원시설 등에 입소하고 있는 여성 중 자활능력을 갖춘 여성에 대하여 일정기간 주거를 지원함으로써 탈성매매 효과를 제고하기 위한 시설로서, 운영주체는 일반지원시설이며, 입소기간은 2년 이내이다.

특히 집결지 자활지원사업은 집결지 성매매여성의 탈업소 및 자활지원을 통하여 성매매여성의 사회복귀와 나아가 집결지 정비기반을 마련하기 위한 사업으로서, 전국의 모든 집결지를 사업대상으로 하며, 한시적인 지원사업으로서 법정시설 중심의 자활지원체계와 연계하고 있으며, 지역특성을 고려한 다양한 접근방법을 활용하고 있다. 사업수행자는 집결지 관할 현장상담소, 현장활동단체, 지방자치단체 등이며, 탈성매매여성 지원사업으로는 탈업소여성에 대한 보호 및 지원, 상담 · 의료 · 법률 · 직업훈련 지원, 창업 · 취업알선 등과 소득활동이 중단된 자에 대한 생계지원금 지급 등이 있다.

특히 지원시설입소자와는 달리 이용자는 탈성매매여성으로서 시설에 입소하여 생활하지 않고 시설의 서비스를 제공받는 자로서 초기대상자(관련 시설 입소이용 경력이 없는 자)는 상담 및 심사를 통하여 자활의 의지가 있다고 판단되는 자로서 이용기간은 최장 1년 6월이며, 이용가능인원은 입소정원의 50%이내이다.

### (5) 성구매자에 대한 존 스쿨 운영

성구매자 재범방지를 위한 교육기관인 존 스쿨은 2005년 8월에 처음 개설한 이후 전국 29개 보호관찰소에서 2006년에는 12,159명, 2007년에는 17,092명 등을 대상으로 재범방지교육을 실시하였다.

### (6) 국내 · 외 성매매여성에 대한 종합지원 서비스

2003년부터 국내 · 외 성매매여성을 위한 시범 종합지원 서비스를 실시하고 있다. 이 시범사업은 성매매업소에서 벗어난 여성들의 자립을 돕고 국내 성산업에 유입된 외국인 피해여성을 보호함으로써, 탈성매매의 효과를 높이고 성산업으로의 재유입을 막기 위한 목적이 있다. 이 사업은 필수과제로 동료교육 프로그램, 직업재활상담, 직업재활교육, 일자리 제공 프로그램, 창업 프로그램 등이 있으며, 선택 과제로는 의료 및 법률 지원, 피해여성 긴급보호 등이 있다.

한편 외국인 성매매피해여성보호사업은 필수과제로 긴급보호, 통역 서비스 제공, 상담, 의료 및 법률지원, 관련시설 연계, 귀국지원 등이 있고, 선택과제로는 자활교육, 실제조사, 홍보활동 등이 있다.

## 6. 性賣買問題에 대한 새로운 接近

성매매여성에 대한 대책은 건전한 사회기풍의 진작과 국민보건생활의 보호라는 거시적인 차원의 사회문제 해결에서 비롯된다. 그러나 성매매행위와 성매매여성의 문제는 독자적인 현상이 아니라 사회구조와 가치변화에 관련되는 사회현상이며, 그 역사성으로 보아 근절시킬 수 있거나 규제할 수 있는 것이 아님을 전제할 때 문제를 인식하는 시각에 따라 정책적인 과제의 설정은 그 방향이 달라질 수밖에 없다.

성매매행위와 성매매여성에 대한 관점은 성매매여성 개인의 도덕적 일탈상황만을 문제시하는 등 문제의 본질에 대한 정확한 인식의 결여에서 비롯된 것으로서 도덕성과 병리성에 치중한 나머지 형사범죄와 마찬가지로 근절되어야 한다는 목적 의식으로부터 시작되어 이러한 시각으로 문제 해결을 모색해 왔기 때문에 예방대책이나 선도보호조치도 실효성을 거두지 못했다.

따라서 윤락행위등방지법이 폐지됨에 따라 가치중립적이고 객관적인 성매매 개념이 도입되어 성매매와 관련된 일련의 행위를 범죄화하여 국가형벌권을 발동하도록 하는 처벌법과 성매매피해자와 성을 파는 행위를 한 자를 대상으로 성매매에서 벗어나게 하고, 보호와 자립을 지원하는 행정작용을 규정한 보호법으로 분리·제정하였다.

이러한 조치로 집결지 성매매여성 수는 감소 추세에 있으나 산창이 증가하고 있으며, 성병관리의 사각지대가 확대되고 있는 실정이다.

성매매여성을 감소시키기 위한 대책의 모색에는 다음과 같은 현실적인 제약과 본질적인 한계가 있다.

첫째, 성매매여성의 발생 원인의 변화와 성매매행위에 대한 가치관의 변화이다. 성매매여성의 발생은 생계유지 수단에서 사회구조의 모순과 갈등을 반영하는 복합적인 요인으로 변화되고 있으며, 성매매행위의 악순환 고리를 끊기 위해서는 매춘생활에 젖은 성매매여성의 도덕적 가치관의 변화와 직업화 경향은 성매매여성의 감소에 장애가 된다고 할 수 있다.

둘째, 성매매여성대책의 공식성과 공개성에 대한 제약이다. 성매매여성의 대책에 대한 역사적 경험은 그들을 규제의 테두리 속에 끌어 들였을 때 감소의 경향이 나타났으며 성병의 관리도 용이하였다. 그러나 그들은 규제한다는 것은 곧 공식적으로 일정 범위 안에서 인정한다는 것이 되어 국가의 도덕성 문제와 관련된다.

셋째, 성매매여성대책의 효율성이 문제된다. 성매매문제는 사회현상이며 인간의 문제이다. 따라서 단속과 처벌위주의 형벌권 행사를 통한 규제방식에서 벗어나 인간의 본능적 욕구와 관련된 주변상황에 대한 이해가 있어야 한다. 이러한 문제 해결에는 전문인력이 확보되고, 예산이 투입되어야 하며, 장기적으로 추진되어야 할 문제이다.

넷째, 사회구조 및 가치관의 변화 추세와 국가정책 목표와의 괴리현상의 극복이다. 이러한 한계를 극복한 정책적 접근을 통해 성매매여성의 인권보호와 자립갱생을 위한 전문적 서비스 방안이 모색되어야 할 것이며, 매춘 및 성의 상품화의 배경이 되는 사회적 병리요소를 제거하여 여성의 인권보호와 복지 증진을 도모하는 것이 사회복지 차원의 과제이다.

성매매의 예방과 자립지원방안을 제시하면 다음과 같다.

첫째, 성매매여성의 발생을 예방하기 위해서는 먼저 가출을 예방해야 하므로 가출의 원인에 입각하여 가출을 예방할 수 있는 사회적인 대책이 강구되어야 한다. 특히 부정적인 가정환경 요인이 크게 작용하고 있으므로 정상적인 기능을 수행할 수 있도록 가정환경의 조정이 필요하다.

둘째, 가출과 성 경험과의 관계는 상당히 유의미한 관계가 있으므로 가출의 예방과 10대 여성 가출의 연소화를 줄여나가기 위해서는 10대들의 일탈된 성행위를 바로 잡기 위한 가정, 학교 그리고 지역사회에서의 성교육이 시급하다. 청소년의 성비행행위는 산업사회의 출범에 따라 나타난 산물이라 볼 수 있다. 물론 전통사회에서 성비행행위가 없었던 것은 아니나 그것은 빈곤 탈출이라는 생리적 욕구를 충족시키기 위한 수단이었다. 그러나 현대적 성비행행위는 사회 저변에 만연되어 있을 뿐만 아니라 계층을 초월한 전체적인 쾌락지향적 성향이 고조되어 사회문제로 제기되고 있다. 특히 성행위가 상행위(商行爲)화한 경향이 있을 뿐만 아니라 오락행위를 관능적 촉각에서 찾으려는 매우 탐욕적인 현상을 나타내고 있다. 이에 만연되어 가는 성문제로 인해 피해의 대상이 되는 청소년에게 올바른 성지식과 성에 대한 정보를 제공해주고, 그들이 부딪히는 성에 대한 여러 문제들에 대해 함께 고민을 나눌 수 있는 성교육 및 성상담에 대한 필요성이 날로 증대하고 있는 실정이다.

셋째, 성매매여성의 단속, 상담, 선도보호에 있어서 그들을 일탈자로 다룰 것이 아니라 자립·자활이 가능한 생활환경의 부적응자로 보아 정확한 문제진단과 그에 따른 구체적인 목표설정이 이루어져야 한다. 이를 위해 성매매피해상담소의 기능을 강화시켜 전문적이고 효과적인 상담이 이루어지도록 전문인력이 보강되고, 동시에 서비스 프로그램이 개발되어야 한다.

넷째, 성매매여성의 현실에 비추어 볼 때 성매매여성의 사회복귀가 어려운 과제임을 알 수 있다. 따라서 성매매문제에 대한 대책은 성매매로 유입되는 경로를 차단하는 것이 급선무가 된다. 즉, 가정내에서의 불화나 성폭력 등 학대를 제거하고 한부모가족, 여성세대주에 대한 경제적 지원을 통해 가출을 방지하는 가정복지정책이 수립되어야 할 것이다.

성매매를 방지하고 성매매여성들의 사회복귀를 위해 정책대상자를 세 집단으로 나누어 대책을 모색해 볼 수 있다. 첫 번째 대상은 성매매의 가능성을 가지고 있는 일반집단으로 가출청소녀, 성폭력 피해여성, 미혼모, 결손가정자녀, 빈곤여성, 결혼파경여성을 대상으로 이들에 대한 상담지원, 성교육 등의 프로그램이 모색되어야 한다. 두 번째 대상은 성매매위험집단으로서 유흥업소에 종사하는 여성등을 대상으로 일반여성에게 제공하는 서비스를 포함하여 이들에 대한 일시보호, 생애교육, 직업훈련, 취업알선 등의 프로그램을 제공해야 할 것이다. 세 번째 대상은 현재의 성매매여성으로 개인보건 서비스를 포함하여 현행 평생교육은 사회복귀를 위한 치료적 접근으로 전환하여 적절한 수준의 치료적 교육이 되도록 전문상담과 심리치료기관에 위탁하여 실시하는 것이 바람직할 것이다.

성매매여성을 귀가시킬 경우 가족에게만 맡길 것이 아니라 지역사회내의 사회복지관이나 상담소 등에서 의식 전환, 책임감 고양 및 능력 개발을 통한 건전한 생활을 하도록 하는 각종 프로그램이 실시되어야 하며, 또한 그 가족을 위한 가족치료 프로그램도 동시에 실시되어야 할 것이다.

# 第7章 家出女性

가출은 가정 울타리로부터의 이탈 및 도피를 의미하는 것으로 일단 가출을 하면 기존에 행하던 어떤 책임이나 역할도 수행하지 못하는 무규범의 상태에 놓이게 되며, 가출은 경험자에 의해 반복되는 특징이 있고 비행이나 범죄를 쉽게 수반하게 된다.

가출의 문제는 가출자의 수적 증가 또는 감소 그 자체보다는 가출의 질적인 문제가 심각하다. 즉, 가출의 성격상 자유나 독립의 추구나 생계유지를 위한 적극적 생활참여 등의 긍정적 가출은 줄어들고, 대신에 비행, 약물중독 및 탈선으로 이어지는 부정적 의미의 가출이 늘어나고 있다는 점에서 심각성을 띠고 있다. 즉, 가출은 가출의 문제도 심각하지만 가출 이후 비행이나 범죄에 쉽게 빠지게 되며, 인신매매의 대상이 된다는 점에서 사회적 대책이 요청되고 있다.

가출여성의 통계는 계량화된 것이 없으나, 최근 들어 가출여성은 증가 추세에 있으며, 가출 원인도 다양하다.

가정주부의 가출은 부자가정의 발생 원인이 되며, 청소년의 가출은 미혼모, 성매매, 인신매매 등으로 이어지는 경로가 되고 있으므로 가출을 예방하여 사회복지문제 발생을 줄여나가는 대책이 시급하다.

## 1. 家出의 槪念

가출을 정의하는 기준을 어떻게 할 것인가 즉, 집을 떠나 있는 시간을 어떻게 규정하느냐에 따라 가출실태는 달라질 수 있기 때문에 시간은 중요한 변수로 작용하게 된다.

가출청소년에 대한 정의를 살펴보면 Welsh등(1995)은 부모의 허락 없이 집을 떠난 지 48시간 이상이 되어 가족에 의해 신고된 18세 미만의 청소년으로 규정하였고, Roberts(1987)는 부모나 보호자의 동의 없이 집을 떠나서 24시간 이상 집에 들어가지 않은 18세 미만의 청소년으로 정의하였다. 한편 미국 사회사업백과사전(NASW, 1995)에서는 부모나 보호자의 동의 없이 적어도 하룻밤 이상 집을 나간 청소년이며, 집 없는 청소년을 일정한 거주지가 없으며 서비스 및 주거시설, 지도 및 보호를 필요로 하는 청소년으로 정의하고 있다.

우리나라의 규정을 보면 소년법에서는 정당한 사유 없이 가정을 이탈한 자를 소년보호사건의 하나로 규정하고 있으나 가출의 명확한 범위를 규정하지 않고 있다. 그러나 가출청소년은 우범청소년, 불량행위청소년, 보호아동을 의미하고 있다.

청소년 가출문제는 대표적인 청소년문제이며 우리 사회가 당면한 가장 심각한 사회문제 중의 하나이다. 이에 대한 시각은 청소년기의 특성상 독립과 자유를 추구하는 자연스런 발달과정의 하나로 보는 관점(Crespi & Sabatelli, 1993)에서부터 일탈이나 비행과 연결하여 부정적으로 보는 관점까지 매우 다양하다.

지금까지 논의되고 있는 청소년의 가출에 대한 관점과 그것에 대한 사회적 반응은 긍정적인 시각과 부정적 시각의 상반된 관점이 존재하고 있다. 첫째, 가출청소년은 문제집단으로 청소년 자신은 물론 사회에도 문제를 일으키는 집단이라는 관점이다. 즉, 가출청소년은 반항적이며 불충분한 감독 아래서 자라고 있으며 훈육, 사고훈련, 노력, 명백한 기대 및 승인 모델이 필요한 못된 아이들로 보는 입장이다. 오늘날 우리 사회에서 가장 보편적인 인식으로 이에 대한 사회적 정책은 사회통제로서의 방안이다.

둘째, 가출청소년은 혼란되어 있고 자연스럽지 못한 발달과업에 몰입되어 있거나 유해한 부모의 영향에 노출되어 있으며 삶의 설정을 위하여 심리상담과 사회적 후원이 필요한 도움이 필요한 아이들로 파악된다.

셋째, 긍정적인 시각에서 보는 관점으로서 발달론적 접근을 들 수 있다. 즉, 청소년의 가출을 포함한 일탈행동들은 대부분 아동에서 성인으로 이전되는 단계인 청소년기에서 표현되는 성장과정 일부라는 것이다. 이 관점에 따른 사회적 대응은 사회적인 개입보다는 가정과 학교의 역할과 기능을 강화시키는 것이다.

이와 같이 국내외를 막론하고 청소년의 가출은 청소년기가 지니는 하나의 특징으로 변화의 시기에서 일어나는 증상과정의 일부이며, 파멸이나 위기보다는 대처와 발전이 동반되는 것으로 보는 관점에서부터 청소년의 가출을 문제로 보고 가출한 청소년을 사회적 안정을 위협하는 위험한 존재로 간주하여 비행청소년이라고 보는 시각까지 병존하고 있다.

## 2. 青少年의 家出 要因

청소년 가출은 청소년들이 단순히 집을 떠나는 행위의 역동만이 내재되어 있는 것이 아니라 집을 떠나고자 하는 개인 요소와 집에서 밀어내는 힘 및 청소년문화권에서 끌어당기는 힘의 합작품으로 개인, 가정, 학교, 또래집단, 사회환경적 요인들이 상호 복합적이면서도 역동적으로 작용하고 있다.

가출은 이러한 중다적인 요인의 결합의 결과라고 보며, 단일 요인이라기보다는 다원적이고 복합적인 요인에 의해서 일어난다고 볼 수 있다.

### 1) 개인적 요인

가출의 원인을 개인에게서 찾으려는 접근은 가출청소년이 일반 청소년과는 구분되는 심리적, 정신적 이상 또는 부정적 태도 등이 존재한다고 보는 관점에 기초한다. 이는 가출이나 비행의 일차적 책임이 자신의 행동선택에 있다고 본다. 일반적으로 자아정체감이 강한 사람은 비록 다른 사람과 같은 동기, 흥미, 가치 등을 공유하고 있더라도 자기를 어디까지나 다른 사람과 분리된 독특한 개인으로 자각하며 따라서 자기 일관성 내지 정체감을 갖고자 한다. 이러한 정체감이 강한 사람은 자기 통합성을 이룩하고자 노력한다. 따라서 강한 정체감을 소유하고 있는 사람은 여러 가지 개인적 특성에 있어서 다른 사람과 차이가 있으면서도 그 개인으로서는 그러한 특성들을 조화롭게 스스로 통합해 나가고자 하는 의지와 능력을 지니고 있다. 그러나 청소년기는 정체위기가 올 때 소속감을 상실하는 경향이 있다.

개인적 요인으로서는 낮은 충동통제, 모험추구, 낮은 학업성적, 학교생활에서의 부적응, 신경증, 심한 인격장애, 낮은 자아개념, 가정불화, 미혼임신, 성폭력 등을 들 수 있다.

### 2) 가정 요인

한 개인의 가정 요인은 성격 형성, 가치관 확립, 자아개념 형성 등에 중요한 영향을 미친다. 가정은 한 개인의 중요한 생활장소인 동시에 가족구성이 어떻게 이루어졌느냐에 따라 그 개인의 심리적 발달에 영향을 미친다. 비행청소년들 중에 양친과 동거하지 않는 비행청소년이 통계적으로 많다는 사실은 부모의 자녀교육이 청소년의 비행과 관련하여 매우 중요하다는 점을 지적하고 있다.

핵가족화와 더불어 취업여성의 증가, 이혼의 증가, 자녀 수 감소, 주거생활 변화 등으로 인한 가족구조의 변화로 인해 문제가정이 많이 등장하면서 그 속에서 결손가정의 아동, 학대·유기된 아동, 보호가 결핍된 아동, 신체적·정신적·정서적으로 장애를 가진 아동이 많이 생겨날 뿐만 아니라 가출 및 비행청소년 등 각종 문제를 가진 청소년을 사회에 배출할 가능성이 높아지게 되었다.

### 3) 또래 요인

청소년기에는 부모, 형제를 비롯한 가족의 영향뿐만 아니라 학교환경에서 어른들로부터 받는 일방적인 지도와 감독 그리고 사회적 영향에서 벗어나 그들과 비슷한 연령과 상황에 처해 있는 또래들과 어울리고 가장 많은 영향을 받으며 성장, 발달해 간다.

오늘날 가출청소년의 한 특징인 줄줄이가출, 집단가출을 통해 볼 때 이 시기에 있어서 또래집단의 영향은 매우 크다는 사실은 가출청소년들을 이해하는 또 다른 통로를 보여줄 뿐만 아니라 청소년문제의 해결에 있어서 친구집단, 친구사회 지지망을 활용한 방안의 개발 및 적용의 필요성을 의미하고 있다.

### 4) 학교 요인

가정이 지닌 교육 기능이 약화됨에 따라 학교는 교육과 사회화 주체의 역할을 동시에 수행하는 기관으로서 그 역할이 증대되고 있다. 학교가 단순한 지식의 습득만을 위한 장소가 아니라 인간의 성장발달을 통한 정서적 대처능력의 배양, 교사 및 또래와의 인격적 대인관계 형성 등 삶과 그 방향을 결정짓는 일생에서의 가장 영향력 있는 장소이며 기간이다. 우리의 교육현실 속에서 대부분의 청소년들은 학교성적 때문에 괴로워하고 있고, 이러한 압박감과 열등의식 속에서 자포자기 형태나 도피의 일환으로 가출을 시도하게 된다.

### 5) 지역사회환경 요인

청소년들은 부모의 통제를 벗어나 접촉하게 되는 사회·문화적 환경의 자극을 민감하게 받아들이고 있다는 점에서 가출이나 비행의 동기는 사회·문화적 환경을 고려하지 않을 수 없다. 청소년의 성장과정에서 관습적이고 문화적인 생활활동에 절대적인 영향을 미치는 지역사회 영향은 실제로는 부정적인 측면에서 영향력을 행사하게 되는 것이 허다하다.

## 3. 家出靑少年의 實態와 支援體系

### 1) 가출청소년의 발생실태

우리나라에서 발표되고 있는 가출청소년의 통계는 세 가지의 형태를 띠고 있다. 첫째, 대검찰청의 공식 통계인 가출인 숫자와 교육과학기술부에서 중·고등학교를 통해 집계한 가출학생의 숫자로서 신고된 가출청소년의 숫자이다. 둘째, 경찰서 및 지·파출소의 경찰관이나 읍·면·동사무소의 공무원 그리고 한국청소년선도회에서 발견한 가출청소년의 숫자가 있다. 셋째, 집계된 가출청소년의 수에는 민간단체에서 조사한 가출 중인 청소년과 가출했다가 돌아온 청소년을 모두 집계한 가출경험 청소년의 수가 있으며 추정치로 나오고 있다.

전국의 남녀 중·고등학생을 대상으로 조사한 바에 의하면 한 번이라도 가출 충동을 느껴본 적이 있는 학생이 조사대상자의 77.4%로 나타났으며, 14.8%는 이미 가출경험이 있고, 가출에 대해 그럴수도 있다고 응답한 학생도 82.6%로 나타났다(서울 YMCA청소년쉼터, 1996). 가출문제는 가출행동으로 그치는 것이 아니고 재가출로 연결되며, 비행의 가능성을 갖는다는 심각성이 있다. 그러나 청소년백서(1999)에 의하면 가출청소년은 매년 약간씩 증가하여 오다가 1998년에는 11.4% 정도 감소한 것으로 나타났다.

가출청소년의 추정치에서 성별 추정치는 발표되지 않았으나 가출소녀의 비율이 가출청소년보다 더 높다는 의견이 지배적이다. 한국청소년선도회에서 선도한 가출청소년의 성별 비율을 보면 1996년 남녀의 가출 비율은 18 : 82로 여자의 비율이 훨씬 높게 나타나고 있으며, 교육부에서 집계한 중·고등학생의 가출 실태를 보면

1996년 가출학생 21,156명 중 여학생의 수는 11,711명으로 55.4%에 달해 남학생보다 많은 것으로 나타났다.

1980년대 이후 가출의 추세는 양적인 증가보다는 질적인 심각성의 문제로 가출형태가 바뀌고 있다. 청소년의 비행 및 범죄현상이 양적 증가와 함께 질적으로 조폭화, 지능화, 연소화되어 가고 있으며 여러 조사에서 재가출의 심각성을 보고하고 있다.

청소년기는 가출동기 요인 중 가정 요인이 가장 크게 영향을 미치고 있고, 학교 및 또래 요인, 개인적 요인, 사회적 요인의 순으로 영향을 미친 것으로 나타났다. 가출의 유인 요인이 되는 향락 퇴폐적 사회환경보다는 방출 요인인 가정적인 요인과 학교 및 또래 요인을 더 많이 지적하고 있다.

한국여성개발원 연구결과에 의하면 실제로 가출해 있는 소녀들이 응답한 가출동기는 과반수가 가족 요인에 의한 것이었다. 가출 중에 있는 소녀들이 직접 진술한 가출동기 중 57%가 가족 요인이고, 학교 및 또래 요인은 24%, 개인적 요인은 17%를 차지했다.

가출유형을 크게 가출자의 동기와 가출의 준비단계 그리고 가출의 빈도에 따라 분류해보면 첫째, 동기에 따른 분류로서 도피형, 목적지향적 가출, 맹목적 가출, 축출형 가출로 나눌 수 있고(엄명용, 1996), 둘째, 가출의 준비단계에 따른 분류로서 계획적 가출과 충동적 가출로 나눌 수 있으며, 셋째, 가출의 빈도에 따른 분류로서 일과성 가출과 상습적 가출로 나눌 수 있다.

가출동기 및 원인에 따라 가출유형을 살펴보면 추구형이 가장 많고 그 다음으로 탈출형, 추방형 그리고 추구형과 탈출형이 복합적으로 작용한 순으로 나타났다. 탈출형과 추방형의 가출동기는 주로 부모와 가족구성원의 폭력, 성적 학대, 방임으로 나타나고 있다(김성경, 1997). 또한 한국청소년선도회의 가출 10대 소녀 509명을 대상으로 한 조사에서 65%가 가출 원인으로 가정불화를 들고 있다.

1991년 NASW 조사에 의하면 대부분의 가출 및 노숙청소년은 대인관계문제 때문에 집이나 법적 거주지를 이탈한 것으로 나타났다. 쉼터에 있는 청소년의 3분의 2 이상이 부모로부터 학대를 받았고, 4분의 1 이상의 부모가 약물남용자였다(Bass, 1992). 또한 미국의 쉼터 보고서에 의하면 가출 및 노숙청소년의 상당수는 육체적·성적 학대, 부모의 약물과 알콜중독, 가정폭력, 정신건강문제 그리고 학교문제를 경험한 것으로 나타났다.

### 2) 가출 후의 생활실태와 당면문제

한국아동단체협의회가 전국 16개 쉼터에 있는 아동·청소년 150명을 대상으로 조사한 결과(2005)에 의하면 응답자의 80.0%(중복응답)가 불만스러운 가정생활을 가출 원인 1순위로 꼽았고 신림청소년쉼터의 조사에서는 조사대상의 59%가 부모의 폭력과 이혼, 강압적인 가정분위기를 가출 원인으로 꼽았다. 청소년위원회의 제7차 청소년성범죄자 신상공개자료(2004년 11월)에 의하면 성범죄의 21%가 가출한 상태에서 피해를 입은 것으로 나타났으며, 특히 성매매알선의 피해를 입은 가출청소년은 피해청소년의 89.7%에 이르렀으며, 성매수피해의 37%는 가출상태에서 일어난 것으로 나타났다.

가출소녀의 경우 가출 이전부터 가정에서 성적, 신체적 학대를 받기 쉬울 뿐만 아니라 가출 후에는 유흥업소 등 성산업에 유입되어 학대와 착취는 물론 임신, 성병, 성폭력, 매춘 등 보다 심각한 문제에 빠지게 될 우려가 높은데, 이러한 문제는 혼자서 대처하기 어려운 위기사건이다.

가출소녀들은 생활을 위해 일자리를 원하고 있으나 가출소녀를 고용할 수 있는 합법적인 직업의 종류가 적고 연령제한이 있어 직종도 한정되어 있다. 또한 건전 취업을 하는 경우에도 노동착취의 대상이 되기도 할 뿐만 아니라 일의 개념을 쉽게 돈을 벌기 위한 수단으로 여겨 한 가지 일에 장기적으로 종사하지 못하고 단기 취업에 그치는 특징을 보이며, 가출기간이 장기화됨에 따라 유흥업소등에서 일자리를 찾게 된다. 불건전한 부문에서의 수입은 제조업등에 비해 높은 편이나 소득이 불안정하고 소비관념이 확립되지 않아 계획적인 지출이 되지 않고 빚을 지기 쉽게 된다.

가출청소년들이 가출 후 겪게 되는 문제는 심리문제, 가족문제, 학대로 인한 문제, 비행문제, 알콜 및 약물중독문제, 건강문제, 교육문제 등으로 구분할 수 있다.

가출소녀의 문제 중 교육문제는 가출로 인한 학업의 중단으로 교육기회가 단절된다는 점이다.

길거리에서 살아가고 있는 청소년들은 매우 빨리 길거리 생활의 현실 즉, 알콜 및 약물남용, 성매매행위, 임신, 성적으로 전염되는 질병에 감염, 우울증, 영양실조, 각종 범죄행위, 학대, 격리 및 사생활의 결핍 등에 빠져들게 된다(김향초, 1998).

가출청소년이 직면하는 가장 심각한 문제는 점점 위험해지는 건강보호문제이다. 가출청소년은 집을 나서는 순간부터 전에는 생각지도 못했던 많은 어려움에 부닥치게 되고 점점 더 어려운 생활에 놓이게 된다. 즉, 신체적 위험에 빠지게 될 뿐만 아니라 비정상적인 생활 내지 사회적·심리적 결여를 가중시키고 있다. 따라서 가출은 희생양, 굶주림, 약물중독, 범죄, 성인이 되었을 때 종종 가정폭력의 행사, 일탈행위에의 개입 등을 유발하는 악순환을 경험하게 된다. 청소년들이 가출한 후의 모습은 사회적 행동으로 절도, 마약복용, 성매매행위 등의 개입이고, 심리적 행동으로는 기분이 저하되거나 슬픔에 빠지거나 장래의 불투명으로 인한 낙담, 자신에 대한 실망감, 자살충동 등 다양하게 나타나고 있다(김향초, 1998).

성폭력을 경험하거나 가정폭력, 학교부적응 등의 요인으로 학업을 중도포기하고 가출한 10대 여자청소년들은 생계를 위해 티켓다방이나 단란주점 등 유흥업소에 유입되는 경우가 많다. 이들이 보호시설에서 나오면 갈곳이 없어 또 다시 유흥업소에 유입되는 악순환을 경험하게 된다.

한국형사정책연구원의 여자청소년의 비행실태에 관한 연구(1994)에 의하면 여자청소년의 비행에 가장 영향을 미치는 변인은 남자와 마찬가지로 비행친구이며, 그 다음으로 가출이다. 가출은 남자청소년들보다는 여자청소년들에게 있어서 비행의 결정적인 계기가 될 가능성이 높다. 특히 여자청소년들의 경우에는 비행친구에 대한 접촉이 많고, 가출경험이 많을수록 그리고 남자친구로부터 비행유인을 받은 적이 많고, 부모에 대한 애착이나 감독이 적을수록, 또한 성적인 학대경험이 있는 경우에 비행에 가담한 가능성이 높은 것으로 나타났다.

같은 가출이라고 하더라도 여자청소년들은 남자청소년들보다 위험에 더 노출되어 있다. 남자청소년에 비해 여자청소년은 강간, 매춘행위, 착취 등의 위험에 노출되기가 쉽다. 여자청소년의 가출은 대부분 대단한 위험에 노출되는 것을 의미한다.

여자와 비행간의 관계는 연관된 두 가지 일반적인 가정이 존재한다. 하나는 현실적인 차원에서 보면, 일반적으로 여자는 남자에 비해 비행이나 범죄에 적게 가담하고 나아가서 그 내용도 남자에 비해 덜 포악하다고 한다. 그리고 여자비행은 주로 성 비행으로 나타나거나 혹은 성적인 문제와 연결되어 초래된 것으로 여자비행의 특성은 성 비행에서 전형화될 수 있다.

이러한 가출청소년의 문제와 욕구를 선행연구결과를 토대로 정리해보면 다음과 같다. 첫째, 가출청소년은 조기에 찾기 힘들다. 7할 정도는 4일 이내에 돌아왔지만 가출 후 1주일을 넘기면 대부분은 유흥업소에 취직한 것으로 보아야 한다. 둘째, 가출청소년은 적절히 보호받지 못한다. 셋째, 가출청소년은 착취의 대상이 된다. 넷째, 가출청소년은 의식주와 사회보호자를 필요로 한다. 다섯째, 가출청소년은 일자리를 필요로 한다. 여섯째, 가출청소년은 부모와 가정이 변화되기를 바란다. 일곱째, 가출청소년은 학교와 사회가 변화되기를 바라고 있다는 점 등이다.

### 3) 가출소녀관련 서비스의 현황과 문제점

가출청소년에 관련된 입법은 아동복지법, 청소년보호법, 청소년기본법, 청소년육성법, 소년법 등 다양하며 이들 입법은 청소년의 보호·선도·육성을 입법취지로 하고 있다.

가출소녀에 대한 서비스는 사회화 및 발달 촉진을 위한 사회복지 서비스와 치료·원조·재활을 위한 사회복지 서비스 그리고 접근 서비스로 분류해 볼 수 있다. 그 중 사회화 및 발달 촉진을 위한 사회복지 서비스는 개발되지 않는 상태에 있다.

치료·원조·재활을 위한 사회복지 서비스로는 아동상담소, 청소년 쉼터, 선도보호시설 등에서 실시하는 상담 서비스, 시설보호 서비스, 치료 서비스, 직업훈련 서비스 등이 있다. 접근 서비스는 학교상담실, 아동상담소, 여성복지관련상담소, 청소년상담실 등에서 부수적으로 이루어지는 정보 서비스와 경찰서 및 시·구청 공무원, 선도위원들이 행하는 선도 서비스 등이 있다.

가출소녀에 대한 서비스의 문제점을 정리하면 다음과 같다.

첫째, 보호시설의 부족 문제로서 가출청소년을 위한 일시보호시설이 부족하며 중·장기보호시설은 가출청소년들이 육아시설에 함께 보호되어 가출청소년뿐만 아니라 기존 원생에게도 바람직하지 못하다.

둘째, 가출청소년을 위한 일시보호시설과 중·장기보호시설의 지역적 분포가 대도시를 중심으로 편중되어 있다.

셋째, 서비스의 연계체계가 원활하지 못해 가출청소년들이 보호서비스기관에 접근하기 어려운 문제가 있다.

넷째, 가출청소년을 위한 사회복지 서비스는 그 내용이 빈약하고 기관이 부족하여 긴급한 보호와 전문적 서비스가 필요할 때 즉각적이고도 충분한 원조를 받기가 어렵다.

다섯째, 가출청소년관련 사회복지 서비스에서 가출청소년은 대부분 중심대상이 아닌 그 대상 중 일부 또는 주변적인 위치를 차지하고 있다.

여섯째, 공공기관에서 제공하는 서비스는 귀가 및 사회통제를 우선하고 있어 가출소녀의 이용이 비자발적이다.

일곱째, 의뢰체계 및 연결망이 이루어지지 않고 있고, 서비스가 통합적으로 개발되어 있지 않으며 사회복지 서비스 체계도 확립되어 있지 않은 실정이다. 따라서 사회복지 서비스는 일시적 접촉과 일회적 서비스에 그치고 있어 사회적 안전망으로서의 기능을 수행하지 못하고 있다.

여덟째, 가출청소년이 중심대상이 아니더라도 선도 서비스, 시설보호 서비스, 상담 서비스, 직업훈련 서비스의 수혜자 중에서 가출청소년이 차지하는 비율을 분리하지 않고 있기 때문에 수혜의 정도를 알 수 없는 실정이다.

이와 같은 문제점은 우리나라의 가출청소년에 대한 관점이 강제적인 접근으로 문제청소년이라는 입장이 우세하게 지배되어 가출청소년을 통제 내지 보호의 대상으로 보고 있기 때문이다. 따라서 이들을 위한 서비스는 사회통제적 서비스가 중심을 이루었고 귀가조치가 우선적이었으며, 가출청소년에 대한 법체계에 있어서도 보호기준이 모호하여 서비스를 제공하는 기관들이 독자적 기준과 지침에 따른 서비스를 제공하고 있다. 그러나 이들을 위한 사회복지 서비스는 거의 개발되지 않은 상태에 있으며 가출의 예방책과 가출 원인에 따른 대책이 미비하여 가출청소년에 대한 선도보호조치가 효과를 거두지 못하고 있다.

## 4. 家出女性의 實態와 問題

### 1) 가출여성의 실태

가출여성이란 생활의 불안정이나 정신적 갈등의 해결을 위하여 가족을 떠나 안주의 장소를 구하기 위해 도피한 여성을 말한다(장소영, 1985). 즉, 가정생활에 적응하지 못하여 가정 이외의 장소에서 생활의 안정을 기하고자 집을 나온 여성을 말한다. 가출여성의 원인으로는 가정생활의 부적응, 경제적 어려움, 신체적·정신적 학대 등의 가정적·사회적 원인이 있고, 낮은 수준의 자아개념과 충동통제력 약화, 신경증, 인격장애 등의 개인적 원인이 있다.

가출여성의 통계는 계량화된 것이 없으나 여성복지상담소와 같이 여성복지상담소를 비롯한 각종 여성복지관련상담소의 상담사례를 통해 그 윤곽을 파악할 수 있다.

1996년도 여성복지상담소의 상담 건수는 243,884건으로 이 중 가출여성이 3,741명으로 나타났으며 요보호아동 4,951명 중 가출아가 2,107명이었고, 1999년의 상담건수 387,998건 중 가출여성이 7,020명으로 나타나(한국보건사회연구원, 2000) 가출의 심각성을 찾아 볼 수 있다.

가출여성 상담실적에 나타나 있는 가출여성은 1970년 23,296명이었던 것이 1980

년에는 15,600명, 1985년에는 10,738명으로 감소 추세로 나타났으며 1990년에는 4,424명, 1996년에는 3,741명으로 계속 감소 추세에 있다. 그러나 부자가정에 대한 조사결과에 의하면 조사대상 부자가정의 부자가정이 된 이유는 37.0%가 아내의 가출이었고, 그 다음이 이혼(29.9%)으로 나타나 모자가정이 사별에 의해 발생하는 빈도가 높은 반면, 부자가정은 생별(生別)에 의한 빈도가 더 높게 나타나고 있다(송정준, 1994).

또한 대구광역시의 1994년 조사에 의하면 부자가정이 된 사유는 이혼이 53%로 가장 많고, 그 다음으로 아내의 가출(23.0%)로서 역시 생별에 의한 것이 높게 나타났다(김상준, 1994). 가출의 원인으로는 가정생활의 부적응, 경제적 어려움, 신체적·심리적 학대 등의 가정적·사회적 원인이 있고, 또 낮은 자아개념과 충동 통제력 미약, 신경증, 인격장애 등의 개인적 원인이 있다.

한편 경찰청 발표에 의하면 2001년 7월부터 10월까지 4개월간 주부가출자는 3,888명으로 같은 기간 전체 가출자 20,312명의 19.1%를 차지했다. 가출여성이 가출을 결심하게 된 이유는 경제적인 문제가 가장 많았다. 과거에는 남편의 폭력을 피해 도망하거나 남편의 외도, 고부갈등 등이 대표적인 가출 사유였음에 비해 경제적으로 무능한 남편을 못 참거나 자신의 빚을 이기지 못해 도피하는 경우가 많다. 이 밖에 도박, 인터넷 채팅, 외도 등 탈선에 빠져 가출을 기도하는 경우도 적지 않은 것으로 밝혀졌다.

### 2) 가출여성의 문제

1998년부터 2001년 6월말까지 20세 미만의 가출자는 59,953명이며 이 중 여성이 38,154명으로 63.6%를 차지하고 있다. 이들 여성의 경우 가출 후 생활비 마련을 위해 성매매, 유흥업소 유입 등 탈선위험에 노출될 우려가 크다.

여성들이 가정을 무단으로 이탈하여 사회환경과 부딪힐 때에는 여러 가지 사회문제를 낳게 한다. 가출의 동기는 구직, 가정불화, 빈곤, 방임 등 주로 가정적인 문제와 허영심, 실연, 도시에 대한 선망 등에 의한 사회심리적 요인도 크게 작용하고 있다.

가출여성의 가출 전 직업은 가사에 종사한 경우가 대부분이고 학력은 저학력이 대부분이다. 이렇게 막연히 가출한 여성은 대부분 종업원, 인부, 직공 등의 단순노동이나 서비스직, 판매직에 종사하게 된다. 이 경우에 그들의 욕구가 충족되지 못할 때 크게 좌절감을 경험하고 매춘과 불량행위의 소굴에 들어가 범죄자로서 갱생할 수 없는 환경에 빠지는 수가 많다. 한 조사에 의하면 여성범죄자 중 22%가 가출경험이 있는 것으로 나타나고 있는데 이러한 심각성에 비추어 볼 때 가출은 비행이나 범죄의 전 단계적인 행위라 할 수 있을 것이다. 이처럼 가출은 그 자체 및 결과에 있어서 중요한 사회문제로 포함되고 있다.

선행연구에 의하면 성매매여성의 대부분은 가출의 경험이 있는 것으로 나타났으며 미혼모의 상당수가 가출 후의 임신이거나 임신 후 가출을 경험한 것으로 나타나 가출과 성 경험은 상당히 유의미한 관계가 있음을 알 수 있다. 특히 다방 · 캬바레 · 일반주점 접대부는 도시비공식 부문의 대표적인 한계집단(marginal group)의 하나이다. 이들의 대부분은 가정과 떨어져 기거하고 있는 가출한 젊은 여성들로서 남자와 접촉하기 쉽고 인간적인 대우등의 면에서 심한 사회적 차별을 받고 있어 이들은 가출, 이성문제 등의 윤리적인 측면뿐만 아니라 사회적인 차별대우를 받는 문제집단이 되고 있다(예병희, 1984). 이와 같이 가출여성의 문제는 여전히 존재하고 있으며 심각성을 띠고 있는 것으로 볼 수 있다.

우리나라 비행청소년의 대부분이 가출에서 시작되었다는 점이다. 특히 1970년대에는 가출문제를 논함에 있어서 성매매여성의 가출을 언급하고 있는데, 이는 당시의 배경으로 볼 때 성매매여성 중 85%가 20세 이전에 가출을 했던 경험이 있다는 사실에 연유된 것으로 볼 수 있다. 이 당시의 가출은 빈곤을 포함한 열악한 환경이 가출의 동기가 되었던 것이다. 이혼여성, 미혼모, 성매매여성, 성폭력 피해여성편에서 논의된 바와 같이 이들은 가출과 밀접하게 관련되어 있음을 알 수 있다.

### 3) 가출과 인신매매

인신매매는 인간의 자유로운 생활관계를 구속함과 동시에 인격을 무시하는 것이 되므로 비도덕적이고 비윤리적인 행위라고 할 수 있다. 인신매매는 매춘과 향락퇴폐업소가 번창하는 한 수요 공급의 측면에서 생겨날 수밖에 없다는데 문제의 심각성이 있다.

인신매매의 역사는 노예제도에서부터 시작되었다. 인간은 타인의 노동을 착취하기 위한 사회제도로서 노예제도와 신분제도를 만들어 냈는데, 그 중에서도 쾌락을 위해 인간성을 수탈하는 제도가 노예제도이다.

고대사회에서 인신매매는 단순히 노동력 확보라는 차원에서 남녀가 모두 대상이 되었지만, 현대의 인신매매는 매춘노동력의 확보를 위한 여성과 소녀의 여성적인 신체조건을 갖춘 자가 주 대상이다. 여성의 경우 대부분 저개발국가에서 여러 가지 형태로 인신매매가 이루어지고 있으며, 인신매매의 희생자들은 자국내 혹은 지역에서 가난한 여성들이며, 이들의 대다수는 매춘업에 종사하게 된다.

인신매매는 하나의 독자적인 범죄과정으로 성립된다기보다는 매춘사회에 대한 전략적 충원기제로서의 성격이 강하고, 매춘사회의 주도하에 그 의지에 따라 종속적 내지 부차적으로 전개되는 범죄현상으로 정의내리고 있다(한국형사정책연구원, 1992).

인신매매현상이 강제납치, 폭행, 강제매매 등으로 상징되는 일반적인 관심과 우려와는 달리 우리 사회의 결함 있는 구조적 현실 즉, 비합법적인 직업소개등의 범주와 관련되어 나타나는 비합리적, 비합법적 사회과정으로서의 성격이 강하게 나타난다. 우리 사회는 성폭력, 인신매매 등의 성범죄가 날로 증가하여 여성의 삶을 심각하게 위협하고 있다. 또한 여성의 성을 직접적으로 상품화한 매매춘과 다양한 형태의 간접적 성의 상품화가 만연하고 있다.

우리나라에서 성의 상품화는 성매매알선등 행위의 처벌에 관한 법률 등에 의해 규제되고 있지만 실제로 이러한 법적 제재가 가해지는 경우는 극소수이고 퇴폐적인 접객업소를 매개로한 매매춘행위가 번창하고 있는 실정이다.

성의 상품화의 극치는 매춘이며, 전통적 매춘의 수는 줄어들고 있으나 산업형 매춘 내지 겸업매춘이 증가하면서 성의 수요 공급의 불균형에서 이른바 여성의 착취, 유인, 폭행에 의한 인신매매가 발생하고 있다.

실제로 인신매매는 매매춘사회의 주요 공급기제로서, 매춘사회과정에서는 일상적으로 일어나는 현상이며, 그 강압성과 폭력성의 정도에 따라서, 때로는 피해대상자의 적응정도에 따라서 법망에 노출되거나 형사사법적으로 처리되기도 한다.

인신매매피해자의 특성을 살펴보면 대체로 여성(약 95%), 미성년자(70%), 가출자(51%), 향락유흥업소종사자와 무직자들이 주 피해자가 되며, 특히 인신매매의 피해대상이 될 가능성이 높은 사람은 10대의 가출소녀 및 향락유흥업소종사자들로 추정할 수 있다.

인신매매에 관한 연구 결과에 의하면 피해자의 70% 이상이 10대 소녀이고, 이중 70% 이상이 가출상태에서 인신매매범들의 유인에 의해 유흥 및 매춘산업에 팔려간 것으로 나타났다. 특히 피해자들은 학업중도탈락자들이 많다. 가출한 여학생들의 경우 향락업소의 접대부로 취업한 경우가 20.9%나 되고, 서울 YMCA (1991)의 청소년 가출에 대한 설문조사보고서에 의하면 가출학생의 23.8%가 유흥업소 취업경험이 있다고 응답하였다.

미성년여성 성매매문제와 관련된 통계자료를 보면, 1999년 검찰의 단속결과

2,603개소의 유해업소에 불법고용된 미성년여성은 3,868명(전체 고용된 여성의 48.1%)이고, 그들 중 대다수가 접대부나 매춘생활을 한 것으로 밝혀졌으며, 16세 이하가 20.9%나 되어 불법고용된 미성년여성의 저연령화현상을 보여주고 있다(대검찰청, 자녀안심하고 학교보내기운동 2000백서, 2000).

### 4) 가출여성에 대한 지원체계

성매매여성과 요보호자의 발생을 방지하기 위해서는 먼저 어린 나이에 가출하지 않도록 가출의 원인에 대한 연구가 필요하며 가출 원인에 입각해서 가출을 예방할 수 있는 대책이 필요하다. 가출연령이 낮을수록 자아의 긍정적인 점수율은 낮아지고 있음에 비추어(성민성, 1989) 어린 나이에 가출이 일어나지 않도록 다각적인 대책이 요망된다.

가출여성에 대한 지원체계는 성매매방지 및 피해자보호등에 관한 법률에서는 가출여성을 요보호자로 규정하여 성매매를 방지하고 이들을 선도보호등의 지원을 행하고 있다. 그러나 성매매피해상담소에 의한 상담과 자립지원이 한계에 부닥치고 있어 상담의 실효성에 의문이 제기된다. 뿐만 아니라 상담에 응하는 대상자는 극히 일부에 지나지 않아 요보호여성에 대한 상담은 겉돌고 있는 실정이다.

# 第 8 章 勤勞女性

최근 여성의 사회참여가 확대되면서 노동시장의 여성화현상이 나타나고 있다. 여성의 노동력은 임신, 출산 및 자녀양육 등의 모성 기능 수행으로 인해 남성노동력과 차이가 있다. 남녀의 성 차이에서 오는 여성의 불평등 지위는 뿌리 깊은 역사를 가지고 있다. 특히 노동과 관련하여 여성은 전통적으로 착취와 차별의 대상이 됨으로써 노동에 있어서 요보호자의 지위를 벗어나지 못하고 있다.

여성의 근로조건을 개선하고 건강을 유지하기 위한 사회정책은 역사적으로 가족내에서 여성의 지위를 유지하고 가족을 보호하는 것과 관련이 있었다. 사회정책은 아동 및 여성복지, 결혼과 이혼, 건강, 가정폭력 및 성폭력 등과 같은 본질적으로 여성과 관계가 있는 문제를 주로 다루어 왔지만 여성은 일반적으로 사회복지 서비스를 받는 수혜자로 간주되어 왔다.

근로여성의 복지문제는 원칙적으로 산업복지의 영역으로서 사회복지의 하위 영역인 산업복지와 여성복지의 2개 영역이 중복되는 부문이다. 산업복지는 노동문제를 해결하는 과정 또는 대책으로서, 협의로는 근로자와 그 가족의 생활문제가 중심이 되며, 광의로는 근로조건, 고용보장, 특수집단보호 나아가서는 자주적 조직문제까지 포괄하고 있다.

직장과 가정의 양립문제는 우리 모두의 문제로서 여성이 혼자 감당하도록 하거나 사업주의 책임으로 전가할 수도 없는 문제이다. 따라서 육아와 모성보호와 같은 가족친화적 지원정책을 통해 여성노동력의 확보·유지·배양과 가정 기능의 정상화를 도모해 나가야 할 것이다.

이러한 취지에서 근로기준법, 남녀고용평등법, 고용보험법 등 모성보호관련 3법을 개정하여 2001년 11월 1일부터 시행함에 따라 모성보호비용의 사회분담화를 실현하게 되어 가정과 직장이 양립될 수 있는 기반과 고용평등의 기반을 조성하고 있다.

## 1. 女性勤勞者의 就業現況과 特性

여성의 경제활동참가율은 1988년 45.0%에서 2000년 48.3%, 2002년 49.7%, 2004년 49.9%로 지속적으로 증가추세에 있으며, 2006년에는 10.001천명이 참가하여 50.3%로 나타났다. 이 중 기혼여성은 대폭 증가한 반면 미혼여성은 소폭 증가에 그쳤다. 이와 같은 참가율은 주요 선진국에 비하면 현저히 낮은 수준이고, 증가율도 GNI수준에 비해 낮은 수준에 머물러 있다.

여성은 열악한 근로조건과 저임금의 대표적 집단이며, 해고의 위험에 가장 취약한 집단이다. 또한 사회진출에 따른 이중적 역할 수행으로 자녀양육 및 교육문제에 어려움을 겪게 된다.

여성의 경제활동은 저임금과 불안정고용을 특징으로 하는 임시직 · 일용직 · 시간제 등 비정규직 고용형태 및 영세자영업이 대부분을 차지하고 있으며, 사회보장의 혜택도 경제활동의 기간과 질에 의해 결정되는 부분이 많기 때문에 사회보험제도로부터 배제되어 결과적으로 배우자의 사망, 가출 혹은 이혼, 질병 등으로 여성가구주가 되었을 때 빈곤상태에 놓일 위험이 높을 수밖에 없다.

여성은 노동시장 진입 이후 상당수가 노동시장의 성차별 및 가사 · 육아부담으로 경력단절을 경험하게 되며, 이로 인해 직업능력개발기회를 상실하게 되며, 여성이 취업하더라도 재직자훈련의 여성참여율은 22.1%에 불과하며, 유급휴가훈련은 10.6%에 그치고 있다(제3차 여성정책 기본계획).

이와 같이 여성은 취업구조상 결혼과 육아로 인해 재취업하는 경우가 적고 자녀가 성장함에 따라 시간제 근로나 임의적용에 해당하는 형태의 취업이 많다. 또 같은 사업장에 취업하고 있다하더라도 근속기간이 짧고 퇴직시기가 빠르며, 임금수준이 낮다.

여성근로자들은 임금 · 고용의 안정성, 기업복지, 승진, 휴일 · 휴가 등 근로조건과 처우 면에서 남성근로자에 비해 차별대우를 받고 있다.

여성실업의 특징을 살펴보면 실망실업의 가능성은 고학력 여성이 더 크며, 30대 이상 여성실업이 증가하고 있고, 여성실업가구주 문제가 심각하며, 여성노동의 임시 · 일용직화가 급증하고 있고, 실업 가능성이 높은 직종에 취업해 있으며, 실업 후 생활수준은 급격히 저하되는 현상에 있다(조홍식, 2002).

실직한 여성의 상당수가 구직활동을 하기보다는 비경제활동상태로 이동하고 있으며 실망실업과 은폐실업의 가능성이 높고 비자발적 실업의 대부분은 여성노동의 임시·일용직화에 기인한 계약만료 또는 일의 만료에 의해 발생한 것으로 보아 실업의 충격이 남성보다 여성에게 더 크다.

경제활동에 참가하는 기혼여성의 증가에 따라 많은 맞벌이부부들은 직장과 가정의 양립문제에 따른 역할과중과 역할갈등에 부딪히게 된다. 맞벌이부부는 2006년 현재 43.9%를 차지하고 있으며 맞벌이부부 중 여자배우자의 1주일 평균 근로시간은 36시간(전일제)이 83.0%로 나타났다(통계청, 2006 사회통계조사).

2006년의 경우 여성근로자 중 비정규직 비율은 47.7%로서 남성(30.4%)에 비해 상당히 높은 편이며, 남성정규직 대비 여성정규직의 임금은 66.2%, 여성비정규직의 임금은 53%에 불과하며, 취업여성의 빈곤율은 10.1%로 남성(8%)보다 높다(제3차 여성정책 기본계획).

여성복지 관점에서 기혼취업여성이 당면하는 가정과 직장의 양립문제와 이들 문제들이 그들의 가정위기와 직장위기의 상관관계 및 영향도를 조사한 결과에 의하면 사회경제적 지위가 낮은 기혼직업여성들이 가정 및 직장위기에 당면하는 사례가 많으며, 가정위기에 부부관계 요인이 많이 관계되어 있고, 직장위기에는 작업조건 요인들로부터 가장 많은 영향을 받고 있다.

따라서 기혼취업여성들에 대한 위기방지 프로그램이 필요하며, 가정위기 예방에는 부부관계에 대한 프로그램, 직장위기 예방 및 해결은 직업조건 요인에 초점을 맞추어야 할 것이며, 가정과 직장생활에 합리적 시간 배분이 필요하므로 직장 근무시간이 탄력적으로 운용될 수 있는 시간제근무, 격일근무제 등을 활성화할 필요가 있다.

이와 같은 현상은 여성에 대한 사회적 편견, 각종 차별적 관행 그리고 가사 및 육아에 대한 부담 등에 기인하고 있다. 따라서 남녀고용평등을 위한 기반을 조성하고 모성보호, 보육 등 여성의 사회참여 확대를 위한 사회적 인프라를 지속적으로 확대해 나가야 할 것이며, 아울러 비정규직 근로자와 취약계층근로자의 근로조건 보호, 사회안전망 적용확대 등 종합적 대책을 수립해야 할 시점에 와 있다.

여성취업에 관한 견해를 살펴보면 여성의 30.4%가 가정과 관계 없이 취업해야 한다고 생각하고 있으며, 그 다음으로 결혼 전과 자녀성장 후 취업 27.6%, 자녀성장 후 14.0%, 결혼 전까지 10.3% 순으로 나타났으며, 가정에만 전념해야 한다는 견해는 8.5%에 그쳤다. 한편 여성취업의 장애 요인으로는 육아부담 41.1%, 사회적 편견과 관행 27.6%, 불평등한 근로조건 13.0%, 가사부담 10.8% 순으로 나타났다(통계청,2005 한국의 사회지표,2006).

이러한 상황에 처해 있는 여성근로자의 복지와 관련하여 모성보호, 직장내 성희롱, 직장보육사업 등을 중심으로 살펴보기로 한다.

## 2. 勤勞女性에 대한 社會福祉政策

전통적으로 가정내에서의 가사노동과 아동양육 등 보호 기능은 여성을 통해 이루어졌기 때문에 기혼여성의 취업증가로 더 이상 가정내의 보호 기능을 수행할 사람이 없거나 혹은 여성의 이중부담에서 오는 문제 중에서 일차적으로 자녀와 관련된 부분이 주종을 이루고 있다. 따라서 기혼취업여성의 복지욕구는 일차적 모성보호와 관련된 복지욕구, 탁아욕구, 자녀교육관련욕구, 기타 보호업무 대행, 가사노동 등으로 집약할 수 있다.

우리나라의 취업여성을 위한 사회복지정책은 여성을 어머니로서의 역할을 강조하는 특성이 있다. 이는 남성—생산 대 여성—재생산이라는 이분법적 사회구성 개념에 입각한 것으로서 여성의 일차적 역할을 재생산 영역에 한정하고 필요한 경우에만 여성을 생산영역으로 유도하려는 성격을 보이고 있는 것이다.

근로여성의 보호와 이들에 대한 지원은 근로환경에서 뿐만 아니라 여성이 당면하고 있는 모든 영역에서 배려가 요구되고 있다. 즉, 직장조직의 일원인 근로자로서, 가정에서는 가족구성원이며 특히 기혼의 경우에는 어머니의 역할과 주부의 역할을 동시에 수행하게 되는데, 이러한 관점에서 볼 때 근로여성에 대한 보호와 지위향상의 과제는 모성 기능 보호, 직장과 가정생활의 양립 지원 등을 통한 생활의 질적 향상으로 집약될 수 있다.

취업여성의 가족문제가 사회문제화되고 있으므로 지금까지의 사후적이고 소극적인 대응방법에서 탈퇴하여 사전 예방적이고 적극적인 정책으로 전환되어야 할 필요가 있다. 특히 가족복지정책이 가족내에서 수행해 왔던 아동, 노인, 장애인 등에 대한 보호업무를 다양한 형태로 사회화하는 보편적 사회복지 서비스로의 확대가 이루어져야 할 것이다. 이러한 보호업무의 사회화로 취업여성의 이중부담을 경감시켜 줄 뿐만 아니라 잠재적 기혼여성노동력을 노동시장으로 유도하는 유인책이 될 것이다.

근로여성을 위한 보호입법으로서는 근로기준법, 고용보험법, 직업안정법, 직업훈련기본법, 노동조합법, 남녀고용평등법, 남녀차별금지 및 구제에 관한 법률, 영유아보육법 등이 있다.

### 1) 모성보호를 위한 제도적 장치

모성보호관련법은 어머니인 여성을 위한 법이지만 기본적으로 다음 세대들을 위한 법이기도 하다. 따라서 궁극적으로는 부모성보호법으로 발전하여 모든 부모의 출산과 자녀양육을 지원하는 사회제도로 구축되어 나가야 할 것이다.

이와 같은 여성근로자를 보호하기 위한 법안이 마련될 수 있었던 근거는 모성보호이다(Abramovitz, 1991). 여성은 출산을 통해서 사회에 기여하는 것으로 여겨왔고, 여성의 건강은 그 맥락에서 고려되었으나 1960년대 이후 여성의 사회참여가 높아지면서 여성의 건강은 임신, 출산과 결부시키는 현상이 사라지기 시작했다.

모성보호 규정을 두고 있는 현행 근로기준법, 남녀고용평등법, 고용보험법의 내용을 살펴보기로 한다.

### (1) 근로기준법

근로기준법에서 규정하고 있는 근로조건의 기준은 최저기준이므로 근로관계당사자는 이 기준을 이유로 근로조건을 저하시킬 수 없으며, 남녀의 차별적 대우를 금지하여 균등처우하도록 규정하고 있다.

여기에서 법의 주요 내용을 살펴보면 다음과 같다.

#### ① 해고등의 제한

사용자는 근로자에 대하여 정당한 이유 없이 해고, 휴직, 정직, 전직, 감봉 기타 징벌의 금지 및 업무상 재해로 인한 요양기간 동안의 휴업기간과 그 후 30일간, 산전후 휴업기간과 그 후 30일간은 해고가 금지된다. 또한 사용자의 귀책사유로 인하여 휴업하는 경우 평균임금의 70/100 이상의 수당을 지급한다.

#### ② 근로시간 및 사용금지

1주간의 근로시간은 휴게시간은 제하고 40시간을 초과할 수 없으며, 1일의 근로시간은 휴게시간을 제하고 8시간을 초과할 수 없다. 15세 이상 18세 미만의 근로자, 임신 중인 여성근로자는 탄력근로시간제에 대한 적용제외대상이며, 15세 이상 18세 미만의 근로자는 선택적 근로시간제의 적용제외 대상이다.

여성과 소년에 대한 특별 규정을 보면 15세 미만인 자는 사용이 금지(단 노동부장관이 발급한 인허증 소지자는 제외)된다. 사용금지 직종을 대상별로 보면 임신 중, 산후 1년이 경과되지 아니한 여성(임산부)과 18세 미만자는 도덕상 또는 보건상 유해 · 위험한 사업에 사용을 금지하며, 임산부가 아닌 18세 이상의 여성은 상기 규정 중 임신 또는 출산에 관한 기능에 유해 · 위험한 사업에 사용을 금지하며, 임산부, 임산부가 아닌 18세 이상의 여성 및 18세 미만인 자의 사용금지 직종은 대통령령으로 규정하고 있다. 또한 여성과 18세 미만자는 갱내근로가 금지된다.

산후 1년이 경과되지 아니한 여성에 대해서는 단체협약이 있는 경우라도 1일 2시간, 1주일 6시간, 1년 150시간을 초과하는 시간외에 근로를 시키지 못한다. 18세 이상의 여성을 야간 및 휴일에 근로시키고자 할 때에는 당해 근로자의 동의가 필요하며, 임산부와 18세 미만자는 야간 및 휴일근로가 금지된다. 다만 노동부장관의 인가를 받은 경우는 제외된다.

이 밖에도 모성보호 차원에서 여성근로자에게 월 1일의 생리휴가를 제공하며, 산전후휴가는 90일로 하고 최초 60일은 유급으로 하며, 임신 중인 근로자에 대하여 시간외 근로가 금지되며 당해 근로자의 요구가 있는 경우 경미한 종류의 근로로 전환하게 하여야 한다. 생후 1년 미만의 유아를 양육하는 여성근로자에게 1일 2회 각각 30분 이상의 유급수유시간을 제공한다.

### (2) 남녀고용평등법

남녀고용평등법은 모성을 보호하고 직장과 가정생활의 양립과 여성의 직업능력 개발 및 고용촉진을 지원함으로써 남녀고용평등을 실현하는데 목적이 있다. 이 법의 주요 골자는 차별금지 및 직장내 성희롱 예방이다.

#### ① 평등한 기회보장 및 대우

사업주는 모집과 채용, 임금, 임금 외의 금품의 지급 또는 자금의 융자 등 복리후생, 교육·배치 및 승진, 정년·퇴직 및 해고 등에 대해 남녀를 차별하여서는 아니 된다.

#### ② 직장내 성희롱의 금지 및 예방교육

사업주, 상급자 또는 근로자는 직장내 성희롱이 금지되며, 직장내에서 성희롱 예방교육을 연 1회 이상 실시하여야 하며, 직장내 성희롱 발생 시 적절한 조치를 하여야 한다.

#### ③ 모성보호 및 직장과 가정생활의 양립 지원

산전후 휴가 또는 유산·사산휴가를 사용한 근로자 중 일정한 요건에 해당하는 자에게 당해 휴가기간에 대하여 산전후 휴가급여를 지급하고, 생후 3년 미만의 영아의 양육에 따른 육아휴직기간은 1년 이내로 하고 육아휴직기간 동안 당해 근로자의 해고가 금지된다. 육아휴직대상자는 여성근로자 또는 그를 대신한 배우자로 확대한다.

국가는 육아휴직에 대한 당해 근로자의 생계비용과 사업주의 고용유지비용의 일부를 지원할 수 있다. 국가와 지방자치단체는 근로여성을 위한 교육·육아·주택 등 공공복지시설을 설치할 수 있다. 복지시설을 설치할 때는 공업단지·농공단지 등 근로여성의 밀집지역부터 우선 설치한다. 근로자의 취업을 지원하기 위하여 수유·탁아 등 육아에 필요한 직장보육시설을 설치하여야 한다.

④ 분쟁의 예방과 조정

노동부장관은 차별 및 직장내 성희롱에 관한 상담을 실시한 민간단체에 필요한 비용의 일부를 예산의 범위 안에서 지원할 수 있다. 또 상시 30인 이상의 근로자를 사용하는 사업장에는 고충처리기관을 설치하여야 한다. 고충처리기관은 사업주를 대표하는 자와 근로자를 대표하는 자를 동수로 하여 구성하고 사업주위원과 근로자위원을 위촉하는 경우에는 당해 사업의 여성근로자 비율을 고려하여 여성위원을 위촉하도록 노력하여야 한다.

⑤ 경비보조

국가·지방자치단체 및 공공단체는 여성의 취업 촉진과 복지 증진에 관련되는 사업에 대하여 예산의 범위 안에서 그 경비의 전부 또는 일부를 보조할 수 있다.

⑥ 벌칙 규정

사업주는 근로자의 정년·퇴직 및 해고에 있어서 남녀차별금지 및 근로여성의 혼인, 임신 또는 출산을 퇴직사유로 예정하는 근로계약 체결 금지 규정에 위반한 경우 5년 이하의 징역 또는 3천만원 이하의 벌금에 처하며, 동일 사업내의 동일가치 노동에 대한 동일 임금 지급, 직장내 성희롱피해자에 대한 불이익 조치, 육아휴직을 이유로 불리한 처우 및 해고 금지 등의 규정에 위반한 행위는 3년 이하의 징역 또는 5천만원 이하의 벌금에 처하고, 모집과 채용, 임금 외의 금품등의 지급, 교육·배치 및 승진, 육아휴직의 허용, 육아휴직 종료 후 복직조치, 명예감독관의 활동에 대한 불이익한 조치 등의 규정에 위반한 행위에는 5백만원 이하의 벌금에 처한다. 또한 벌칙 규정의 위반행위를 한 때에는 그 행위자와 그 법인이나 개인에 대해서도 같은 벌금형이 부과된다.

이 밖에도 직장내 성희롱의 금지 규정을 위반한 사업주에 대해서는 1천만원 이하의 과태료, 직장내 성희롱행위자에 대한 적절한 조치 미이행 사업주에 대해서는 5백만원 이하의 과태료, 기타 직장내 성희롱예방교육 미실시, 산전후휴가급여에 대한 협력조치 미이행 등의 규정에 위반한 사업주에 대해서는 3백만원 이하의 과태료를 부과한다.

### (3) 고용보험법

고용보험법의 내용 중 모성보호관련 내용을 살펴보면 다음과 같다.

① 육아휴직급여 신청기간의 연장

신청기간의 연장 사유는 천재지변, 본인 또는 배우자의 질병·부상, 본인 또는 배우자의 직계존비속의 질병·부상, 병역법에 의한 의무복무, 범죄혐의로 인한 구속 또는 형의 집행 등이다.

② 육아휴직급여

육아휴직급여액은 월 50만원으로 하고, 육아휴직급여액의 지급대상기간의 1개월을 채우지 못하는 달에 대하여는 일(日)로 계산한다.

③ 산전후휴가급여

피보험자에게 지급하는 산전후휴가급여액은 통상임금에 상당하는 금액이 135만원을 초과하는 경우에는 135만원을 상한액으로 하고, 통상임금에 상당하는 금액이 피보험자의 휴가개시 전 1월간의 소정 근로시간에 휴가개시일 당시 최저임금법에 의한 시간단위에 해당하는 최저임금액을 곱한 금액보다 낮은 경우에는 최저기준월액을 하한액으로 한다.

④ 고용촉진시설에 대한 지원

노동부장관은 육아휴직을 30일 이상 부여하고 육아휴직이 종료된 후 30일 이상 그 근로자를 피보험자로 계속 고용하는 사업주에 대하여 육아휴직장려금을 지급한다.

⑤ 직장보육시설 지원

노동부장관은 보육시설을 단독 또는 공동으로 설치하고자 하는 사업주 또는 사업주단체에 대하여 그 설치비용을 융자하거나 일부 지원할 수 있다.

모성보호관련 3법이 개정되어 시행됨으로써 여성근로자가 가정과 직장일을 양립할 수 있도록 지원하게 되어 남녀고용평등 실현의 기반이 조성되었다는데 그 의의가 있으며, 모성보호비용을 최초로 사회분담화함으로써 출산 및 육아의 문제를 여성 개인 또는 한 가정의 문제에서 사회의 문제로 간주하는 계기가 되었다는 점이다. 또한 직장내 성희롱에 대한 과태료 부과를 강화하고 사업주의 성희롱 금지 규정을 위반할 시는 과태료 1,000만원의 부과를 신설하였다는 점 등에 주목할 필요가 있다.

### 2) 직장내 성희롱

#### (1) 성희롱의 정의 및 범주

직장내 성희롱(sexual harassment)이라 함은 보편적으로 성을 소재로 상대방의 인권을 침해하는 언행으로서, 불필요하며 불쾌한 신체적 접촉, 용모에 대한 성적 언급이나 농담을 비롯하여 노골적인 성적 유혹과 성적 공격행위로 정의하고 있다.

성희롱은 당초 직장내의 성 차별의 한 유형으로 제기되었다. 1976년 미국 대법원에서 미국 시민권법의 고용기회평등법에 위반되며, 이를 방지하지 못한 사용자도 법적 책임을 져야 한다는 판례에서 비롯되었다.

남녀차별금지 및 구제에 관한 법률에서는 업무, 고용 기타 관계에서 공공기관의 종사자, 사용자 또는 근로자가 그 지위를 이용하거나 업무 등과 관련하여 성적 언동 등으로 성적 굴욕감 또는 혐오감을 느끼게 하거나 성적 언동, 기타 요구 등에 대한 불응을 이유로 고용상의 불이익을 주는 것으로 규정하고 있다.

반면 남녀고용평등법에서는 직장내 성희롱을 사업주, 상급자 또는 근로자가 직장내의 지위를 이용하여 업무와 관련하여 다른 근로자에게 성적인 언어나 행동 등으로 또는 이를 조건으로 고용상의 불이익을 주거나 또는 성적 굴욕감을 유발하게 하려 고용환경을 악화시키는 것으로 규정하고 있다.

이와 같은 법규정에 비추어 볼 때 성희롱의 구체적인 내용은 다음과 같다.

성희롱은 첫째, 업무, 고용, 기타 관계에서 일어난 것으로서 직업으로서 행하는 직무관계, 임금을 받고 일하는 관계 및 이에 준하는 관계에서 일어나는 성희롱 둘째, 지위를 이용하거나 업무 등과 관련된 것으로서 행위장소가 직장내인지 여부를 불문하고 공공기관의 종사자, 사용자 또는 근로자의 지위를 이용하거나 기타 업무 관련성이 존재하는 경우이며 셋째, 고용의 불이익을 주는 것으로서 채용탈락, 감봉, 승진탈락, 전직, 정직, 휴직, 해고 등과 같이 채용 또는 근로조건을 불리하게 하거나 고용환경을 악화시키는 행위로서 이러한 조건하에서 상대방이 원하지 아니하는 성적 의미가 내포된 육체적 · 언어적 · 시각적 행위가 포함된다.

### (2) 성희롱의 유형

① 육체적 성희롱

육체적 성희롱은 몸으로 행하는 것으로서 입맞춤이나 포옹, 뒤에서 껴안기 등의 신체적 접촉, 가슴, 엉덩이 등 특정 신체부위를 만지는 행위, 안마나 애무를 강요하는 행위 등이 이에 속한다.

② 언어적 성희롱

언어적 성희롱은 말로 행하는 것으로서 음란한 농담이나 음담패설, 외모에 대한 성적인 비유나 평가, 성적 사실관계를 집요하게 묻거나 성적인 내용의 정보를 의도적으로 유포하는 행위, 성적 관계를 강요하거나 회유하는 행위, 음란한 내용의 전화 통화, 회식자리 등에서 무리하게 옆에 앉혀 술을 따르도록 하는 행위 등이 이에 속한다.

③ 시각적 성희롱

시각적 성희롱은 외설적인 사진, 그림, 낙서, 음란출판물 등을 게시하거나 보여주는 행위, 직접 또는 팩스나 컴퓨터 등을 통하여 음란한 편지, 사진 그림을 보내는 행위, 성과 관련된 자신의 특정 신체부위를 고의적으로 노출하거나 만지는 행위 등 시각적으로 행해지는 것들이 여기에 속한다.

성희롱을 행태별로 살펴보면 성적 서비스 요구형(성적인 서비스를 강요하는 성희롱), 성적 괴롭힘형(성 뇌물형) 등으로 구분할 수 있다.

한편 성희롱을 고용관계에 한정하여 살펴보면 조건형 성희롱과 환경형 성희롱으로 구분하기도 한다. 조건형 성희롱이란 주로 상사와 부하간에 고용상의 혜택에 대한 대가로 성적 서비스를 요구하는 행위로서 성적 호의나 서비스의 제공을 조건으로 직업상의 경제적 이익이나 불이익을 받는 것에 관련된 성희롱으로서 성적 강탈(sexual extortion)이라고도 한다. 반면 환경형 성희롱이란 작업환경을 성적인 괴롭힘을 받을 수 있는 적대적 작업환경으로 조성하였을 때 성립이 된다. 적대적 작업환경이란 여성의 직업적 전문성보다 성적인 특성이 자극되고, 강조되고, 지지되는 작업환경을 말한다. 그러나 환경형 성희롱은 성적 행위와는 관계없는 성(gender)에 근거한 행위에 의해서도 발생할 수 있다.

④ 성희롱과 성폭력의 관계

성희롱과 성폭력의 관계성을 살펴보면 성희롱과 성폭력은 개념 규정에 따라 범주가 달라질 수 있으나 현행 법규정을 통해 정리해보면 첫째, 강간이나 강제추행은 형법상의 범죄행위인 반면 성희롱은 형법상의 범죄행위는 아니나 징계대상이 되며 둘째, 성희롱은 폭행 또는 협박이라는 강제성은 반드시 요소로 하지 않아도 성립될 수 있으며 셋째, 성희롱은 간음행위나 강제추행행위까지 이르지 않는 육체적·심리적 행위이며 넷째, 강간죄나 강제추행죄는 개인에 대한 성적 침해문제로 접근하는 반면 성희롱은 직장내 근로조건의 문제로 접근한다는 점에 차이가 있다(한국형사정책연구원, 1999).

### (3) 성희롱 발생실태

우리나라의 성희롱 발생정도를 조사한 보고서에 의하면, 남성의 87%가 성희롱을 행한 적이 있으며, 여성은 92.7%가 성희롱을 당한 적이 있는 것으로 나타났다. 이를 유형별로 살펴보면 언어적 성희롱 발생정도는 74% 수준으로 대부분 가벼운 성적 농담이지만 짙은 성적 농담도 적지 않은 것으로 나타났다. 그리고 가벼운 신체적 성희롱은 56% 정도이고, 심한 신체적 성희롱은 약 23%였으며, 시각적 성희롱은 35%, 성적 서비스형(술 따르기 등)은 41%, 성적 관계의 요구는 약 4% 정도로 나타났다.

성희롱의 발생빈도를 살펴보면 가벼운 언어적 성희롱은 31.7%로 한 달에 한번 이상 발생하였고, 가벼운 신체적 성희롱은 10.5%, 시각적 성희롱은 13.4%, 성적 서비스형 성희롱은 3.4%가 발생한 것으로 조사되었다(한국여성개발원a, 2001).

여성특별위원회에 접수된 남녀차별사항 중 성희롱사건은 1999년 7월부터 2000년 6월까지 총 109건이었다(여성특별위원회, 남녀차별금지 및 성희롱예방교육 강사은행 강의참고자료, 2000).

성희롱의 피해경험은 직장관계에서 뿐만 아니라 국내 청소년의 성희롱 경험률에서도 심각하다. 전국 4대 도시 남녀공학 중·고등학교 학생을 대상으로 한 1980년 조사에 의하면 중학교 여학생의 40.4%, 남학생 33.7%, 고등학교 여학생의 58.5%, 남학생 33%가 지난 1년간 성희롱으로 인하여 심리적·정신적으로 고통을 받은 경험이 있는 것으로 나타났으며, 남학생으로부터 성희롱을 당한 경우가 가장 많은 것으로 나타났다(교육부, 1999).

또한 고등학교 남녀학생에 대한 조사에서도 조사대상자의 68%가 성희롱 피해경험이 있는 것으로 나타났으며, 남학생의 60%, 여학생의 76%가 성희롱 피해를 경험한 것으로 나타났다. 가해경험은 조사대상자의 54.1%이며, 남학생의 54.6%, 여학생의 53.5%가 가해경험자로 나타났다(노중래, 2002).

### (4) 성희롱의 피해

① 피해자 개인적 피해

성희롱은 가해자가 의도했던 아니던간에 피해자를 성적으로 대상화하는 것이므로 피해자를 동등한 인격체로 대우하지 않는 것이다. 즉, 성적 대상화는 상대의 의지나 의도를 무시한채 자신의 성적 욕구나 의도를 일방적으로 상대방에게 가하는 것이다. 이러한 성적 대상화는 인권을 침해하는 것으로 그 과정에서 피해자 개인은 정신적·정서적·심리적으로 위축하게 되어 여러 가지 문제를 유발하게 된다.

성희롱을 당한 피해자가 심리적으로 나타내는 반응은 적개심, 반감, 의심, 분노, 공포, 우울증, 불면증, 불안정, 자존심 손상, 모욕감, 당혹감, 자기비하, 죄책감, 수치심, 혼돈, 소외감, 무력감, 위협감 등으로 나타나며 이러한 심리적 상황 때문에 조직내에서 동료들과 불편한 관계를 가지게 되고 동료들을 불신하게 된다. 또한 스트레스로 인하여 심리상태의 부조화를 초래하기도 하며 계획적 결근이나 장기결근, 직장에서의 갈등 등이 일어날 수 있다(여성부, 관리자를 위한 성희롱예방 가이드, 2001).

일반적으로 성희롱피해자는 두통, 불면증, 울화병, 편두통 등의 신체적 이상현상이 나타난다. 또한 과음 등으로 신체적 건강의 손실을 입게 되며 이러한 신체적 건강의 손실은 심리적 건강의 손실에 의하여 합병으로 오게 된다.

② 직장에 미치는 영향

성희롱의 피해는 직접적으로 업무능력에 영향을 미쳐 사기저하로 잦은 결근, 생산성 저하 등이 나타난다. 성폭력피해자는 심리적으로 위축되므로 업무에 지장을 초래하게 된다. 또한 고용상의 불이익을 당하기도 하는 한편 퇴사 등의 방법으로 피해상황을 모면하려고 하기도 한다. 이는 생산성 향상을 위한 기술축적의 기회를 차단당하는 것과 마찬가지이다.

피해당사자의 업무미숙, 사업장 분위기의 경직 등은 결과적으로 전체 생산성의 문제로 연결되어 직장 차원에서도 막중한 손해가 발생한다. 또한 성희롱 사건이 법적소송 등으로 이어지게 되면 회사의 이미지 손상, 소송비용 등의 부담을 갖게 된다.

### (5) 성희롱에 대한 법적 제재

성희롱관련 현행 법규는 여성발전기본법, 국가공무원법, 남녀고용평등법, 남녀차별금지 및 구제에 관한 법률, 성폭력범죄의 처벌 및 피해자보호등에 관한 법률, 형법(업무상 위력 등에 의한 간음), 민법(불법행위의 내용, 사용자의 배상책임) 등이 있으며, 이 밖에도 여성부 고시로서 남녀차별금지기준과 공공기관의 성희롱예방지침이 있다. 여기에서 남녀차별금지 및 구제에 관한 법률과 남녀고용평등법의 제재 내용을 비교해보면 다음 <표 17>과 같다.

<표 17> 직장내 성희롱에 대한 제재 내용

| 구분 | 남녀차별금지 및 구제에 관한 법률 | 남녀고용평등법 |
|---|---|---|
| 조치의무 | 공공기관의 장 및 사용자 : 성희롱 방지를 위하여 교육실시 등 필요 조치 강구 | 사업주 : 성희롱예방교육, 가해자 징계, 피해자에 대한 불이익 금지 |
| 제재내용 | · 남녀차별개선위의 실지조사 방해 : 2년 이하의 징역 또는 1천만원 이하의 벌금<br>· 사용자의 조사 및 자료제출 등의 거부, 허위보고 등 : 1천만원 이하의 과태료<br>· 사용주의 성희롱금지 위반 : 과태료 1천만원 | · 사업주의 피해자 불이익 조치 : 3년 이하의 징역 또는 2천만원 이하의 벌금<br>· 사업주의 교육 미실시, 관계서류제출의 거부, 허위보고 등 : 과태료 300만원<br>· 성희롱 행위자에 대한 징계조치 등 : 과태료 500만원<br>· 양벌 규정 : 행위자 및 그 법인 또는 개인에 대하여도 벌금형을 부과 |

## 3) 직장보육사업

### (1) 직장보육시설의 개념

직장보육시설이란 사업주가 사업장의 근로자를 위하여 단독 또는 공동으로 사업장내 또는 그에 준하는 인근지역과 사원주택 등 사업장근로자 밀집거주지역에 설치·운영하는 보육시설(국가 또는 지방자치단체의 장이 소속 공무원을 위하여 설치·운영하는 시설을 포함)을 말한다. 이 때 보육아동 정원의 1/3 이상이 동 사업장 근로자의 자녀이어야 한다.

### (2) 취업모를 위한 보육시설의 필요성

여성의 사회참여 확대와 가족구조의 핵가족화에 따라 보육수요가 급증하고 있다. 기혼의 취업여성들이 가장 심각하게 직면하고 있는 문제는 자녀양육과 교육문제이다. 취업모들이 가장 중요시하는 역할은 자녀에 대한 어머니의 역할이며, 어머니의 역할수행도가 낮아 역할긴장을 경험하고 있다(신경미, 1999).

보육은 보호자의 경제적·사회적 활동을 지원하고 영유아의 건전한 육성을 도모하여 결과적으로 가정복지 증진을 도모하게 된다.

사회와 가족형태가 바뀌면서 육아는 개인의 문제가 아니라 사회의 문제로 대두되고 있다. 따라서 직장보육의 공공성이 요구되고 있으나 보육시설의 부족으로 사회참여 여성이 곤란에 처해 있다. 따라서 취업모들은 과도한 가사책임 때문에 가정생활과 직장을 양립하기 위해 노력하는 과정에서 극심한 스트레스를 받고 있는 위기에 처해 있는 집단이라 할 수 있다(Goolgins & Burdedn, 1987).

특히 취업모는 다음과 같은 어려움에 직면하고 있다(Sckaran, 1986; 하현숙·김득성, 1996). 첫째, 가정의 일과 직장의 업무를 동시에 수행해야 하는 역할과중이 보편적인 문제이다. 둘째, 전통적 성역할의 사회화와 고정관념에서 비롯된 것으로 전통적 남녀역할을 기대하는 맞벌이부부에게 근대적 성 역할의 병행은 갈등이 되고 있다. 셋째, 가족구조나 자녀의 유무, 자녀양육 등 전반적인 생활주기에 대한 계획과 실행의 어려움을 경험한다. 넷째, 사회적 관계망을 유지할 시간이 부족하다. 다섯째, 현 사회에서 맞벌이부부 가족에 대한 인식이나 제도상의 불이익 등을 경험한다.

직장보육시설의 설치는 보육문제로 인해 직장을 포기하거나 육아휴직을 고려하는 취업모에게 계속 직장생활에 참여할 수 있게 함으로써 여성의 장기근속뿐만 아니라 임금등 근로조건의 유지 향상에 영향을 미치는 중요한 측면이 있다.

영유아보육문제가 우리 사회의 당면한 문제로 대두된 것은 보육의 사회적 중요성에 연유되어 있으며, 보육은 무엇보다도 박탈된 모성을 대체하여 영유아의 건전한 성장 발달의 권리로 보장해주고 또한 영유아의 양육을 대리하여 줌으로써 기혼여성의 사회활동참여를 보장해주게 된다. 따라서 직장보육시설은 보호와 교육의 기능을 통합한 기능을 수행하고 있다. 따라서 직장보육시설은 여성근로자의 고용증대와 생산성 향상을 도모하기 위한 수단이 되기도 한다.

### (3) 직장보육사업의 설치기준 및 설치의무

상시 여성근로자 300인 이상 또는 근로자 500인 이상을 고용하고 있는 사업장은 직장보육시설을 설치할 의무가 있다. 이 같은 직장보육시설 설치의무는 민간기업뿐만 아니라 국가 및 지방자치단체에도 적용된다.

의무사업장의 사업주가 직장보육시설을 단독으로 설치하기 어려운 경우에는 사업주 공동으로 직장보육시설을 설치·운영하거나 지역의 보육시설과 위탁계약을 체결하여 근로자의 자녀의 보육을 지원하거나 또는 근로자에게 보육수당을 지급하여야 한다. 또한 단독 또는 사업주 공동으로 직장보육시설을 설치하거나 지역의 보육시설과 위탁계약을 체결한 사업주는 그 보육시설의 운영 및 수탁보육 중인 영유아의 보육에 필요한 비용의 100분의 50 이상을 지급한다.

뿐만 아니라 상시 영유아 20인 이하를 보육하는 직장보육시설은 가정보육시설을 설치할 수 있는 곳에도 설치할 수 있으며, 직장보육시설을 설치하고자 하는 자는 관할 시장·군수 또는 구청장에게 사전에 인가를 신청하여야 한다.

의무사업장 이외의 사업장에 대하여 노동부에서는 고용보험기금을 활용하여 설치·운영비를 지원하고 있으며, 사내근로복지기금에서 설치·운영비 등을 지원하도록 권장·지도하고 있다.

2004년 12월 현재 의무대상 사업장 213개소 중 91개소는 단독 설치, 12개 사업장은 공동 설치, 13개소는 수당을 지급하고 있고, 45.5%인 97개 사업장은 아무런 조치가 없다(보건복지부, 2004). 이러한 의무대상 사업장은 2005년 278개소, 2006년 824개소로 늘어날 전망이다. 취업여성 현황을 살펴보면, 300인 이상 사업장에 고용되어 있는 여성은 25-29세가 6.1%, 30~34세가 2.6%로 34세 미만의 가임(可姙)기 여성은 8.7%밖에 되지 않아 취업모에게는 실질적인 도움이 되지 못하고 있다.

보육시설 및 보육아동 현황을 살펴보면, 2007년 6월 기준 29,823개소의 보육시설에 1,062,000명의 아동이 보육받고 있다. 이 중 직장보육시설의 아동은 312개소에 15,093명으로 전체 보육아동의 1.4%를 차지하고 있다(여성가족부, 2008).

현행법상 공공보육시설에서 생후 2개월부터 영아를 맡아주도록 되어 있으나 시설의 채산성과 인력문제로 13개월 미만의 영아를 보육하는 곳은 제한되어 있어 취업모들은 자녀를 이웃이나 친척에게 맡기거나 부득이 직장을 그만 두게 된다.

#### (4) 직장보육시설 지원 내용

여성의 경제적 자립은 오늘날 세계적 공통 과제이며, 이의 장애가 되는 자녀양육에 대해 사회적 대응이 필요하다.

직장보육시설 설치·운영을 활성화시키기 위한 정부의 직·간접 지원내용은 다음과 같다.

<표 18> 정부의 직장보육시설 직접 지원 내용

| 지원주체 | 구분 | 지원종류 | 내역 | 지원한도 | 비 고 |
|---|---|---|---|---|---|
| 노동부 | 설치비 | 무상지원 | 시설전환비 | 1억원<br>(공동 2억원) | 소요금액의 60%~80% 지원<br>(우선지원대상기업 80%, 영아·장애아시설 80%) |
| | | | 유구비품비 | 5천만원 | |
| | | 융자 | 시설건립<br>시설매립<br>시설임차<br>시설개·보수<br>시설전환 | 5억원 | 상환 : 5년 거치 5년 균등분할 상환<br>이율 : 대기업 2%, 우선지원기업 1%<br>* 토지매입비는 융자대상에서 제외 |
| | 운영비 | 무상지원 | 시설장,<br>보육교사,<br>취사부 임금지원 | 1인당<br>월 80만원 | 시설장은 아동 수가 20인 이상인 경우,<br>취사부는 40인 이상인 경우 지원 |
| 여성부<br>(시·군·구) | 운영비 | 무상지원 | 시간연장 보육 지원 | | 시간연장 보육시설로 지정받은 시설에 한함 |
| | | | 장애아·영아기본보조금 | | 공공기관 또는 고용보험기금에서 운영비를 지원받는 시설은 제외 |
| | | | 교재·교구비 지원 | | |

<자료> 여성가족부, 2008 보육사업안내

보육사업 활성화방안을 살펴보면 고용보험법상 직장보육시설에 대한 운영비 지원요건을 완화하여 당해 사업장 근로자 자녀비율이 50% 이상인 직장보육시설에만 지원하던 운영비지원을 자녀비율이 50% 이하로 하향 조정하고, 고용보험기금에서 최고 5억원까지 시설비를 융자하며, 교사 1인당 80만원의 인건비를 지원하며, 시간연장보육시설의 시간연장보육교사 인건비를 확대 지원하고 있다.

또한 직장보육시설의 확충과 더불어 2007년부터 부모의 야간 경제활동, 한부모가족의 증가 등에 부응하기 위해 시간연장 보육서비스에 대해 보육시간 연장, 보육교사 인건비 지원인원을 확대하고, 보육서비스가 체계적으로 제공될 수 있도록 24시간 보육서비스 지정제도를 실시하여 시·도별로 지정하여 지원하고 있다.

### 4) 직업능력개발훈련

여성의 경제활동참여를 적극 지원하기 위한 사업이 여성인력개발사업이다. 이 사업은 여성인력의 노동시장중도이탈을 방지하고 여성잠재인력의 취업을 적극 유인하는데 목적이 있다.

기혼여성의 직업능력 개발을 담당하는 기관은 여성인력개발센터와 여성회관이 있다. 여성인력개발센터는 여성의 직업능력개발훈련사업, 취업정보제공 및 알선 등 취업촉진사업, 근로여성의 고충상담, 사회·문화생활 지원사업 등 복합적인 역할을 수행하고 있다. 이와 같은 역할을 수행하는 여성인력개발센터는 <표 19>와 같이 전국에 51개소가 운영 중인데, 이 중 26개소는 여성회관과 중복된 시·군·구에 설치되어 있으며, 특히 수도권지역에 밀집되어 있다.

<표 19> 여성인력개발센터 설치 현황

(2005년 12월 기준)

| 구분 | 계 | 서울 | 부산 | 대구 | 인천 | 광주 | 대전 | 울산 | 경기 | 강원 | 충북 | 충남 | 전북 | 전남 | 경북 | 경남 | 제주 |
|---|---|---|---|---|---|---|---|---|---|---|---|---|---|---|---|---|---|
| 개소수 | 51 | 16 | 3 | 2 | 4 | 1 | 1 | 1 | 7 | 2 | 1 | 3 | 2 | 1 | 3 | 3 | 1 |

<자료> 여성가족부, 2006년도 권익증진사업안내, 2006.

# 第9章 一般女性

일반적으로 여성복지의 대상은 모든 여성이다. 그러나 구체적 제도나 프로그램에 있어서는 적용대상의 범위가 달라진다. 즉, 여성의 존재 내지 위치를 이해하는 관점에 따라 달라진다.

사회복지의 대상으로서의 여성복지문제는 크게 모든 여성을 포함하는 일반여성의 복지문제와 사회적으로 인식된 구체적인 문제를 가진 요보호여성의 문제로 구분할 수 있다.

여성의 삶의 질 향상이라는 과제는 다면적인 특성을 지니고 있으므로 종합적인 정책의 수립을 통한 전문기관과 전문인력에 의한 전문적인 프로그램이 활성화될 때 복지수준의 향상과 생활의 만족도를 높일 수 있게 될 것이다. 그러나 여성복지의 활성화를 위해 여성복지는 단순히 전반적인 사회복지 틀 속에 머무르기보다는 여성 중심적이고 독립적인 복지노선을 표방해야 한다는 주장도 대두되고 있다.

우리 사회의 여성이면 누구나 경험할 수 있는 문제로서 여성들이 가진 욕구의 특성을 중심으로 살펴보면 평생교육의 욕구를 가진 여성, 노동의 욕구를 가진 여성, 가족 기능 강화의 욕구를 가진 여성, 삶의 질 향상의 욕구를 가진 여성으로 나누어 볼 수 있다. 따라서 일반여성을 위한 사회복지 서비스는 여성의 자질 향상, 잠재능력 개발, 경제적 자립기반 조성, 요보호여성으로 전락하는 것을 예방하는 적극적 지원 등으로 분류할 수 있다.

## 1. 一般女性에 대한 支援活動

여성복지정책은 여성 개인을 일차적 대상으로 하는 정책의 비중이 낮고, 의존자로 간주하거나 가족보호자의 역할을 지원하는 정책이 높은 비중을 차지하고 있다.

여성발전기본법에 의하면 여성정책의 목표를 남녀평등의 촉진, 여성의 사회참여 확대 그리고 여성복지 증진에 두고 있다. 그러나 사회복지 영역에서 이와 같은 내용을 모두 포괄하기란 불가능하므로 여기에서는 여성복지 증진 차원의 여성복지정책의 맥락에서 논하고자 한다.

일반여성복지 서비스란 일반여성을 주 대상으로 하여 여성의 건전한 의식 함양과 잠재적 능력을 개발하여 건전가정을 육성토록 하며, 여성의 사회참여의 기회를 확대하고 나아가 여성의 자아를 실현할 수 있도록 하는 제반 복지서비스를 말한다. 이러한 사회복지 서비스에는 여성회관 운영을 통한 지역여성복지 증진, 여성단체의 활동 지원, 자원봉사활동 지원 등을 통해 이루어지며, 사회보장제도를 통한 사회안전망 강화, 모성보호 강화 등이 있다.

## 2. 女性團體 支援

여성발전기본법에 의하면 국가 및 지방자치단체는 여성단체가 추진하는 남녀평등의 촉진, 여성의 사회참여 확대 및 복지 증진을 위한 활동에 필요한 행정적인 지원을 할 수 있으며, 예산의 범위 안에서 그 활동 등에 필요한 경비의 일부를 보조할 수 있도록 규정하고 있다.

또한 여성의 직업능력개발훈련과 취업정보제공 및 취업알선, 남녀평등교육 및 그 밖의 후생복지 및 문화활동의 지원 등의 업무를 행하는 시설을 운영하는 비영리법인 또는 단체에 대하여 예산의 범위 안에서 그 경비의 전부 또는 일부를 보조하고 있다.

이러한 규정에 따라 정부에서는 저소득여성의 기능교육 및 일반여성의 교양교육 등 여성의 잠재능력을 개발하고 여성의 경제적·사회적 지위 향상을 도모하기 위한 목적으로 여성단체를 지원하고 있다.

대부분의 여성단체들은 여성의 자질개발, 지위향상, 권익보호 등을 기본 목적으로 삼고 있다. 여성단체들은 여성의 사회활동과 평생교육 기회의 제공, 여성관련 정책의 모니터링, 여성관련법 제·개정운동, 여성의 의식고양을 위한 사업 등을 추진하여 여성의 정치세력화에 크게 기여하고 있다.

그러나 이러한 활동을 통해 사회적 기여도는 높아졌음에도 불구하고 이념의 미정립, 조직의 미비, 전문인력과 지도자의 부족, 재정의 빈약, 대중기반 취약 등의 문제를 안고 있다.

제2차 여성정책 기본계획에 의하면 민간협력을 구체화함으로써 여성정책 추진과 여성단체 육성을 동시에 추구하고, 여성단체의 역량강화를 위한 제도적 자원과 시스템을 구축하여 여성정책 추진의 효율성을 제고해 나가기 위한 추진계획으로서 첫째, 여성단체 역량 강화를 위한 지원 및 보조 둘째, 여성단체등과의 협력 강화를 통한 여성정책의 효율적 추진 셋째, 여성정책 추진과정에 여성단체 참여 확대 등이 포함되어 있었다.

## 3. 女性自願奉仕活動 支援

여성발전기본법에 의하면 여성자원봉사활동의 활성화를 위하여 필요한 지원을 할 수 있으며, 여성자원봉사활동을 지원하기 위하여 시·군·구에 여성자원활동센터를 설치·운영할 수 있도록 규정하고 있다. 센터를 설치·운영하는 기관의 장은 지역별·센터별 제반사항을 고려하여 센터운영계획을 수립·운영하고 센터의 운영현황 및 운영계획을 여성부장관에게 보고하도록 하고 있다.

제2차 여성정책 기본계획에 의하면 여성자원봉사 활성화전략으로 여성자원활동의 전문화와 다양화를 통해 그 중요성이 더욱 커지고 있는 여성자원봉사활동을 적극 활성화하고, 여성의 사회참여 확대 및 능력개발을 촉진하기 위하여 첫째, 여성자원봉사 전문성 강화 둘째, 여성자원봉사자 인정·격려 셋째, 여성자원활동센터 운영·지원 등이 계획되었고, 제3차 여성정책 기본계획에서는 여성자원봉사활동 전문성 및 연계성 확대를 위해 여성자원봉사자 인프라 구축, 여성자원봉사자 역량강화와 자원봉사활동의 수준 제고, 자원봉사활동 분야별 전문교육 및 자원봉사 프로그램 개발, 관련 기관별 여성자원봉사활동 연계 강화, 자원봉사문화 확산을 위한 자원봉사실태조사 및 홍보 활성화 등이 계획되어 있다.

지역여성들은 여성회관 운영프로그램에 참여하여 각종 복지욕구를 충족하게 되는데, 여성회관은 각 지방자치단체의 조례에 따라 설립·운영되고 있다. 여성회관은 지역여성의 능력개발기회 제공과 기술·기능교육으로 경제적 자립기반을 조성하고, 여성의 사회참여 기회를 확대하여 지역여성의 복지 증진과 건전가정 육성, 지역사회 발전을 유도하는데 그 목적이 있다.

여성회관은 여성의 사회참여 활성화를 위한 교육·활동의 장을 제공하기 위해

지역여성 활동을 위한 장소 제공, 지역여성단체와 협조체제 유지, 보육시설을 설치하고 여성의 교양교육 및 여가활동을 지도하는 평생교육기관으로 기능하고 있으며, 여성의 경제력을 향상시키기 위해 기능교육, 취업 및 부업안내사업을 실시하고 상담사업, 주민편의시설 제공 등의 지역복지사업을 행하고 있다.

이와 같이 여성회관은 복지 기능(상담실 운영, 긴급피난처 운영, 여성자원활동센터 운영, 보육실 운영, 취업 및 부업 안내) 평생교육 기능(기술·기능교육, 취미·교양교육, 사회·여성의식교육) 문화·지역복지 서비스 기능(문화활동 지원, 부대시설 이용) 등을 수행하고 있다.

여성회관은 각 시·군별로 1개소씩 설치하는 것을 목표로 하고 있다.

## 4. 女性平生教育

### 1) 여성평생교육의 필요성

최근 들어 사회 전반에 걸쳐 삶의 질에 대한 관심과 아울러 사회참여와 자기능력 개발과 발휘에 대한 의식이 증대되어 가고 있다. 또한 산업구조의 변화와 정보기술과 의학의 발전으로 생활의 편리성이 증대되고, 문화생활에 대한 욕구 증가와 창조적인 시간 사용과 개개인의 다양한 개성추구 욕구가 증대되고 있으며, 이러한 시대적인 요구와 함께 여성복지에 대한 관심도 계속 증대되고 있다. 여성평생교육의 필요성은 인구의 절반을 차지하고 있는 여성들이 보다 인간답게 살 수 있도록 하며, 나아가 여성의 잠재능력을 계발하여 사회발전에 기여할 수 있게 하여야 한다는 대 명제에서 출발한다(김남선, 2001).

이러한 시대적 요구에 부응하여 민간단체, 여성회관, 지역사회복지관, 여성인력개발센터뿐만 아니라 각종 문화센터 등에서 교양·취미강좌를 비롯하여 취업기회 제공과 직업의식 강좌 등의 여성인력 교육훈련에 치중하고 있다. 그러나 이들 대부분은 아직까지 오락적이고 소모적인 내용에서 벗어나지 못한 실정이며, 훈련을 마친 여성들의 취업률이 낮고, 기존의 전통적인 여성 중심 업종에 치중한 교육훈련 프로그램 위주로 실시되고 있다.

따라서 여성들이 건전한 활동을 할 수 있도록 하고 민주적이고 진보적인 사고와 지도력을 형성할 수 있도록 유도하는 프로그램과 세계화, 지방화, 정보화, 문화지향적 사회변화에 대비한 종합적인 생활능력 배양 등의 다양하고 효율적인 평생교육 프로그램의 개발이 시급하게 요구된다.

여성평생교육 프로그램은 일반교양, 직업·기술교육보다는 취미생활, 여가선용의 역할과 기능을 주로 하며, 경제적인 이익추구보다는 여가시간 활용에 더 많은 도움을 주고 있음을 시사하고 있다. 따라서 서비스 내용에 관한 홍보 강화로 이용률과 인식도를 높이고 교육뿐만 아니라 복지사업도 강화해야 하며, 여성의 욕구와 시대에 부응하는 프로그램 개발에 노력을 기울여야 할 과제를 안고 있다.

여성평생교육의 중요성을 사회·문화적 측면에서 살펴보면 첫째, 여성인구의 양적 증가에 따른 여성능력 개발을 위한 평생교육의 필요성의 강조 둘째, 여성의 사회활동의 증대에 따른 새로운 지식 습득욕구의 증가 셋째, 여성의 역할 변화에 따른 건전한 여가시간의 확대 넷째, 사회변화에 능동적으로 대처하기 위한 정보의 획득욕구 등이다.

### 2) 여성평생교육의 실태

평생교육은 사회복지의 중심적 기능으로 자리잡아 가고 있다. 특히 사회복지에서 요구되는 사회와 질적 삶의 문제에 관련된 주민생활형태, 생활의 장 및 주민생활 내용에 평생교육이 참여하게 된다.

여성평생교육의 목적은 여성의 의식 고양과 사회적 활동의 적응 및 참여를 통해 여성자신의 자질 향상, 자기충족을 이룩함과 동시에 국가 및 사회 발전에 이바지하는데 있다. 개인의 충족된 삶은 개인이 교육을 받음으로써 해결될 수 있는 것이 아니라 개인이 만족을 찾고 행하는데서 의미를 찾을 때 획득되는 것이다. 그러므로 평생교육을 통해 개인의 충족된 삶을 위한 욕구와 야망을 실현할 수 있어야 한다. 즉, 여성평생교육의 목적은 여성의 자질과 지위 향상, 복지 증진, 여성전문인력의 확보, 사회 전반의 국민의식 향상과 사회정의 구현 등으로 정리할 수 있다.

이와 같이 평생교육은 과거 전통적인 공동체내의 동일시 감정을 합리적으로 순화시켜 공동선과 공동이익을 위한 협동적인 사회참여에 일익을 담당함으로써 자발적이고 건전한 삶을 영위토록 함에 그 목적이 있다(김규수 외, 2000).

여성평생교육을 실시하는 기관의 여성평생교육 프로그램의 중요한 내용을 살펴보면 다음과 같다.

첫째, 공공여성평생교육기관인 여성회관 및 여성복지관에서는 주로 여성들의 부업 및 취업을 위한 기술지도 및 능력개발을 위한 교육 프로그램과 교양 및 취미교육 프로그램을 제공하고 있으며, 그 대상은 농촌과 도시를 망라하여 전국적으로 실시하고 있다.

둘째, 한국여성개발원에서는 주로 지도자급의 여성 즉, 시-도 여성담당공무원, 여성경찰공무원, 행정분야 지도자, 유아원 및 유치원 원장, 초등학교 교장 등의 교육활동 지도자, 상담분야 지도자, 지역활동 지도자, 정치활동 지도자들을 대상으로 지도자 연수를 실시하고 있다. 그 내용은 여성과 성 차별, 한국의 여성문제, 여성운동의 역사와 동향, 여성의 자아실현 등으로 구성되어 있다.

셋째, 전국 거의 모든 대학에서 실시하고 있는 대학 평생교육원의 경우는 주 대상층이 여성으로서 대학마다 프로그램이 차이가 있고 각각 개성 있게 운영되고 있으나 대부분의 경우 교양강좌와 전문직 재교육과정, 전공심화과정, 학점은행제 등을 운영하고 있다.

넷째, 각종 여성단체에서도 각종 교양강좌와 생활교육, 여가교육 등의 여성평생교육 프로그램을 실시하고 있다. 최근 들어 이들 여성단체들은 여성들의 여성의식과 사회적 의식을 개발하고 고취시키기 위한 다양한 의식교육을 실시하고 있기도 하다.

이 밖에도 지역종합사회복지관 및 문화센터 등에서 여성평생교육 프로그램을 운영하고 있다.

### 3) 여성평생교육의 문제점과 과제

여성평생교육이 안고 있는 문제 중 프로그램 개발과 관련하여 해결되어야 할 주요 문제들을 살펴보면 다음과 같다.

첫째, 여성평생교육의 필요성과 중요성, 사회교육적 의미에 관한 사회적 인식이 부족하다.

둘째, 획일적인 프로그램, 지역과 학습자의 특성, 기관의 특성이 고려되지 못한 획일적이고 모방적이며 몰개성적인 여성평생교육 프로그램이 실시되고 있다.

셋째, 대도시 중심의 편중적인 여성평생교육시설과 프로그램의 문제가 있다. 80% 이상의 여성평생교육시설이 대도시지역에 편중되어 있으며, 그 중 85% 이상은 서울지역에 밀집되어 있다.

넷째, 학습자 욕구분석 미진, 여성평생교육 프로그램 개발을 위한 체계적이고 정기적인 교육요구조사의 부재이다.

다섯째, 전문성 부족, 여성평생교육기관들의 여성평생교육 프로그램 개발 및 실시에 관한 노하우의 부족과 전문성이 부족하다.

여섯째, 네트웍 부족, 여성평생교육 프로그램에 대한 체계적이고 조직적이며 전국적인 정보 제공 네트워의 부재와 참여유인체제가 미흡하다.

일곱째, 자원의 효율적 활용 부족, 가용유휴자원(인적, 물적)이 제대로 활용되지 못하고 있다.

여덟째, 프로그램 개발 미흡, 여성평생교육 프로그램 개발을 위한 연구 개발이 미흡하고 관련 전문요원들의 연수훈련 기회가 부족하다(김남선, 2001).

이 밖에도 여성평생교육의 문제점으로는 평생교육활동이 중복적, 편향적으로 이루어지고 있다는 점과 여성의 교육욕구에 기초한 다양한 교육프로그램이 많지 않다는 점이다(김인숙 외,2000).

김규수 등의 연구(2000)에 의하면 여성평생교육의 개선방안으로 교육시설의 확보(38.7%), 평생교육의 범위와 내용의 확보(38.0%), 우수한 교사 양성(8.7%), 교수방법의 개발(7.7%), 평생교육교재 개발(5.3%), 기타(1.5%) 순으로 나타났으며, 여성평생교육의 발전과제에 대해서는 평생교육의 제도적 기반 확충(35.3%), 평생교육지원체계의 확충(27.6%), 학교 및 학원의 평생교육적 기능 강화(20.4%), 개방대학의 운영내실화 및 확충(12.7%), 학점은행제의 강화(3.8%) 순으로 나타났다.

여성평생교육 요구도 조사결과(김양희 외, 2002)에 의하면 평생교육 프로그램 선호도는 가정관리 영역이 가장 높고, 심리적 영역, 가족영역, 여가영역, 신체적 영역, 사회적 영역 순으로 나타났다. 또한 학력, 취업, 가족생활주기에 따라 평생교육에 참여하려는 동기에 차이가 있음에도 불구하고 학습자의 개인적 특성이 반영된 차별화된 프로그램이 별로 없는 것으로 나타났다.

여성평생교육기관은 다양하지만 전문적인 여성교육기관은 드물고, 주로 영리를 목적으로 하는 문화센터나 비영리단체의 한 부분을 차지하는 경우가 대부분이고 여성평생교육만을 목적으로 운영되는 기관은 많이 않다. 따라서 기관마다 특화된 프로그램을 지역별로 개발하고 질적 수준을 유지하기 위해서는 프로그램의 수적 증가를 제한할 필요성이 있으며, 중첩되는 프로그램은 교육기관간의 연계조정을 통해 해결해 나가야 할 것이며, 특화사업을 지원하는 등 교육기관의 차별화·특성화가 이루어져야 할 것이다.

또한 육아부담을 완화할 수 있는 보육 서비스, 교육정보에 효율적으로 접근할 수 있도록 해주는 정보제공 서비스, 학습상담 서비스 등의 체계적인 제공이 필요하므로 여성회관, 여성인력개발센터의 보육 서비스 강화, 지역평생교육정보센터 등에 전문상담인력 배치, 여성평생교육 프로그램 지원 확대 등 지원 인프라 구축이 이루어져야 할 것이다.

여성평생교육 프로그램은 지금까지 주로 단순 교양강좌와 취미·오락교육 그리고 단기적인 직업기술훈련의 성격을 지닌 경우가 대부분이었다. 그러나 향후 미래지향적인 여성평생교육의 새로운 지평을 열기 위해서는 학습자들의 다양한 욕구와 사회적 수요의 다변성을 충족시키고 수렴할 수 있는 새로운 여성평생교육 프로그램의 영역들이 지속적으로 개발되어야 할 것이다.

## 5. 性敎育

### 1) 성교육의 실태

성교육의 궁극적인 목적은 성을 귀하고 성스럽게 가꿀 줄 아는 가치관을 정립시키며, 성에 관한 정확한 지식을 심어 자기행동에 책임을 갖고 바람직한 성 행동을 표출하도록 하는데 있다.

성의 본질과 관련된 성교육은 성생리에 관한 내용뿐만 아니라 성 도덕이나 남녀간의 평등한 상호관계에 대한 내용도 포함되어야 한다. 그러나 우리나라 성교육은 그 내용이 미비할 뿐만 아니라 기본적으로 양성평등에 대한 의식이 부족하였다. 일반적으로 가정에서 성은 은폐되어야 할 것으로 간주되어 가정내에서는 체계적인 성교육이 이루어지지 않고 있으며, 부분적으로나마 이루어지는 가정에서의 성의 사회화교육은 아들과 딸에게 이중적인 경우가 대부분이다. 아들에게는 순결에 대한 강조가 거의 없으나 딸에게는 순결을 매우 강조하여 여성이 성폭력피해자가 되었을 때 심한 심리적 후유증을 보이게 된다.

한편 학교교육을 통해서도 바람직한 성교육이 이루어지지 않고 있다. 여태까지의 학교에서 공식적으로 행해졌던 성교육의 문제점은 첫째, 학생들의 발달단계에 상응할 수 있도록 체계화된 성교육 내용이 교과별 계열성을 갖고 다루어지지 못했으며 둘째, 여학생을 대상으로 한 교육은 순결위주의 성교육 수준을 탈피하지 못했고 셋째, 성 역할과 관련한 교육내용이 이중적이며 넷째, 심각한 사회문제로 대두되고 있는 성폭력이나 성적 비행 등 현실적인 성문제와 거의 무관한 단순한 생물학적 지식과 원론적인 훈계로 교육내용이 일관되어 있다는 것이다.

또한 전통적인 남성위주의 성 문화와 서구 자본주의의 성 문화가 결합되어 성 규범의 혼란과 성 일탈이 심각한 사회문제로 대두되고 있지만 이에 대한 사회교육적 대책은 미비한 실정이다. 지금까지 각종 사회단체, 종교단체 등의 민간기관에서 실시하는 성교육은 일반적으로 피임, 성병에 관한 내용이 포함되어 있을 뿐 양성평등에 기반한 성교육은 미흡한 실정이다.

학교급별 성교육 방향은 초등학교에서는 긍정적 자아개념과 원만한 사회생활을 할 수 있는 건전한 성인으로 성장할 수 있도록 하는데 기본 목표가 있으며, 성교육은 어릴 때부터 학년과 과목별로 연계성을 가지고 지도되어야 하고(최영순 · 김선미, 2005), 청소년기는 신체 성적인 발달과 심리 성적인 발달이 원활한 시기이므로 이러한 변화에 따른 심리적 불안감과 신체와 심리의 부조화를 효과적으로 다루기 위한 교육과 상담이 병행되어 이루어져야 하며(최혜영 · 송정아, 2005), 대부분의 부모들은 성교육의 필요성을 매우 강조하면서 가정 · 학교 · 사회의 광범위한 협조망이 이루어져야 함을 강조하였다(강호선, 1998).

국내외 학교의 성교육실태 분석결과를 정리하면 다음과 같다.

첫째, 초 · 중 · 고교 학생들에게 인간의 바람직한 성 가치관을 갖도록 하고, 책임있는 성 행동의 주체자가 될 수 있도록 피임교육, 성보건 가치관교육 등 구체적 목표를 가지고 실시하여야 하며 실효성을 거둘 수 있는 체계적인 교육이 필요하다.

둘째, 성범죄대상이 되는 연령층이 점점 낮아지고 성교육의 효과가 저학년에서 상대적으로 높게 나타나고 있으므로 초등학교에서는 고학년뿐만 아니라 저학년부터 체계적인 성교육을 실시함으로써 신체적 변화, 심리적 변화에 대비할 수 있는 사전준비가 이루어져야 한다.

셋째, 학생들이 성 지식과 관련된 정보습득 경로로는 남학생의 경우 친구, 책, 대중매체 등을 들었고, 여학생의 경우에는 형제자매, 친구, 대중매체 등을 들고 있어 성교육에 대한 전문적이고 체계적인 통로가 없는 것으로 나타났으므로 체계적이고 전문적인 성교육 프로그램을 개발하여 학생들의 요구를 만족시킬 수 있는 성교육을 실시하되 관련 교과수업시간에 관련된 내용을 다룰 수 있는 장치를 마련하는 등 교육과정을 융통성 있게 활용할 수 있는 방안을 모색할 필요가 있다.

넷째, 선행연구결과를 종합해 본 결과 성교육은 피임교육, 성보건가치관교육 등 구체적 목표를 가지고 실시하여야 실효성이 있으며, 고착화된 행동은 수정하기 어렵기 때문에 일찍부터 가정과 학교에서 연계성을 가지고 필수적으로 성교육을 실시할 필요가 있다(윤인경, 2008).

### 2) 성폭력 예방을 위한 성교육의 필요성

2000년 9월 서울 YMCA청소년성교육상담실에서 서울시내 남자고등학생 916명을 설문조사한 결과에 의하면 17.9%가 성관계 경험이 있고 이들 중 피임을 한 경우는 27.9%에 그쳤고, 사용한 피임방법은 질외사정이 58.1%로 가장 높았다고 한다.

성에 관한 각종 정보가 인쇄 및 영상매체 등을 무분별하게 왜곡되어 전달될 수 있는 현 상황에서 성에 대한 올바른 지식과 정보를 전달해 줄 수 있는 성교육은 절실하다. 이러한 성교육 내용에는 성폭력 예방을 위한 내용이 필수적으로 포함되어야 할 것이다. 현재 주로 성교육이 가정과 학교에서 이루어지고 있는데, 성폭력 예방을 위한 가정에서의 성교육은 자녀에게 남녀평등 의식을 심어주고 자녀가 성폭력에 대한 경각심을 인식시켜 줄 필요가 있다. 일반적으로 가정에서의 성교육은 체계적이라기보다는 실생활에서 자연스럽게 성 역할을 학습하고 성에 관한 지식을 습득하게 된다.

가정에서의 성교육 목표는 (1) 인간존중, 남녀평등교육으로 올바른 성 가치관을 형성하도록 하며 (2) 남녀의 신체적, 생리적 변화를 이해하게 하고 성적 성숙의 의미를 알게 하며 (3) 현대사회에서의 성 문화 풍조를 파악하게 하고 성에 관한 정보에 대한 비판력과 선택 능력을 확립하게 하고 (4) 성폭력을 예방할 수 있도록 정보와 지식을 갖도록 하는 것이다. 이러한 기본 목표 아래 부모가 자녀의 연령에 적절한 성폭력 예방을 위한 구체적 내용과 대처방안을 제시해 줄 필요가 있다.

우리 사회에는 아동·청소년들의 음란사이트 접속이 문제가 되고 있다. 가정의 성교육은 자녀의 개인적인 성장에 맞춘 눈높이 교육이 될 수 있다는 장점이 있다. 자녀들에게 건강한 부모상을 보여줌으로써 성 윤리가 정립될 수 있기 때문이다. 가정에서의 성교육이 효과적일 수 있는 이유는 첫째, 가정은 지식뿐만 아니라 그 의미까지 가정생활 속에서 전달하는 현장교육이 될 수 있다. 학교 성교육이 연령에 따른 지식전달교육이라면 가정의 성교육은 부모와 자녀로 구성된 실제적인 현실에서 예시적 설명이 가능하다. 둘째, 자녀의 신체발달과 정서적, 개인적 차이를 고려한 지도가 가능하다. 셋째, 가정에서 이루어지는 성교육의 효과는 사회적 성 문화 형성의 기본이 될 수 있다. 성에 관한 지식과 함께 그 가치관을 가정에서 습득함으로써 행복한 가정과 건강한 사회를 만드는데 크게 기여할 수 있다. 따라서 성 평등과 건전한 성 문화가 존재하는 삶을 꾸려나가는 기틀을 가정에서 만들어 갈 수 있도록 학교에서의 성교육과 상호보완관계로 유지되어야 할 필요가 있다.

그리고 학교에서의 성교육 역시 성폭력 예방을 위한 내용이 포함되어야 한다. 학교 성교육은 대상에 따라 그 내용이 다르지만 생리적인 성 지식뿐만 아니라 남녀평등 의식에 기반한 성 역할과 성 윤리에 관한 교육이 병행될 때, 그 목표를 제대로 수행할 수 있고 성폭력 예방에도 기여할 수 있을 것이다. 또한 성폭력의 예방적 차원뿐만 아니라 실제 성폭력피해자가 되었을 때의 의학적, 법적 대처방안에 대한 내용도 포함되어야 할 것이다.

### 3) 청소년에 대한 성교육체계의 개편

관계 중앙행정기관의 장 및 특별시장·광역시장 또는 도지사는 매년 청소년에 대한 성교육 및 성폭력 예방에 필요한 교육에 관한 계획을 수립·시행하도록 규정되어 있으며, 교육계획에는 성교육 및 성폭력예방교육의 대상, 성교육 및 성폭력예방교육의 내용 및 방법, 기타 성교육 및 성폭력예방교육에 관하여 필요한 사항을 포함하도록 되어 있다.

최근에는 성매매예방 의무교육기관을 초·중·고교에서 국가기관, 지방자치단체, 공공단체 등으로 확대하였다. 또한 전국적으로 청소년성문화센터를 설치 운영하고 있으며 시·도 및 시·군구별 지역사회 청소년상담지원센터(청소년통합지원체계)를 통한 의료·법률지원사업을 실시하고 있다.

보건복지부가 전국 미혼모시설에 있는 미혼모 739명을 대상으로 한 조사결과에서 16~20세가 58.5%, 15세 이하는 30명이나 되었고 이 중 3분의 2 이상이 임신하게 된 이유로 이성과의 교제 중 원치 않은 임신으로 나타났다. 또한 절반 이상이 4개월이 지나서야 임신사실을 알았으며, 낙태시기를 놓쳐 출산하게 된 것으로 나타났다. 또한 연간 200만 건으로 추산되는 불법 인공임신중절수술이 있다는 추계에서 성교육의 허술함을 보여주고 있다.

증가하는 혼외성관계, 성의 상품화현상은 성매매여성과 미혼모를 양산하는 결과로 이어지고 있고, 가출과 성경험의 관계, 10대들의 일탈된 성행위가 심각한 사회문제가 되고 있다.

이러한 현실에서 2001년도 가족보건사업에는 성교육의 방향 및 내용을 구체적으로 제시하고 있다. 먼저 성교육의 방향은 첫째, 성에 관한 건전한 가치관 보급 둘째, 성에 관한 정확한 지식 제공 셋째, 성행동에 따른 책임의식 고취 넷째, 성을 자극하는 주변환경 극복능력을 배양토록 하는데 두고 있다. 이와 같은 성교육 방향에 따라 대상별 교육내용을 구체적으로 제시하고 있다(보건복지부, 2001 가족보건사업안내).

한편 교육과학기술부에서는 2001년부터 전국 초·중·고교에서 연간 10시간 이상씩 성교육을 의무적으로 실시하고, 중학교부터는 피임교육을 강화하고 있다. 이에 따라 유치원, 초등학교 저학년, 초등학교 2학년, 중학교, 고등학교 등 5단계로 나누어진 성교육교사지침서와 성희롱 및 성폭력예방교육 프로그램을 개발하였다.

성교육교사지침서의 내용은 성 지식을 제공하고 성 문제를 예방하는 차원뿐만 아니라 성 평등 가치관과 성적 의사결정력을 배양하는데 중점을 두었다. 특히 중학교부터 피임교육 내용을 대폭 강화하여 중학교과정에서 피임의 목적, 피임의 종류, 낙태문제를 포함시키고, 고교과정에서는 피임의 종류와 원리, 피임의 장단점, 피임방법, 잘못된 피임지식, 피임실패 원인 등을 다루고 있다.

또한 성매매방지 및 피해자보호등에 관한 법률에는 초·중·고등학교의 장은 성에 대한 건전한 가치관 함양과 성매매를 방지하기 위하여 연 1회 이상 성매매예방교육을 실시하도록 규정하고 있으며, 청소년의 성 문제 해소전략에는 이와 같은 성교육은 물론 성폭력예방교육도 강화되어야 하며, 성교육 전문인력을 확보하고, 보건소를 관내 초·중·고등학생의 성교육 및 성상담센터로 활용할 필요가 있다. 또한 단순히 성행위뿐만 아니라 임신·출산·육아 등 모성 기능과 관련하여 모자보건관리 차원에서 이루어져야 할 것이다.

이와 같이 성교육과 더불어 가족보건사업은 모자보건 강화, 인공임신중절의 예방, 청소년의 성문제 등 사회적 정책과제 해결과 가족복지 증진 차원에서 추진되어야 하며, 시·군·구의 지역단위에는 1개 이상의 성 상담실을 확충하여 성교육 및 성 상담을 활성화할 필요가 있다.

### 4) 사후응급피임약 보급

청소년의 원치 않는 임신이 증가하고 있고, 수 없이 이루어지고 있는 불법 인공임신중절을 방지하기 위해서는 사후응급피임방법이 일반화되어야 한다. 사후응급피임약의 보급에 대해서는 찬반양론이 대립되고 있으나, 사후응급피임약의 보급으로 여성의 정신적, 육체적 건강을 보호하는 것은 물론 미혼모 및 기아의 발생, 인공임신중절 등 성과 관련된 상당부분의 사회문제는 예방이 가능하게 될 것이다.

사후응급피임약은 2002년 1월부터 전문의약품으로 분류되어 의사의 처방이 필요하며, 성폭력피해상담소와 대한인구보건복지협회에서는 상담을 통해 보급할 수 있다. 따라서 사후응급피임약의 공급은 상담지원과 연계되어야 하며, 외과적 처치, 산부인과적 처치, 정신과적 처치, 쉼터 제공, 투약 후 사후관리, 피임교육, 사법당국과의 연계를 통한 가해자 수사자료 및 정보 제공 등의 전문적·임상적 서비스가 필요하다.

사후응급피임약의 보급은 단순한 사후피임방법만으로 활용할 것이 아니라 상담과 연계되어야 할 것이며, 전국민을 대상으로 하는 체계적이고 조직적인 성교육의 계기가 되어야 할 것이다.

# 제3편

# 여성복지의 전망과 과제

# 第1章 女性福祉의 展望

여성복지사업은 사회복지의 다른 영역보다 다양해 질 수밖에 없다. 여성은 일반여성, 미혼여성, 기혼여성, 독신여성, 경제활동참여여성, 이혼여성, 성매매여성, 미혼모, 일탈 및 범죄여성, 저소득여성, 각종 폭력의 피해여성 등으로 구분이 가능하며 이들 집단마다 특성과 문제를 지니고 있다. 이러한 다양성을 지닌 대상자에 대한 여성복지 서비스는 욕구의 발견에서부터 시작되며, 다양한 영역의 여성집단들에게서 다양한 종류의 욕구와 수준이 도출되게 될 것이고, 이에 따른 욕구의 개별화를 통해 여성복지 프로그램도 다양성을 갖게 된다.

여성복지는 종전까지 부녀복지라는 용어와 개념으로 일부의 특정 요보호집단에 대해 잔여적으로 서비스를 전개해 오다가 최근에 이를 여성복지라는 용어로 개칭하고 그 대상도 확대하게 되면서 종전의 부녀복지사업에 대한 비판도 적지 않게 나오고 있다. 그러나 종전의 잔여적, 소극적 부녀복지사업은 그 시대적 상황에서는 유용성과 효과성도 존재했었다. 따라서 요보호여성에 대한 사회복지 서비스는 용어의 문제가 아니라 대상자의 문제를 이해하고 이를 해결하는 시각과 대책이 어떠한가에 달려 있는 것이다.

여성발전기본법이 제정되어 여성복지정책이 여성정책의 한 영역으로 점유되고 나서 여성의 지위 향상과 사회참여 확대가 곧 여성복지의 실현으로 이어지는 것처럼 포장되고 있으나 여전히 여성복지의 실현은 이와 같은 여성정책의 기본 방향과는 관계 없이 독자적인 노선을 유지할 수밖에 없는 것이 문제의 본질이라고 생각된다. 왜냐하면 여성권익이 신장된 서구 사회에서도 요보호여성의 문제는 그대로 발생 존재하고 있다는 사실에서 이를 입증하고 있기 때문이다.

여성복지사업과 관련하여 앞으로 많은 변화가 예상된다. 사회변화와 기술발전의 결과에 따라 새로운 현상이 발생하고 이에 따라 제도도 변화될 것이다. 그러한 변화는 산업구조와 취업구조 등 경제활동 전과정을 통해 나타날 것이며, 인구구조도 크게 변화될 것이다. 가족구조 면에서는 지난 세기에 비해 그 규모가 축소되고 가족형태는 다양화되어 노인단독가구, 한부모가족, 별거가족의 증가가 예상되며, 친족범위가 축소되고 친족간의 유대도 약화되며, 가족의 안정성은 이혼율의 증가 등으로 위협받고 있으며, 출산기간이 축소되고 빈둥지가족의 시기가 연장될 것이다.

의학기술의 발달로 임신·출산의 자유, 피임방법의 개발로 성생활의 자유, 향락산업 및 성과 관련된 각종 서비스산업의 발달 등은 가족의 성 규제 기능을 약화시키면서 동시에 성에 대한 규범 및 가치관의 변화도 예상된다.

최근 여성과 관련하여 일어나고 있는 중요한 변화로는 여성의 노동시장 참여 증가와 새로운 생활양식의 등장을 들 수 있다. 즉, 한편으로는 직장을 가지는 여성이 증가추세에 있고, 다른 한편으로는 이혼 · 별거 · 동거 등의 새로운 방식으로 생활을 영위해 나가는 여성이 증가하고 있다. 따라서 새로운 생활양식의 등장은 여성이 새로운 취약계층으로 전락될 수 있는 계기가 될 수도 있다.

이와 같이 예상되는 변화들은 21세기에 나타나는 현상이 아니라 지난 세기에서 변화가 진행되어 왔으며, 변화는 종결된 현상이 아니라 지속되는 성격을 지니고 있다.

이러한 변화 속에서 여성복지문제는 심각화, 복잡화의 양상으로 전개되어 복지욕구는 더욱 다양화 · 고도화되어 질 것이다. 따라서 여성복지에 대한 관심은 더욱 높아지고 다양한 제도와 프로그램이 동원되는 시기를 맞이하게 될 것이다. 이에 따라 여성복지시설의 난립과 비효과적이고 비전문적인 프로그램이 범람하는 위험성도 배제할 수 없을 것이다.

사회복지는 사회구성원 전체의 복지에 관심을 둔다. 그러나 정책의 선택은 항상 긴급성과 심각성에 우선순위를 둘 수밖에 없다는 점에서 일반여성에 대한 삶의 질 향상보다 요보호여성의 삶의 기본선 확보가 보다 심각하고 시급한 과제이므로 여성복지정책의 관심은 자연히 요보호여성에서 집중될 수밖에 없다. 요보호여성의 복지문제는 앞에서 살펴본 특정집단만이 아니라 더 많은 요보호집단이 존재하고 있음을 상기할 때 이들을 지원하기 위한 사회복지 차원의 법제화와 서비스 프로그램의 개발은 계속되어져야 하는 것이다. 또한 이들 요보호여성의 문제는 단일한 집단의 문제 특성으로 끝나는 것이 아니라 복합적으로 얽혀 있는 다원적 성격을 지니고 있으므로 문제 해결과정도 다원적으로 접근해 나가야 실효성을 거둘 수 있게 된다.

요보호여성의 문제는 가정에의 종속성과 남성에의 의존성에 연유된 것과 한편으로 종속성이나 의존성의 대상이 되는 가정과 남편의 부재 내지 부조화에서 비롯된 문제로 볼 수 있고 이 밖에도 종속성이나 의존성과는 관계 없이 사회적 환경이나 외부세력에 의해 발생하는 문제가 있다. 즉, 모자가족, 이혼여성은 종속성과 의존성의 대상이 부재 내지 부조화에 연유된 것이라면, 가정폭력은 종속성과 의존성에 연유된 것이고, 미혼모, 성매매여성, 성폭력문제는 사회적 환경이나 외부세력에 의한 것이며, 가출여성은 이러한 요인들이 복합적으로 적용한 것이라고 볼 수 있다.

요보호여성의 문제는 요보호남성의 문제와는 달리 그 유형으로서 미혼모, 성매매여성, 성폭력 피해여성집단이 있다. 이들은 모두 여성의 신체적 특성과 관련된 문제들이라는 점에서 성에 대한 본질적인 관심이 요구된다. 즉, 성 차별, 성 문화, 성에 대한 이중기준 등이다. 또 다른 유형으로 모자가족, 이혼여성은 가족제도와 관련되어 있으며 자녀문제와도 직결된다. 결국 요보호여성의 문제는 경제적 문제, 심리·사회적 문제, 가족문제 등과 결부되어 있다.

따라서 여성복지문제는 여성만의 문제가 아니라 가족문제, 아동·청소년·노인문제를 포괄하는 성격을 띠고 있음을 알 수 있으며, 여성 자신의 내적·심리적 상황도 문제이지만 가정 요인, 사회환경 요인 등이 복합적으로 작용하여 발생하고 있으며, 원인 제공자는 남성이라는 점에 주목해야 할 것이다.

# 第2章 女性福祉의 課題

여성복지 실현을 위해 여성발전기본법을 비롯한 하위 실정법이 제정되고, 여성정책 기본계획이 수립·시행되고 있으나 여성복지사업은 앞에서 살펴본 바와 같이 한계성과 문제점을 안고 있다. 따라서 이러한 문제점을 개선하여 실효성 있는 여성복지사업을 수행할 수 있는 여성복지 증진방안을 모색할 필요가 있다.

여기에서는 우리나라 여성복지의 발전과제를 살펴보면 다음과 같다.

### 1) 여성복지문제에 대한 기초 통계의 확보

여성복지문제의 특성상 정확한 대상자의 파악이 어려운 점이 있다. 대상자의 수적 통계나 전반적인 실태 파악이 제대로 이루어지지 않은 상태에서 부분적인 연구자료를 토대로 정책을 입안하고 프로그램을 개발하는 데는 한계가 있다.

요보호여성 그들은 과연 어떤 사람이며, 그 수는 얼마나 되며, 어떤 상황과 경로를 통해 요보호여성이 되었으며, 어떤 문제의식을 갖고 있고, 어떻게 이러한 문제를 해결할 계획을 가지고 있는지에 대한 기초자료가 필요하다. 여성부에서 2002년의 성매매실태조사 및 2007년 전국 성매매실태조사와 2005년 대구광역시의 가족정책 수립을 위한 기초조사 등은 이러한 점에서 적절한 조치라고 할 수 있다.

우리나라의 여성복지사업은 여성복지문제의 중요성과 심각성 그리고 다양한 복지욕구에 비해 학문적 연구나 법 체계는 미진한 상태에 있다. 특히 여성복지문제는 그 적용대상에 있어서나 접근방법에 있어서 제한적이고 비체계적이며 여성복지의 수요 측정과 이에 대응하는 서비스 체계도 확립되지 않은 상태에 있다. 따라서 여성복지와 관련된 통계를 정부 및 지방자치단체의 통계자료에 포함시키고 정기적으로 대상자에 대한 실태조사를 통해 그 현황과 욕구를 파악하여야 한다.

### 2) 여성복지법제의 통합·조정을 통한 업무체계 확립 및 여성복지시설의 지역적 적정 배치

여성복지법제가 분립체계를 형성하고 있어 요보호여성을 단일 대상으로 간주할 뿐 가정과 직장, 사회와의 관계성은 고려하지 않아 여성복지문제 해결과정에서 혼란과 낭비가 생기고 서비스의 효과가 미흡하게 나타나게 된다. 즉, 현행 여성복지법제는 요보호여성의 복지문제 전반을 포괄하지 못하는 한계를 지니고 있다.

이러한 문제를 해결하기 위해서는 분립체계를 유지하고 있는 여성복지법제의 통합 일원화를 통한 업무체계의 확립을 통해 서비스의 효율성을 높여 나가야 한다. 즉, 현행 여성발전기본법은 기본법으로 그대로 존치시키더라도 형벌법과 서비스법의 성격을 동시에 지니고 있는 성매매방지 및 피해자보호등에 관한 법률, 성매매알선등 행위의 처벌에 관한 법률, 가정폭력방지 및 피해자보호등에 관한 법률, 성폭력범죄의 처벌 및 피해자보호등에 관한 법률, 청소년의 성보호에 관한 법률 등은 여성복지법으로 통합하고, 한부모가족지원법, 아동복지법상의 여성복지관련 조항, 영유아보육법, 건강가정기본법 등을 통합하여 가정복지법으로 단일화하여 여성복지문제의 발생에 대한 예방적 기능과 요보호여성에 대한 보호 및 재활 기능을 수행할 수 있도록 통합 조정해야 할 것이다.

이와 같은 법제의 통합 조정과 더불어 전달체계의 다원화로 인한 업무의 중복등의 문제를 해결하기 위해 관장부처를 일원화함으로써 여성복지업무에 대한 종합적이고 체계적인 정책 수립과 집행이 가능하게 될 것이다.

여성복지법제의 다원화에 따라 상담기관, 여성복지시설, 전문인력이 다원적이어서 이용자의 혼란과 접근용이성이 저해되고 자원의 낭비가 초래된다. 상담기관 중 한부모가족복지상담소는 설치조차 되어 있지 않으며, 성폭력피해상담소, 가정폭력관련상담소는 민간기관이 난립되어 영세성을 면치 못하고 있다. 따라서 현행 여성복지법제의 통합 내지 조정을 통해 성매매피해상담소, 한부모가족복지상담소, 가정폭력관련상담소, 성폭력피해상담소 등의 기능을 통합하여 전문화시키고 이용자의 접근용이성을 높이기 위해 통합적 기능을 수행하는 상담소를 사회보장기본법에서 규정하고 있는 바와 같이 지역적으로 고루 분포시켜 나가야 한다. 이와 아울러 현행 법률에서도 유사한 성격의 상담소와 보호시설의 통합 운영이 가능하도록 규정하고 있으므로 보호시설도 통합하여 그 기능이 활성화될 수 있도록 하여야 한다. 아울러 여성복지업무를 담당하고 있는 여성복지기관과 여성복지시설의 통합을 통해 효율성을 높혀 나가야 한다. 또한 여성복지 유관기관·단체간의 유기적인 협력체계를 구축하여야 한다.

### 3) 전문 서비스 프로그램의 개발 및 대상별 사업의 특성화

여성복지문제의 다양성, 심각성, 복합성에 비해 담당인력의 전문화가 이루어지지 않아 형식적이고 초보적인 상담에 머무르게 되어 문제 해결과정에까지 이르지 못하게 되는 경우가 많으므로 여성복지전문인력의 임용자격기준을 일원화하고 전문인력을 수요에 따라 적정 배치하여야 하며, 여성복지문제 발생 요인에 따른 가족기능 강화 프로그램 개발을 통해 문제의 발생을 사전 예방하는 적극적인 프로그램이 활성화되어야 한다.

또한 사회구조와 제도가 더욱 분화되고, 전문화됨에 따라 여성복지에 대한 욕구수준도 고도화, 다양화될 것이 예상된다. 따라서 문제파악 수준에 머무르고 있는 상담기관의 서비스 수준과 지원 프로그램을 대상자의 수준과 욕구에 부응하는 서비스 체계로 전환해 나가야 할 것이며, 여성복지 서비스 대상 영역을 확대해 나가야 할 것이다.

특정집단의 여성에 대해서는 예방 및 지원사업, 시설보호를 필요로 하는 소외계층에게는 사회복귀를 목표로 하는 제도적 접근이 모색되어야 할 것이며, 일반여성에 대해서는 가족 기능의 강화를 통해 문제 발생을 사전에 예방하는 적극적 방안이 모색되어야 할 것이다.

또한 특정집단의 여성들을 개별적인 차원에서의 접근이 아니라 전체 여성의 복지문제 해결이라는 차원에서 총체적으로 접근하는 정책적 접근과 전문기술적 접근이 동시에 고려되어야 효과적일 것이다.

### 4) 여성복지 적용범위의 확대

요보호여성은 현행 여성복지 서비스 법제의 적용대상이 되는 집단만이 아니라 이른바 제3지대 여성도 포함되어야 할 것이다. 수많은 제3지대여성은 대부분 법적 보호를 받지 못하고 있으며, 여성복지 서비스의 수혜자군에서 제외되어 있는 실정이므로 여성복지의 적용대상을 보편화하여 이들을 보호하는 법제가 강화되어야 할 것이다.

요보호여성은 혼자 고통을 감내할 뿐 원인 제공자인 남성은 문제상황에서 떨어져 있는 경우가 많다. 상대되는 남성(미혼부, 성폭력 및 가정폭력가해자, 성매수자, 유기·학대자)에 대한 서비스 프로그램이 개발되지 않았거나 미흡한 수준에 머물러 있어 가정의 안정성, 정체성을 유지하는데 장애가 되고 있으므로 요보호여성뿐만 아니라 요보호여성과 관계되는 상대자, 가족 그리고 환경까지 포함하는 예방적·치료적 접근방안이 모색되어야 할 것이다.

여성복지의 대상문제는 남성의 태도 개선이나 협조만으로 해결되는 것이 아니라 여성 자신들의 자기개선을 통한 노력도 동시에 이루어져야 가능한 것이며 양성평등을 실현하려는 사회 전체의 의지와 노력을 필요로 하고 있다.

### 5) 문제 발생에 대비한 사전 예방사업의 강화

여성복지문제의 발생을 사전에 예방, 방지하기 위한 법적 장치는 엄격하게 규정되어 있으나 현실적으로는 법집행이 제대로 이루어지지 않고 있으며, 여성복지 증진을 위한 국가 및 지방자치단체의 책무는 사회보장기본법, 여성발전기본법, 사회복지사업법 등 기본법과 개별 실정법에 규정되어 있으나 소극적인 대응으로 일관하고 있다. 즉, 법제상 규정되어 있는 국가 및 지방자치단체의 책임을 살펴보면 사회보장기본법에는 "가정이 건전하게 유지되고 그 기능이 향상되도록 노력하여야 한다", 한부모가족지원법에는 "한부모가족의 복지를 증진할 책임을 진다", 가정폭력방지 및 피해자보호등에 관한 법률에는 "가정폭력의 예방과 방지를 위하여 가정폭력에 관한 신고체제의 구축 및 운영, 가정폭력의 예방과 방지를 위한 연구, 교육 및 홍보, 피해자에 대한 지원 서비스의 제공 등과 모든 개인이 가정에서 안전하고 건강한 삶을 누릴 수 있도록 건전한 가정과 가족제도를 유지, 보호하기 위하여 노력하여야 한다", 성폭력범죄의 처벌 및 피해자보호등에 관한 법률에서는 "성폭력범죄를 예방하기 위해 유해환경을 개선하여야 하며, 청소년에게 성교육 및 성폭력 예방에 필요한 교육을 실시하여야 한다", 건강가정기본법에서는 건강가정을 위하여 제도와 여건을 조성하고 이를 위한 시책을 강구하여 추진하여야 한다고 규정하고 있으나 예방적 측면의 구체적인 제도나 프로그램은 미비한 상태에 있다.

따라서 여성복지문제의 발생 예방을 위한 정부의 실천의지를 표명하는 구체적이고 실천적인 정책방안으로서 여성정책 기본계획이 3차에 걸쳐 수립되어 추진 중에 있으나 여전히 한계가 있다.

여성복지문제의 발생은 다양한 요인에 의해서 발생하고 있으므로 그 요인에 따른 사전 예방적 접근이 강구되어야 하는데 특히, 가정적 요인에 의해 발생하는 여성복지문제는 가정복지정책 차원의 접근을 통해 가족의 정체성과 일체감을 회복할 수 있도록 가정 기능을 강화하는 대책이 필요하다.

최근 세계적으로 가족정책의 방향은 가족에 대한 국가의 역할을 요보호대상자들을 대상으로 하는 협의의 복지정책뿐만 아니라 가족구성원의 삶의 질을 향상시키고 가족문제를 예방하고 그들을 사회내에서 통합시킬 수 있는 광의의 사회정책에 관심을 갖고 있다. 즉, 가족은 아동과 가족구성원을 위한 경제적 지원, 양육, 보호 및 사회화의 기능을 행하는 가장 중심적인 단위이자 제도이며, 가족의 안정이 사회안정에 기반이 된다고 인식하는 것이다. 현재 우리나라 가족정책의 기본방향은 「선가정 후복지정책」으로 국가의 개입을 최소화하는 방향으로 추진되고 있으나 이제는 가족문제를 사후 치료하는 차원에서 사전 예방 차원으로 전환하고, 사회복지서비스도 최저생활수준의 확보 차원에 머무를 것이 아니라 가족의 삶의 질을 향상시키는 방향으로 추진되어야 할 것이다.

또한 개개인에 대한 대상별 서비스를 가정 및 가족 중심의 서비스체계로 전환하여 가족의 기능을 강화시킬 수 있는 방향의 프로그램이 개발되어야 할 것이다. 이를 위해 개별가정의 욕구를 파악하고 가정문제의 발생을 예방하기 위한 프로그램 개발과 위기에 처한 가정을 돕는 가족상담 등의 프로그램 개발이 요청된다.

우리 사회에는 여성의 성(sex)에 대한 이중 기준, 성의 상품화현상 등으로 요보호여성의 발생을 조장하거나 방임하는 환경이 지배하고 있어 사후 치료적 대책에 앞서 사전 예방적 차원의 사회적인 분위기 조성이 선결과제이다.

여성의 성과 관련되는 문제의 발생을 예방하기 위해서는 성교육체계의 확립과 아울러 성교육 프로그램의 개발을 통한 체계적인 성교육이 이루어져야 할 것이다.

# 참 고 문 헌


경북여성개발원, 1999, 가정폭력이 청소년 학교폭력에 미치는 영향,'99-1 연구보고서.

__________, 1999, 경제위기에 따른 여성의 노동력 상태 및 생활의식의 변화, '99-2 연구보고서.

계명대학교 여성대학원, 1995, 여성과 사회복지, 사회복지학과 신설기념심포지움 자료집.

공세권 · 조애저, 1995, 한부모가구의 생활실태와 복지대책, 한국보건사회연구원.

교육인적자원부 · 부산광역시 교육청, 2008, 성교육 및 성폭력예방자료개발연구.

권영자, 1995, "한국의 여성정책에 관한 연구", 한국여성개발원, 여성연구 통권 제47호.

김광일, 1985, "구타당하는 아내 50례의 정신의학적 연구", 정신건강연구 제3집.

김광일 · 문경서, 1994, "구타당하는 아내의 무기력, 자아강조 및 자아 기능에 관한 연구", 한국여성개발원, 여성연구 통권 제42호..

김규수 · 김남선 · 김태진 · 권영완, 진규철, 2001, 복지사회 구현과 평생교육, 한국학술진흥재단 · 대구대학교 사회과학연구소, 98-2000년 인문 · 사회과학분야 중점영역연구.

김규수 · 김태진, 1993, "사회복지시설의 현황과 과제—대구직할시를 중심으로", 대구대학교 사회복지연구소, 사회복지연구 제 21집.

김남선, 2001, 평생교육개론, 형설출판사.

김명숙, 1995, 제27회 부녀복지세미나 자료집, 한국부녀복지연합회.

김문조 외 공저, 1998, 가정폭력과 청소년, 청소년보호위원회.

김미숙 외 2000, 저소득 한부모가족의 생활실태와 정책과제, 한국보건사회연구원, 정책보고서 2000-10.

김미혜, 1997, "여성의 생애주기와 사회복지", 양성평등이 보장되는 복지사회, 미래인력연구센터.

김병찬, 2000, "한국가족의 이혼원인과 이혼과정", 경북대학교 대학원, 박사학위논문.

김복규, 1997, "지방화와 여성정책", 대구광역시 여성정책위원회, 여성정책토론회 자료집.

김선욱, 1997, 21세기의 여성과 여성정책, 박영률출판사.

김성경, 1997, 가출소녀를 위한 사회복지서비스 연구, 한국여성개발원.

김승권, 1999, "가정폭력 발생원인의 이론과 실제", 한국보건사회원구원, 보건사회연구 제17권 제1호.

--------, 2006, 위기개입 네트워활성화와 「1366」의 역할, 여성긴급전화 「1366」활성화 방안 모색을 위한 세미나자료집, 여성가족부.

김양희 · 윤혜미, 1996, 여성사회지표개발, 한국여성개발원.

김연옥, 2002, “재혼가정내 모의 심리적 디스트레스의 예측요인에 관한 연구”, 한국사회복지학회, 한국사회복지학 통권 49호.
김엘림, 1990, “윤락행위등방지법 개정을 위한 연구”, 한국여성개발원, 여성연구 제8권 제1호.
김엘림 · 윤덕경 · 박현미, 1999, 성폭력 · 가정폭력관련법의 시행실태와 과제, 한국여성개발원
김영란, 1997, “빈곤의 여성화와 사회복지정책”, 한국사회복지학회, 한국사회복지학 제31호.
김영종, 2001, 사회복지행정, 학지사.
______, 1990, “한국사회의 여성문제와 사회복지”, 효성여자대학교 부설 한국여성문제연구소, 여성문제연구 제18집.
김영화 외, 2007, 현대사회와 여성복지, 양서원
김옥희, 1998, “한국 여성정책의 현황과 발전방향”, 사회복지개발연구원, 사회복지개발연구 통권 제15호.
김윤정 · 남미애 · 노병일 · 박유경 · 윤경아 · 이윤화 · 조성혜, 2001, 여성복지론, 대학출판사.
김인숙 · 김혜선 · 성정현 · 신은주 · 윤영숙 · 이혜경 · 최선화, 2000, 여성복지론, 나남출판.
김인숙 · 김혜선 · 신은주, 1997, 여성운동과 사회복지, 나남출판.
김재엽, 1998, “한국 가정폭력실태와 사회계층 변인과의 관계 연구”, 한국사회복지학회, 한국사회복지학 제35호.
______, 1998, “한국인의 스트레스와 가정폭력에 관한 연구”, 가족과 문화, 제10집 제2호.
김재엽 · 양혜원 · 이근영, 1999, “아내구타 피해여성의 우울증 개선을 위한 통합적 집단프로그램의 효과”, 한국사회복지학회, 한국사회복지학 제38호.
김정옥 외 편저, 1995, 결혼과 가족, 학지사.
김정옥, 1998, 성과 보건-청소년의 성교육, 대구대학교 출판부.
김정옥 · 장덕희, 1999, 가정폭력경험이 청소년 학교폭력에 미치는 영향, 경북여성정책개발원.
김정자 외 공저, 1988, 저소득층 모자가족에 관한 연구, 한국여성개발원.
김정자, 1991, “여성복지”, 한국사회복지총람, 한국사회복지협의회.
김태진, 1975, “사례상에 나타난 미혼모의 문제와 그 대책에 관한 연구”, 한국사회사업대학 대학원, 석사학위논문.
———, 1998, “부녀복지의 서비스체계에 관한 연구”, 대구대학교 사회과학연구소, 사회과학연구 제4집(3호).
———, 2002, “여성복지사업의 활성화방안”, 경산대학교 보건복지연구소 추계학술대회 자료집.
김태진 · 이성희 · 송유미, 2001, “여성복지시설의 현황과 과제”, 사회복지개발연구원,

사회복지개발연구 제7권 제2호.
김향초, 1998, 가출청소년의 이해, 학지사.
김홍식, 1992, "지역사회중심의 사회복지행정 : 기존 개편안들에 대한 평가와 그 대안의 모색", 한국지방행정연구원, 지방행정연구 제7권 제2호(통권 24호).
대한가족협회, 1991, 산업체 가족계획 및 성교육프로그램 효과 및 전략개발연구
대구광역시, 2007, 여성폭력피해지원시스템의 문제와 통합적 지원방안.
_________, 2005., 대구 여성가족정책 수립을 위한 기초조사.
대구여성의 전화(애린회), 1994, 가정폭력의 근절에서 시작하세요, 상담사례집 창간호.
문화관광부, 1999, 청소년백서.
박경숙, 2000, "한국의 가정폭력정책과 서비스전달체계", 보건복지부, 통합적 가정폭력 대응 전달체계 수립을 위한 국제회의 자료집.
박병현, 1997, "빈곤의 지속기간에 관한 연구-자활보호대상자를 중심으로", 한국사회복지학회, 한국사회복지학 제32호.
박수천, 1997, "여성행정의 현황과 향후 과제", 한일신학대학교 사회복지학부, 여성복지의 현황과 과제, 제9회 사회복지학부 추계학술세미나 자료집.
박영란 · 황영임, 1997, 여성복지서비스 전달체계의 기능강화방안에 관한 연구, 한국여성개발원.
박용순, 1997, "저소득층 자립방안을 위한 사례연구", 한국사회복지학회, 한국 사회복지학 제32호.
박정은, 1994, "성매매여성의 사회복귀를 위한 지원방안 연구", 한국여성개발원, 여성연구 통권 제42호.
박종성, 1994, 한국의 매춘, 인간사랑.
______, 1996, 권력과 매춘, 인간사랑.
법원행정처, 2000 사법연감, 2001.
변화순, 1996, 이혼가족을 위한 대책연구, 한국여성개발원.
______, 1994, "가정폭력의 예방과 대책에 관한 연구", 한국여성개발원, 여성연구 통권 제42호.
_____, 1992, "여성복지정책과 여성", 한국여성개발원, 여성연구 제9권 3호.
변화순 · 원영애 · 최은영, 1993, 가정폭력의 예방과 대책에 관한 연구, 한국여성개발원.
보건복지부, 1996, 모자가족 실태조사결과.
_________, 2000, 가정폭력 감소를 위한 서비스 연계모형 개발.
_________, 2000, 통합적 가정폭력 대응 전달체계 수립을 위한 국제회의 자료집.
서문희, 2004, "최근 보육제도 및 정책의 변화와 과제", 한국보건사회연구원, 보건복지포럼 통권 제97호
서울특별시 시정개발연구원, 1993, 부녀복지관 발전방안.
서울YMCA청소년쉼터, 1996, 청소년가출에 대한 설문조사보고서.
석재은, 2004,"한국의 빈곤의 여성화에 대한 실증분석", 한국사회복지학회, 한국사회복지학 제56권 제2호

성민선, 1989, “매춘여성의 자아정체감 연구”, 한국사회복지연구회, 사회복지 연구 창간호.
______, 1997, “국가발전을 위한 여성복지정책 및 발전방향”, KIWP 제24회 여성정책대토론회 자료집.
성정현, 2001, “이혼가정 아동의 적응을 위한 부모교육프로그램 개발을 위한 기초연구”, 한국사회복지학회, 2001 춘계학술대회 자료집.
성한기, 2004, “대구지역 기혼여성의 성 가치관”, 대구광역시, 2004여성정책토론회자료집
손장권, 1995, “이혼여성들이 경험하는 심리사회적 문제와 대처전략”, 한국사회복지연구회, 사회복지연구 제11호(여름).
송성자 · 정문자, 1994, 경험적 가정치료 -Satir 이론과 기법.
송화섭 · 서은정, 2000, “대구광역시 여성교육프로그램 수요와 공급에 관한 연구”, 한국여성인력개발원, 여성논집 통권 제1호.
신경미, 1999, “직장내 탁아시설에 대한 만족도와 요구도에 관한 연구“, 한양대학교 교육대학원, 석사학위논문.
신경희, 1998, 서울여성의제 21연구, 시정연 98-R-24, 서울시정개발연구원.
신은주, 1995, “아내학대에 대한 페미니스트적 접근에 대한 사회사업적 분석”, 서울대학교 대학원, 박사학위논문.
심영희, 1993, 여성의 사회참여와 성폭력, 나남.
안주엽 · 노용진 · 박우성 · 박찬임 · 이주희 · 허재준, 2001, 비정규근로의 실태와 정책과제(1), 한국노동연구원.
양옥경 · 현경자 · 노중래, 2002, 여성과 사회복지, 아화여자대학교 출판부.
양옥경 외, 2005, “혼외관계를 사유로 하는 이혼에 관한 연구”, 한국사회복지학회, 한국사회복지학 제57권 제3호
엄금자 · 한문숙 옮김, 1991, Joyce Gelb & Marian Palley 저, Women & Public Policy, New Jersey : Princeton University Press, 1982, 유길사.
엄명용, 2001, “가정폭력피해가정 대상의 사례관리제도 구축을 위한 정책방안”, 한국사회복지정책학회, 사회복지정책 제 12집.
______, 1996, “청소년가출예방을 위한 가족 및 지역복지서비스 모형”, 한국사회복지학회, 한국사회복지학 제29호.
여성가족부, 2008, 2008년도 권익증진사업운영지침.
__________, 2008, 2008년도 영유아보육사업 안내.
__________, 2008, 2008년도 가족사업안내.
__________, 2008, 2008년도 한부모가족지원사업안내.
여성부, 2001, 관리자를 위한 성희롱예방 가이드.
______, 2006, 2006년도 권익증진사업안내.
여성부 차별개선국, 2002, 북유럽 남녀차별개선제도 시찰방문 결과보고서.
여성특별위원회, 2000, 남녀차별금지 및 성희롱예방교육강사은행 강의참고자료.

여성한국사회연구회 편, 1995, 여성과 한국사회, 사회문화연구소.
유가효, 1997, "가정폭력의 현실과 그 대책", 사회복지개발연구원, 생산적 사회복지를 위한 여성복지사업의 현황, '97 여성복지시설종사자 연찬회 자료집.
윤가현, 1990, 성 심리학, 성원사.
윤덕경 · 박현미 · 박영아, 2002, "미성년여성 성매매관련 법제의 시행실태와 과제", 한국여성개발원, 여성연구 2002년 겨울호.
이경은, 2000, "취업모를 위한 통합적 가족정책", 한국여성인력개발원, 여성논집 통권 제1호.
이근무 · 유은주, 2006, "성매매여성들의 탈성매매 저해요인에 관한 연구", 한국사회복지학회, 한국사회복지학 第58권 第2호.
이근홍, 1992, "여성복지", 중앙대학교 사회복지학과 편, 한국사회보장제도의 재조명, 한국복지정책연구소 출판부.
이근후, 1995, "가족해체와 부부간의 성문제", 아산사회복지사업재단, 현대사회의 성 윤리.
이동원 · 김지선 역, Richard J. Gelles 저, 1998, 가정폭력의 허상과 실상, 길안사.
이소희 · 변화순 · 박애선 · 이행숙 · 김희자 · 도미향 · 정혜선, 2001, 여성복지, 형성출판사.
이순예 옮김, 1987, August Bebel, 1979, Die Frau und Sozialismus, Berlin : Dietz Verlag, 여성론, 까치.
이원숙, 1998, 성폭력과 사회복지, 강남대학교 출판부.
이은재, 2001, 여성과 행정, 건국대학교 출판부.
이춘기, 1991, "미혼모복지대책의 발전적 방향설정에 관한 연구", 부산대학교 사회과학대학, 사회과학논총 第10권 第1호.
이현희, 1984, "성매매여성의 행태와 선도대책", 경북대학교 행정대학원, 석사학위논문.
이혜경, 1990, "한국의 사회변동과 여성정책", 한국여성정치문화연구소.
______, 1997, "서울특별시 여성복지를 위한 민관동반관계 발전 전략", 제2회 국제여성복지심포지움 : 민간협력체계 구축 자료집.
이화수, 1984, "아내구타의 설문지조사보고", 여성의 전화개설 1주년기념보고서, 서울 여성의 전화.
임미순, 1992, "여성복지", 중앙대학교 사회복지학과 편, 한국사회복지학의 평가.
장덕희, 2001, "가정폭력 경험자녀의 적응을 위한 사회복지실천 개입방안에 관한 연구", 대구대학교 대학원, 박사학위논문.
______, 2001, 여성상담 활성화방안, 경북여성정책개발원.
장덕희 · 이경은, 2000, "가정폭력경험이 청소년의 행동특성에 미치는 영향" 청소년학 연구 제 7권 1호.
장휘숙, 1996, 여성심리학-여성과 성차, 박영사.
전재일 외 공저, 2005, 사회복지개론, 형설출판사.
전재일 · 이경은 · 이애재, 1997, 모자가족의 욕구와 정책 : 대구광역시 모자가족 연구보고서, 사회복지개발연구원.

정경배 · 이성기 · 권선진, 1994, 중앙과 지방의 사회복지행정 기능 배분에 관한 연구, 한국보건사회연구원.

정은 · 은선경, 2006, 여성복지론, 창지사

정진영, 1992, "한국의 이혼실태와 이혼가정 자녀들의 문제에 관한 연구", 서울여자대학교, 인문사회과학논집 제11호.

조흥식 · 김혜련 · 신혜섭 · 김혜란, 2000, 여성복지학, 학지사.

최선화, 1995, "여성복지의 발전방향에 관한 일고", 한국사회복지학회, 한국사회복지학 제25호

최성재 · 남기민, 1996, 한국사회복지행정론, 나남.

최영순 · 김선미, 2005, "제 7차 초등교육과정의 성교육에 대한 고찰" 교육과정연구. 제 23(1).

최은령, 2004, "한국보육정책의 공공성 평가", 한국보건사회연구원, 보건복지포럼 통권 제97호

최해영 · 송정아, 2006, 성교육을 통한 청소년들의 성 지식 및 성 태도 효과 연구, 대한가정학회지 제 44(1).

최혜경, 1997, "사회적 지지망구조가 한부모가족의 심리적 복지에 미치는 영향 연구", 한국사회복지학회, 한국사회복지학 제33호.

통계청, 연도별 인구동태통계연보.

______, 2006, 2005 한국의 사회지표

______, 2008, 사회조사.

하현숙 · 김득성, 1996, "맞벌이부부의 역할갈등과 심리적, 신체적 디스트레스와의 관계", 대한가정학회, 대한가정학회지 34(4).

한경혜, 1993, "한국 이혼부부의 적응과 관련변인에 관한 실증적 연구", 한국가족연구회 편, 이혼과 가족문제, 도서출판 하우.

한국가족학연구회 편, 1993, 이혼과 가족문제, 서울 : 도서출판 하우.

한국가족학회 편, 1995, 한국가족문제-진단과 전망, 서울 : 하우.

한국보건사회연구원, 2000, 저소득 한부모가족의 생활실태와 정책과제, 정책보고서 200-10.

________________, 1996, 여성의 경제활동과 가족복지. 연구보고서 96-25

한국사회복지학회, 1994, 한국복지법제의 문제점과 개선방안, '94 한국사회복지학회 추계학술대회자료집.

한국사회복지협의회, 1991, 한국사회복지총람.

한국여성개발원, 1984, 미혼모 실태에 관한 연구, 1984년 연구보고서 200-1.

______________, 1993, 가정폭력의 예방과 대책에 관한 연구.

______________, 1993, 21세기와 여성, '93 학술세미나 보고서 200-7.

______________, 1997, 가출소녀를 위한 사회복지서비스 연구, '97 연구보고서 230- 12'.

______________, 1998, 저소득 모자가족의 자립방안 연구, '98 연구보고서, 240-20.

_______________, 1999, 직장내 성희롱의 실태와 대책.
_______________a, 2001, 법적 규제에 따른 직장내 성희롱의 실태 및 개선방안 연구.
_______________b, 2001, 외국의 여성복지서비스에 관한 연구, 2000 연구보고서 240-18.
한국여성정책연구원, 2008, 성매매 실태와 향후 정책방향 모색, 제48차 여성정책포럼.
한국여성정책연구회, 2003, 한국의 여성정책, 미래인력연구원.
한국형사정책연구원, 1998, 폭력의 실태와 원인에 관한 연구(II).
_______________, 1999, 가정폭력이 자녀의 비행에 미치는 영향.
_______________, 1995, 여자청소년의 비행실태에 관한 연구, 연구보고서 94-02.
_______________, 1993, 인신매매의 실태에 관한 연구, 연구보고서 92-06.
_______________, 1992, 가족폭력의 실태와 대책에 관한 연구.
한일신학대학교 사회복지학부, 1997, 여성복지의 현황과 전망, 제9회 사회복지학부 추계학술세미나 자료집.
함인희, 1993, “변화하는 가족과 여성의 지위”, 21세기와 여성, 한국여성개발원.
홍창희, 1997, “가정폭력과 여성의 정신건강”, 부산여자대학교, 여성연구 제8집.
황성철 · 최선화, 1997, “빈곤 모자가족의 삶의 질 측정과 사회사업적 개입에 관한 연구”, 한국사회복지학회, 한국사회복지학 제31호.
황옥자, 1980, “부모의 이혼이 자녀생활에 미치는 영향에 관한 연구”, 숙명여자대학교 대학원, 석사학위논문.
허남순, 1986, “미혼모 발생의 요인 규명에 관한 연구”, 한국사회복지학회, 사회복지학회지 제8호.
Abrons, C.R., and Bawman, M.E., 1982, Changes in Family Relationships, Following Divorce of Adult Child Grandmother’s Receptions, Journal of Divorce, Vol.4.
Bandura, A., 1973, Aggression: A Social learning analysis, Englewood Cliffs, N · J: Prentice-Hall.
Bass, D., 1992, Helping unlnerable youths: Runaways and homeless adolescents in the United States, Washington D.C: NASW Press.
Barlow, H.D., 1978, Introduction to Criminology, Boston: Brown.
Berman, W.H., 1985, "Continued attachment after legal divorce", Journal of Family Issuues, 6:3
Berman, W.H., & Turk, D.C., 1981, "Adaptation to divorce: Problems and coping Strategies, " Journal of Marriage and Family, 43(1).
Bloom, B.L., Asher, S.J., and White, S.W., 1978, Marital disruption as a stressor: a review and analysis. Psychological Bulletin, Vol. 85(4).
Booth, A., Brikerhoff, D., and Lynn, K., 1984, The Impact of Parental Divorce on Courtship, Journal of Marriage and Family.
Chiriboga. D.A., Roberts, J., & Stein, J., 1978, "Psychological well-being during marital separation", Journal of Divorce, 2.
Demo, D., & Acock, A., 1988, The Impact of Divorce on Children, Journal of Marriage

and the Family, Vol. 50.

Dibble, M., & Straus, M.E., 1990, "Some Social Structure Determinants of Inconsistency between Attitudes and Behavior: The Case of Family Violence", in Physical Violence in American Families, edited by Sevaus & Gells, Transation

Fine, M., Moreland. J., & Schwebel. A., 1983, Long-Term Effects of Divorce on parent-Child Relationships, Developmental Psychology, 19-5.

Finkelhor, D., Kirkpatrick, J.T., & Straus, M.A., eds, Family abuse and consequences: New directions in Research, Newbury Park, CA: Sage.

Garfinkel, I, & Mclanahan, S. S., 1986, Single Mother and Their Children: A New America Dilemma, Washington D.C: Urban Institute.

Garvin, C., & Reed, B., 1995, "Sources and Visions for Feminist Group Work : Reflective Processes, Social Justice, Diversity and Connection", in N.Van Den Bergh(eds.), Feminist Practice in the 21st Century, Washington D.C.: NASW Press

Gayford.J., 1975, Wife battering: A preliminary survey of 100 years, BMJ, 1.

Gilbert, N.., & Specht, H., 1974, Dimensions of Social Welfare Policy. Englewood cliffs, New Jersey: Prentice-Hall, Inc.

Goolgins, B., & Burden, D., 1987, Vulnerability of Working Parents: Balancing Work and Home Roles, NASW, 32(4).

Hodges, W.F., 1986, Interventions for Children of Divorce: Custody, Access and Psychotherapy, A Wiley-Interscence Publication.

Huddleston, R.J., and Hawkings, L., 1993, The Reaction of friend and family divorce, Journal of Divorce and Remarriage, Vol. 21(1/2)

Hughes, H.M., 1988, Psycholigacal and behavioral correlates of family violence in child witnesses and victims, American Journal of Orthopsychiatry, 58.

Kiston, G., & Raschke, H., 1981, Divorce research: "What we know, What we need to know", Journal of Divorce, 4.

Kniesner, T.J, Marjonie, B.B., & Steven, P.W., 1986, "Family Structure Race, and the Feminization of Poverty", IRP Discussion Papers, University of Wisconsin-Madison.

kurdek, L., & Berg, B., 1987, Children's Belief about Parental Divorce Scale: Psychometric Characteristics and Concurrent Validity, Journal of Consulting and Clinical Psychology Vol.55, No.5.

Lamanna, M.A., & Reid, R.A., 1988, Marriages and making choices and facing change(3rd ed.), Belmont CA: Wadsworth Publishing Co.

Lane, K.E., & Gwartney-Gibbs, P., 1985, Violence in the context of dating and sex, Journal of Family Issues, 6.

Marshall, N.L. & Marx, F., 1991, "The Affordability of Child Care for the Working

Poor", Families in Society.
Massachusetts Coalition of Battered Women Service Groups, 1995, Children of domestic violence (Working report of the children's working groups), Boston.
McBroom, E., 1970, Socialization Through Small Groups, Theories of Social Work with Groups.
Mcwhirter, J.J , Mcwhirter, B.T, Mcwhirter, A.M. & Mcwhirter, E.H, 1998, At risk youth: A Comprehensive response (2nd.ed), New York: Books/cole.
Miller, J.B., 1982, "Psychological Recovery in Low-Income Single Parents", American Journal of Orthopsychiatry, 52(2).
Muller, E., 1983, "Measurement of Women's Work and Welfare", Poverty in the third World by Buvinic Mayra(ed), John Hopkins University Press.
NASW, 1995, Encyclopedia of Social Work, 19th, Washington D.C.: NASW Press,
O'Keefe, M., 1994, Adjustment of Children from maritally violent homes: Families in Society, The Journal of Contemporary Human Services, 10.
O'Keefe, M., 1995, Predictors of child abuse in maritally violent families, Journal of Interpersonal Violence, 10.
Pearce, D., 1978, "The Feminization of Poverty: Women, Work and Welfare", Urban and Social Change Review, 11.
Peterson, J., 1987, "The Feminization of Poverty", Journal of Economics Issues, 21.
Powell, T.J., 1995, Self-Help Groups, Encyclopedia of Social Work, 19th, NASW.
Price, S.J., & Mckenry, P.C., 1988, Divorce, Newbury Park, Sage.
Resnick, G., 1984, The Short and Long-term Impact of a Competency-based Program for Disadvantaged Women, Journal of Social Service Research, 7(4).
Roberts, A.R., 1987, Runaways and Non-nonaways, Chicago: The Dorsey Press
Robison, C.P., 1999, "Effects of a stress Management Intervention on Levels of Stress and Coping Among Pregnant and Parenting Adolescents: An Intervention." Ph.D. diss. Howard University.
Room, G.A. Lawsan, R., and Frank, L., 1989, "New Poverty in the European Community", Policy and Politics, 17(2).
Rosenbery, M.S., 1987, Children of battered Women: The Effects of witnessing violence on their social problem-solving abilities, The Behavior Therapist, 10(4).
Rounsaville, J.B., 1978, Theories in marital violence: Evidence from a seudy of battered women, Victimology: An Internet, J.3.
Schur, E.M., 1965, Crimes without Victims, Englewood Cliffs, N.J: Prentice-Hall, Inc.
Strand, V.C., 1995, Single Parents, Encyclopedia of Social Work, 19th, NASW.
Stets, J.E., & Straus, M.A., 1990, Gender differences in reporting marital violence and its medical and psychological consequences. In M.A. Straus & R.J. Gelles(eds), Physical violence in American Families: Risk Factors and adaptations to violence in 8,145 families, New Brunswick, NJ: transation.
Straus, M.A., Gelles, R.J., & Steinmetz, S.K., 1980, Behind closed doors: Violence in

American Family, Garden city, New York: Anchor.

Straus, M.A., & Gelles, R.J., 1988, How violent are American families? Estimates from the national family violence resurvey and other studies, In G.T., Hotaling.

Trecker, H.B., 1971, Social Work Administration: Principles and practice, New York: Association Press.

Vosler, N.R., Green, R.G., & Kolevzon, M.S., 1987, The Structure and Competence of Family Units: Implications for Social Work Practice with Families and Children, Journal of Social Science Research, 9(2-3).

Walker, L., 1984, The battered woman syndrome, New York: Sprinter.

Wallerstein. J.S., & Kelley. J.B., 1980, Surviving the Breakup: How Children and Parents Cope with Divorce, New York: Basic Books, Inc.

Welsh, L.A., Fancis, X.A., Mark-David, J., & Scott, W.B., 1995, Running for their Lives, New York & London: Garland Publishing, Inc.

Wildin, S.R., Williamson, W.D., & Wilson, G.S., 1991, Children of battered Women: Developmental and learning profiles, Clinical Pediatrics, 30(5).

# 찾아보기

**김 태 진**

대구대학교 사회복지학과(문학사)/ 동 대학원 사회복지학과(문학석사)/
동 대학원 사회복지학과 박사학위과정 수료(철학박사)/
대구대학교(학부, 대학원, 사회복지대학원) 사회복지학과장/
대구대학교 신문사 주간/ 사회과학대학장/ 사회복지대학원장/
한국사회정책학회 대구경북지부장/ 동 대구 · 경북포럼위원장
한국사회복지정책학회 편집 및 논문심사분과위원회 위원/
한국 사회복지학회 이사/ 대구 · 경북사회복지사협회장
경상북도 사회복지공동모금회 부회장/ 경북사회복지협의회 부회장
대구광역시 시정연구위원회 위원/ 대구경북개발연구원 연구자문위원
21세기 경북발전위원회 환경 · 복지분과 위원
여성부 성희롱예방교육 강사은행 운영협의회 위원 등 역임

(현재) 대구대학교 사회복지학과 교수
경북사회복지사협회장/ 한국사회복지사협회 이사
대구광역시 여성정책위원회 위원/ 대구광역시 건강산업추진위원회 위원
경상북도 출산 · 양육후원협의회 공동의장

**<저서·논문>**

사회복지개론(공저)/ 사회복지의 역사와 사상/ 사회보장론,/
한국 근로자사회보험제도의 통합방안/
부녀복지의 서비스체계에 관한 연구 외 다수

## 현대사회의 여성복지론(개정판)

1판 1쇄 / 2007년 2월 28일
2판 1쇄 / 2009년 2월 28일
저　　자 / 김 태 진
발 행 인 / 이 용 두
발 행 처 / 대구대학교출판부
주소 · 경북 경산시 진량읍 내리리 15번지
전화 · (053)850-5662～4　팩스 · (053)850-5669
인 쇄 처 / 남경기획
등　　록 / 경산 제11호

정가 14,000원

ISBN 978-89-7794-510-4-93370